Konzepte der Humanwissenschaften

Anthony Barton

Freud, Jung, Rogers.
Drei Systeme der Psychotherapie

Klett-Cotta

Aus dem Amerikanischen übersetzt von Klaus Schomburg, Sylvia Schomburg-Scherff und Thomas Schadow
Die Originalausgabe erschien unter dem Titel
»Three Worlds of Therapy. Freud, Jung and Rogers«
im Verlag Mayfield Publishing Company, Palo Alto 1974

Printed in Germany 1979
Einbandgestaltung und Typographie: Heinz Edelmann
Satz und Druck: Wilhelm Röck, Weinsberg
ISBN 3-12-900501-3

Für Professor Lloyd Easton,
der ein Vorbild war
im Dienste der Wahrheit
und des klaren Denkens,
in Dankbarkeit für das,
was er mich gelehrt hat

Dank

Dieses Buch ist nicht das Produkt allein meiner Arbeit, sondern es ist das Ergebnis einer gemeinsamen Anstrengung. Diese Tatsache anzuerkennen und denjenigen meinen Dank auszusprechen, die zu seiner Entstehung beigetragen haben, ist Zweck dieses Abschnittes. Besonderen persönlichen Dank für seinen wichtigen Beitrag schulde ich Charles Maes, Mitglied der Abteilung für Psychologie und des Institute of Man an der Universität Duquesne, ohne dessen Unterweisung, Diskussionsbeiträge und Mitarbeit in vielen Kursen, Seminaren und Praktika diese Arbeit nicht entstanden wäre.

Von meinen Kollegen in der Abteilung für Psychologie danke ich besonders Amadeo Giorgi, Edward Murray, Bill Fischer, Connie Fischer, Rolf von Eckartsberg und David Smith, die alle sowohl inhaltliche Beiträge zu dieser Arbeit leisteten als auch mich zu ihrer Ausarbeitung ermutigten. Nicht minder wichtig ist der Beitrag der Mitglieder des Institute of Man und der Abteilung für Philosophie an der Universität Duquesne, die die hier formulierten Gedanken indirekt beeinflußt haben. Adrian van Kaan vom Institute of Man schulde ich besonderen Dank dafür, daß er mich an die Universität Duquesne geholt hat und daß er wesentliche Anregung zu einer umfassenden existentiell-phänomenologischen Psychologie gegeben hat. Joseph Smith, Jan van den Berg, Remy Kwant, William Luijpen, Joseph Kokelmans, Al Lingis, Hans Linschoten, Carl Graumann und andere: sie alle haben durch ihre Vorlesungen, Schriften und Diskussionsbeiträge zu dieser Arbeit wertvolles Material beigesteuert.

Von den zeitgenössischen Denkern haben Heidegger und Merleau-Ponty ganz besondere Bedeutung für die vorliegende Arbeit. Ohne Heideggers außergewöhnliche Einsichten in die zentrale Bedeutung der Sprache als dem Ort, an dem sich das Sein erhellt, Merleau-Pontys Beschreibung der Räumlichkeit des »Leibs als Ausdruck« und Husserls Entwicklung der phänomenologischen Methode hätte diese Arbeit weder Mittelpunkt noch Sinn. Der Autor ist Sigmund Freud, Carl Gustav Jung und Carl Rogers sehr verpflichtet, deren Arbeit und Gedanken ein Gebiet eröffnet haben, das der Erforschung wert ist.

Mein besonderer Dank gilt vor allem Thomas Tyrell sowie den vielen anderen Studenten und Forschungsassistenten, die in großzügiger

Weise ihre Zeit und Energie zur Verfügung gestellt und mich ermutigt haben. Ich möchte meinem verstorbenen Freund Silas Pickering für das Ausfeilen und die Korrektur des Manuskriptes danken wie auch seiner Frau Ruth Pickering, die freundlicherweise die vorbereitende Editionsarbeit, welche so tragisch durch den Tod ihres Mannes unterbrochen wurde, zu Ende führte. Schließlich danke ich National Press Books, Lans Hays und Michelle Hogan für ihre einfühlsame, intelligente Hilfe und ihr Verständnis im Umgang mit mir und meiner Arbeit, und vor allem Barbara Pronin, deren sorgfältige und rigorose Endredaktion des Textes für mich überaus empfindlichen Kritiker ein Vergnügen war.

Diese Arbeit muß daher als *unsere* Arbeit angesehen werden. Was an ihr Aufmerksamkeit verdient, erwächst aus den Gedanken, der Arbeit und dem guten Willen einer Vielzahl anderer, die in einer Tradition leben und gelebt haben, deren Kennzeichen das Interesse an der Wahrheit und am Menschen ist.

Anthony Barton

1 Einleitung

Dieses Buch versucht die Frage zu beantworten, was Psychotherapie ist, indem es Orientierungen und Auffassungen untersucht, die von einigen ihrer Schulen entwickelt worden sind. Der Text gibt, als Einführung in den Untersuchungsgegenstand gedacht, einen Überblick über verschiedene Formen der Psychotherapie, wie sie tatsächlich existieren und praktiziert werden und wie Therapeuten und Theoretiker über sie sprechen. Diese Therapieformen werden aus einer existentiell-phänomenologischen Perspektive beschrieben und auf dieser Basis integriert. Die für unsere Untersuchung ausgewählten Theorien und Therapiemethoden sind die von Freud, Jung und Rogers — Theoretiker, deren Einsichten bis zu einem gewissen Grad aufeinander aufbauen und von denen jeder die psychotherapeutische Theorie verbessert, erweitert und ergänzt hat. Wenn wir das Bemühen um ein Verständnis der Psychotherapie, sofern es sich dabei um »Heilen durch Sprache« handelt, möglichst klar darstellen wollen, ist es wichtig, daß wir uns mit Theoretikern beschäftigen, die einander gegenseitig befruchtet haben bzw. aufeinander aufbauen. Dieses Bemühen um eine Darstellung der Kontinuität in der Entwicklung der Psychotherapie ist teilweise als Reaktion auf die gegenwärtige Situation in Psychotherapie und Beratung zu verstehen. Die Psychotherapie ist ein Gebiet, das zur Zeit von äußerster Zersplitterung gekennzeichnet ist. Auffallend divergente Schulen praktizieren unterschiedliche Ansätze, vertreten gegensätzliche Lebensphilosophien und Vorstellungen vom Menschen und wenden eine Vielfalt unterschiedlicher Techniken an; Übereinstimmung herrscht weder hinsichtlich der Prinzipien noch in der Praxis. Je nach ihrer Einstellung polemisieren die Anhänger verschiedener Schulen entweder gegeneinander oder sie hüllen sich jenseits der Grenzen ihrer Schule oder ihrer Therapieform in Schweigen. All diese Therapieformen »funktionieren« in dem Sinne, daß sie irgendwie ihre Anhänger befriedigen und dazuhin von einigen Patienten unterstützt werden; das bedeutet jedoch nicht, daß auf die Entwicklung einer einheitlichen Humanwissenschaft hin zusammengearbeitet wird. Wenn sich eine einheitliche Humanwissenschaft entwickeln soll, dürfen die Einsichten der einzelnen Schulen nicht ihren sektiererischen Anhängern überlassen bleiben. Es muß ein

Weg gefunden werden, die große Fülle an Einsichten, Wissen und Verständnis, die bisher lediglich in Fragmenten vorhanden sind, aufzugreifen, zu verstehen und anzuwenden. Die in diesem Text entwickelte existentiell-phänomenologische Perspektive ist auf das Verständnis und die Integration verschiedener Therapieschulen ausgerichtet.

Die Therapie steht im Mittelpunkt

Diese Arbeit konzentriert sich auf die Therapie selbst, die als Prozeß verstanden und beschrieben werden soll. Zu diesem Zweck werden nur die Überlegungen, die für ein Verständnis der Psychotherapie unbedingt notwendig sind, eingeführt. Freuds Auffassung von Kultur, Jungs Auffassung von Geschichte und Rogers' Auffassung von Erziehung werden daher vernachlässigt.

Jeder Theoretiker/Therapeut beschreibt seine Ansicht darüber, um was es in der Therapie geht, und auf diese Weise gelangt der Leser zu einem Verständnis dessen, was Freud, Jung und Rogers über Wesen und Reichweite der Psychotherapie zu sagen haben. Jeder stellt auf seine Weise dar, welche Schwierigkeiten den Patienten daran hindern, nicht Patient zu sein. Warum bemüht er sich um Psychotherapie? Inwiefern ist er krank oder gestört? In welchem Zustand befand er sich, bevor er zum Psychotherapeuten kam? Da jede psychotherapeutische Richtung den Patienten anders sieht, gibt jede eine andere Antwort auf diese Fragen.

Freud, Jung und Rogers geben Antworten, die sich gleichen und sich doch gleichzeitig auffallend voneinander unterscheiden; für ein Verständnis der Psychotherapie ist es von grundlegender Bedeutung, die Implikationen dieser Ähnlichkeiten und Unterschiede zu verstehen. Im Verlauf dieses Buches wird deutlich werden, daß die Unterschiede nicht bloß »sachlicher Natur« sind, sondern starke, den Theorien inhärente, wertideologische Faktoren widerspiegeln. Als mögliche Wege der Heilung, der Hilfe und als eine Möglichkeit, sowohl das »schlechte« oder »kranke« als auch das »gute« oder »gesunde« Leben zu verstehen, bringen diese Theorien in starkem Maße Wertpräferenzen und grundlegende Einstellungen zum Leben und zum Sinn des Lebens zum Ausdruck.

Eine Reihe von damit verbundenen, an jeden Therapeuten gerichteten Fragen befaßt sich mit dem Ablauf der Therapie selbst. Wie entwickelt sich der Patient von einem gestörten oder neurotischen Menschen zu einem gesunden? Wie sieht der tatsächliche Therapieverlauf aus? Der Text wird zu einem Verständnis dessen führen, was jeder Therapeut

über den Prozeß der Veränderung und der Psychotherapie zu sagen hat.
Um die Therapieprozesse, wie sie bei Freud, Jung und Rogers ablaufen, deutlich sichtbar zu machen und ihre Unterschiede und Ähnlichkeiten hervorzuheben, werden die drei Therapieformen auf einen einzigen, halbfiktiven Fall angewandt. Auch werden durch die Analyse konkreter Interaktionen bestimmte, in jeder der drei Richtungen enthaltene Vorstellungen anschaulicher. Therapie umfaßt Interaktionen zwischen bestimmten Menschen mit einem bestimmten soziokulturellen und persönlichen Lebensstil. Marys Fall, der gerade diesen Aspekt erhellt, verankert die phänomenologische Analyse in den Prozessen der Therapie.

Deskriptives Vorgehen bei der Darstellung der verschiedenen Therapien

Wir versuchen, den Begründern der drei Therapiesysteme möglichst gerecht zu werden. Um das Verständnis zu erleichtern, werden ihre Auffassungen in einer leicht verständlichen Sprache mit einem Minimum an Fachausdrücken wiedergegeben. Schon allein die Tatsache, daß sie terminologisch auf einen gemeinsamen Nenner gebracht werden, macht deutlich, daß eine gewisse einheitliche Entwicklung vorausgesetzt wird. Es zeigt sich jedoch, daß die verschiedenen therapeutischen Standpunkte gewisse, nicht weiter reduzierbare sprachliche Unterschiede bedingen. Jede Therapie hat ihre eigene, besondere Sprache. Ein Freudianer kann nicht wie ein Jungianer sprechen, und beide können nicht wie ein Rogerianer reden. Die Sprache selbst schafft die Bereiche der Wirklichkeit und der Werte, die die Theorie ausmachen, und die, wenn sie praktiziert werden, die therapeutische Veränderung bewirken. Es stellt sich heraus, daß die Abweichungen in Sprache, Prinzipien und Praxis in unterschiedlichen Wertvorstellungen begründet sind. In jedem therapeutischen Vorgehen kommt eine bestimmte Vorstellung vom richtigen Leben, von den richtigen Werten, kurz davon, was für den Menschen gut ist, zum Ausdruck.
Freud, Jung und Rogers sind außergewöhnliche Denker, die, jeder auf seine Weise, bestimmte Wahrheiten über den Menschen und über Psychotherapie enthüllt und artikuliert haben. Der sichtbare Beweis dafür, daß jeder von ihnen bestimmte wichtige Aspekte der Wirklichkeit erkannt und verstanden hat, ist in der Tatsache zu sehen, daß jeder sowohl Anhänger für seine Auffassungen gefunden hat als auch Patienten, denen durch seine Therapie wirklich geholfen wird. Aus ihrem individuellen Blickwinkel heraus ist es jedem von ihnen gelungen, einige

Aspekte des Menschen klar und durchdringend zu erkennen. Wir müssen daher die Arbeit aller drei Theoretiker/Therapeuten sorgfältig untersuchen. Indem alle drei Theoretiker der Reihe nach untersucht werden, eröffnet sich vielleicht die Möglichkeit eines größeren Verständnisses, um dann schließlich über Freud, Jung oder Rogers hinauszugehen und so auch noch andere therapeutische Theorien nutzbar zu machen.

Die Freudsche Psychotherapie wurde sowohl aus historischen als auch aus inhaltlichen Gründen ausgewählt. Freud begründete die »dynamische Psychotherapie«, und in diesem Rahmen findet eigentlich jede zur Zeit ausgeübte Psychotherapie statt. Abgesehen davon, daß Freuds Theorie eine reiche Quelle an Einsichten in das menschliche Seelenleben überhaupt bietet, entwickelte er einen systematischen und ziemlich klaren Therapieansatz. Die Psychologie Jungs wird vor allem deshalb behandelt, weil er einen Ansatz zu einer umfassenderen Konzeption von Therapie entwickelte, einen Weg zur Vereinheitlichung verschiedener Theorien und Ansätze. Darüber hinaus besaß Jung einen ausgeprägten Sinn und ein tiefes Verständnis für die Macht der Symbole im menschlichen Leben sowie ein Verständnis für die Möglichkeiten, mit Hilfe der Sprache und der menschlichen Phantasie Veränderungen zu bewirken. Rogers' Betonung der inneren Welt des Menschen und der empathischen Bindung zwischen Klient und Therapeut stellt einen Bruch mit der analytischen Tradition dar, und er unternimmt die ersten Schritte zu einem existentiell-phänomenologischen Verständnis des Menschen.

Beschreibung und Integration der Unterschiede

Es ist äußerst schwierig, die Anwendung eines existentiell-phänomenologischen Ansatzes auf diese drei Therapieformen zu verdeutlichen. Die Phänomenologie ist eine Disziplin, welche in vorurteilsfreier, wissenschaftlicher Weise Beschreibungen, Interpretationen und Erkenntnisse zu formulieren versucht, die fundamentale Strukturen der Bedeutungen der Lebenswelt erhellen. Der Phänomenologe versucht diejenigen aus der Wissenschaft oder Philosophie abgeleiteten Prinzipien auszuschalten, die das Verständnis grundlegender Strukturen der menschlichen Realität trüben. Er versucht nicht nur, sich eines Urteils zu enthalten, sondern die Strukturen der Realität, wie sie sind, sich selbst enthüllen zu lassen. Da es nie ohne eine bestimmte Absicht geschieht, Realität sich selbst enthüllen zu lassen, muß die phänomenologische Betrachtungsweise suchen, ihren eigenen Ansatz und ihre eigenen Annahmen zu verdeutlichen, damit der Leser diese so klar wie möglich erkennen kann.

Was die Ziele dieser Arbeit angeht, so kann der phänomenologische Ansatz vielleicht am besten illustriert werden, indem wir uns die gegenwärtige psychotherapeutische Praxis näher ansehen, und dies ist eine Bestandsaufnahme, die schwerwiegende Unklarheiten in Theorie und Praxis enthüllt. Wenn der Leser die Reihe der unterschiedlichen Therapieformen belauscht, lernt er den lauten argumentativen, von Ellis praktizierten Ansatz der »rational-emotiven Therapie« kennen, das nahezu undurchdringliche, nicht-direktive Schweigen des orthodoxen freudianischen Analytikers, den Therapeuten der Whittiker- und Malone-Schule, der den Patienten im Arm hält und wiegt und ihn mit der Babyflasche füttert, usw. Die Differenzen zwischen diesen Schulen sind so kraß, ihre Unterschiede bezüglich Einstellungen, Überzeugungen, Ansatz, Methode und Technik so groß, daß überhaupt kein integrativer Ansatz möglich zu sein scheint.

Dennoch ist es die Intention dieses Buches, die zur Entwicklung einer umfassenden psychotherapeutischen Theorie notwendige Integrationsarbeit voranzubringen. Wir dürfen zu diesem Zweck die Unterschiede, die heftigen Meinungsverschiedenheiten und die Feindseligkeit zwischen den verschiedenen Schulen nicht aus dem Blick verlieren. Die Verbreitung verschiedener Ansätze ist selbst schon ein wesentlicher Teil der psychotherapeutischen Praxis.

Eine Möglichkeit, der Verwirrung auf diesem Gebiet beizukommen, ist, davon auszugehen, daß jede psychotherapeutische Richtung einen Teil der Wahrheit gefunden hat; Aufgeschlossenheit gegenüber allen Forderungen und Äußerungen, welche die verschiedenen therapeutischen Richtungen vorbringen, ist die angemessene Haltung, wenn wir zu einer Integration gelangen wollen. Diese Form des Eklektizismus führt jedoch leicht zu Prinzipienlosigkeit; außerdem eröffnet er keinen Weg aus dem Mißklang der divergierenden Stimmen. Hätten wir nicht bestimmte Auswahlkriterien, so müßten wir die Forderungen des modischen Scharlatans mit der gleichen Ernsthaftigkeit behandeln wie die sorgfältig durchdachten Annahmen und Schlußfolgerungen erfahrener Wissenschaftler. Vielleicht nähert man sich der heutigen Psychotherapie am besten, indem man zu verstehen versucht, warum überhaupt derartig extreme Unterschiede bestehen.

Wenn man die Kindheit eines Menschen, der sich für die Probleme anderer interessiert, untersucht — also die Kindheit des angehenden Psychotherapeuten —, so läßt sich oft feststellen, daß seine Beziehungen zu sich selbst und zu anderen schon früh problematisch waren. Freud zum Beispiel hat schon vor seinem fünften Lebensjahr über die Beziehungen in seiner Familie nachgegrübelt und die Vermutung geäußert, daß seine Entdeckung des Ödipus-Komplexes auf gewissen Komplikationen seines frühen Familienlebens beruhte. Jung dachte schon in seiner Kindheit über Bilder, Visionen und Erfahrungen aus dem geistig-seelischen Bereich nach, die ihn sowohl verwirrten als auch inspirierten. Für viele Psychotherapeuten ist das Leben also schon früh ein Problem, sie betrachten es als etwas, über das nachzudenken, das zu entschlüsseln und zu enthüllen sich lohnt. Oft beginnt der Werdegang eines Psychotherapeuten also mit dieser reflektierenden Einstellung sich selbst und anderen gegenüber. Jeder psychologische Berater, Psychiater oder Psychotherapeut hat seine eigene Geschichte: wie er sein berufliches Interesse entwickelte, wie er eine psychologische Perspektive fand, um sich selbst zu verwirklichen und um die Fragen und Probleme zu lösen, die ihm wichtig geworden waren.

Was immer er sonst von seiner Arbeit und Spezialisierung erwarten mag, er erhofft sich Hilfe für die Lösung der Probleme, die ihn dazu veranlaßten, diesen Weg der Reflexion einzuschlagen. Während seiner psychotherapeutischen Ausbildung, in deren Verlauf er eine bestimmte therapeutische Methode erlernt, beginnt er gewöhnlich eine eigene Psychotherapie, die einen Teil seiner Lernerfahrungen ausmacht. Die gesamte Ausbildung, der er sich unterzieht, einschließlich seiner eigenen Therapie, gewinnt großen Einfluß auf seine Auffassung von sich selbst und vom Leben. Er stellt fest, daß seine eigene Psychotherapie und sein Beruf ihm helfen, seine Existenz zu strukturieren und ihr Sinn zu geben. Im engen Kontakt zu seinem eigenen Therapeuten findet er neue Wege, seine Probleme zu erfassen. Wenn ihm dies zu einem relativ angstfreien Leben verhilft, wird er darin bestärkt, auch als Therapeut den ihm vermittelten Ansatz beizubehalten.

Durch seine zunehmenden sozialen und beruflichen Kontakte, die oft selektiv auf die Anhänger einer bestimmten therapeutischen Richtung beschränkt sind, wird er ermutigt, sich immer stärker als zu seinen Mentoren gehörig zu empfinden und sich mit ihnen zu identifizieren. Die angenehme Erfahrung, in einen Kreis von Eingeweihten hineinzuwachsen, fördert diesen Prozeß. Der unsichere junge Therapeut, der sich noch in der Ausbildung befindet, ist besonders empfänglich für diese Formen des Lernens. Er lernt, sich über die richtigen Dinge zu entsetzen. Er lernt, sich in einer einzigartigen Subkultur zu bewegen und zu leben, zu atmen und zu denken, entsprechend den Bedingungen, die seine Professoren, Supervisoren und Ausbilder festlegen, entsprechend der Sprache, die sie lehren, und der sozialen Belohnungen und Sanktionen, die sie vergeben.

Vieles spricht für diesen Ansatz. Es ist vernünftig, eine Methode gründlich zu lernen, bevor man eine Abweichung versucht. Aber die besondere geistige Atmosphäre, in der sich bestimmte Psychotherapien abspielen, und die Entstehung von treibhausähnlichen therapeutischen Gemeinschaften, die äußeren Einflüssen gegenüber mehr oder weniger immun sind, wirken sich auf diese Art der Ausbildung nicht immer günstig aus. Wenn der angehende Therapeut die entsprechende innere Disposition dafür mitbringt, tritt oft eine Erstarrung der therapeutischen Theorien ein. Der Therapeut hat gelernt, nach einem bestimmten Heilskodex zu leben. Dieser hat ihm geholfen und hilft nun auch seinen Patienten dadurch, daß er ihn, den Therapeuten, selbst sicherer, fachkundiger, zu einem Experten gemacht hat. Auch seine Patienten finden, daß sein sicheres Auftreten hilfreich ist. Einwände von außerhalb der Gemeinschaft werden als Ignoranz oder Irrtümer angesehen, oder sie werden als Beweise für die speziellen Gaben und Eingebungen, die eben nur der eigenen Gruppe eigen sind, toleriert.

Nach einigen Jahren der Ausbildung und Erfahrung verfügen die Praktiker einer bestimmten Therapierichtung über ein derartig gut entwikkeltes und gut verpacktes System, daß sie eine andere Ansicht gar nicht mehr erschüttern kann. Sie leben nun nach einer besonderen, ihrer Spezialistensubkultur entsprechenden Weltanschauung, ob es sich dabei um einen analytischen, behavioristischen, klientenzentrierten, rational-emotiven, direktiv-analytischen, gestaltorientierten Ansatz handelt oder um was auch immer.

Vorzüge traditioneller Orientierungen

Die Probleme, die sich im Zusammenhang mit psychotherapeutischer Orientierung und Theorie stellen, sind zum Teil unlösbar. Es ist von größter Bedeutung, daß Experten von Experten ausgebildet werden; und in dieser besonderen, subtilen, den Menschen als Mittelpunkt nehmenden Kunst, als die wir die Psychotherapie betrachten, sind bestimmte Orientierungen erforderlich. Der Therapeut, der nicht weiß, was er mit seinem Patienten erreichen will, ist als Therapeut unfähig.

Dennoch scheint eine allzu spezialisierte Ausbildung keine notwendige Bedingung zu sein.
Die Vorteile eines bestimmten psychologischen Hintergrundes und einer soliden Ausbildung werden deutlicher, wenn die Prozesse der Freudschen, der Jungschen und der klientenzentrierten Therapie aus phänomenologischer Perspektive dargestellt werden. Offenbar verleiht die Ausbildung dem Therapeuten ein Sicherheitsgefühl. Um helfen zu können, benötigt er ein mehr oder weniger klares gedankliches System und eine bestimmte Methode. Genau in dem Maße, wie er weiß, was hilft und was nicht, fühlt er sich als erfahrener Psychotherapeut.
Durch die Ausrichtung des Therapeuten an einer bestimmten Theorie wird die Psychotherapie zu einem einigermaßen geordneten, logischen und vernünftigen Prozeß. Die Orientierung des Therapeuten gibt (zuerst ihm selbst und später auch dem Patienten) Selektionsprinzipien vor, das heißt Entscheidungen darüber, was in der therapeutischen Interaktion wichtig ist. Die Festlegung auf eine psychotherapeutische Richtung ermöglicht es außerdem, die eigenen Berufserfahrungen und die eigenen Auffassungen mit einer bestimmten, ausgewählten Gruppe von Kollegen zu interpretieren, zu diskutieren und zu teilen. Der Therapeut pflegt die Gemeinschaft mit dieser Gruppe entweder tatsächlich im Sinne eines täglichen Kontakts oder aber in Form von Büchern, Publikationen, Vorlesungen usw. Es wird noch deutlich werden, wie die geistige Atmosphäre, aus welcher der Therapeut den Sinn für sein eigenes Leben bezieht, von wesentlicher Bedeutung ist für den therapeutischen Prozeß selbst. Die Vorzüge der traditionellen psychotherapeutischen Schulen bestehen darin, daß sie einerseits dem Therapeuten in seiner fachlichen Kompetenz Sicherheit verleihen und ihm andererseits eine Gemeinschaft von Fachkollegen bieten, mit denen er seine Auffassungen teilen und neue Einsichten gewinnen kann.

Nachteile traditioneller Orientierungen

Die gegenwärtigen psychotherapeutischen Schulen bringen aber auch einige schwerwiegende Nachteile mit sich. Erstens ist das Sicherheitsgefühl, das bestimmte Orientierungen dem Therapeuten heute vermitteln, teilweise irreführend. Jede Orientierung stellt, von außen betrachtet, eine unnötig starke Spezialisierung dar. Obwohl die Zugehörigkeit zu einer bestimmten Schule dem Therapeuten Sicherheit verleiht und ihn zum Experten macht, verhindert sie, daß er sich auf anderen Gebieten auskennt, die er ebensogut kennen sollte, und wozu er ohne zu einseitige Spezialisierung auch in der Lage wäre. Die heute existierenden

Schulen verleihen zwar Ordnung und Struktur, da sie aber nicht empirisch-phänomenologisch begründet sind, ist die gegebene Ordnung auf hintergründige Weise trügerisch.
Die Struktur entwickelt sich weder aus der bestmöglichen therapeutischen Situation noch aus dem bestmöglichen therapeutischen Verständnis. Die Ordnung ist durch die Vorurteile des in seiner Richtung befangenen Therapeuten bereits äußerst eingeengt. Der Patient wird »zum Patienten, für den dieser Therapeut mit seiner eingeschränkten Orientierung Experte sein kann«. Wenn der Patient dann nicht zu einem solchen Patienten wird, schlägt die Therapie fehl, ein in der Psychotherapie häufig auftretendes praktisches Problem.
Außerdem verhindert eine zu enge theoretische Ausrichtung, daß die im Beruf gemachten Erfahrungen mit einer größeren Gruppe von Kollegen interpretiert, verstanden, diskutiert und geteilt werden. Die Therapeuten werden aufgrund ihrer eingeschränkten Perspektive oft unfähig, Gebrauch von dem literarischen, philosophischen und meditativen Wissen der wichtigsten Traditionen der westlichen und der östlichen Welt zu machen. Schließlich neigen bestimmten Richtungen angehörende Therapeuten — infolge des besonderen Treibhausklimas, in dem eine Gruppe überzeugter Insider arbeitet — häufig dazu, die offensichtlichsten Tatsachen des Lebens und der Therapie zu übersehen. Sie greifen oft zu phantastischen linguistischen und theoretischen Taschenspielertricks, die in vielen Fällen für Insider und Outsider gleichermaßen eine Vernebelung der Realität bewirken.

Der existentiell-phänomenologische Ansatz

Die hier vertretene phänomenologische Perspektive geht davon aus, daß die Realität am besten zu erkennen ist, wenn man sie für sich selbst sprechen läßt. Therapeut und Patient, die sich in einer dialektischen Situation befinden, bilden zusammen eine Interaktionseinheit, die Gegenstand unserer Untersuchung ist. Verhalten und Überzeugungen des Therapeuten sind für unsere Untersuchung ebenso wichtig wie Verhalten und Überzeugungen des Patienten. Unser Ziel ist es, die besondere Dialektik zwischen einem Therapeuten mit einer bestimmten Orientierung und einem hilfsbedürftigen Patienten aufzudecken.
Einige existentielle Erkenntnisse werden als Prinzipien angewandt, wobei die wichtigste Erkenntnis die ist, daß der Mensch grundsätzlich kein Einzelwesen, sondern ein »mit anderen in der Welt lebendes Wesen« ist. Das heißt, daß wir von einem dialektischen Verständnis des therapeutischen Prozesses ausgehen.

Der Patient kann nicht außerhalb der besonderen Situation verstanden werden, die durch die Interaktion mit dem Therapeuten und umgekehrt festgelegt wird. Deshalb sollte die Feststellung nicht überraschen, daß die Probleme des Patienten, die nämliche Pathologie, die ihn zum Patienten macht, auch durch den »Patienten mit seinem Therapeuten« definiert werden und nicht völlig objektive Faktoren in seiner Lebenssituation sind. Denn der Patient ist nicht »Patient an sich«; er ist Patient nur in seinen Beziehungen. Seine Umwelt vermittelt ihm das Gefühl — oder behauptet einfach —, er sei verkrüppelt und behindert oder habe zumindest Schwierigkeiten bei der Bewältigung seines Lebens. Dann macht ihn sein Arzt, Psychologe, Sozialarbeiter, Berater oder Lehrer, für die alle er ein Patient ist, wirklich zum Patienten.
Kein Psychotherapieansatz, der sich mit dem Patienten, wie »er sich selbst fühlt«, befaßt, kann das gesamte Gebiet der Psychotherapie angemessen umfassen. Psychotherapeutische Theorie muß eine deskriptive Theorie der Interaktion zwischen Arzt und Patient, Therapeut und Klient usw. sein. Es geht daher nicht an zu sagen, daß das Problem des Patienten in der Hauptsache ein Ödipus-Problem oder aber ein Problem konditionierter Angstreaktionen sei. Die Probleme des Patienten sind hauptsächlich diejenigen, die in der Beziehung zu seinem Therapeuten artikuliert werden. Bei einigen Therapeuten wird das grundlegende Problem, das zur Sprache gebracht wird, die Konditionierung und Dekonditionierung von Angstreaktionen sein; bei anderen wird es das Ödipus-Problem sein. Die Antwort auf die Frage, welche der beiden Auffassungen dem jeweiligen Patienten am ehesten gerecht wird, kann nur vermutet werden.
Eine therapeutische Theorie muß sich deskriptiv an jener dialektischen Situation orientieren, in der sich eine Therapie zwischen zwei Menschen entwickelt. Wir gehen dabei von der existentiellen Einsicht aus, daß der Mensch ein »mit anderen lebendes Wesen« ist. Die Existenz des Patienten als Patient und des Therapeuten als Therapeut wird durch sie beide konstituiert. Diese Beziehung wiederum wird durch den Kontext der umfassenderen kulturellen Situation bestimmt, in der sowohl Patient als auch Therapeut »mit anderen in der Welt lebende Wesen« sind. Dies zu beschreiben, getreu den Therapien, wie sie Freud, Jung und Rogers entwickelt haben, ist Ziel und Aufgabe dieses Buches.

2

Der Patient aus Freuds Sicht

Nach Freud beruht die Psychoanalyse auf der wachsenden Bindung des Patienten an den Analytiker und kann nicht bei Störungen angewandt werden, bei denen eine solche Bindung nicht möglich ist. Störungen, bei denen der Patient unfähig zu sein scheint, sein Interesse, seine Aufmerksamkeit und seine Emotionen auf die Person des Arztes oder des Therapeuten zu richten und sich an ihn zu binden, sind von der Behandlung ausgeschlossen. Freud betrachtet den psychoanalytischen Patienten als Neurotiker, aber als einen »guten« Neurotiker, der die notwendigen Bindungen herstellen kann.

Neurotisch sein heißt nach Freud, daß der Patient sich selbst als in zwei widerstreitende Lager gespalten empfindet. Jedes neurotische Symptom wird als ein Kompromiß zwischen diesen beiden Lagern bzw. Kräften innerhalb der Persönlichkeit angesehen. Die Kräfte der verdrängten unbewußten Triebe suchen nach Ausdruck, während entgegengesetzte Kräfte innerhalb der Person versuchen, diese Impulse zu verleugnen. Verdrängung, wie sie von Freud erklärt wird, beruht auf einer Unvereinbarkeit zwischen den Idealen einer Person und den an die Oberfläche kommenden Impulsen. In gewisser Weise verletzen die unterdrückten Impulse das ästhetische oder moralische Empfinden der Person.

Das folgende Beispiel soll diesen Punkt verdeutlichen. Stellen Sie sich einen äußerst höflichen und wohlerzogenen jungen Mann Anfang zwanzig vor, der sich in seinem Leben zum Grundsatz gemacht hat, nie seine Stimme im Zorn zu erheben und nach außen hin immer die Anstandsregeln zu wahren. Obwohl seine Persönlichkeit durch eine äußerst strenge Sozialisation und einen Mangel an offener Aggression geprägt ist, entwickeln sich bei ihm unter bestimmten Bedingungen Angstanfälle, er ist dann nicht in der Lage, seine Atmung zu kontrollieren. Bei der Untersuchung seines Falles stellt sich heraus, daß er immer dann Angst entwickelt, wenn sein Chef etwas kritisiert, das er gemacht hat. Wenn wir diesen Punkt genauer untersuchen, stellen wir fest, daß dicht unter der Oberfläche seines Bewußtseins Tötungsimpulse gegenüber dem Chef vorhanden sind. Sobald der Patient diese Impulse gegenüber seinem Chef in der psychoanalytischen Situation angeht, wird er nicht nur ängstlich, sondern er fühlt sich auch moralisch und ästhetisch durch sie verletzt. Er sagt: »Aber das ist schrecklich, daß ich solche Gefühle und Gedanken haben soll. Sie erscheinen mir so unanständig, so ungeheuerlich, so wenig in Übereinstimmung mit dem, was ich sein will und zu sein glaube.«

Freud lehrt, daß eine solche Verdrängung auf der frühkindlichen Furcht vor Strafe und Liebesentzug beruht — auf der Furcht, daß man nicht geliebt werde, daß man nicht liebenswert sei, gehaßt und von den Eltern angegriffen und zerstört werde. Infolge dieser Bedrohungen unterdrückt der Patient nicht nur seine Impulse, sondern er versucht auch, ihre Existenz überhaupt zu leugnen. Er sagt praktisch zu sich: »Ich hasse nicht, ich bin nicht ärgerlich« — ein Prozeß, der sich durch die deskriptive Sprache des Bewußtseins nur sehr schwer mitteilen läßt. Verdrängung, wie Freud sie beschreibt, ist ein halb bewußter, halb unbewußter Prozeß, der in einem Grenzbereich zwischen Bewußtem und Unbewußtem stattfindet. Anfänglich schließt eine Person Vorstellungen aus dem Bewußtsein aus, die sie ängstigen. Bald weiß sie nicht mehr, daß der verdrängte Impuls existiert. Wie dieser junge Mann erlebt sie Angstsymptome, wenn aggressive Impulse in ihr entstehen.

Freuds Theorie postuliert, daß der Patient, als sich Aggressionen herauszubilden begannen, sehr stark die Bedrohung durch elterlichen Liebesverlust und die Furcht vor Strafe seitens eines Elternteils oder beider Eltern empfand. Ein Kind, das eine Zeit durchmacht, die von häufigen Wutanfällen bestimmt ist, mag zum Beispiel phantasieren, seine Eltern würden es durch Verstümmelung oder Zerstörung, vielleicht durch Kastration, bestrafen. Das Kind, bei dem die Trennungslinie zwischen Bewußtem und Unbewußtem nicht so klar verläuft, erlebt diese Angst so stark, daß es sich sagt: »Ich darf nicht mehr so böse sein. Ich darf so nicht mehr denken.« Und das Kind verdrängt den Gedanken aus seinem Bewußtsein, indem es, gleichsam unbewußt, eine Verdrängungsstruktur errichtet. Es läßt in seinen Vorstellungen über sich selbst keine Aggressionen mehr zu und verhält sich nun genau entgegengesetzt: als Reaktion auf seine aggressiven Regungen wird es äußerst sanft, freundlich, höflich, zuvorkommend, rücksichtsvoll usw.

Zunächst ist dies mehr oder weniger unbewußt; später wird es völlig unbewußt. Aber selbst beim Erwachsenen hält sich die Verdrängung auf der Grenze zwischen Bewußtem und Unbewußtem. Im späteren Leben des Patienten flackern immer wieder haßerfüllte Gedanken, feindselige Vorstellungen oder aggressive Impulse, Teile und Fragmente zornigen Sprechens, zornigen Denkens und zornigen Empfindens auf. Aber er geht schnell über sie hinweg, ignoriert sie und findet

Wege, sich vor einem klaren Erkennen seiner eigenen Aggressivität zu schützen und auf diese Weise seine Verdrängung aufrechtzuerhalten. Bei dem Versuch, sich selbst annehmbar und liebenswert zu machen oder zumindest nicht völlig hassenswert zu erscheinen, schafft die neurotische Person eine Spaltung in sich selbst. Auf der einen Seite wirken die Kräfte eines eingeübten Tabusystems, eines Systems von überwiegend negativen Forderungen und Verboten, das durch die Internalisierung bestimmter elterlicher wie allgemeiner gesellschaftlicher Normen in der neurotischen Person, wie in allen Menschen, gebildet wurde. Diese so mächtigen Normen wurden weitgehend aus Angst vor Strafe und Liebesverlust internalisiert. Als der Teil der Persönlichkeit, der verbietet, fordert dieses System nun, daß die verdrängten Impulse verdrängt bleiben. Die verdrängten Impulse auf der anderen Seite des gespaltenen Ichs kommen besonders aus der Sexualität, aber auch aus Aggression, Abhängigkeit, Selbstliebe usw. Nach Freud kann theoretisch jeder Impuls eine Neurose bewirken, aber die Praxis lehrte ihn, daß die Hauptursache einer Neurose immer in Konflikten zu finden ist, die mit der Sexualität zusammenhängen.
Der Neurotiker mit einem gespaltenen Ich ist also zwischen zwei sich widerstreitenden Forderungen gefangen. Eine Seite, das internalisierte Wertsystem, fordert: »Entwickle dich, sei tugendhaft, verbirg dein Schamgefühl.« Die andere Seite sagt: »Ich habe ein merkwürdiges Verlangen, merkwürdige Bedürfnisse und Wünsche, die zum Ausdruck gebracht werden müssen.« Dieser Konflikt spielt sich ohne eindeutig bewußten Zugriff ab; nur Fragmente gelangen an die Oberfläche des Bewußtseins und werden dann von ihm mißverstanden und fehlinterpretiert.

Das aktive Unbewußte

Freud nennt dieses Fehlen eines klaren Bewußtseins das »Unbewußte«. Das Unbewußte, der verdrängte Teil der Persönlichkeit, darf nicht als eine bloße Unbekannte betrachtet werden. Unbewußte Prozesse drükken sich im Verhalten, in Träumen, Phantasien, Hoffnungen und den ihnen zugrundeliegenden Motivationen aus. Für das Verständnis der Freudschen Therapieauffassung ist es wichtig zu erkennen, daß unbewußte Faktoren aktiv und mehr oder weniger ständig wirksam sind. Vielleicht läßt sich dies verdeutlichen, indem wir den Fall unseres höflichen jungen Patienten ausführlicher darstellen.
Nehmen wir einmal an, ein kleiner Junge ist wiederholt bedrängenden Situationen ausgesetzt, die Kastrationsängste in ihm hervorrufen —

das heißt, er stellt sich vor, oder es wird ihm gesagt, daß er kastriert werde, wenn er ungezogen sei. Aufgrund seiner eigenen Beobachtung kommt er außerdem zu dem Schluß, daß Frauen Männer seien, die ihren Penis verloren haben. Das macht ihm klar, wie schrecklich real diese Bedrohung ist. Wenn das Kind eine derartige Kastrationsangst entwickelt — und Freud weist darauf hin, daß diese Angst nahezu allen Männern gemeinsam ist —, wird es sich sehr davor fürchten, diese Strafe zu provozieren. Um sich vor der Bedrohung zu schützen, muß es nicht nur sein äußeres Verhalten, sondern auch seine Gedanken und Gefühle kontrollieren. Dennoch kann ein Gedanke oder ein Gefühl entschlüpfen, und das Kind hat deshalb Angst, es könnte »entdeckt« oder »aufgedeckt« werden, daß es tatsächlich diese häßlichen Gefühle und Gedanken hat.

Freud sagt uns, daß sich dieser Junge, und später der neurotisch gehemmte Erwachsene, jedesmal, wenn er Aggression zurückdrängt, im Grunde unbewußt auf die aktiv wirksame Phantasie der ursprünglichen Kastrationsangst bezieht. Die Ursachen der Neurose sind daher nicht nur in vergangenen Ereignissen zu suchen, welche auch den Erwachsenen noch beeinflussen; diese Ereignisse führen in Form wirksamer Phantasien weiterhin ein aktives, wenn auch unbewußtes Leben. In seinen *Studien über Hysterie* sagt Freud, daß die Erinnerung an das traumatische Erlebnis unmittelbare Ursache der Hysterie sei. Seiner Auffassung nach ist sie weder bloß indirekte Ursache, noch haben die traumatischen Erlebnisse die Person lediglich in der Weise geformt, daß alle späteren Erlebnisse eine Verzerrung erfahren. Vielmehr äußert sich in dem hysterischen Symptom selbst recht lebhaft eine unbewußte Phantasie. In der viktorianischen Zeit trat zum Beispiel ein Symptom, das heute recht selten geworden ist, häufig auf: Viele Frauen litten infolge ihrer fast völlig unterdrückten Sexualität unter nervösen Krämpfen; dabei verbiegt sich der Körper so stark, daß es zu krampfartigen Verrenkungen kommt, in denen sich die unbewußte Phantasie des Geschlechtsverkehrs Ausdruck verschafft.

Das Verdrängte ist in solchen klassischen Hysterien außerordentlich deutlich, da die Person die unbewußte Phantasie »ausagiert«. Die hysterische Frau zum Beispiel, die eine schlechte Beziehung zu ihrem Vater hatte und deshalb phantasierte, ihr Vater habe sie verführt, lebt diese phantasierte »Verführungsbeziehung« zu ihrem Vater später oft mit einem älteren Mann aus. Die Ursache der Neurose hat die Person also nicht nur in der Vergangenheit beeinflußt; die aktivierten Erinnerungen oder Phantasien führen weiterhin ein wirkliches, wenn auch unbewußtes Leben in der Person. Dieses Weiterbestehen der unbewuß-

ten Phantasien und die Tatsache, daß sie durch besondere Lebensumstände aktiviert werden, bringen die Neurose immer wieder zum Ausbruch.
Das unbewußte psychische Leben ist daher in jeder Hinsicht ebenso wirksam und real wie das bewußte. Unbewußtes Fühlen, Denken, Hoffen, Phantasieren und Wollen sind psychische Prozesse, denen nur ein Merkmal fehlt, das gewöhnlich dem psychischen Leben zugeschrieben wird — Bewußtheit.
Ein wesentlicher Unterschied zwischen Bewußtem und Unbewußtem besteht darin, daß das Bewußte planvollem und geordnetem Handeln direkter zugänglich ist. Ich will etwas bewußt, und ich verfolge es in einer klaren, bewußten Weise, indem ich mehr oder weniger gut geplante Wege zum Ziel verfolge. Unbewußte psychische Prozesse dagegen können sich für gewöhnlich nicht direkt in rational gelenktem Handeln äußern. Unbewußtes Denken, Wollen, Wünschen und Phantasieren kommt indirekt in einer Vielzahl verschiedener Symptome zum Ausdruck, z. B. in Fehlleistungen oder Irrtümern beim Sprechen oder Handeln, in Träumen und in einer Reihe von jeweils ganz individuellen Äußerungsformen. Eine Person wird in der Tat nur insoweit als neurotisch bezeichnet, als diese unbewußten psychischen Prozesse aktiv in ihre planvollen, rational geordneten und bewußten Lebensentwürfe eingreifen und bestimmte Symptome, Hemmungen oder Ängste hervorrufen.

Der Wiederholungszwang des Unbewußten

Nach Freud führt die Tatsache, daß das Unbewußte für die bewußten, rational bestimmten, adaptiven psychischen Prozesse und Aktivitäten unzugänglich ist , dazu, daß die unbewußten Prozesse relativ unverändert bleiben. In einer elementaren Schicht des psychischen Lebens finden wir einen unveränderlichen, gleichbleibenden Kern. Freud weist oft auf den unveränderlichen Charakter und die Zeitlosigkeit des Unbewußten hin und trifft damit genau den Kern des Problems der therapeutischen Veränderung. Die Neurose ist ein Drama der Wiederholung, denn das Unbewußte, das beim Neurotiker blockiert ist, sucht sich immer wieder auf die gleiche Weise Ausdruck zu verschaffen. Die neurotische Person erlebt Tag für Tag den unbarmherzigen inneren Kampf zwischen den gespaltenen Seiten ihrer Persönlichkeit. Das Unbewußte sucht sich in Form von Symptomen oder mit anderen Mitteln Ausdruck zu verschaffen, die sie in mehr oder weniger starkem Maße lähmen. Beide Seiten des neurotischen Dramas haben vorwiegend in-

fantilen Charakter und verweisen auf die Vergangenheit, die immer wieder neu durchlebt wird.
Der Neurotiker akzeptiert die phantasierten und realen Drohungen der Eltern und fährt fort, gemäß dem in der Kindheit erlernten Hemm-Mechanismus zu leben. Folglich haben die moralischen, ästhetischen und sozialen Normen in dem Maße infantilen Charakter, wie sie neurotisch sind. Diese Normen mögen in der Kindheit in gewisser Weise angemessen gewesen sein; für den Erwachsenen sind diese infantilen Muster und Tabus jedoch sinnlos. Der Neurotiker leidet unter der fehlgeleiteten, unreifen Impulsivität, welche für kleine Kinder, die ohne Rücksicht auf soziale Erwünschtheit und Annehmbarkeit ihre Wünsche erfüllt haben wollen, charakteristisch ist. Diese ursprünglich aus dem Bewußtsein verdrängten oder verbannten Wünsche hatten kaum die Möglichkeit, sich zu einer reiferen Form zu entwickeln. Deshalb ist der höfliche junge Mann, von dem oben die Rede war, nicht nur unbewußt gehemmt in dem Sinne, daß sein Verhalten dem eines »netten kleinen Kindes« entspricht, »das seinen Eltern keine Schwierigkeiten macht«; auch seine Impulse gehören einer infantilen Ebene an und verweisen auf das »wütende Kind, das seine Mutter ganz für sich haben und seinen Vater gerne töten würde«. Sowohl die Impulse als auch die neurotische Hemmung sind im Unbewußten auf infantile Objekte und Phantasien fixiert.
Das auf bestimmte Muster fixierte, unveränderliche Unbewußte, von Freud als »die wahre psychische Realität« bezeichnet, findet sich gewissermaßen im Zentrum des menschlichen Lebens. Es ist möglich, daß sich diese Auffassung von der Fixiertheit als eine der Hauptschwächen der Freudschen Theorie herausstellen wird, die ja eine Theorie der therapeutischen Veränderung ist. Freuds Vorstellung vom stark fixierten Menschen kann zwar das unveränderliche Wesen des Persönlichkeitskerns beschreiben, läßt aber wenig Raum für eine Beschreibung von Veränderungen.

Zusammenfassung

Der Verdrängungsvorgang und die Spaltung der Persönlichkeit, wie Freud sie sieht, sind unvermeidbare Resultate der Akkulturation, Zivilisation und Sozialisation. Es kommt zu der Spaltung, weil das Kind lernen muß, die triebhafte Seite seiner Persönlichkeit zu unterdrücken und sie auf sozial gebilligte Weise zu formen. Was eine bestimmte Persönlichkeit neurotisch werden läßt, ist nur eine Frage des Ausmaßes oder der Intensität. Bei der neurotischen Persönlichkeit ruft die Spaltung in verdrängte und verdrängende Kräfte einen Konflikt von ausreichender Intensität hervor, um eine ernsthafte Störung zu bewirken. Freud weist darauf hin, daß die neurotische Hemmung ein integraler Bestandteil des Zivilisationsprozesses ist, und behauptet, daß der zivilisierte Mensch aus diesem Grund Sexualität niemals voll genießen kann.

Die Frage, ob jemand neurotisch ist, hängt dann davon ab, wie groß der Bruch zwischen den beiden Seiten der gespaltenen Persönlichkeit ist und wie intensiv sich die beiden Seiten bekämpfen. Wenn sowohl die sinnliche oder triebhafte Seite konstitutionell sehr stark ist wie auch der Zwang, diese zu unterdrücken, entsteht fast mit Sicherheit eine klar erkennbare Neurose. Eine weitere wichtige Frage ist die, in welchem Maße eine Person ihre Triebe wirksam in kulturell akzeptierte Kanäle umleiten kann. Wenn jemand in der Lage ist, seine Aggression zum Beispiel dadurch zu sublimieren, daß er Chirurg, Zahnarzt oder Psychologe wird, dann kann diese Freisetzung seines unbewußten Bedürfnisses und seine Umwandlung in etwas sozial Erwünschtes eine Neurose verhindern.

3

Die klassische Freudsche Therapie

Die Bewußtmachung des Unbewußten

Das wichtigste Ziel der Freudschen Psychotherapie besteht darin, das Unbewußte bewußt zu machen, das Eingeschlossene freizusetzen, das fehlerhafte und lückenhafte Gedächtnis wiederherzustellen und die Lücken im Bewußtsein zu füllen. »Wo Es war, soll Ich sein«, sagte Freud und meinte damit, daß die Kräfte der vernünftigen Anpassungsfähigkeit, des rationalen, logischen, kohärenten, adaptiven Denkens, die zur Persönlichkeit gehören, in erster Linie das Verhalten leiten sollten. Die Aufspaltung der Persönlichkeit in Bewußtes und Unbewußtes, die einander bekämpfen, sollte durch eine Erweiterung des Bewußtseins geheilt werden.

Als Freud seine erste therapeutische Abhandlung, die *Studien über Hysterie,* schrieb, hatte er bereits erkannt, daß es nicht genügt, ein rationales oder intellektuelles Verständnis von den Ursachen der neurotischen Erkrankung zu haben, um die unbewußten Faktoren wirklich bewußt zu machen, sondern daß ein emotionales Verständnis der Erfahrung erforderlich ist. Der Hauptgrund, warum die neurotische Persönlichkeit ihr Verhalten nicht erklären kann, liegt darin, daß ihre widerspenstige Abwehr ganze Persönlichkeitsbereiche ausgelöscht hat. Lücken im Bewußtsein sind indirekter Ausdruck dieser ausgelöschten oder verdrängten Bereiche und dienen der neurotischen Person teilweise dazu, vor sich selbst ihre eigene tatsächliche Motivation und ihre Wünsche zu verbergen.

Bei seinen ersten Versuchen psychotherapeutischer Intervention hypnotisierte Freud seine Patienten, ließ sie ihre Symptome bis in die Zeit der auslösenden Erlebnisse zurückverfolgen und pflegte dann zu noch früheren Ereignissen zurückzugehen, die in gewisser Weise an der Entstehung der Symptome beteiligt waren. Von diesen früheren Ereignissen nahm er an, daß sie insofern die ständig wirksamen primären Ursachen der Symptome seien, als sie immer aufs neue in der unbewußten Erinnerung des Patienten durchlebt wurden. Als Freud die Hypnose als Behandlungsmethode aufgab, verwandte er weiterhin andere direkt suggestive Techniken. Wenn das Erinnerungsvermögen des Patienten aussetzte oder eine Sprachblockierung auftrat, pflegte der Arzt seine Hand auf die Stirn des Patienten zu legen und ihn aufzufordern und sogar eindringlich zu verlangen, er solle sich an ein Bild, einen Gedanken

oder eine Vorstellung erinnern. Dann fragte er den Patienten: »Was fällt Ihnen ein?«
Bei der Anwendung dieser »Technik des Druckausübens« erkannte Freud deutlich, daß der Patient entschieden Widerstand leistete, sein Unbewußtes bewußt werden zu lassen. Selbst bei der Hypnose, die einen Teil des Widerstandes, sich zu erinnern, zu umgehen schien, hatte Freud einen beträchtlichen Widerstand bemerkt. Sogar die willigsten und intelligentesten Patienten zeigten bemerkenswerte Fehlleistungen bei der Befolgung der Instruktionen: ihre Erinnerung setzte plötzlich aus, sie kritisierten das analytische Verfahren, sie hielten eine Vorstellung, die sie gehabt hatten, oder ein Bild für unwichtig und leisteten in vielerlei Hinsicht der präzisen Anweisung, einfach zu sagen, was ihnen einfiel, Widerstand. Der Widerstand verbarg sich oft hinter solchen Entschuldigungen wie: »Ich bin heute zerstreut« oder »Die Uhr oder das Klavier im anderen Raum stören mich«. Einmal erkannt, wurde der Widerstand jedoch als Hauptproblem für den Erfolg oder Mißerfolg der psychoanalytischen Behandlung angesehen. An einer Stelle bemerkte Freud, daß die psychoanalytische Behandlung im allgemeinen als eine nochmalige Erziehung hinsichtlich der Überwindung innerer Widerstände betrachtet werden könne. Wenn eine Behandlung vom Widerstand ausgehend definiert wird, dann wird dieser zum zentralen Konzept für das Verständnis der Behandlung.

Das psychoanalytische Verfahren

Freud entwickelte das eigentliche psychoanalytische Verfahren erst, als er seine »Technik des Druckausübens« aufgab. Im allgemeinen lädt der Analytiker seinen Patienten ein, sich bequem auf einem Sofa auszustrecken, während er hinter ihm und außerhalb seines Gesichtsfeldes sitzt. Der Patient wird gebeten, sich bei dem, was er sagt, »keinen Zwang anzutun«, alles zu sagen, was ihm in den Sinn kommt, selbst wenn er es für unwichtig, irrelevant oder unsinnig hält. Es wird besonders betont, daß keine Gedanken oder Vorstellungen übergangen werden sollten, weil sie für den Patienten vielleicht unangenehm oder beunruhigend sind.

Das Hinlegen

Daß der Patient sich hinlegt, hat eine Reihe von Vorteilen. Zum einen ist der Patient entspannt und eher bereit zu sagen, was ihm in den Sinn kommt, weil allein schon diese Position dazu einlädt, die rationalen

Strukturen des hyperrationalen Bewußtseins zu lockern. Das Hinlegen hat außerdem den Effekt, daß viele der üblichen sozialen Konventionen irrelevant erscheinen. Es untergräbt viele, dem Patienten eigene soziale Gewohnheiten, denn es ist schwierig, sich wichtig zu tun, im Party-Ton zu plaudern oder einen Vortrag zu halten, während man auf der Couch liegt. Viele konventionelle soziale Verhaltensweisen verschwinden einfach, wenn der Patient auf einer Couch liegt.
Da Liegen eine Schlafhaltung ist, wird außerdem das Zutagetreten der weniger bewußten, der phantasiebetonten Seite der Persönlichkeit gefördert. Der Patient ist entspannt, läßt sich überfluten und treiben, ist bis zu einem gewissen Grade von der Realität abgeschnitten. Er ist buchstäblich der Welt entrückt und daher nicht, im üblichen Sinne des Wortes, realitätsorientiert.
Schließlich hebt die liegende Position des Patienten die Unterscheidung zwischen hoch und tief, die Einteilung der Welt in oben und unten auf. Er läßt sowohl das Erhabene als auch das Niedrige gleichermaßen zu sich sprechen. Das Hinlegen dient demnach der Entspannung, der Lockerung der Kontrolle, der Minderung der Realitätsbewältigung und einer gewissen Unkonventionalität in bezug auf soziale Erwartungen. Es ist etwas ganz Besonderes, auf der Couch eines Analytikers zu liegen.
Auch den Analytiker beeinflußt die Tatsache, daß der Patient liegt. Einer der wichtigsten Aspekte der Beziehung zwischen Analytiker und Patient ist eben die Tatsache, daß der Patient liegt, der Analytiker aber nicht. Dieser wird dadurch in seiner Position der Überlegenheit und in seiner Vorrangstellung, was die Interpretation der Realität angeht, bestätigt. Er ist derjenige, der mit den Füßen auf dem Boden steht und die Lage überblickt. Er kann ganz offen zugeben, daß der Patient klüger, begabter und weitblickender ist als er selbst. Aber in der analytischen Situation, wenn der Patient sich hinlegt, wenn er ermutigt wird, sich zu entspannen und alles zu sagen, was ihm in den Sinn kommt, da erhält der Analytiker eine gewisse Priorität bezüglich der Beurteilung dessen, was real und wichtig ist. Der Analytiker ist der »Seher«, und der »vor ihm ausgebreitete« Patient ist der passive Erzeuger von Daten, die verstanden und erkannt werden sollen. Den Analytiker beeinflußt auch die Möglichkeit, selbst zu regredieren. Die Tatsache, daß der Patient seine Kontrollen aufgibt, hilft dem Analytiker, seine eigene Kontrolle zu lokkern — sich dem Patienten gegenüber frei und ungezwungen zu verhalten, weil der Patient sich ihm gegenüber frei und ungezwungen gibt.

Daß sich der Analytiker hinter dem Patienten, also außer Sicht befindet, trägt weiter dazu bei, daß der Patient seine Realitätsbindungen lockern kann; es hilft ihm, sich — losgelöst von den konventionellen Signalen der sozialen Wirklichkeit — in die besondere Stimmung der freien Assoziationssituation zu versetzen. Tatsächlich ist er praktisch von *allen* Signalen der sozialen Wirklichkeit losgelöst — nicht nur von den konventionellen. Er kann nicht ausmachen, welche seiner Bemerkungen Interesse, Erstaunen, Bestürzung, Mißbilligung, Freude oder Widerwillen erwecken, weil er nicht mehr auf das subtile Orientierungssystem von Mimik und Gesten, durch das Billigung oder Mißbilligung ausgedrückt werden, zurückgreifen kann. In der gewöhnlichen sozialen Kommunikation ermöglicht uns dieses komplexe Orientierungssystem, das, was wir sagen, den Reaktionen des anderen entsprechend sofort zu verändern. Aber diese Möglichkeit verschwindet praktisch in der analytischen Situation, weil der Analytiker verschwindet. Der Patient kennt die Reaktion des Analytikers nicht und wird damit radikal auf sich selbst zurückgeworfen. Dies behagt ihm sehr oft nicht, so daß er den Hals verdreht und versucht, den Analytiker zu sehen. Da ihm eindeutige Hinweise auf die Reaktion des Analytikers fehlen, muß der Patient aus seinem eigenen Erfahrungsrepertoire schöpfen, um sich ein Bild zu machen. Er tut dies mit Hilfe von Phantasien, die die Rolle des Analytikers strukturieren und verdeutlichen. Gerade wegen der losgelösten, unheimlichen und zunehmend phantastischeren Struktur der analytischen Erfahrung sind diese Phantasien häufig bemerkenswert genaue Reflexionen — eigentlich Ausweitungen — spezifischer früherer Erfahrungen des Patienten. Diese durch die Phantasie ausgeweiteten früheren Erfahrungen — die schließlich alles sind, was der Patient in der analytischen Situation hat — werden durch die Unsichtbarkeit des Analytikers gefördert.

Daß der Analytiker sich hinter dem Patienten befindet, fördert, mit anderen Worten, die Übertragung, die eine Neuauflage der alten Beziehungen zu wichtigen Personen wie Mutter und Vater ist. Daß sich der Analytiker physisch »über« dem Patienten befindet, begünstigt die Ausweitung dieser infantilen Phantasien. Aus der Sicht des liegenden Patienten verleiht diese Position dem Analytiker eine gewisse phantastische Allwissenheit, eine Überlegenheit, welche die kindliche Erfahrung, daß signifikante Erwachsene eine Art allwissender Wesen sind, aufs neue festigt.

Der Patient ist gezwungen, Antworten auf Fragen wie diese zu phantasieren: »Wer ist das? Was geht in ihm vor? Wie empfindet er mir gegenüber? Wer ist der Analytiker in der Beziehung zu mir?« Es ist die Absicht des Analytikers, so viele Phantasien wie möglich anzuregen und zur Projektionswand für die Phantasien des Patienten zu werden. Freud spricht in diesem Zusammenhang von einer Neuauflage alter Beziehungen in der Übertragung; er stellt fest, daß es sich dabei in einigen Fällen um eine fast exakte Reproduktion handelt, während sich in anderen Fällen beträchtliche Veränderungen feststellen lassen.

Der Analytiker selbst wird durch die Tatsache, daß der Patient liegt, während er selbst sitzt und für den Patienten unsichtbar ist, beeinflußt; er ist nicht verpflichtet, eine soziale Fassade aufrechtzuerhalten oder wachsame Kontrolle über seinen Gesichtsausdruck zu üben, was notwendig wäre, wenn der Patient ihn sehen könnte. Seine Unsichtbarkeit bedeutet für ihn die Möglichkeit, ein rezeptives, entspanntes, von sozialen Gepflogenheiten unzensiertes Bewußtsein zu haben. Er ist der »Seher«, ohne selbst gesehen zu werden, was für seine Fähigkeit, zu erkennen, zu begreifen, zu verstehen und sich frei vom unmittelbaren Druck des forschenden Blicks des Patienten zu verhalten, psychologisch von großer Bedeutung ist. Der Analytiker weiß auch, daß er, infolge seiner Unsichtbarkeit, stets recht hat, wenn er die Vorstellungen und Gefühle des Patienten ihm selbst gegenüber den früheren Beziehungen des Patienten zuschreibt. Es ist unvermeidlich, daß der Patient ihn im Hinblick auf frühere bedeutsame Figuren beurteilen wird. In gewissem Sinne macht sich der Analytiker neutral, in einem anderen Sinne aber macht er sich zu einer phantasierten Erscheinung für den Patienten. Durch sein Schweigen, seine Unsichtbarkeit und die Ambiguität seiner nicht-urteilenden Haltung provoziert er beim Patienten zwangsläufig eine Reaktion, die in dessen vergangenem Leben begründet ist. In der bodenlosen Ambiguität der Analyse muß der Patient eine sinnvolle Figur strukturieren. Da ihm in dieser Situation die Grundlage für eine realistische Beurteilung fehlt, ist er auf sich selbst zurückgeworfen und verwendet seine eigene Erwartung und seine eigenen Phantasien, um sich über den Analytiker Klarheit zu verschaffen. In der analytischen Situation funktioniert dies tatsächlich. Analytiker und Patient lassen im Dialog die Interpretationen der Übertragungsbeziehung wahr werden.

Innerhalb der analytischen Situation ist die Wahrheit und Realität der Übertragungsinterpretation außerordentlich überzeugend, weil der Patient weiß, daß der Analytiker nicht wirklich das phantasierte Vater-Ungeheuer, die Bedrohung usw. ist. Der Analytiker ist schließlich der Analytiker, ein professioneller Helfer, der über Erfahrung, Bildung und Einfühlungsvermögen verfügt. »So sahen Sie Ihren Vater, nicht wahr?« fragt der Analytiker, und in der Analyse versteht der Patient das auch.

Der Analytiker stellt demnach eine Situation her, in der ein ganzer Horizont analytischer Interpretationen hinsichtlich der Übertragung wahr wird, und zwar für den Analytiker wie für den Patienten. Dadurch, daß er zu einer Art mächtigem Spiegel oder Bildschirm wird, nimmt er dem Patienten die volle Realität der Wahrnehmung und des Verstehens. Der Patient findet sich immer mehr in seinem Phantasieleben, und es wird deutlich, daß er die Wahrheit deshalb nicht sehen kann, weil seine Wahrnehmung getrübt, verzerrt, emotional gefärbt und phantastisch ist. Allein dadurch, daß der Analytiker darauf hinweist, wie phantastisch und emotional getrübt diese Wahrnehmungen sind und daß sie aus der Vergangenheit stammen müssen, festigt er sehr wirkungsvoll seine überlegene Position hinsichtlich der Interpretation der Realität.

Hier wird eine außergewöhnliche Machtsituation geschaffen. Der Patient wird in der Situation des freien Assoziierens aufgefordert, seine Fähigkeit, klar zu sehen, rational zu sein, aufzugeben. Er stellt aber immer mehr fest, daß er nicht in der Lage ist, das zu tun, was er will, nämlich frei zu assoziieren. Je überzeugender er feststellt, daß er alle möglichen befremdlichen, phantastischen Vorstellungen und Empfindungen dem Analytiker gegenüber hat, desto mehr betrachtet er sich als infantil, dumm, irrational, unvernünftig und voll grundloser Gefühlsregungen. Unterdessen setzt der Analytiker immer stärker seine eigene Sicht der Realität, seine eigene, für ihn charakteristische, treffende Interpretation der Realität, seine eigenen, von Widerstand relativ freien Auslegungen durch. Die Situation festigt nachdrücklich die Vorherrschaft des Analytikers als einer Person, die die Realität erkennt und die Wahrheit spricht.

Aufforderung zur freien Assoziation

Einfluß auf den Patienten. Die Anweisung zur freien Assoziation bildet wahrscheinlich die wichtigste Übereinkunft zwischen Analytiker und Patient. Hierbei wird vom Patienten verlangt, daß er sich ehrlich, zwanglos und in gewisser Weise unkontrolliert auf der verbalen Ebene öffnen soll. Gleichzeitig enthält diese Aufforderung das implizite Versprechen, daß der Analytiker weder die üblichen Bewertungsmaßstäbe sozialer Beziehungen auf die Äußerungen seines Patienten anwenden noch sich beim Zuhören konventioneller Maßstäbe bedienen wird.

Dies impliziert weiterhin, daß das gesamte psychische Leben des Patienten — nicht nur einige Details — von Interesse ist und alles, was zur Sprache kommt, der analytischen Aufmerksamkeit wert ist. Der Analytiker fordert den Patienten direkt auf, sich selbst gegenüber eine neue, weniger unmittelbar funktionale, weniger technische Haltung einzunehmen. Er soll sich nicht als ein Problem oder als ein zu heilender Kranker empfinden, sondern als ein psychisches Wesen in seiner Gesamtheit, dessen gesamtes Denken, Fühlen, Empfinden und Vorstellen der Aufmerksamkeit, Reflexion und Analyse wert ist.
Der Patient, der in der Erwartung zum Analytiker kommt, daß ein Symptom behandelt wird, nimmt eine technische Problemlösehaltung ein: »Ich habe diese Phobie, und ich möchte, daß Sie mich von ihr befreien.« Er wird sofort in eine Situation gestoßen, in der dieser Einstellung, die auf eine nüchterne Heilung der Krankheit bzw. Lösung von Problemen zielt, durch die Aufforderung zur freien Assoziation entgegengetreten wird: »Alles, was Ihnen in den Sinn kommt — ganz gleich, was es sein mag —, ob es irrelevant, unsinnig, unangenehm, beunruhigend oder was auch immer ist, ist der Aufmerksamkeit wert, deshalb erwähnen Sie es bitte.«
Im Verlauf der Analyse wird die Aufforderung zur freien Assoziation aus verschiedenen Gründen für den Patienten zur Regel aller Regeln. Erstens wird der Patient durch die Bitte, seine rationale Kontrolle aufzugeben, und durch die Aufforderung zur freien Assoziation zu einer Quelle analytischer Daten. Seine Äußerungen sind nun einzelne Probleme, die der Interpretation bedürfen. Wie dadurch die analytische Situation strukturiert wird, wird im einzelnen später deutlich. Zweitens wird für den Patienten die Tatsache, daß er zur freien Assoziation chronisch unfähig ist, nachdem er sich dazu bereit erklärt hat, zum zentralen, überzeugendsten Beweis für seine Irrationalität, Zwanghaftigkeit, Abwehr und für seinen Widerstand. Diese Unfähigkeit zum Assoziieren, die Tatsache, daß es ihm in vielfältigen Formen mißlingt, sein Gewebe aus Worten frei zu spinnen, sind der Beweis für seine Blockierung.
Im Prozeß des freien Assoziierens soll der Patient Gefühle, Gedanken, Äußerungen, so wie sie ihm gerade einfallen, aus sich herausströmen lassen. Er soll nicht brüten oder über das nachdenken, was er sagen will. Damit überläßt er Fragen der Kontrolle und den Vorrang der Interpretation dem Analytiker, er selbst gibt seine eigene selektive, kontrollierende, interpretative Funktion formal auf.
Dafür ist nun der Analytiker derjenige, der die Kontrolle und eine realistische Vorstellung dessen, was erlaubt ist, aufrechterhält. »Ich bitte

Sie, Ihre realistische Vorstellung von dem, was erlaubt ist, nicht aufrechzuerhalten, sondern einfach Ihren Gedanken freien Lauf zu lassen und über das, was Ihnen in den Sinn kommt, ohne Rücksicht auf Relevanz, Rationalität oder Vernünftigkeit zu sprechen. Alle diese Begriffe lassen erkennen, daß Sie durchaus die Fähigkeit hätten, das, was Sie sagen, zu interpretieren und zu verstehen, aber diese Fähigkeit sollen Sie gerade aufgeben. Ich als Analytiker muß hier in gewisser Weise für Sie eintreten.«

Einfluß auf den Analytiker. Die Tatsache, daß der Patient frei assoziiert, bedeutet einen entscheidenden Unterschied zwischen Patient und Analytiker. Es ist die Aufgabe des Patienten, sich dem Analytiker zu enthüllen, indem er sich ohne Selbstzensur äußert. Aufgabe des Analytikers ist es, die bewußten und unbewußten Welten des Patienten zu verstehen, zu interpretieren und sich auf sie einzustellen. Dadurch wird eine grundlegende Tendenz innerhalb der Beziehung, was die Haltung von Analytiker und Patient angeht — die bereits festgelegt wird, wenn der Patient sich hinlegt und der Analytiker sich hinsetzt —, noch verstärkt: Der Analytiker ist »die« mächtige Person, die in der psychoanalytischen Situation einen gewaltigen Vorsprung an Einsicht und Verständnis besitzt.

Der Patient redet, und der Analytiker hört zu und versteht. Der Patient wird aufgefordert, sich den Eingriffen der interpretativen Interventionen des Analytikers mehr oder weniger passiv hinzugeben. Auf diese Weise wird der Analytiker dazu veranlaßt, seiner eigenen Funktion als »Seher«, als derjenige, der Verknüpfungen herstellt, Anweisungen erteilt und interpretiert, größte Wichtigkeit beizumessen. Wenn der Analytiker den Patienten erst einmal aufgefordert hat, seine übliche rationale, geordnete soziale Selbstkontrolle aufzugeben, so muß diese in der analytischen Situation natürlich auf andere Weise ersetzt werden. Der Analytiker ersetzt die Kontrolle und Einsicht des Patienten durch seine eigene Kontrolle und Einsicht. Wenngleich dies niemals uneingeschränkt möglich ist, so wird es in der klassischen analytischen Situation doch zumindest angestrebt.

Der Analytiker versucht, dem Patienten mit freischwebender Aufmerksamkeit gegenüberzutreten. Er soll nicht diesen oder jenen theoretischen Punkt auswählen und sich darauf konzentrieren, keine Anhaltspunkte suchen für eine Interpretation, die er im voraus im Sinn hat, noch sich anderen Aktivitäten widmen, die seine Beobachtung einengen könnten. Diese ideale Haltung des Analytikers ist das genaue Gegenstück zur Aufforderung an den Patienten, frei zu assoziieren. Analytiker und Patient sollen beide ihre Aufmerksamkeit gleichmäßig fließen und schweben lassen, alle Bilder und Vorstellungen ins Bewußtsein einlassen, ohne zur Richtigkeit, zum Sinn, zur Logik, Moral, Ästhetik dieser Bilder eine vorgefaßte Meinung zu haben und ohne theoretische Vorüberlegungen dazu angestellt zu haben. Der Analytiker kann sich von solchen Überlegungen natürlich nicht völlig freimachen, sowenig der Patient völlig frei zu assoziieren vermag. Freud verlangt sowohl vom Analytiker als auch vom Patienten etwas, das beiden nicht ganz gelingen kann.

Auswirkung auf den Patienten. In jedem Fall wird dem Patienten am Anfang der Analyse die Aufmerksamkeit des Analytikers zugesagt, wenn auch nicht ausdrücklich. In der Aufforderung an den Patienten, alles zu sagen, was ihm in den Sinn kommt, ist das Versprechen impliziert, daß dem allem Aufmerksamkeit geschenkt wird. Bis zu einem gewissen Grad wird in einer guten Analyse diese freischwebende Aufmerksamkeit auch erreicht. Das Schweigen des Analytikers und seine über eine lange Zeit hin erfolgenden weitreichenden interpretativen Bemerkungen zeigen dem Patienten, daß er ihm in einer Weise zuhört, die frei von den normalen Erwartungen des sozialen Lebens ist, und daß er gewillt ist, in seinem Bewußtsein vielfältige Möglichkeiten zu erwägen.
Der Patient ist radikal auf sich selbst zurückgeworfen. Selbst die Interessen und theoretischen Voreingenommenheiten des Therapeuten sollen im dunkeln bleiben; in einem gewissen Sinn ist er jeder und niemand.
Alles in der analytischen Sitzung wird als zum Patienten gehörig betrachtet. Der Analytiker macht sich bewußt zu einer Art Spiegel, der dem Patienten hilft, Klarheit über sich selbst zu erlangen und sich zu verstehen. Er verschafft ihm außerdem das Gefühl gleichbleibender Sicherheit. Der Analytiker bestürmt den Patienten nicht mit einer eigenen gewagten Idee oder mit einer Erfahrung, die er selbst gemacht hat. Er ist ein unemotionaler, vernünftiger, gelassener Beobachter, der den

Patienten sich selbst zurückgibt — auf eine realistische, bestimmte und vorurteilslose Art. Wenn ihm das gelingt, wird dadurch die rationale Autorität des Analytikers gestützt. Seine Rationalität, Vernünftigkeit und Offenheit werden für den Patienten buchstäblich fühlbar.

Auswirkung auf den Analytiker. Indem der Analytiker sich selbst die Aufgabe stellt, eine freischwebende Aufmerksamkeit beizubehalten, kann er erkennen, in welchem Maße ihm die zur Durchführung der analytischen Aufgabe notwendige Objektivität fehlt. Schon bald stellt er eine gewisse Verzerrung seiner Wahrnehmung, emotionale Anteilnahme und die Tendenz zu einem geheimen Einverständnis mit dem Patienten bei sich fest. Er verstrickt sich in die eine oder andere Phantasie seines Patienten, oder er stellt fest, daß er anfängt zu theoretisieren. All dies ist eine Warnung dafür, daß er von der strikten, idealen Einstellung objektiver Unparteilichkeit abweicht — das heißt, daß er sich selbst einem Widerstand gegenübersieht, dem Widerstand, Analytiker zu sein.
Durch das ständige Bemühen, eine unparteiische, freischwebende Aufmerksamkeit beizubehalten, wird die Kühle und Distanziertheit des Analytikers weiter verstärkt. Er wird nicht übermäßig in den einen oder anderen Aspekt des Falles verwickelt, sondern behält die Haltung dessen bei, der einen allgemeinen Überblick hat, er ist bereit, alles, was während des freien assoziativen Umherschweifens des Patienten zum Vorschein kommt, zu sehen oder zu hören. Auf diese Weise wird seine Fähigkeit, derjenige zu bleiben, der versteht, begreift, Verbindungen erfaßt und Daten integriert, gewahrt und gefördert; und so entwickelt er seine eigene Fähigkeit, optimale analytische Erkenntnisse und Interpretationen zu liefern.

Die Interpretation

Für den Analytiker bilden die Erfahrungen, die den Interpretationsakt fördern, den eigentlichen Kern der Analyse. Sein »Eingestimmtsein«, die freischwebende Aufmerksamkeit, die kühle »chirurgische« Distanz, die Aufforderung an den Patienten, frei zu assoziieren, die jeweiligen sozialen, psychischen und physischen Positionen von Patient und Analytiker — die gesamte oben ausgeführte, überaus kunstvolle analytische Struktur verdichtet sich im Moment der Interpretation.
Mit Interpretation ist jede Äußerung des Analytikers gemeint, die einen Weg zum Verständnis der tatsächlichen Motivationen weist, welche das Handeln des Patienten beeinflussen. Die Interpretationen können sich in ihrer Reichweite sehr stark unterscheiden. In einer ersten

Interpretation verknüpft der Analytiker vielleicht bloß eine Verhaltensweise mit einer anderen (»Ich bemerke, daß Sie lächeln, wenn Sie das sagen.«), er hat aber den Gedanken, daß für diesen Patienten das Lächeln und das Gesagte irgendwie in besonderer Weise verknüpft sind. Der Analytiker vermutet, daß dieses Verhalten tief in der Vergangenheit des Patienten verwurzelt ist und ein Reaktionsmuster berührt, das einen wesentlichen Platz im neurotischen Leben des Patienten einnimmt. Von daher betrachtet, steht die Äußerung: »Ich bemerke, daß Sie lächeln, wenn Sie das sagen«, bereits in einem größeren Interpretationszusammenhang und führt vielleicht sogar zur Rekonstruktion eines entscheidenden Stücks der früheren Lebensgeschichte.

Die Interpretation kann aber auch kunstvoller konstruiert sein. Wenn der Analytiker das Lächeln des Patienten bemerkt, könnte er sagen: »Wissen Sie, es ist sehr interessant, daß Sie immer lächeln, wenn Sie über jemanden etwas sagen, das ein klein wenig boshaft ist. Nachdem Sie ein bißchen aggressiv waren, werden Sie *sehr* freundlich und nett, und ich beobachte das hier. Ich frage mich, ob Sie, wenn Sie mit Ihrem Vater zusammen waren, entdeckten, daß die einzige Möglichkeit, ihn davon abzuhalten, daß er sie angriff, darin bestand, auf diese lächelnde, passive Art freundlich und liebenswürdig zu sein. Sie haben mir das zwar nicht direkt gesagt, aber es muß so gewesen sein.« Diese ziemlich ausführliche Interpretation verknüpft ein ganzes Handlungsmuster im Leben des Patienten — eine bestimmte Art lächelnder Passivität — sowohl mit einem Verhalten in der analytischen Situation als auch mit einer Beziehung in seiner Vergangenheit. So können gegenwärtige Ereignisse in der Sitzung mit Ereignissen außerhalb dieser Situation, mit Ereignissen der letzten Jahre und sogar der frühen Kindheit in einer differenzierten Deutung verknüpft werden.

Die ideale Interpretation ist eine Interpretation, die für den Patienten so greifbar ist, daß sie ihn wie ein plötzlicher Erkenntnisschock trifft; sie ist sinnvoll auf der realen, rationalen und affektiven Ebene. Der Patient kann erkennen, daß sie ganze Erfahrungs- und Gefühlsbereiche, die er bisher als mehr oder weniger getrennt und isoliert betrachtet hatte, verbindet. Die Interpretation ist nicht nur sinnvoll, sondern stimmt genau mit der Erfahrung des Patienten überein.

Auswirkung auf den Patienten. Auch für den Patienten ist der Akt der Interpretation oder die Vorbereitung dazu in Form kurzer, verbindender Bemerkungen das Wesentliche der Behandlung. In dem Maße, wie ihm die Interpretation wahr erscheint, wie sie sinnvoll und anregend ist, entdeckt der Patient in ihr den wesentlichen Kern der Analyse. Er fängt an, sich analytisch zu verstehen und die Möglichkeit zu sehen, daß er die Verhaltensweise, auf die sich die Interpretation bezieht, kontrollieren kann. In einem Augenblick erkennt er: »Ja, ich nehme tatsächlich diese nette, lächelnde, freundliche Haltung ein, wenn ich etwas verärgert bin. So war es wirklich mein ganzes Leben lang, und ich habe es wirklich zuerst bei meinem Vater gelernt.«

Das Problem des Widerstandes

Den Akt der Reflexion real machen

Der Wunsch des Patienten wie auch des Analytikers, die Interpretation möge unmittelbare und umfassende Wirkung zeitigen, wird gewöhnlich nach kurzer Zeit enttäuscht. Sie hat tatsächlich eine gewisse Wirkung, aber längst nicht eine so umfassende, wie sich Patient und Analytiker wünschen würden. Warum führt die Interpretation in der Regel nicht zu einer Veränderung? Warum kann der Therapeut die psychische Dynamik des Patienten nicht innerhalb weniger Wochen aufdekken, ihn sich selbst erklären und dies therapeutisch wirksam werden lassen? Die Antwort liegt im Problem des Widerstandes, ein Thema, das immer wieder in den Schriften Freuds auftaucht.

Der junge Freud hatte auf eine schnelle Änderung gehofft, besonders über intellektuelles Verstehen und Begreifen. Es wurde jedoch schnell deutlich, daß eine solche verstandesmäßige Einsicht — und vielleicht auch ein genaues Verständnis allgemeinerer Dinge — durchaus vorhanden sein konnte, die Verhaltensweisen des Patienten jedoch relativ unberührt davon blieben.

Es wurde allmählich klar, daß die Aufgabe der Interpretation darin bestand, einen Horizont *möglicher*, aber noch nicht *realer* Zusammenhänge zu eröffnen. Wie interessant die Einsicht für einen Patienten auch sein mag — daß seine passive Liebenswürdigkeit eine Form der Abwehr ist, diese Einsicht läßt ihn allenfalls vage und abstrakt erkennen, was er tut und warum er es tut. Er hat noch nie in einer realen Situation außerhalb der Therapie erfahren, wie völlig automatisch seine lächelnde Zustimmung erfolgt. Er hat seine Furcht vor seiner eigenen Aggression oder seine Angst vor dem Zorn eines anderen noch nicht wirklich erfahren. Er hat noch nicht empfunden, wie sehr er zu seiner eigenen Machtlosigkeit beiträgt oder wie völlig er von der Billigung anderer abhängig ist.

Damit diese Zusammenhänge im Bewußtsein wirksam werden können, müssen sie in Verbindung mit der detaillierten Beschreibung der alltäglichen Lebenserfahrung des Patienten nachvollzogen werden. Damit der Begriff »Tendenz zur passiven Duldung« für ihn einen Sinn bekommt, muß er sich beispielsweise seiner Neigung bewußt werden, die Aggressionen eines anderen einzustecken; seiner Unfähigkeit, sich gegen das Vordrängeln eines anderen zur Wehr zu setzen; seines Zögerns, die Aufmerksamkeit eines Kellners oder eines Angestellten auf sich zu lenken; seiner Neigung, sich zu ängstigen und zu schwitzen, statt ärgerlich zu werden, usw. All dies muß er als »Furcht vor Aggression«, »Kastrationsangst« oder was auch immer erkennen und interpretieren. Dies muß immer wieder geschehen und immer wieder von ihm erkannt und verstanden werden.

Damit die Interpretation wirksam wird, muß sie so konkret sein, daß die Verhaltensweisen, auf die sie sich bezieht oder die sie einschließt, praktisch immer vom interpretativen Verständnis begleitet sind. Auf diese Weise wird das sich wiederholende Muster der neurotischen Fixierung blockiert, durch eine selbst-bewußte Reflexion gestoppt. Es ist für das menschliche Leben charakteristisch, daß automatisch funktionierende Fähigkeiten und Gewohnheitsmuster, mit denen die Person ständig lebt, ohne darüber nachzudenken, durch den Akt der Reflexion aufgebrochen werden. Aus diesem Grund werden Fähigkeiten wie Maschinenschreiben oder Gehen unbeholfen und unkoordiniert, wenn unmittelbar über sie nachgedacht wird. Die Interpretation eines neurotischen Verhaltens zerstört dann die automatische Entfaltung des Musters, wenn sie dieses Verhalten als Akt der Reflexion unmittelbar begleitet.

Die Interpretation wird als begleitender bewußter Kommentar wirksam, der die reibungslos fließende Abfolge repetitiver Verhaltensmuster unterbricht. Dieses strukturierte, gedankliche Rückbesinnen auf Aktivitäten ist es, das die sonst automatisch ablaufenden Verhaltensweisen unterbricht und blockiert. Die Interpretation ist daher eine der Hauptmöglichkeiten, den strukturierten neurotischen Mustern ihre Struktur zu nehmen.

Die Wirksamkeit der Interpretation hängt davon ab, ob es gelingt, im Patienten dieses Gefühl der Selbst-Bewußtheit hervorzurufen, das die automatisch funktionierenden Muster unterbricht. Wenn also diese Bewußtheit eintreten soll, muß der Patient die Interpretationen nicht nur überzeugend finden, sondern auch willens und fähig sein, sie konkret in seinem weiteren Leben anzuwenden. Er muß den Punkt erreichen, an dem er nicht mehr »Es tut mir leid« sagen kann, ohne gleich-

zeitig daran zu denken, daß er wahrscheinlich wieder »passiv duldsam« ist. Dies wird als »Prozeß des Durcharbeitens« bezeichnet.
Nur unmittelbar nachvollziehbare, affektiv erlebte, interpretierte Verknüpfungen haben die Macht, eine echte Wende im Leben des Patienten herbeizuführen und ihm zu helfen, sein Leben analytisch-rational zu begreifen. Die von ihrem Chef schikanierte Person greift nicht mehr auf ihre lächelnde Freundlichkeit zurück, die Teil ihres Verhaltensmusters gewesen ist. Bei der ersten Versuchung, wieder zu lächeln und klein beizugeben, fängt sie sich und widersteht, leicht verärgert, der Versuchung. In diesem Moment entdeckt sie, daß die Welt nicht untergeht, wenn sie ein bißchen bestimmt und aggressiv auftritt. Sie muß lernen, das zu leben und zu glauben.
Wenn sich die Interpretationen immer stärker im Bewußtsein des Patienten einprägen, beginnt allmählich ein Veränderungsprozeß. Die nun durch analytische Einsicht erhellten repetitiven Muster bilden nicht mehr das beherrschende Thema. Die Stimme der analytischen Vernunft wird im Leben des Patienten allmählich stärker. Die alten Muster werden durch Reflexion, durch das selbst-bewußte Rückbesinnen des Bewußtseins blockiert, wodurch Raum für neues Lernen geschaffen wird.

Widerstand im klassisch-analytischen Sinn

Eine zweite Form des Widerstandes ist der Widerstand, so wie er im klassischen analytischen Sinn aufgefaßt wird. Die grundlegende Aufgabe des Analytikers ist es, dem Patienten zu helfen, seine Widerstände zu erkennen und sie einzureißen, da die Widerstände, die der Patient in der psychotherapeutischen Behandlung zeigt, die gleichen sind wie jene, die ihn daran hindern, sich von der Neurose zu befreien.
Gemäß dem analytischen Schema von Freud wurzelt die Neurose in der Abneigung der Person, der Realität ihrer Impulse ins Auge zu sehen. In der Psychotherapie zeigt sich der Widerstand in der Unfähigkeit des Patienten, frei zu assoziieren oder die verschiedenen Aspekte seines psychischen Lebens korrigierend aufeinander einwirken zu lassen. Der Patient möchte zum Beispiel auf der Couch des Analytikers liegen und behaupten, er habe keine starken Abhängigkeitsgefühle. Obwohl er sich hin- und herwiegt wie ein Kind, behauptet er, daß diese Geste bedeutungslos sei und die Tatsache, daß er in einem angespannten Moment der Therapie seinen Daumen in den Mund steckt, sich keineswegs auf sein infantiles, sicherheitsuchendes, abhängiges Ich beziehe. Er möchte sich dieser unangenehmen Erkenntnis nicht aussetzen; aber ge-

rade weil der Patient die dunkleren, triebhaften, weniger konstruktiven Aspekte seiner Existenz nicht zugeben und nicht mit ihnen konfrontiert werden möchte, hat er seine Neurose entwickelt. In der therapeutischen Situation selbst lebt er die Neurose weiter aus, indem er sich gegen die eingebildete Demütigung und eingebildete Zurückweisung durch den Therapeuten wehrt.

Der klassisch-analytische Widerstand ist demnach eine komplexe Erscheinung. Erstens will das Bewußtsein des Patienten einen bestimmten Aspekt seiner Motivationen oder seines Lebens nicht zugeben. Seine ästhetischen und sittlichen Maßstäbe, seine Moralvorstellungen lehnen mit Entsetzen die deutlich erkannte Vorstellung ab, daß homosexuelle Tendenzen und starke Abhängigkeitsgefühle in ihm existieren. Er würde sich schuldig fühlen und sich selbst angreifen, wenn er sich diese Gefühle gestatten würde. Die moralischen Normen, die er von seinen Eltern übernommen hat — nämlich ein guter, starker Junge und keine Heulsuse zu sein —, setzen sich durch, sobald er ein weinerliches Abhängigkeitsgefühl empfindet. Der Patient beginnt nun, in der analytischen Situation eine Blockierung zu erleben.

Zur Verdeutlichung dieser Beobachtungen möge sich der Leser einen frei assoziierenden Patienten vorstellen. Er liegt auf der Couch und spricht von einem Vorfall, der sich an diesem Tag in seiner Firma ereignet hat. Er erzählt, daß die übrigen Mitarbeiter einen der Verkäufer lächerlich finden, weil er den Chef anscheinend übermäßig bewundert und wie ein Hündchen hinter ihm herläuft. Plötzlich tritt eine Blockierung ein. Der Assoziationsfluß kommt zum Stillstand. Der Patient stockt, sein Körper verkrampft sich, er erstarrt leicht.

Was ist geschehen? Dem analytischen Schema zufolge stößt der Patient nun wahrscheinlich auf sein eigenes Abhängigkeitsgefühl, auf seine Bewunderung für den Analytiker. Auch er hat das Gefühl, daß doch dieser Analytiker ein phantastischer Mensch ist. Wie der Verkäufer fühlt auch er sich abhängig und ist stolz, zum Analytiker zu gehören. Er kann sich aber infolge seiner eigenen Normen diese Gefühle nicht gestatten — Normen, die er ursprünglich von seinen Eltern übernommen hat und die nun in ihm selbst wirksam sind. »Als Kind lernte ich, meine abhängige Seite nicht zu zeigen, da ich sonst als Heulsuse lächerlich gemacht worden wäre. Jetzt, in der analytischen Situation, fühle ich wieder diesen weinerlichen, sehnsüchtigen Wunsch, getröstet zu werden, und außerdem spüre ich die schreckliche Gefahr, verspottet zu werden. Dies ist mein halb bewußter, halb unbewußter Widerstand, alle meine Gefühle wahrzunehmen, wozu ich in der Analyse aufgefordert bin.«

Die gesamte analytische Situation fördert die Wiederholung solcher infantilen Reaktions- und Gefühlsmuster, und zwar vor allem dadurch, daß die Freiheit des Patienten, als Erwachsener zu handeln, eingeschränkt, seine Freiheit, als Kind zu handeln, aber vergrößert wird. Die Analyse ist eine mehr oder weniger ausdrückliche Aufforderung, frühere Verhaltensmuster zu wiederholen und auf Erfahrungsformen zurückzugreifen, die der Kindheit angehören; darauf reagiert der Patient häufig mit Widerstand.

Der Widerstand hat eine zweifache Struktur. Einerseits besteht er im Zurückhalten bestimmter Inhalte, Einstellungen, Gefühle oder Erinnerungen. Andererseits besteht er in der Zurückhaltung gegenüber dem Analytiker, der nun zu der gefürchteten Person geworden ist, vor der der Patient dieses Material früher, in seiner Kindheit, zurückgehalten hat. Dies zu wissen, ist von großer praktischer Bedeutung für die Arbeit des Analytikers.

Immer wenn der Patient stockt, weiß der Analytiker: daß 1. der Patient eine Information zurückhält und daß 2. das Zurückhalten zum Teil eine Reaktion auf seine veränderte Wahrnehmung des Analytikers ist. Das bedeutet, daß der Analytiker nun als ein anderer erfahren wird, als er tatsächlich ist. Mit anderen Worten: Der Widerstand tritt auf, weil der Patient annimmt, der Analytiker würde sich nun so verhalten, wie sich die Eltern, der Bruder oder die Schwester dem Patienten gegenüber verhalten haben oder wie er phantasierte, daß sie sich ihm gegenüber verhalten hätten. Das ist es, wovor er sich fürchtet und was seinen Widerstand in erster Linie verursacht. Wenn er auf ein bestimmtes Tabuerlebnis stößt, hat er Angst, als »böse« zurückgestoßen zu werden. Jeder Widerstand trägt dieses Element der Übertragung aus der Kindheit in sich.

Der Patient hat von seinen Eltern gelernt: »Tu dies nicht, fühl' das nicht, denk' jenes nicht.« Dieses Lernen hat zu einer inneren, teilweise unbewußten und teilweise bewußten Struktur von Tabus geführt, die aktiviert wird, wann immer ein Tabu direkt oder indirekt berührt wird. Die verbietenden Eltern beeinflussen weiterhin die Ausformung der Widerstände des Patienten. Eine solche Persönlichkeitsstruktur verbietet Impulse aus den tieferen Schichten. Der Widerstand spielt sich jedoch nicht völlig im Innern ab. Er bedeutet auch, daß der Analytiker als Übertragungsfigur vom Patienten mehr oder weniger stark verzerrt wahrgenommen wird.

In der unstrukturierten und vieldeutigen analytischen Situation bekommt der Patient das Gefühl, daß es nun der Analytiker ist, der sein Verhalten mißbilligt. Er hat vielleicht nur den bruchstückhaften Ge-

danken: »Ich frage mich, ob der Analytiker mich für einen kooperativen Patienten hält oder nicht.« In gewisser Weise wird das Moment der Mißbilligung, das Moment der drohenden Zurückweisung, die ursprünglich die Verdrängung der Impulse ins Unbewußte bewirkten — und nun in den freien Assoziationen des Patienten an die Oberfläche kommen —, wird diese Bedrohung nun als vom Analytiker ausgehend empfunden. Der Patient erkennt nicht, daß es seine eigenen Normen sind, die ihn blockieren, und daß seine Eltern es waren, die ihn diese Wertmaßstäbe, die er jetzt in sich trägt, lehrten.
Der Patient empfindet vielmehr so etwas ähnliches wie: »Wenn Sie mich als weinerliche, abhängige Person gesehen hätten, würden Sie mich verachten. So werden Sie mich hier nicht erleben.« Im Moment des Widerstandes durchläuft der Patient also einen sehr komplexen Prozeß, in dessen Verlauf sein innerer Widerstand in der Situation zwischen ihm und dem Analytiker wirksam wird. Aus dem Widerstand gegen das Aussprechen wird der Widerstand dagegen, vom Analytiker gedemütigt und angegriffen zu werden, sowie auch der Widerstand gegen ein Bewußtwerden der unbewußten Impulse.
Diese Form des klassischen Widerstandes ist die Hauptursache für Schwierigkeiten in der analytischen Behandlung. Dem Patienten muß wiederholt klargemacht werden, daß der Analytiker ihn nicht zurückstoßen wird; daß er vertrauenswürdig ist und ihn nicht hassen wird sowie gegenüber allen Gefühlen und Gedanken, die die Eltern des Patienten erschreckt hatten, Gleichmut bewahren und alle Enthüllungen, seien sie auch noch so primitiv, formlos, chaotisch, pervers, ekelhaft oder erschreckend, akzeptieren wird.
Wieder und wieder stellt sich der Patient vor, daß der Analytiker heimlich einen Groll oder eine Abneigung gegen ihn hegte, ihn heimlich bevormunde oder ihn als auflehnend empfinde; denn gerade diese Reaktion befürchtete er von seinen Eltern, wenn diese jemals erfahren hätten, was in ihm vorging. Diese Gefühle und Ängste müssen in der Analyse allmählich durchgearbeitet werden, und der Patient muß erkennen, daß der Analytiker ihm seine beruhigende, interpretierende Unterstützung ohne Mißbilligung, Haß, Gegenbeschuldigung oder Angriff gewährt.

Der Widerstand dagegen, Patient zu sein

Wenn sich der Patient den Regeln der orthodoxen Analyse unterwirft, stimmt er diesen zunächst ganz allgemein zu und schließt einen sehr allgemeinen Vertrag, den er nur vage versteht. Er ist zu dem Versuch bereit, frei zu assoziieren, ohne es jedoch zu können. Er ist nicht in der Lage, seine ästhetischen, moralischen oder rationalen Maßstäbe aufzugeben — teilweise deshalb, weil sein Widerstand ein Wiederaufleben der neurotischen Verdrängung ist.

Indem der Patient sich zur freien Assoziation bereit erklärt, ist er damit einverstanden, zu einer Datenquelle für die analytische Interpretation zu werden. Das heißt, er erklärt sich zu dem Versuch bereit, seine eigenen Interpretationsschemata aufzugeben und es sozusagen seiner Psyche zu überlassen, die Arbeit der Datenproduktion zu übernehmen. Wenn er damit einverstanden ist, begreift er jedoch noch nicht völlig, in welch starkem Maße er dem Analytiker tatsächlich die Vorherrschaft im Hinblick auf die Erkenntnis der Wahrheit einräumt. So mag der Patient dem Analytiker zum Beispiel von einer Studentin im ersten Semester erzählen, die sich in der ungewohnten Universitätssituation schrecklich komisch, unbeholfen und nervös benimmt; er erwähnt, daß diese junge Studentin, wenn niemand sie beobachtet, weder zappelig noch nervös ist. Wenige Augenblicke später fragt der Analytiker: »Fühlen Sie sich von mir beobachtet und beurteilt?« Der Patient hatte mit dieser Anekdote lediglich auf unterhaltsame Weise die Sitzung beginnen wollen. Plötzlich erkennt er, daß der Analytiker ihm mit jener besonderen Absicht zugehört hatte, das Gesagte als Datenquelle für seine Gefühle, Komplexe, Schwierigkeiten, den Stand der Übertragung usw. zu betrachten.

Der Patient beginnt an diesem Punkt zu erkennen, daß der Analytiker seine Äußerungen als Daten behandelt, was ihm vielleicht nicht gefällt. Wenn er sieht, daß er und der Analytiker verschiedene Ziele verfolgen, mag er einwenden: »Sie nehmen das, was ich sage, zu ernst. Ich wollte eigentlich nur über diese interessante, amüsante junge Studentin sprechen. Sie scheinen aber anzunehmen, daß ich indirekt von mir selbst gesprochen habe.« Die Antwort des Analytikers besteht vielleicht in Schweigen, wobei dem Patienten deutlich zum Bewußtsein kommt: »Er überlegt sich noch nicht einmal, ob mein Einwand richtig ist. Der Einwand selbst ist für ihn lediglich eine weitere Quelle der Information über mich.« In solchen Augenblicken, die meist von unangenehmen Empfindungen begleitet sind, entdeckt der Patient, daß es eine starke Reduktion seiner selbst bedeutet, wenn seine Äußerungen lediglich als Daten aufgefaßt werden, die einer psychologischen Interpretation bedürfen.

Er entdeckt, daß er etwas aufgegeben hat, das in einem gewöhnlichen Gespräch als selbstverständlich gilt — nämlich die einfache Tatsache, daß im Rahmen eines im voraus interpretierten Schemas, welches in der Alltagswelt absolute Priorität hat, sein Verhalten sinnvoll ist. Außerdem entdeckt er, daß er die Bedeutung, die er seinem eigenen Verständnis beimißt, in Wirklichkeit nicht aufgeben kann. Sein eigenes Verständnis von sich selbst als einem Wesen mit bestimmten Zielen, das sein Verhalten als sinnvoll empfindet, ist sein einziger Ausgangspunkt. Von diesem Punkt aus mag es für ihn möglich sein zu lernen, ähnlich wie der Analytiker einen Sinn herzustellen; das wird ihm aber nur in dem Maße gelingen, wie er — ähnlich wie der Analytiker — in einer kohärenten, sinnvollen Welt lebt.

Der Patient denkt in den Augenblicken, in denen er sich gegen die Überbewertung seiner Äußerungen durch den Analytiker wehrt, vielleicht: »Warum nimmt mein Analytiker an, daß er recht hat, wenn er einen Einwand gegen das macht, was ich sage, es zum Beispiel als Widerstand interpretiert? Wenn *ich* dagegen einen Einwand gegen das vorbringe, was er sagt, breche ich unser Abkommen und zeige noch mehr Widerstand.«

Der Analytiker braucht nur darauf hinzuweisen, daß der Patient bereit war, frei zu assoziieren, seine Kontrolle aufzugeben und sich selbst zu öffnen, um mehr über sich selbst zu erfahren; daß er demzufolge, wenn er rationale Argumente oder Einwände äußert, diese Instruktionen mißachtet, und daß sein Verhalten deshalb mit Recht als Widerstand interpretiert werden kann. In der Tat leistet der Patient nicht nur dagegen Widerstand, mit dem Analytiker einer Meinung zu sein, sondern auch gegen den Analytiker selbst, den er als bedrohende Figur aus der Vergangenheit auffaßt. Es ist zugleich der Widerstand dagegen, einem anderen die eigentliche Interpretation zu überlassen.

Der Analytiker bringt den Patienten demnach in eine paradoxe Situation. Einerseits soll der Patient die Kontrolle seiner Äußerungen aufgeben und die rationalen Prozesse, die seinem Leben Sinn geben, außer Kraft setzen. Andererseits soll er sich — wenn auch mit Widerstand — den rationalen Bemühungen um Sinn von seiten des Analytikers unterwerfen.

Es ist dem Patienten nur dann gestattet, der Aufforderung zur freien Assoziation nicht Folge zu leisten, wenn die analytische Wahrheit oder der analytische Prozeß dadurch gefördert wird. Er darf nur dann rational und logisch sein, wenn es der analytischen Wahrheit dient. Wenn er also um einer anderen Wahrheit willen rational und logisch ist, wird dies als Widerstand interpretiert. Und es ist Widerstand, aber es ist ein Widerstand dagegen, auf eine Datenquelle, die der analytischen Interpretation bedarf, reduziert zu werden. Es ist der Widerstand, zum Objekt reduziert zu werden.

Gibt man das Recht auf, seine eigene Wahrheit unabhängig von der Wahrheit eines anderen auszusprechen, so bedeutet dies, wenigstens vorübergehend, sein Gefühl aufzugeben, eine eigenständige Person zu sein. Zu nichts als einer Quelle interpretationsbedürftiger analytischer Daten zu werden, einer einfachen, unvollständigen, amorphen, konfusen, determinierten, hilflosen Datenquelle, zu einem von den Stürmen der Gezeiten des inneren Lebens geschüttelten Objekt, das unfähig ist, seinen eigenen Kurs zu steuern — all dem widerstreben viele. Es ist gut möglich, daß der Patient nicht immer unrecht hat, in dieser Weise Widerstand zu leisten. Manchmal zeugen seine Äußerungen vielleicht von einer umfassenderen Sicht der Realität und einem besseren Verständnis der Wahrheit menschlichen Lebens als die Äußerungen des Analytikers. Indem er sich gegen diese Reduktion sträubt, versucht er vielleicht, seine Integrität zu bewahren.

Die analytische Anweisung, alle Kontrollen während des Sprechens aufzugeben, ist *aber nicht ganz wörtlich gemeint*. Die Analytiker haben selbst erkannt, daß vollständig unverfälschte freie Assoziation, wie sie von einigen Patienten praktiziert wird, »Abwehr« ist. Der Patient muß einen ausreichend klaren Kopf behalten, um dem analytischen Vorhaben zugänglich zu sein, Einsicht aus den analytischen Interpretationen zu gewinnen und geeignete Erinnerungen, Bilder und Vorstellungen an die Oberfläche zu holen. Wenn er die in der Therapie erfahrene Verwandlung des Analytikers in eine bedrohliche Person, den gehaßten Vater usw., nicht völlig überzeugend findet, bedeutet das, daß er einen Teil der Realität im Griff behält. Das heißt, daß er einen Sinn für die Realität und Objektivität bewahrt sowie die Fähigkeit, im Sinne eines normalen Alltagsverständnisses den Dingen ihre Bedeutung zuzumessen. Wenn der Patient *völlig* davon überzeugt wäre, daß der Analytiker tatsächlich beabsichtigt, ihn zu vernichten, wäre die Analyse selbst zunichte gemacht. Der Rationalität des Patienten und der Fähigkeit, weiterhin von seinem eigenen »Zentrum« aus einen Sinn herzustellen, wird sowohl vom Analytiker als auch vom Patienten in der Tat Rechnung getragen; erst auf dieser Grundlage ist die Analyse möglich.

Die Übertragungserfahrung

Die Übertragung bezeichnet den Vorgang, bei dem der Patient so handelt oder fühlt, als ob sein Analytiker einer bedeutsamen Person oder bedeutsamen Personen seines früheren Lebens ähnlich wäre. Die Übertragung ist ein alltägliches Phänomen, denn wir handeln oft so, als ob jemand einer anderen Person, die wir früher gekannt haben, ähnlich wäre. In der Analyse stellt sie jedoch ein wesentliches Element dar, weil der ganze Erfolg der Analyse von der Handhabung und vom Verständnis der Übertragung abhängt. Der Kern des Widerstandes gegen die Bewußtwerdung tabuisierter Impulse wird in der Übertragung des Patienten wirksam. Wie die Drohung mit Liebesentzug und der Angriff der Eltern zur ursprünglichen Verdrängung führten, führt nun im Erwachsenenleben des neurotischen Patienten die Drohung mit Liebesentzug und der Angriff des Analytikers zur Aufrechterhaltung der Verdrängung in der Therapie.

Die Augenblick um Augenblick, Stunde um Stunde bestehende Erwartung des Patienten, daß sein Analytiker den Respekt vor ihm verlieren, ihn angreifen, ihn hassen, ihn verabscheuen, ihn zurückweisen, sein Interesse an ihm verlieren oder auf absoluter Unterwürfigkeit bestehen, ihn mit Befehlen traktieren oder ihn sich schuldig fühlen lassen werde — das ist die Übertragung. Der Hauptwiderstand gegen die Bewußtwerdung des Unbewußten ist in diesen aus der Kindheit übertragenen Erwartungen zu finden. Hier ist nach Freud das Schlachtfeld, auf dem sich entscheidet, ob die Analyse erfolgreich sein wird oder nicht.

Wenn der Patient auf der Couch liegt, beginnt er, den Analytiker als die eine oder andere Figur aus seiner Vergangenheit zu erleben bzw. als Person, die Züge verschiedener in seiner Kindheit für ihn wichtiger Menschen in sich vereint. Er wird dazu durch die Unsichtbarkeit, das Schweigen und die Erwachsenenposition des Analytikers ermuntert, die sich von seiner eigenen stammelnden, sichtbaren, selbst-entblößenden, kindlichen Position unterscheidet. Im Verhältnis zum Analytiker ist der Patient der Säugling oder das Kind, und er erweckt genau die Phantasien wieder zum Leben, auf denen die ursprünglichen Verdrängungen aufgebaut wurden, indem er genau die Eltern, genau die Mißbilligung wieder schafft, die ursprünglich zu seiner Abneigung führten, sich selbst bestimmte Teile seines Lebens erkennen und erfahren zu lassen.

Indem dieser Hintergrund der Übertragung wiederbelebt wird, wird er zu *der* Basis, auf der die grundlegenden analytischen Schritte erfolgen müssen. Der Patient erinnert sich nicht bloß seiner Vergangenheit, sondern schafft sie in dem offenen Raum, in den ihn der Analytiker einlädt, neu. Im Hintergrund der Analyse steht immer das Versprechen des Analytikers, bei der Enträtselung dieses komplizierten Gewebes zu helfen, ein zuverlässiger Führer zu sein, der die Pfade der Vergangenheit vorher durchwandert hat und den Weg kennt. Mit diesem Vertrauen im Hintergrund ist der Patient in der Lage, auf die verschütteten Aspekte seines Lebens näher einzugehen und sie neu zu durchleben.

Gewöhnlich führen jedoch die ersten Schritte zum Widerstand gegen den Erinnerungsprozeß. Statt sich zu erinnern, besteht im allgemeinen die Tendenz, Vergangenes neu zu durchleben und zu wiederholen. Statt sich seiner Neigung, jegliche Autorität zu bekämpfen, zu erinnern, bekämpft der Patient die Autorität des Analytikers.
Der Analytiker muß dem Patienten wiederholt deutlich machen, daß dies eine Übertragung ist, bis der Patient nicht mehr in der Lage ist, gegen die Autorität Widerstand zu leisten, ohne sich gleichzeitig daran zu erinnern, daß er genau auf die gleiche Weise seinen Vater bekämpft hat. Nach einer Weile wird die Wiederholung dieser Rebellion immer schwieriger. Das Verhalten selbst und die ohnmächtige Wut angesichts der Autorität wird nun von einem reflektierenden Bewußtsein in Form der analytischen Interpretation begleitet.
Diese Interpretation macht aus dem Verhaltensmuster selbst eine Art »Objekt«. Der Patient betrachtet das Verhalten analytisch, so daß dessen spontaner, automatischer Ablauf schon durch den Akt des Betrachtens selbst gehemmt wird. In diesem Moment wiederholt der Patient die Objektivierung seiner selbst, die er das erste Mal erlebte, als er den Analytiker ärgerlich beschuldigte, autoritär zu sein: als dieser nämlich in seiner kühlen, objektiven Art bemerkte, daß der Patient plötzlich sehr ärgerlich zu sein scheine, und fragte, warum das der Fall sei. Der Zorn des Patienten wird durch die vom Analytiker vorgeschlagene neue Aufgabe der Selbstbeobachtung ausgeschaltet und umgewandelt. Das selbst-bewußte, reflektierende Betrachten des Erlebnisstroms als Daten, die interpretiert und verstanden werden müssen, ist bereits eine Transformation dieser ursprünglichen Erfahrung.
Die Struktur der analytischen Situation macht es verhältnismäßig leicht, den Patienten zu einem Verständnis seiner selbst zu bringen; es ist offensichtlich, daß der Patient seine Vergangenheit wiederholt und neu durchlebt, und diese Tatsache kann ihm ziemlich deutlich zum Bewußtsein gebracht werden. Indem der Analytiker alle Äußerungen den Patienten im Sinne einer Übertragung interpretiert, geht er zugleich von der als real empfundenen Voraussetzung aus, die der Patient als solche anerkennen muß: »Ich, der Analytiker, bin ein verständnisvoller, geduldiger, erfahrener Fachmann. Wenn Sie mich anders sehen, erleben Sie eine Übertragung aus Ihrer Vergangenheit.« Auf diese Weise muß der Patient zwangsläufig seine eigenen Übertragungskategorien, seine eigenen Interpretationen anderer Personen und seine Vorurteile erfahren und erleben, wie er Erfahrungen aus seinem früheren Leben auf die analytische Situation überträgt — es sei denn, er lehnt den ganzen Prozeß ab.

Er lernt die Macht, die diese Schatten über sein Leben haben, zu erkennen und auch zu verstehen. Durch diese Einsicht in die Übertragung lernt der Patient, die lebendigen Ursachen seiner Ängste, Hemmungen und Symptome zu begreifen, die ihn zur Therapie veranlaßt haben. In dem Moment, in dem er den Übertragungscharakter seiner Interaktion mit dem Analytiker zu verstehen beginnt, tritt eine sehr wesentliche psychische Wandlung ein. Statt von der Furcht vor Zurückweisung und vor Liebesentzug überschwemmt zu werden, steht er nun in gewisser Weise über ihr. Der Patient beginnt seine unterdrückten, nach Ausdruck strebenden Impulse weniger auszuleben und sich statt dessen mit der Ursache seines Zustandes auseinanderzusetzen.
Um deutlich zu machen, wodurch dieses Verstehensmoment seine Nützlichkeit erhält, muß man verstehen, daß der Patient in der analytischen Situation eindringlich und ziemlich bewußt starke Ängste erlebt, zurückgewiesen, beherrscht und überwältigt zu werden. Der Analytiker wird »derjenige, der mich in seinem Netz fangen, mir nachspionieren und mich meiner Schuld anklagen will«. Er wird für den Patienten zu der gefürchteten Mutter, die in Wirklichkeit vielleicht so nie existierte, aber durch die lähmende Furcht und die Schuldgefühle des Kindes diesem in seiner Phantasie so erschien. Diese elementaren Ängste werden durch die Interpretation des Analytikers auf den Patienten zurückgelenkt. Sie werden als die eigenen inneren psychischen Realitäten des Patienten erkannt, die auf die Person des Analytikers übertragen werden. Wenn dem Patienten diese Tatsache bewußt wird, bedeutet dies eine enorme Erleichterung für ihn. Er entdeckt plötzlich, daß seine Angst unangemessen war und mit der realen Person des Analytikers nichts zu tun hat. Mit Hilfe wachsamer und geschickter Interpretation wird den Erwartungen des Patienten, gezüchtigt, bestraft, schuldig angeklagt zu werden, begegnet.
Wenn dies einmal erreicht ist, ist die aktive Übertragung eigentlich zerstört. Nun verfügt der Patient, sobald sich wieder eine Regung der früheren Angst zeigt, über eine sichere Basis, von der aus er die reale Situation in seiner Analyse und, *im Prinzip,* ebenso in seinem übrigen Leben deutlicher erkennen kann.

Der Inhalt der analytischen Interpretation

Die analytischen Interpretationen und Konstruktionen verweisen in der Regel auf die Vergangenheit des Patienten und auf sein inneres Leben. Um das Unbewußte bewußt zu machen, Amnesien zu beseitigen und unterdrückte Affekte zu befreien, versucht der Analytiker die Vergangenheit des Patienten auf eindringliche Weise zu rekonstruieren. Er weist den Patienten wiederholt darauf hin, daß bestimmte vergangene Ereignisse und Beziehungen immer noch einen weitreichenden, innerlich wirksamen Einfluß auf sein Leben ausüben. Das erfordert manchmal kunstvolle Rekonstruktionen, besonders bei Patienten, die an einer schweren Amnesie hinsichtlich bestimmter signifikanter Ereignisse in ihrem Leben leiden.

Eine Patientin erzählt dem Analytiker zum Beispiel: »Mein Vater ist Alkoholiker, und meine Mutter pflegte das Haus zu verlassen und die Kinder zu unserer Tante zu bringen.« Es hat den Anschein, als ob hier eine gewisse Blockierung des Erinnerungsvermögens vorliege, die sich auf etwas bezieht, was sich zwischen den Eltern abspielte — die Patientin kann sich nicht genau erinnern, was das war. Die Patientin, eine sehr nette und wohlerzogene Dame, die nie Kraftausdrücke gebraucht, ist ein erstgeborenes Kind und wurde zweieinhalb Monate »zu früh« geboren. Nachdem der Analytiker eine Zeitlang ihren freien Assoziationen zugehört hat, beginnt er eine wahrscheinliche Geschichte zu konstruieren: »Wenn Ihr Vater sehr betrunken war, sprach er heftig und in beleidigender Weise mit Ihrer Mutter. Ihre Eltern heirateten, weil Ihre Mutter schwanger war, und deshalb sagte Ihr Vater wahrscheinlich Dinge wie: ‚Du warst nicht etwa eine heilige Jungfrau, als wir heirateten. Als wir heirateten, warst Du bereits geschwängert.'«

Wenn der Analytiker die Situation richtig erfaßt hat, wird er im wesentlichen, wenn nicht sogar bis in alle Einzelheiten, recht haben. Entscheidend ist, daß seine hauptsächliche Interpretationsarbeit immer auf die Vergangenheit und die früheren Schwierigkeiten des Patienten zielt bzw. durch deren ständig wirksamen Einfluß auf sein Leben bestimmt wird. Besonders die ersten Lebensmonate und die frühe Kindheit werden als die primären, bedingenden Faktoren angesehen, um das Patientenverhalten zu verstehen. Implizit und explizit führt der Analytiker die freie Assoziation des Patienten zu diesen frühen abhängigen Beziehungen hin. Wie bereits beschrieben, legt der Analytiker auch in seiner Interpretation der Übertragung Nachdruck auf die Vergangenheit. Im Zusammenhang mit der Vergangenheit fragt er zum Beispiel weiter: »Wann haben Sie das zuerst bemerkt? Wann hat das angefangen?«, und lenkt damit die Aufmerksamkeit ausdrücklich immer wieder auf Mutter, Vater, Schwester, Bruder und frühe Kindheit. Obwohl die Vergangenheit des Patienten hervorgehoben wird, richtet sich die Interpretation zugleich auf das gesamte Netzwerk seines gegenwärtigen Lebens. Der Analytiker sagt nicht nur: »Sie fühlen sich ängstlich, weil Ihre Furcht vor Zurückweisung durch Ihren Vater Sie

ängstlich gemacht hat«, sondern er fügt hinzu: »Ihre Ängstlichkeit manifestiert sich hier in der Übertragung, in Ihrer Arbeit als Student, in Ihrem Berufsleben — ja sogar in der Kleidung, die Sie tragen, und in den Freunden, die Sie haben.« Das Verhalten des Patienten wird demnach auf zwei Ebenen interpretiert: 1. Hier ist der unbewußte und aus der Vergangenheit herrührende Kern; 2. hier zeigt sich der Einfluß dieses Kerns in seinem täglichen Leben, in seinen Beziehungen zu anderen und in der Analyse selbst.
Die Gegenwart wird also als Wiederholung der Vergangenheit interpretiert. Im Rahmen der Freudschen Analyse wird dieser Sachverhalt als psychisch identische Neuinszenierung ursprünglicher unbewußter Phantasien und Wünsche aufgefaßt, die sich immer wieder, mit nur geringfügigen Veränderungen der Situation, mit Variationen und Nuancen in der Anpassung, wiederholen. Damit werden die Verhaltensweisen des Patienten in der analytischen Interpretation auf die sich wiederholenden Muster, Themen und Strategien reduziert, die immer — nicht nur im übertragenen, sondern auch im buchstäblichen Sinne — dieselben sind. In der Freudschen Therapie wird das Unbewußte als aktives Agens — als die »grundlegende psychische Realität« — betrachtet. Man lehrt den Patienten, daß diese Phantasien oder Wünsche in ihm lebendig sind und ihn als Instrument für ihre Wiederholungsmuster benutzen — eine Vorstellung, die sowohl beim Analytiker als auch beim Patienten eine radikale und ganz spezielle Veränderung des Blickwinkels mit sich bringt.

Einfluß auf den Analytiker

Die Absicht des Analytikers, zu deuten, legt dessen Standpunkt als objektiver Beobachter und Koordinator von Daten formal fest — wobei das Datenmaterial »der Patient in seinem gesamten Verhalten als Produkt seiner Vergangenheit« während der analytischen Sitzung ist. Von diesem formalen Standpunkt aus betrachtet, haben die Äußerungen und Verhaltensweisen des Patienten eine grundlegend unwirkliche Struktur. Der Patient meint nicht und kann nicht wirklich meinen, was er sagt, oder beabsichtigen, was er scheinbar beabsichtigt. Sein gewöhnliches, alltägliches Bewußtsein ist ein getäuschtes oder in die Irre geführtes Bewußtsein, das nicht weiß, worum es geht. Die wahren Bedeutungen seines Verhaltens sind dem Patienten nicht zugänglich und offenbaren sich nur dem analytisch geschulten Auge und Ohr.
Diese Bedeutungen entfernen sich jedoch von dem unmittelbaren Hier und Jetzt des Patienten und sind deshalb nicht in den Äußerungen des

Patienten enthalten. Sie werden statt dessen durch die Konstruktionen des beobachtenden Analytikers erschlossen, der die Schleier des bloß Gegebenen lüftet und zum verborgenen Unbewußten vordringt, das außerhalb der bewußten Sicht des Patienten liegt.
Dieser formale Standpunkt hebt den verstehenden theoretischen Intellekt des Analytikers als eines Beobachters, der die Realität ordnet, besonders hervor. Indem er den Patienten in ein Schema einordnet, entfernt sich der Analytiker von der unmittelbaren Beobachtung des Hier und Jetzt, und dies verstärkt seine kühle, quasi »chirurgische« Distanz. Er ersetzt das unmittelbar Gegebene durch das theoretisch Konstruierte. Der Analytiker legt die Betonung auf die Wahrheitsfindung, auf das Erlangen von Verständnis, auf Begreifen, Konstruieren und Rekonstruieren sowie auf das Herstellen klarer Verbindungslinien zwischen den verschiedenen Aspekten der Daten, die ihm der Patient mitteilt. Er stellt sich selbst formal, sozusagen per Vertrag, als vermittelnder Intellekt zur Verfügung — als die Person, die Einsicht lebendig machen kann. Die Haltung des Analytikers wird deshalb weitgehend von seinem analytischen Interpretationsstil bestimmt. Die analytische Interpretation gibt der Analyse nicht nur einen bestimmten Inhalt, sie bestimmt auch, daß der Analytiker in der analytischen Situation schließlich alles unter dem Aspekt der »optimalen Wahrheitsfindung innerhalb des analytischen Rahmens« sieht. Alles, was die analytische Interpretationsaufgabe behindert, wird als negativ definiert. Wenn die Gefühle des Patienten die Interpretation behindern, spricht man von Widerstand; wenn sich die Gefühle des Therapeuten störend einmischen, handelt es sich um Inkompetenz oder Gegenübertragung.
Um dies zu verdeutlichen, wollen wir uns dem Fall eines väterlichen Analytikers und eines jungen College-Studenten zuwenden. Der junge Mann ist sehr durcheinander, weil er einer jungen Frau aus seinem Bekanntenkreis seine Liebe gestanden und von ihr eine Abfuhr erhalten hat. Nun erwartet der Patient vom Analytiker Bestätigung, Selbst-Rechtfertigung oder auch nur Sympathie. Der Analytiker seinerseits hat vielleicht Mitgefühl, weil er sich selbst daran erinnert, wie es ist, wenn man abgewiesen wird. Wenn aber der Analytiker spontan mit seinen eigenen Gefühlen auf die Erwartungen seines Patienten reagiert, wird dies aus analytischer Perspektive negativ gewertet. Die Situation wird so interpretiert, daß der Analytiker die Analyse durch Gegenübertragung vergiftet. Seine Aufgabe in dieser Situation besteht darin, entweder die Übertragungswirklichkeit des Patienten aufzudecken, der sich jedesmal hilflos an »Papa« wendet, wenn ihm die Welt eine Abfuhr erteilt, oder das unbewußte Wiederholungsmuster aufzudecken, das

ihn immer wieder eine ungeschickte Wahl in bezug auf sein Liebesobjekt treffen läßt.
Dieses Beispiel enthüllt einen anderen wichtigen Aspekt der formalen Interpretationsaufgabe, nämlich den, daß der Analytiker bezüglich seines Patienten ein zweigeteiltes oder doppeltes Bewußtsein entwikkelt: Das eine ist das analytische Bewußtsein, dessen Aufgabe es ist, das Verhalten des Patienten als Wiederholung der Vergangenheit zu interpretieren. Gleichzeitig ist im Analytiker ein Alltagsbewußtsein von sich selbst und anderen wirksam. Dieses Bewußtsein ist es, das beim Analytiker ein spürbar warmherzigeres Verhalten bewirken kann, wenn er den Eindruck hat, daß der Patient sich verwundet, zurückgewiesen und unglücklich fühlt. Er wird ihm in einem solchen Fall sein Verhalten nicht als Wiederholung der Vergangenheit interpretieren, weil er spürt, daß der Patient dies jetzt als kränkend empfinden würde, und weil er erkennt, daß das, worum es dem Patienten geht, seine Bedeutung in sich trägt und auch ohne analytische Interpretation verstanden werden kann.
Dieses Alltagsbewußtsein hat zum Beispiel dann immer Vorrang, wenn der Vater, die Mutter, die Frau, ein Kind oder ein enger Freund des Patienten stirbt oder ernstlich krank wird. Der Analytiker wird dem Patienten in einem solchen Falle aus einem spontanen Gefühl menschlicher Anteilnahme heraus sein Mitgefühl aussprechen. Die Zuneigung zwischen Analytiker und Patient, das Gefühl gegenseitiger Anteilnahme, ihre beiderseitige Fähigkeit, auch einmal eine unpassende Interpretation oder ein unangenehmes Schweigen hinzunehmen — kurz, die tausend kleinen Ereignisse, auf denen ihre Beziehung aufbaut und durch die sie sich erhält, gehören eher zum alltäglichen Bewußtsein als zu dem auf einen bestimmten Bereich spezialisierten analytischen Bewußtsein. Tatsächlich beruht das analytische Bewußtsein auf den Erfahrungen der Alltagswelt und geht aus dieser hervor. So weiß zum Beispiel jeder, daß Menschen einander oft deshalb mißverstehen, weil sie vergangene Erfahrungen und Beziehungen in die gegenwärtige Situation hineintragen. Das analytische Bewußtsein konzentriert sich auf diese alltäglich erfahrene Wahrheit, weil darin das eigentliche Problem des Neurotikers gesehen wird.
Der Analytiker entwickelt nicht nur zwei Arten von Bewußtsein, sondern er hält das formale analytische Bewußtsein auch für das einzig wahre Bewußtsein, wenn er sich mit der Realität seiner »Situation mit dem Patienten« auseinandersetzt. Für den Analytiker bedeutet das, daß die Wahrheit in der Analyse nur in Form der analytischen Wahrheit zum Vorschein kommen kann. Da die ganze Struktur der analyti-

schen Situation darauf abhebt, daß das »Wiederaufleben der Vergangenheit« *die* Wahrheit ist, ist es verständlich, daß sowohl der Analytiker als auch der Patient einer Selbsttäuschung erliegen und diese zur primären Wahrheit erklären. Auf diese Weise wird allein dem analytischen Bewußtsein, als dem einzig wahren Bewußtsein, die Erkenntnis der Realität zugeschrieben. Das vom Augenblick bestimmte Alltagsbewußtsein wird auf einen subjektiven oder nebensächlicheren Status verwiesen. Kurz gesagt, die gewöhnliche Beziehung zwischen Analytiker und Patient, welche Anteilnahme, Freundschaft und Zusammenarbeit umfaßt und ohne die es keine Analyse geben könnte, wird dadurch ignoriert. Die einfühlsame Aufmerksamkeit, die der Analytiker dem Patienten tatsächlich entgegenbringt und die es dem Patienten ermöglicht, seine Erwartung zu überwinden, daß alle Menschen ihn wegen seiner Schwäche zurückweisen, wird übersehen oder nur beiläufig erwähnt. Seine Aufrichtigkeit, Ehrlichkeit, Wärme, Fürsorge und nüchterne Vernunft bestimmen ganz wesentlich den therapeutischen Erfolg — aber keiner dieser Faktoren findet in den durch die psychoanalytische Theorie akzentuierten Abläufen Beachtung.

Einfluß auf den Patienten

Indem der Patient damit einverstanden ist, sich auf Daten reduzieren zu lassen, die verstehbar sind, ist er bereit, seine für ihn normale und vernünftige Sinngebung aufzugeben, um eine »zu analysierende Psyche« zu werden. Die Bedeutung dieser Übereinkunft beginnt er erst dann zu erkennen, wenn er mit dem charakteristischen Inhalt der analytischen Interpretation wieder und wieder konfrontiert wird. Der Patient erfährt sich aus seinem Alltagsverständnis heraus häufig als jemand, der zur Zusammenarbeit bereit oder liebenswürdig ist, der zusätzliche nützliche Informationen liefert oder sich zusammen mit dem Analytiker an anderen normalen alltäglichen Aufgaben beteiligt. Der Analytiker bezieht diese Verhaltensweisen beharrlich auf die der Vergangenheit angehörenden unbewußten Motive und behandelt die vom Patienten als real erlebten vernünftigen Motivationen als eine in Wirklichkeit irreführende Verschleierung der zugrundeliegenden unbewußten Realität.

Die folgende hypothetische Situation mag diesen Sachverhalt illustrieren. Lassen Sie uns annehmen, daß der Analytiker gerade eine interpretierende Bemerkung gemacht hat und der Patient antwortet: »Lassen Sie mich etwas erwähnen, das ich vorher zu sagen vergaß und das zur Klärung beitragen könnte.« Der Analytiker bemerkt, daß der Patient

gewissermaßen eine Entschuldigung vorbringt. »Hat er mich unbewußt zu einer falschen Interpretation geführt? Versucht er die Interpretation abzuschwächen und sie als unrealistisch abzuqualifizieren? Welche unbewußten Motivationen veranlassen ihn zu dieser scheinbaren Unterstützung? Ganz gewiß assoziiert er gerade nicht spontan.« Der Analytiker hüllt sich vielleicht in Schweigen, der Patient fährt nach einer Weile fort: »Nun, ich wollte damit nicht sagen, daß ich es zu sagen vergaß, sondern daß es mir vorher nur nicht in den Sinn gekommen ist, und ich dachte, ich könnte Ihnen helfen zu sehen — « — (Pause) — »Es fällt mir verdammt schwer, etwas zu sagen, woran ich gerade dachte. Ich nehme an, ich möchte es einfach nicht zur Sprache bringen.«
Eine Betrachtung dieses Beispiels schärft das Bewußtsein für die Dialektik zwischen dem Analytiker und dem Patienten. Es ist bemerkenswert, daß der Patient dem, was er selbst sagt, nicht traut und auch, daß er sich dessen bewußt ist und sich durch dieses Bewußtsein teilweise blockieren läßt. Zuerst spricht er ganz normal: »Lassen Sie mich etwas erwähnen, das zur Klärung beitragen könnte.« Dann meldet sich sein wachsames, reflektierendes Selbst-Bewußtsein und fragt mißtrauisch, was er damit meinte, stellt die Realität seiner alltäglichen Motive in Frage, klagt ihn der »Unterlassung« an, weil er diesen Sachverhalt vorher nicht erwähnt hat, veranlaßt ihn, sich zu rechtfertigen und sich dann der Tatsache bewußt zu werden, daß er sich selbst rechtfertigt. Schließlich wird er sich des *eigentlichen* Motivs bewußt, daß er nämlich die Wahrheit verbergen möchte, und interpretiert dann sein ganzes Verhalten rückblickend, daß er »aus Furcht nicht sagen wollte, an was ich gerade dachte«.

Aus all dem wird deutlich, daß der Patient seiner eigenen Sinngebung, die vom Alltagsbewußtsein seiner selbst als eines sich selbst verständlichen Wesens ausgeht, mißtraut. Dieses Selbst-Mißtrauen ist das Gegenstück zu dem Mißtrauen des Analytikers gegenüber den Äußerungen und Alltagsmeinungen des Patienten. Nun haben sowohl der Patient als auch der Analytiker ein doppeltes Bewußtsein. Da hat der Patient auf der einen Seite ein ganz alltägliches Bewußtsein seiner selbst und der Welt und auf der anderen Seite hat er ein neues analytisches Bewußtsein, das eingebettet ist in das reflektierende Selbst-Bewußtsein — wie immer dieses auch beschaffen sein mag —, welches der Patient in die Therapie mitbringt. Diesem langsam entstehenden analytischen Bewußtsein lernt der Patient allmählich zu vertrauen, während er gleichzeitig seinem normalen Alltagsbewußtsein zu mißtrauen lernt. Mit der allmählichen Verfeinerung der analytischen Interpretationsweise beginnt der Patient immer mehr zu erkennen, daß seine Gedanken und Gefühle eher als Wiederholungen von Kindheitsmustern denn als gültige Reaktion auf die Wirklichkeit verstanden werden müssen. Diese wachsende Erkenntnis ist in sich widersprüchlich, wie sich bereits an seiner *rationalen* Zustimmung zur *nicht von der Vernunft geleiteten* Tätigkeit des freien Assoziierens erkennen ließ. In zunehmendem Maße entwickelt er ein Bewußtsein für seine eigene Irrationalität, die von der Vergangenheit geformt und aus verborgenen Kräften in ihm gespeist wird. Indem er annimmt, daß er durch die Entwicklung seines im Entstehen begriffenen analytischen Bewußtseins einen Sinn herstellt und auch herstellen kann, untergräbt er die Grundlagen seiner eigenen bisherigen Sinngebung. Er setzt voraus, daß er erkennen, begreifen und richtig verstehen kann, indem er sich durch die analytische Perspektive beweist, daß er nicht erkennen, begreifen oder richtig verstehen kann.

Gleichzeitig tritt die Dialektik von Vertrauen und Mißtrauen auf. Jede analytische Einsicht trägt konkret dazu bei, daß der Patient dem Sinn und der Bedeutung, die er erkennt, nur insoweit traut, als diese die analytische Interpretation widerspiegeln und mit dieser übereinstimmen. Zugleich lernt er, da das analytische Verständnis allem Gegebenen mißtrauisch gegenübersteht, der gewöhnlichen alltäglichen Bedeutung von Dingen und Menschen als grundsätzlich unzuverlässig und bloß symptomatisch für eine tiefere zugrundeliegende Realität zu mißtrauen. Dieser Widerspruch, daß er Selbst-Mißtrauen entwickelt, um Selbst-Vertrauen zu entwickeln, stimmt in starkem Ausmaß mit den paradoxen Eigenschaften überein, die die ganze analytische Situation auszeichnen. Der Patient macht sich selbst zum Kind, um erwachsen zu werden, macht sich unwirklich, um wirklich zu werden, und reduziert sich auf ein nicht von der Vernunft geleitetes Verhalten, um vernünftig zu werden.

Das Ergebnis einer erfolgreichen Analyse

Wenn die Analyse Wirkungen zeitigt, wird der Patient aus seiner Verstrickung in das repetitive Verhaltensmuster seines neurotischen Lebens befreit. Sowohl innerhalb als auch außerhalb der analytischen Sitzungen erlebt er eine Vielzahl von Emotionen und Situationen, die er nun mit Hilfe unmittelbarer analytischer Interpretation und Rekonstruktion umändern lernt. Wenn er zum Beispiel zu neurotischer Liebenswürdigkeit neigt, lernt er, sich zu sagen: »Jetzt sagt Mama, ich soll wieder nett sein.« Die Änderung der Erfahrung innerhalb des analytischen Bewußtseins verändert Struktur und Bedeutung dieser Erfah-

rung in der Weise, daß sie weniger bindend und versklavend wirkt. Die Neigung, nett zu sein, wird nun zum Beispiel nicht mehr als gültiger Ausdruck eines umgänglichen Verhaltens, sondern als neurotisches Wiederholungsmuster angesehen. Wenn Verhalten so gesehen wird, besteht die Tendenz, daß es reflektierend eingefroren und blockiert, ihm seine Gültigkeit und Rechtfertigung genommen wird.
Der Patient lernt so immer mehr mit der vom Analytiker gelernten Wahrheit und immer weniger mit der neurotischen Sicht der Realität zu leben, die er von seinen Eltern übernommen hat und die später von der Gesellschaft verstärkt wurde. Er tauscht seine alten Eltern mit ihren unangemessenen Verstehens- und Bewertungsstrukturen gegen einen neuen Elternteil, den Analytiker, ein, der ihn andere Wege, zu leben, zu denken, zu bewerten, zu konstruieren und zu interpretieren, gelehrt hat, die ihn von seinen alten neurotischen Bindungen befreien. Mit anderen Worten, er tauscht eine neurotisch unangemessene, repressive Realitätssicht und Realitätserfahrung gegen eine neue, analytische Interpretation von Realität ein. Er ist geheilt, wenn er in der Lage ist, sein eingener Analytiker zu sein.
In einer erfolgreichen Analyse laufen aber auch wichtige Lernprozesse ab, die nicht eindeutig an die analytische Perspektive geknüpft sind. Probleme des therapeutischen Dialogs treten immer zwischen einem bestimmten Analytiker und einem bestimmten Patienten auf, von denen jeder gewisse individuelle Charakterzüge, Eigenschaften und Aspekte in die therapeutische Situation einbringt, die von der psychoanalytischen Theorie nicht genügend berücksichtigt werden. Der Patient wird zum Beispiel viel aus manchen unausgesprochenen Einstellungen des Analytikers lernen. Die herzliche Wärme des einen Analytikers mag dem Patienten eine ganze Welt offener, warmer Spontaneität eröffnen, die er vorher entbehrt hatte. Die für einen anderen Analytiker charakteristische kühle, angenehme oder auch sarkastische Tolerierung menschlicher Schwächen und Stärken mag einem Patienten zu einer entspannteren Haltung sich selbst und anderen gegenüber verhelfen.
Von den besonderen Vorzügen seines individuellen Analytikers lernt der Patient nicht nur Möglichkeiten, die analytische Einsicht anzuwenden, sondern auch bestimmte menschliche Qualitäten, die zu einem besseren Leben beitragen. Um Verlauf und Wirksamkeit der Psychotherapie besser verstehen zu können, ist es notwendig, einige therapeutische Vorgänge näher zu betrachten. Das wird im folgenden Kapitel, in dem die Freudsche Therapie auf den Fall Mary angewendet wird, ausführlich und detailliert geschehen.

4

Der Fall Mary

Einführung in den Fall Mary

Mary ist 32 Jahre alt — eine rundliche Frau, die jünger aussieht, als sie tatsächlich ist, und die ziemlich unweiblich wirkt, was durch ihre gleichgültige, geschmacklose, sackähnliche Kleidung noch unterstrichen wird. Obwohl sie wegen der neuen Situation, in die sie eingetreten ist, einen leicht eingeschüchterten Eindruck macht, läßt sich trotzdem sofort erkennen, daß ihre Bewegungen und ihr Verhalten in gewisser Weise direkt und eindeutig sind, was eine Person vermuten läßt, die daran gewöhnt ist, eher entschieden und bestimmt als vage und unbestimmt aufzutreten.

In dem Moment, in dem sie ihre Hand zur Begrüßung ausstreckt, führt der Analytiker sie zum Stuhl statt zur Couch. Als sie sich hinsetzt, seufzt sie und beginnt sofort, ihre Geschichte zu erzählen, da sie — selbst Ärztin — versteht, daß eine Geschichte erforderlich sein wird. Sie beschreibt ihren Vater als guten, einfachen Mann, der von der Mutter ziemlich erdrückt wurde. Ihre Mutter beschreibt sie als äußerst ängstlich, hypochondrisch mit der Sorge um sich selbst und ihre Tochter beschäftigt. »Wenn ich meiner Mutter nachgegeben hätte«, sagt sie, »hätte ich nie das Haus verlassen dürfen. Sie warnte mich ständig davor, mich zu überanstrengen, mich zu sehr abzukühlen oder zu sehr zu erhitzen, und forderte mich immer auf, vorsichtig zu sein — kurz, nicht zu intensiv zu leben.« Die Patientin war Einzelkind und verbrachte ihre ganze Jugend in einer Kleinstadt im Mittleren Westen. Sie ist Protestantin, wurde von nichtreligiösen Eltern erzogen, hält sich selber aber für religiöser als diese. Eine Zeitlang hatte sie eine kirchliche Schule besucht mit dem Ziel, Religionslehrerin zu werden. Sie kam in die Psychoanalyse, um Antworten auf eine gewisse Unzufriedenheit zu finden, obwohl sie sich selbst weder als besonders gestört noch als sehr neurotisch empfindet.

Dennoch quälen und verwirren sie bestimmte, ständig wiederkehrende Probleme, wobei das sie am meisten beunruhigende Problem darin besteht, daß niemand sie als Frau behandelt. Sie wird zwar immer als eine Person behandelt, die über Fähigkeit, Kompetenz und Ausdauer verfügt, die tüchtig und den andern ebenbürtig ist, aber immer als »Kamerad« oder »Kumpel«. Einige behandeln sie als Mutterfigur, aber nie als weiblichen Partner, und das macht ihr sehr zu schaffen. Sie erklärt auch, daß sie in regelmäßigen Zeitabständen zu viel ißt, daß diesen Perioden regelmäßig Abmagerungskuren folgen und daß sie ungefähr 50 Pfund Übergewicht hat. Sie ist jedoch nicht besonders nervös, noch leidet sie unter starker Erschöpfung. Sie schläft gut, träumt nicht — zumindest erinnert sie sich nicht an ihre Träume —, und ihre Symptome sind insgesamt geringfügig und unbedeutend. Sie ist nicht sehr stark neurotisch.

Weitere Einzelheiten der Familiengeschichte verdeutlichen das Bild, das sie bereits von der Struktur ihrer Familie gezeichnet hat. Die Mutter war, und ist noch immer, eine schwer gestörte Frau, die verschiedene Male wegen psychotischer Zustände ins Krankenhaus eingewiesen worden war, und zwar seit der Zeit, als Mary sich in der Endphase ihrer High-School-Ausbildung befand. Weiter stellt sich heraus, daß Mary von ihrem zweiten bis ungefähr zu ihrem sechzehnten Lebensjahr mit ihrer Mutter zusammen in einem Bett geschlafen hatte. Seit ihrer Geburt hatte ihr Vater in einem Raum für sich geschlafen. Nach einigen einleitenden Interviews vereinbaren der Analytiker und die Patientin, eine Versuchsanalyse zu beginnen, was bedeutet, daß Mary drei Wochen lang an fünf Tagen in der Woche täglich für eine Stunde zu ihm kommt. Am Ende dieser dreiwöchigen Periode wollen sie beurteilen, ob dies ein fruchtbarer Therapieansatz für sie ist.

Der analytische Standpunkt

Der Analytiker ist zu diesem Zeitpunkt zu dem Schluß gekommen, daß die Patientin neurotisch und nicht psychotisch ist, obwohl ihr frühes Familienleben die Vermutung zuläßt, daß schwere Störungen auf tieferen Ebenen ihrer Persönlichkeit vorliegen. Wenn die bewußte Abwehrstruktur einer beruflich allen Anforderungen gerecht werdenden, kompetenten Frau in der Analyse untersucht wird, dann erwartet der Analytiker, daß die unterdrückte oder unbewußte Seite ihrer Persönlichkeit ganz bestimmte dynamische Probleme aufweist.

Der Analytiker erwartet, stark verdrängte Abhängigkeitsgefühle zu finden, die sich besonders in Marys Eßverhalten äußern. Ihre Neigung, zu- und abzunehmen, weist auf einen wichtigen Bereich schwerer Konflikte bezüglich ihrer frühen Abhängigkeitsbeziehung zu ihrer Mutter hin. Mary berichtet, daß die Leute sie im allgemeinen als ebenbürtig, kompetent, eigenständig und unabhängig erleben, was bedeutet, daß sie ihnen guten Anlaß dazu bieten muß. Diese Charakterzüge stehen in krassem Gegensatz zu den starken Abhängigkeitstendenzen in ihrem Charakter, der, geht man vom psychoanalytischen Modell aus, auf der

unbewußten Ebene durch die Abwehr von Abhängigkeits- und Schwächegefühlen gekennzeichnet ist, und nur in ihren Eßgewohnheiten (vielleicht auch noch in anderen, bisher unbekannten Bereichen) zeigen sich Symptome eines früheren hungrigen, bedürftigen Ichs.
Auch erwartet der Analytiker, sowohl homosexuelle als auch heterosexuelle, ins Unbewußte verdrängte und dort bewahrte Tendenzen vorzufinden. Die homosexuelle Tendenz würde natürlich in der tiefsten Schicht existieren — »natürlich«, weil die homosexuellen Tendenzen am stärksten tabuisiert und deshalb am stärksten verdrängt werden.
Daß die Abwehr gegen Homosexualität einen sehr wichtigen Teil ihres Charakters ausmacht, läßt sich anhand zweier Hinweise vermuten. Erstens hatte Mary mit ihrer Mutter im selben Bett geschlafen, was bei einem kleinen Kind zwangsläufig zu starken sexuellen Spannungen führt, besonders wenn die Eltern, wie das bei ihr der Fall war, voneinander getrennt sind. Zweitens drücken einige Details in ihrer Kleidung und in ihrer Erscheinung symptomatisch eine gewisse Männlichkeit aus, eine Tendenz, betont unweiblich aufzutreten.
Die ganze Art, wie sie sich gegen Abhängigkeit und Sexualität — sowohl Homosexualität als auch Heterosexualität — wehrt, verschmilzt mit dem Charakter einer beruflich erfolgreichen, intellektuellen Frau, wie sie ihn entwickelt hat. Sie beginnt die Analyse, als bei ihr der Verdacht entsteht, daß sie noch nicht die ganze Wahrheit über sich selbst entdeckt hat, und als sie immer stärker den Wunsch empfindet, mehr als nur eine kompetente »Fachfrau« zu sein. Der Analytiker erwartet, daß Mary hinter der Fassade der Kompetenz extreme Abhängigkeitsphantasien hat und, bei ausreichender Ermutigung, buchstäblich orale Saugphantasien und den heftigen Wunsch, umsorgt zu werden, produzieren würde. Bevor jedoch diese unbewußt aktiven Phantasien, Hoffnungen oder Bestrebungen aufgedeckt werden, kommen Abwehrschichten zum Vorschein, vor allem die Tendenz zum Intellektualisieren und hohe moralische und ästhetische Normen, die im Verlauf des psychoanalytischen Prozesses starken Widerstand erzeugen. Bilder des Verlassenseins werden auftauchen: »Ich bin ganz allein; es ist niemand da; ich bin einsam in einer verlassenen Welt, und niemand kümmert sich um mich.« Der Analytiker wird als »kalter und herzloser Bursche« empfunden, wenn es ihm nicht gelingt, Marys Abhängigkeitsbedürfnisse zu befriedigen. Ziemlich spät in der Analyse würde Mary wahrscheinlich beginnen, homoerotische Phantasien zu produzieren. Sie wird sich dem Analytiker gegenüber ziemlich sicher so verhalten, wie sie sich anderen gegenüber verhält, um das Auftreten starker Abhängigkeitsbedürfnisse zu verhindern. Sie wird etwa zu ihm sagen: »Sie

und ich sind in dieser Situation gleich, wir sind beide Ärzte, eigentlich Brüder, die sich verstehen«, ohne zu bemerken, daß ihr Analytiker ein Mann ist und daß sie nicht sein Bruder ist.

Diese Hypothesen sind äußerst skizzenhaft und wurden nur deshalb aufgestellt, um die negative Polarität zwischen Bewußtem und Unbewußtem in der neurotischen Persönlichkeit zu veranschaulichen. Das Unbewußte, wie es ein Freudianer versteht, ist so geartet, daß der Analytiker, wenn er über homosexuelle Komponenten spricht, erwartet, daß Phantasien existieren — Phantasien, die aus ihren unbewußten Ursprüngen ins Bewußtsein aufsteigen. Homosexualität ist demnach keine Eigenschaft oder Gewohnheit, die in der frühen Kindheit gelernt wird. Vielmehr werden homosexuelle Phantasien auf Grund unbewußter Abhängigkeitswünsche und infantiler oraler Phantasien immer wieder neu aktiviert.

Vorstellung von Dr. R.

Der Analytiker, Dr. R., ist ein 42jähriger Mann, der sich konservativ kleidet, etwas Übergewicht hat, seine Arbeit sehr liebt, Menschen interessant findet und an dem Gefühl der Macht und zugleich Intimität Gefallen hat, das mit dem beruflich bedingten näheren Kennenlernen von Menschen verbunden ist. Er ist ein ausgesprochener Denker. Seit seiner frühen Kindheit hat er viel, vorwiegend Wissenschaftliches und Philosophisches, gelesen. Er gibt zu, daß er nie ein besonders guter Gesellschafter gewesen ist, daß er ernste Diskussionen geselligen Zusammenkünften vorzieht und daß er sich nie sehr für Sport und Politik interessiert hat.

Trotz seiner gründlichen Ausbildung und seines großen Wissens —Dr. med., zwei Jahre Lehranalyse, Ausbildung an einem psychoanalytischen Institut und ungefähr vierzehn Jahre Praxis als Arzt und Therapeut — ist er schüchtern und neigt dazu, in Gruppen unbeholfen und unsicher zu sein, aber auch in Situationen, in denen es darum geht, seine Gefühle anderen gegenüber zu äußern. Er fühlt sich am wohlsten und ungezwungensten dann, wenn er irgendeinen Gedanken verfolgt oder an einer intellektuellen Diskussion teilnimmt. Obwohl er sie insgeheim bewundert, fühlt er sich bei Leuten unwohl, die extrem emotional oder spontan sind und sich leicht ausdrücken können. Seinem Naturell nach ist er optimistisch und freundlich, und er neigt dazu, eher das Beste als das Schlechteste von den Menschen anzunehmen.

Während der ersten Sitzungen vor dem tatsächlichen Beginn der Analyse stellen Dr. R. und Mary fest, daß sie gut miteinander auskommen. Dr. R. stellt genau die Fragen, die Mary vernünftig und wichtig findet. Er scheint direkt und aufrichtig mit ihr umzugehen, nicht den Geheimnisvollen zu spielen, etwas, das sie bei Analytikern immer befürchtet hatte. Sie stellt belustigt fest, daß auch er Übergewicht hat. In gewisser Hinsicht erinnert er sie an bestimmte freundliche, unbeschwerte Professoren, die sie an der Universität besonders geschätzt hat. Er ist aufmerksam und ernst und äußert lebhaftes Interesse, was sie nicht nur zum Sprechen ermutigt und ihr eigenes Interesse, sich selbst zu verstehen, anspornt, sondern zeitweilig eine Mischung aus Freude und prikkelnder Furcht in ihr hervorruft. Sie läßt sich selbst vorwiegend vom Intellekt leiten, und es gefällt ihr, daß ihr zukünftiger Analytiker intelligent und am Geistigen interessiert zu sein scheint. Sie betrachtet ihn bereits als jemanden, der sie besser als irgend jemand sonst auf der Welt kennenlernen wird, und dieser Gedanke erschreckt sie. Sie fühlt auch, obwohl sie das noch nicht in Worten auszudrücken wagt, daß er sie gern hat.

Dr. R. seinerseits ist erleichtert und glücklich, mit einer Patientin zu sprechen, die für seinen analytischen Standpunkt so aufgeschlossen zu sein scheint. Sie hat die in seinen Fragen enthaltenen Hinweise bereitwillig aufgegriffen und merkt bereits, daß ihre Gefühle ihrer Mutter gegenüber etwas mit ihrer Abneigung, weiblich zu sein, zu tun haben könnten. Er stellt fest, daß sie ihm gegenüber zugänglich, aufrichtig und offen ist, Eigenschaften, die er immer bewundert und bei Frauen oft vermißt hat. Sie verfügt über Charakterstärke und Zielstrebigkeit und ist Werten und Zielen verhaftet, die den seinen ähnlich sind, was er als sehr angenehm empfindet. Sie ergeht sich nicht in Selbstmitleid oder Verzweiflung, noch ist sie eine rasende, emotionale Hysterikerin. Als er erkennt, daß es ein Teil seiner Aufgabe sein wird, gerade die Kontrollen, die er jetzt bewundert, zu lockern, fühlt sich Dr. R. zunehmend wohl in der Beziehung zu dieser Patientin, denn er hat festgestellt, daß er bei Personen, die an einer derartigen Hemmung des emotionalen Ausdrucks leiden, therapeutisch besonders erfolgreich ist.

Vom Standpunkt eines *Alltags*verständnisses aus ist dies ein glücklicher Beginn für eine Psychotherapie. Patient und Therapeut finden es natürlich, angenehm und nett, zusammen zu sein, sie mögen sich, und sie stimmen sowohl in ihrem Lebensstil als auch in den Grundwerten überein. Wegen dieser natürlichen sozialen Grundlage ihrer gegenseitigen Sympathie sind beide besonders lebhaft, herzlich, interessiert und kooperativ. Der Angstschauer, den Mary bei seinem lebhaften Interesse für sie empfunden hat — was aus analytischer Sicht eine eindeutige, auf die frühe Kindheit zurückgehende Übertragungsreaktion ist —, ist auch auf seine Reaktion ihr gegenüber als »jemand, den ich kennenlernen möchte«, zurückzuführen.

Ein weniger glücklicher Anfang

Nehmen wir jedoch an, Mary wäre zu einem Analytiker gegangen, der stark expressiv-emotionale Menschen bevorzugt und sich bei intellektuellen Frauen unsicher fühlt. Wenn das der Fall wäre, würde er Mary als trockene, langweilige, zähe, unnachgiebige und kalte Intellektuelle empfinden. Er würde sie als Konkurrentin empfinden, die danach strebt, die Therapie selbst in der Hand zu behalten. Kurz, er würde sie für jemand halten, den er außerhalb seiner beruflichen Tätigkeit normalerweise meiden würde. Vor dem Hintergrund solcher persönlicher Gefühle stellt er ihr vielleicht weniger Fragen und diese in kühlerem und trockenerem Ton. Statt mitfühlend zu fragen: »Nehmen Sie an, daß die Überemotionalität Ihrer Mutter Sie vielleicht Emotionen gegenüber mißtrauisch gemacht hat?«, könnte er kühl analysierend fragen: »Glauben Sie, daß die Leute auf Sie nicht herzlich reagieren, weil Sie im Gegensatz zu Ihrer Mutter kalt und unemotional sind?«
Es könnte sein, daß sich Mary als Reaktion auf diesen Empfang noch stärker kontrollieren würde, weniger lebhaft wäre und sich noch weniger Gefühlsregungen anmerken ließe, weil sie die Therapiestunden als bedrohlich, lähmend und mühsam empfände. Sie wäre noch gehemmter, noch unbeweglicher und empfände den Analytiker als jemand, der sie »anstarrt« und ihr das Gefühl vermittelt, »ein Versuchsexemplar zu sein«. Wenn sie einer solchen grundlegend nicht-bestätigenden Haltung ihres Analytikers begegnete, würde sie noch starrer, »kränker«, überkontrollierter, gezwungener, emotional weniger frei und weniger sympathisch erscheinen — und es deshalb auch sein.
Diese Wirkung auf die Pathologie des Patienten ist in der Therapie unvermeidbar, weil der Patient »für seinen Therapeuten« krank, gehemmt oder neurotisch ist und sich nicht in einem Vakuum befindet. Es ist wichtig festzustellen, daß das nicht nur für die Beurteilung der Pathologie durch den Therapeuten gilt, sondern auch das Verhalten des Patienten direkt beeinflußt, ihn mehr oder weniger krank oder gestört werden läßt. Daß Therapeut und Patient gut miteinander auskommen und sich gegenseitig schätzen, ist daher für den therapeutischen Prozeß

von wesentlicher Bedeutung. Die Lebensgeschichte der Patienten färbt auf jede Interaktion zwischen Patient und Therapeut ab, und das Ausmaß der Pathologie des Patienten wird besonders vor diesem Hintergrund definiert und eingegrenzt.

Um die Bedeutung der Interaktion zwischen Patient und Therapeut weiterzuverfolgen: Wie würden Dr. R. und sein Gegenspieler die Frage beantworten, welches Verhältnis Mary zu ihrem Vater hatte? Diese Frage aus der Sicht der Psychoanalyse zu stellen, heißt, die Übertragungsreaktion in der Therapie beobachten. Dr. R., der Mary sympathisch findet, würde zu der Annahme neigen, daß die Beziehung zwischen Mary und ihrem Vater einen guten Kern gehabt haben muß, der es ihr jetzt ermöglicht, eine einigermaßen tragfähige Beziehung auch in der Analyse herzustellen. Der Analytiker, der Mary nicht mag oder nicht gut mit ihr zurechtkommt, wird darauf hinweisen, daß die Vater-Tochter-Beziehung sehr destruktiv gewesen sein müsse und als Beweis die unglaubliche Rigidität, Ängstlichkeit und übermäßige Kontrolle aller Gefühle in den analytischen Sitzungen anführen. Er würde sagen, daß niemand, der sich vom Vater akzeptiert und geliebt fühlte, in der Analyse derartig zugeknöpft wäre. Man wird natürlich versucht sein zu fragen, welche dieser Ansichten über die Vater-Tochter-Beziehung der Wahrheit mehr entspricht; diese Frage zu stellen heißt aber, eine wesentliche Einsicht außer acht lassen — daß nämlich im psychotherapeutischen Prozeß beide Ansichten zwischen Analytiker und Patient *wahr gemacht* werden können. Welche Auffassung sich als die richtige herausstellen wird, hängt von der dialektischen Entfaltung ihrer Beziehung ab.

Die Vergangenheit des Patienten, zwischen Analytiker und Patient zum Leben erweckt, wird auch zwischen beiden — nicht nur durch die analytische Theorie, sondern auch durch die Erfordernisse der besonderen Beziehung selbst — gemeinsam hergestellt. Dr. R. wird daher Marys Beziehung zu ihrem Vater als — sicherlich begrenzte, aber dennoch echte — Hilfe betrachten, die sie in ihrer Entwicklung gestärkt hat. Infolge dieses Vorurteils wird Mary ermutigt, nicht nur die Schwächen und Schwierigkeiten in ihrer Beziehung zu ihrem Vater, sondern auch das Gute, das es zwischen ihnen gab, zu suchen und zu finden. Sie mag schließlich erkennen, daß ihr Vater derjenige war, ohne den sie völlig verrückt geworden wäre.

Der Therapeut, der Mary langweilig und kalt findet, wird den Vater als völlig ablehnend, gleichgültig, wenig unterstützend und neurotisierend empfinden. Marys Versuche, etwas Gutes an ihrem Vater zu entdekken, werden als eine Art Abwehr gegen die Konfrontation mit ihrem wirklichen Haß bewertet. Zwischen ihrer Schwierigkeit in Beziehungen zu Männern und ihrer Beziehung zu ihrem Vater wird ein bestimmter Zusammenhang gesehen. Der kühle, leicht negative Charakter der Beziehung zwischen diesem Analytiker und Mary wird den Haß auf den Analytiker sowie mehr Widerstand erzeugen, und dies alles wird als Beweis für die extremen Schwierigkeiten zwischen Mary und ihrem Vater gelten. In diesem Zusammenhang wird Marys Bild von ihrem Vater eine Veränderung in Richtung auf Feindschaft, Vorwurf und Haß durchmachen.

Die Analyse mit Dr. R.

Der erste Monat. Da sich Dr. R. für eine im wesentlichen orthodoxe Analyse mit Mary entschieden hat, treffen sie sich fünfmal in der Woche zu Sitzungen von jeweils 45 Minuten. Er unterweist sie in freier Assoziation; er sitzt hinter ihr und außerhalb ihres Gesichtsfeldes, während sie auf der Couch liegt. Ungefähr einen Monat lang fällt es ihr sehr schwer, ihren Analytiker nicht ständig anzusehen, so daß sie immer wieder ihren Hals verdreht, um ihn zu sehen. Auch ist ihre Liegehaltung während der ersten Wochen ziemlich steif. Sie scheint sich nicht entspannen zu können und assoziiert selbst nach der großzügigsten Definition dieses Begriffes nicht frei, da sie völlig unfähig ist, alles zu sagen. Als gewissenhafte, hart arbeitende Patientin erwähnt sie oft Dinge, die sie, als sie ihr das erste Mal in den Sinn kamen, zu erwähnen vergaß. Sowohl für sie als auch für Dr. R. wird es immer offensichtlicher, daß sie sich in der analytischen Situation hartnäckig daran klammert, Ärztin, d. h. eine kompetente Frau vom Fach zu sein. Der Analytiker erwähnt dies einige Male, und sie spürt es deutlich an ihren angespannten Muskeln, ihrem Halsverdrehen, ihrer intellektuellen Einmischung in die analytische Interpretation und an der chronischen Unfähigkeit, frei zu assoziieren. Sie erzählt recht zusammenhängende Geschichten über ihr Leben und betont oft diesen oder jenen Punkt, indem sie ihn mit ausdrucksvollen Gesten begleitet, wie in einer normalen Konversation. Wie zu erwarten war, hat sie bereits einige psychoanalytische Literatur gelesen, um, wie sie es ausdrückt, »besser und mit größerem Verständnis mitarbeiten zu können«. Der Analytiker erinnert sie freundlich daran, daß eine derartige intellektuelle analytische Arbeit dazu führt, die Aufgabe, in den analytischen Sitzungen die eigene Wachsamkeit auf-

zugeben und zu lockern, durchkreuzt. Bei allem guten Willen findet sie es außerordentlich schwierig, ihre Kontrollen in den Sitzungen zu lokkern.
Inhaltlich hat sie während des ersten Monats die ursprüngliche Klage, daß die Männer sie nicht als Frau behandeln, ausführlich dargelegt. Nachdem sie sich darüber mehrere Tage lang systematisch beklagt hat, beginnt sie darüber zu reden, wie ungerecht es sei, daß Männer so positiv auf Frauen zu reagieren scheinen, die hirnlose Einfaltspinsel sind. An einem Tag ergeht sie sich in einer vierzigminütigen Schmährede gegen die Schwäche und Dummheit der Frauen, die in blinder Selbstaufgabe versuchen, den Männern zu gefallen. Während der folgenden Sitzung ist sie etwas schweigsam, ihr Ausbruch tut ihr ein bißchen leid. Der Analytiker bemerkt mit freundlicher Ironie, wie merkwürdig es ist, daß sie sich für ihr erstes, tatsächlich entspanntes Gehenlassen entschuldigt, und weist darauf hin, daß diese Gefühle durch ihre übermäßig starke Kontrolle gewöhnlich daran gehindert würden, ins Bewußtsein zu dringen. Als sie erkennt, daß er ihren Selbstausdruck billigt, nimmt sie das Thema der »dummen, ekelhaften Frauen« mit neuer Kraft wieder auf. Nach einigen weiteren, diesem Thema gewidmeten Interviews stellt der Analytiker fest, daß sie das, was Frauen tun, um Männer zu interessieren, abscheulich findet, obwohl sie die Männer durchaus für sich interessieren möchte.
Als Reaktion hierauf verbringt Mary drei volle Sitzungen damit, ihren Abscheu direkt und indirekt zu rechtfertigen, indem sie nachweist, daß diese von ihr verachtete Art, weiblich zu sein, tatsächlich schrecklich *ist*. Der Analytiker lenkt ihre Aufmerksamkeit mehrmals auf dieses Verteidigungsverhalten — er sieht darin erstens einen Hinweis dafür, daß es sich hierbei um einen empfindlichen Punkt handelt, und zweitens einen Hinweis auf ihr Bedürfnis, sich vor ihm zu rechtfertigen. Es wird jetzt ziemlich klar, wie sehr sie die Vorstellung bekämpft, irgend jemandem gegenüber unterwürfig oder von ihm abhängig zu sein; der Analytiker unterstreicht ihre Angst gerade davor und vor allen Gefühlen, die damit in Zusammenhang stehen könnten.

Die Anwendung der Interpretation im Alltag

Während des ersten Monats von Marys Analyse bedeuteten die analytischen Interpretationen für beide gelegentlich mehr als nur eine genaue Rekonstruktion der Motivationen ihres Verhaltens. Die interpretativen Bemerkungen des Analytikers dienten in vielfältiger Weise der Förderung des therapeutischen Dialogs. Zum Beispiel bemerkte Dr. R., daß ihre Entschuldigung, sie sei bei jenem ersten Anlaß zu emotional gewesen, gut zu ihrer allgemeinen übermäßigen Kontrolle paßte. Beide verstanden ganz genau, daß er ihre emotionale Expressivität billigte und unterstützte. Er interpretierte ihre psychoanalytische Deutung als Ausdruck ihres Versuchs, eine abwehrbereite Kontrolle ihrer selbst aufrechtzuerhalten; damit drückte er eine freundliche Mißbilligung ihrer übermäßigen Intellektualität aus und ermutigte sie zugleich, diese zugunsten einer gelösten Expressivität aufzugeben. Indem er ihr Verhalten ihm gegenüber im Sinne eines Bedürfnisses nach Selbst-Rechtfertigung interpretierte, versicherte er Mary außerdem, daß sie nicht immer mit ihm übereinstimmen müsse.

Im Interpretationsakt selbst ist zusätzlich eine grundlegende Bestätigung eingebaut. Durch die Interpretation gesteht der Analytiker den Verhaltensweisen des Patienten eine »Psycho-*Logik*«, Verstehbarkeit und Menschlichkeit zu. Selbst die feindlichste und unangenehmste Interpretation bringt das Verhalten des Patienten wieder auf die Ebene des Allgemeinmenschlichen. Der Analytiker präsentiert sich durch den Interpretationsakt ganz einfach als jemand, der versteht und sich nicht abschrecken läßt.

Die Interpretation hat großes kommunikatives Gewicht, da sie, ist man ganz radikal, die einzige formal zugelassene und gebilligte Intervention des Analytikers darstellt. Die Wirkung seines gesamten Stils kommt im Rahmen einer Reihe von deutenden Interventionen zum Tragen. Daher wird seine tolerante, herzliche, offene Freundlichkeit oder sein scharfer, ätzender, verneinender Verstand immer im Zusammenhang mit seinen analytischen Interpretationen wirksam. Des Analytikers pessimistische, deprimierende Sicht menschlicher Möglichkeiten oder seine optimistische Haltung, die immer das Beste in anderen sieht, schlägt sich in der Art und Weise seiner Interpretation nieder.

Wieder ist es notwendig, dies an einem konkreten Beispiel zu zeigen, um die zentrale Bedeutung der Interpretation für den analytischen Prozeß zu begreifen. Dr. R.s Interpretation, daß Marys analytische Deutung eine Abwehr darstelle, könnte als Ausgangspunkt dienen. Die Art, wie er dies Mary mitteilt, drückt in ihren Augen eine freundliche Tolerierung ihrer Schwächen, ein anhaltendes Wohlwollen ihr gegenüber, eine stetige, geduldige Ermutigung zu einer schrittweisen Lockerung ihres Kommunikationsverhaltens und ein grundlegendes Vertrauen aus, daß sie ihre Schwierigkeiten mit so wenig Hilfe und Unterstützung überwinden könne. Bei einem weniger freundlichen Analytiker könnte Mary dieselbe Interpretation als grundsätzliche Mißbilligung auffassen, als ein ständiges Herumnörgeln an und Herumhacken auf ihrem Verhalten, als ungeduldige Aufforderung zur Veränderung und ein grundsätzliches Mißtrauen in ihre Fähigkeit, ihre Verhärtungen zu überwinden. Dies läßt sich deutlich machen an dem Unterschied zwischen der freundlichen Bemerkung: »Es fällt Ihnen sehr schwer, Ihre intellektuelle Kontrolle aufzugeben«, und der Anschuldigung: »Sie müssen sich an die Kontrolle klammern und vorgeben, ein Mann zu sein.«

Die ganze Stimmung und der ganze Stil der Analytiker-Patient-Interaktion werden durch diese beiden Bemerkungen auf unterschiedliche Weise festgelegt. Die nachsichtigere Annäherung führt viel eher zu einer fruchtbaren Zusammenarbeit zur Lösung der Schwierigkeiten; die anklagende Methode führt dagegen viel eher zu einem Machtkampf zwischen Analytiker und Patient. Dies zeigt wieder ganz deutlich, wie Patient und Analytiker »gegenseitig ihr Sein beeinflussen«. Die beschuldigte Patientin verhält sich stärker als Konkurrentin, zeigt sich machthungriger, weniger freundlich und gefügig und provoziert daher Angriffe, strenge Interpretationen und heftige Interventionen. Die stärker bestätigte Patientin *ist* kooperativer, weniger machthungrig, freundlicher, nachgiebiger und bewirkt daher mildere Interpretationen und schwächere Interventionen. Die ganz gewöhnlichen Strukturen des Miteinander-Umgehens sind für die Entfaltung des analytischen Prozesses und für die Beziehung zwischen Analytiker und Patient grundlegend. Diese reale Alltagsbeziehung zwischen ihnen ist der Boden, auf dem die analytischen Interpretationen und Interventionen Leben gewinnen.

Zweiter und dritter Monat. Als für Dr. R. und Mary der zweite Monat der Analyse beginnt und Mary ihren Haß auf »schwache, weinerliche Frauen« wieder aufgreift, äußert sich der Therapeut zu ihrer außerordentlichen Heftigkeit und spricht die Vermutung aus, daß Mary ihre Mutter vielleicht in dieser Weise als schwach empfunden habe. Das veranlaßt die Patientin, die nun darauf stark emotional reagiert, eine bittere Beschreibung des ständigen Kampfes zu liefern, den sie mit ihrer Mutter zu führen hatte, um nicht völlig handlungsunfähig oder gelähmt zu werden. Ihre Mutter hatte ständig zu ihr gesagt: »Du armes schwaches Ding, du mußt auf dich und deine Gesundheit achten. Du mußt dich davor hüten, an dich selbst zu hohe Anforderungen zu stellen und dich zu überanstrengen.«

Mary hatte ständig dagegen ankämpfen müssen, nicht psychisch krank bzw. von ihrer Mutter überfahren zu werden. Diese steckte ihre Nase in alles, wußte über alles Bescheid, sogar über Marys Verdauung. Wenn sie nicht oft genug Stuhlgang hatte, erhielt sie Einläufe. Ihre Mutter pflegte sie als Kind am ganzen Körper zu waschen, und Mary hatte immer den Eindruck, daß etwas Krankhaftes, Merkwürdiges und Überinteressiertes darin lag, wie ihre Mutter das machte. Als sie fünf Jahre alt war, hatte sie aktiv gegen diese Aufdringlichkeit rebelliert, indem sie sich im Badezimmer einschloß und darauf bestand, allein gelassen zu werden. Sie schliefen jedoch weiterhin im selben Bett, was der Patientin zwar als Tatsache bekannt ist, an die sie sich aber nicht weiter erinnern kann.

Dadurch, daß sie dieses Thema nun häufig anspricht, beginnt Mary sich an viele Ereignisse zu erinnern, welche die ihnen zugrundeliegende Geschichte Gestalt annehmen lassen, und jedesmal empfindet sie stärker und klarer die Aufdringlichkeit ihrer Mutter. Bei jeder Wiederholung begreift sie etwas deutlicher, wie sie gezwungen war, sich selbst zu beherrschen, sich zu kontrollieren, um sich vor dem erstickenden Erotizismus ihrer Mutter zu schützen.

Als nach ungefähr fünfzig Interviews der dritte Monat der Analyse anbricht, fängt Mary an, sich zu fragen, warum sie sich an nichts mehr erinnern kann, was mit der Tatsache zusammenhängt, daß sie mit ihrer Mutter in einem Bett geschlafen hat. Der Analytiker stellt fest, daß es sich hierbei um eine ganz entscheidende Amnesie handelt; er bemerkt, daß ihre freien Assoziationen die Tendenz hatten, das Thema zu umkreisen, was es bedeutet, eine Frau zu sein, und wie ekelhaft Frauen sind, und daß sie in jüngerer Zeit von der Beziehung zu ihrer Mutter handelten, die sie als merkwürdig und leicht abstoßend empfand. Er weist Mary darauf hin, daß sie etwas Wichtiges verdrängt, das damit zusammenhängt, daß sie mit ihrer Mutter zusammen in einem Bett geschlafen hat, und er deutet in Interpretationen an, daß ihre Mutter schrecklich gewesen sein muß, da sie eine derartige Rebellion verursacht. Als Reaktion auf diese Beschwörung der Vergangenheit sagt Mary: »Ich fühle mich hier jetzt sehr unwohl. Das ist deshalb merkwürdig, weil ich vorher gern gekommen bin, aber nun gibt es hier etwas, das mir nicht gefällt. Ich fing wirklich an, mich auf der Couch zu entspannen, jetzt aber spüre ich, sobald ich mich hinlege, wie sich mein Magen zusammenzieht. Ich habe Atembeklemmungen, so als ob ich keine Luft bekäme.«

Der Analytiker antwortet: »Ich denke, daß Sie vor den Erinnerungen an Ihre frühere Beziehung zu Ihrer Mutter Angst haben. Sagen Sie mir einfach, was Ihnen in den Sinn kommt, und wir werden mehr erfahren.« Er ermutigt und beruhigt sie, als er erkennt, daß das Heraufbeschwören der Vergangenheit ihr Unbehagen bereitet. Er möchte, daß sie sich entspannt, und spricht deshalb beruhigender, als es dem Ideal kühler, analytischer Distanz entspricht. Er ist sicher, daß die Patientin, während sie auf der Couch liegt, das Gefühl wiedererlebt, das sie hatte, als sie mit ihrer Mutter in einem Bett lag. Sie spannt sich buchstäblich an und macht sich steif, um die Erfahrung des intimen Körperkontakts zu ihrer Mutter zu vermeiden. Als er Mary zum erstenmal sah, hatte er bemerkt, daß sie den physischen Kontakt vermied. Damals hatte er das nicht verstanden, aber jetzt, als sie dort liegt und ihn wie gelähmt fragt: »Können Sie mir nicht aus diesem schrecklichen Gefühl heraushelfen?«, wird es ihm klarer.

Die Beteiligung des Patienten an der Analyse

Wenn ein Patient in den vierten Monat seiner Analyse eintritt, hat er bereits ungefähr sechzig Stunden mit seinem Analytiker verbracht. Er ist fünf Tage pro Woche gekommen und hat einen beträchtlichen Teil seines Einkommens aufgewandt und vielleicht sogar Schulden gemacht, um die Analyse fortzusetzen. Indem er die Anweisungen zur freien Assoziation, wie unvollkommen auch immer, befolgte, hat er dem Analytiker mehr an Tatsachen als auch an persönlichen Gefühlsstrukturen enthüllt als irgend jemandem zuvor. Er hat mit außergewöhnlicher Klarheit entdeckt, in welch starkem Maße er unfrei, gehemmt und an die Vergangenheit gebunden ist. Er hat die Erleichterung erfahren, die damit verbunden ist, beschämende Dinge zu berichten, ohne dafür bestraft zu werden, Fehler zu entdecken und auszudrücken, ohne dafür getadelt zu werden, und sprachliche Zwänge ungestraft abzulegen. Gleichzeitig hat er gelernt, Gefühle, aktuelle Ereignisse, Beziehungen zu anderen und die verschiedenen Erfordernisse seines Lebens im Lichte der analytischen Betrachtungsweise, wonach sich die Vergangenheit in der Gegenwart wiederholt, zu sehen.
Während dieses ganzen Prozesses hat er die vorsichtige, zurückhaltende Aufmerksamkeit eines verständnisvollen Analytikers erfahren, der scharfsinnige Vermutungen über Vergangenes angestellt und sich selbst als fähig erwiesen hat, die Gefühle und Gedanken des Patienten zu verstehen, und der schließlich seinen Schwierigkeiten gegenüber tolerant gewesen ist. Mehr als jemals zuvor wurde dem Patienten durch den Analytiker eine kontinuierliche, einigermaßen stetige Fürsorge zuteil. Diese Fürsorge kann sich als freundliche, warme Sympathie äußern, durch die die analytische Einsicht begünstigt wird, oder als kühles, verstandesmäßiges Interesse, das mißtrauisch nach den Motivationen sucht, die den Patienten zu seinem Verhalten bewegen.

Weil Analytiker und Klient Raum und Zeit miteinander teilen, entwickelt sich im Verlauf der Analyse eine Geschichte zwischen ihnen, die die gesamte Lebensgeschichte des Patienten einschließt. Der Patient hat sich entschlossen, seine Vergangenheit mit Hilfe der Analyse zu untersuchen, um dadurch sein Leben interpretieren und verstehen zu können. Er wird darin vom Analytiker bestärkt, der ihn in viele Richtungen, am nachdrücklichsten aber immer wieder auf seine eigene Vergangenheit verweist. Die Geschichte des Patienten als *seine Geschichte* wird in der Analyse selbst rekapituliert und neu interpretiert. Der eigentliche Sinn und Zweck seines gesamten Lebens erfährt in der Analyse eine grundlegende Neubewertung und Neustrukturierung.
Der Patient findet sich deshalb immer stärker am Prozeß der Analyse beteiligt. Er hat mehr mitgeteilt, sich stärker entblößt, wurde mit größerer Aufmerksamkeit bedacht, besser verstanden und brachte mehr aus dem Bedeutungszusammenhang seines Lebens in seine Beziehung mit dem Analytiker ein, als er das jemals zuvor bei irgendeinem anderen Menschen getan hat. Dies hat er in der Hoffnung getan, daß sich sein Leben zum Besseren hin ändern und daß er sich selbst besser verstehen würde.
Diese wachsende Beteiligung an der Analyse bedeutet, daß er die täglichen Ereignisse seines Lebens zunehmend als Daten behandelt, die verstanden werden müssen. Verstehen und Interpretieren wird zu seinem zweiten Leben, das er in und neben seinem Alltagsleben lebt. Er nimmt das, was sein Analytiker sagt, wichtiger als seine Arbeit. Wo er ist, was er fühlt, was er denkt und was mit ihm geschieht, läßt sich immer mit Hilfe dessen, was in der Analyse geschieht, beantworten. Kürzer ausgedrückt: der Patient *ist* nun *in* Analyse.

Vierter Monat. Zu Beginn des vierten Monats haben ungefähr fünfundsiebzig Interviews stattgefunden, und Mary ärgert sich zusehends über den Gegensatz zwischen ihrer immer stärker werdenden emotionalen Beteiligung und der unverändert kühlen Rationalität des Analytikers. Sie ist nun weniger bereit, mit ihm zusammenzuarbeiten, und beginnt häufig, ihn direkt und indirekt, bewußt und unbewußt zu kritisieren. Sie äußert sich lobend über einen Psychiater, den sie kennengelernt hat und der sich einer stark intervenierenden, aktiven Methode bedient. Sie erwähnt, daß sie Bücher über verschiedene andere therapeutische Richtungen gelesen hat und daß ihr einige der stärker manipulierenden, aktiveren Therapeuten gefallen. Sie erlebt den Analytiker als jemanden, der »einfach nur wie ein gottverdammter Penner auf seinem Klotz sitzt«. Ihr Groll gegen ihn, ihre Enttäuschung, weil er nichts mehr dafür tut, daß sie sich wohl fühlt, die Tatsache, daß sich für ihn die Dinge anscheinend befriedigend entwickeln, auch wenn sie sich schlecht fühlt — all das trägt zur Verstärkung ihres Ärgers bei. Gegen Ende des dritten Monats hatte der Analytiker bemerkt, daß sie sich über ihn, seine Distanz und seine Kühle ärgerte. Da die Patientin jedoch selbst zu kühler Rationalität neigt und dies früher als sympathische Eigenschaft an ihm empfunden hatte, hält er ihren Ärger für ungerecht und sieht in ihm ihre Reaktion auf frühere, unbefriedigende Beziehungen.

Bisher glänzte der Vater in der Analyse durch Abwesenheit. Jetzt kommt heraus, daß Mary von ihrem Vater stark enttäuscht worden ist, und sie durchlebt genau diese Enttäuschung wieder, die sie erfuhr, als sie feststellte, daß ihr Vater sie nicht genügend vor ihrer aufdringlichen Mutter beschützte. Wieder fühlt sie sich unglücklich und bedroht, weil der Mann in ihrem Leben (diesmal der Analytiker) als Zuschauer dabeisitzt und sich nicht rührt, um sie zu beschützen oder zu schonen. Als Kind hatte sie, wie auch jetzt wieder, geglaubt, daß ihr Papa stark genug sei, sie zu befreien und zu beschützen; aber er hatte vorgezogen, es nicht zu tun, oder zumindest sah es so aus. Nun zieht der Analytiker es vor, von einer Intervention abzusehen, obwohl er seine Stimme dämpft und etwas wärmer auf ihre Qualen reagiert. Aus Marys Sicht kommentiert er kühl ihr Leiden und *tut* immer noch nichts.

Der Analytiker nimmt nicht nur zur Kenntnis, daß sie die auf ihren Vater gerichtete Enttäuschung und Wut wiedererlebt, sondern auch, daß das fordernde, hilflose, nörgelnde Verhalten, welches sie jetzt ihm gegenüber an den Tag legt, dem Verhalten der Mutter gegenüber ihrem Vater zu ähneln scheint. Die Patientin versteht das, hätte es aber trotzdem gern, wenn der Analytiker sich mehr engagierte. Er erscheint ihr irgendwie kühl und distanziert. Zur Zeit herrscht zwischen ihrem lebhaften, interessierten Gesprächsfluß und seinen sanften, freundlichen, die Erinnerung beschwörenden Interpretationen keine Harmonie, die sie vorwärtsbringt. Vielmehr unterbrechen seine Interpretationen jetzt ihren Gefühls- und Gedankenfluß, was sie als zudringlich, negativ, gleichgültig und als Verständnislosigkeit gegenüber ihrem Leiden empfindet.

Struktur und Durchsetzung der analytischen Distanz

Es hat sich gezeigt, daß die besondere Art und Weise, wie Dr. R. und Mary mit Distanz und Intellektualität umgehen, ursprünglich eine Beziehung, Sympathie und sogar Herzlichkeit zwischen ihnen schuf.

Diese beruhen auf der grundsätzlichen Übereinstimmung ihrer Einstellung. Sobald der Patient die analytische Distanz nicht mehr so stark bejaht, wird seine Kooperationsbereitschaft untergraben. An diesem Punkt setzt der Analytiker seinen Willen durch, indem er entschieden gegen die mangelnde Bereitschaft zur Zusammenarbeit interveniert und sie interpretiert. Weil diese mit der grundsätzlichen, hinsichtlich der Analyse getroffenen Absprache nicht in Einklang steht und auch die Beziehung bedroht, muß der Analytiker mit Nachdruck wieder auf diese Absprache hinweisen und einen Weg finden, die Tendenz zum Widerstand zu unterbinden.

Einfach ausgedrückt, werden Patient und Analytiker jetzt Gegner. Der Analytiker versichert, daß er nur tue, was er tun muß, und daß der Patient negative Einflüsse aus der Vergangenheit in die therapeutische Beziehung hineintrage. Der Patient behauptet, zumindest halbherzig, daß der Analytiker nicht das Richtige oder Notwendige tue und deshalb die Analyse keine Fortschritte mache. Wenn die Analyse über diese Phase der »negativen Übertragung« hinwegkommen soll, muß der Patient sich der Interpretation des Analytikers unterwerfen und seine nicht-kooperationswillige Haltung aufgeben, was ihm nicht leichtfällt. Durch diesen Prozeß erfährt auch die Einstellung des Analytikers eine Wandlung, besonders in den Fällen, in denen fehlende Kooperationsbereitschaft und die Tendenz, alles negativ zu sehen, sehr stark auftreten.

Der Analytiker wird in dem Maße kühler und distanzierter — dies ist der Kern der strukturellen Veränderung, die eine starke Übertragung bewirkt —, je störender sich die positiven oder negativen Gefühle des Patienten ihm gegenüber in der Analyse bemerkbar machen. Der Patient sagt zum Beispiel: »Ich verbringe einfach gerne meine Zeit mit Ihnen, es spielt gar keine Rolle, worüber wir sprechen«, oder: »Ich glaube, ich will mit so einem aufgeblasenen Narren wie Ihnen nichts zu tun haben.« In beiden Fällen weist der Analytiker mit größerer Schärfe, Distanziertheit und Sorgfalt darauf hin, daß das, was der Patient tut, *Daten* sind, die sie gemeinsam verstehen und interpretieren müssen. Weil der Patient dem nicht mehr völlig zustimmt, muß der Analytiker nun seinen Willen durchsetzen.

Der Analytiker beharrt auf dieser Struktur, bis der Patient sich zu größerer Zusammenarbeit und stärkerer Beteiligung an der Analyse bequemt. Dieser starke Druck auf den Patienten, sich an den analytischen Plan zu halten, bedeutet bereits mehr Kühle und Distanz. Der von Analytiker und Patient geteilte Raum, in dem beide sich aufeinander zu- und miteinander bewegen, wird in dem Maße kleiner, wie der Pa-

tient sich dieser anfänglich akzeptierten Gemeinsamkeit radikal verweigert.
An diesem Punkt erinnert der Analytiker den Patienten häufig an die zu Beginn der Analyse gegebenen Versprechen und fordert ihn eindringlich auf, sich an jene Versprechen zu halten, wie schwer das auch sein mag. Oft ärgert und erzürnt sich der Analytiker über die dickköpfige Weigerung des Patienten zu kooperieren. Er kann sich dem Patienten dann nicht mehr so verbunden fühlen oder so herzlich auf ihn eingehen wie zuvor, da dieser in dem von der Analyse geschaffenen Rahmen nicht zur Mitarbeit bereit sein will. Der Patient gestattet dem Analytiker nicht mehr, ausschließlich »Analytiker für den Patienten« zu sein, was diesen in eine besondere Lage bringt. Ein guter Analytiker bleibt ruhig und geduldig, fühlt sich jedoch besser, kann sich freier bewegen und herzlicher sein, wenn er und der Patient wieder zu einem harmonischeren, »kooperativen Zusammensein in der Analyse« gelangen.

Fünfter Monat. Zu Beginn des fünften Monats hat Mary die Phase der fehlenden Kooperation und des Widerstandes schon ziemlich überwunden. Sie liegt entspannter auf der Couch, nicht mehr so hölzern wie zu Beginn, und bewegt sich natürlicher. Sie ist dankbar, daß der Analytiker ihr weiterhin, trotz ihrer negativen Einstellung und ihrer Unfreundlichkeit — worin sie jetzt ein Wiederaufleben sowohl ihrer eigenen als auch der Anklagen ihrer Mutter gegen ihren Vater erkennt —, unerschütterlich und freundlich geholfen hat, sich über sich selbst klarzuwerden. Aber obwohl sie ihm gegenüber jetzt ein Gefühl der Dankbarkeit und herzlichen Zustimmung empfindet, fühlt sie sich nicht ganz wohl bei ihm. Es kommt ihr in den Sinn, daß sie an ihm herumgenörgelt und ihn verbal angegriffen hat, um ihn auf Distanz zu halten, und damit wohl das Verhalten ihrer Mutter ihrem Vater gegenüber wiederholt hat. Dr. R. ist über diese Erkenntnis sehr erfreut. Damit stellt sich aber für Mary wieder das Problem, daß sie vor Männern Angst hat und doch daran interessiert ist, mit ihnen engere Beziehungen einzugehen. Sie erkennt, daß sie mit einer Reihe von Männern dasselbe erlebt hat wie mit ihrem Vater und ihrem Analytiker. Zuerst hielt sie diese Männer für wunderbar, stimulierend und großartig; später war sie von ihnen enttäuscht und schließlich ziemlich erbost über sie. So war es ihr mit einigen Lehrern, mehreren Geistlichen und auch mit einigen männlichen Freunden ergangen. Der Feststellung jedoch, daß sie die gleichen Empfindungen auch ihrem Vater gegenüber gehabt haben soll, kann sie noch nicht völlig zustimmen. Intellektuell ist ihr diese Verknüpfung zwar einsichtig, sie läßt aber jedesmal, wenn sie zugibt, daß es so war, ein Lob auf ihren Vater folgen. Der Analytiker bemerkt das natürlich, aber er bedrängt sie zunächst nicht weiter in dieser Richtung. Ein bestimmter Rest an negativen Gefühlen Männern im allgemeinen und ihm im besonderen gegenüber würde zurückbleiben, wenn er aus Taktgefühl nicht weiter auf ihre noch immer bestehenden negativen Gefühle ihrem Vater gegenüber eingingе. Der Analytiker sieht diese Möglichkeit sehr wohl, zieht es aber vor, so lange nicht näher auf die Beziehung zu ihrem Vater einzugehen, wie die analytische Arbeit zufriedenstellend vorangeht.

Außerhalb der Analyse hat Mary ein besseres Verhältnis zu Männern entwickelt, obwohl sie alarmiert festgestellt hat, daß Männer Frauen manchmal auf sehr sexuelle Weise wahrnehmen. Sie beginnt vorsichtig und zögernd mit einigen Männern aus ihrer Bekanntschaft zu flirten. Sie ändert auch ihre Frisur und hat vor, sich ansprechender zu kleiden. Noch vor wenigen Jahren hatte ihre Mutter ihr immer geholfen, ihre Kleidung auszusuchen, und ihre Mutter war es auch, die sie darin bestärkt hatte, recht farblose, sackartige Kleidung zu tragen. So unternimmt Mary die ersten zögernden Schritte, sich selbst in ihrer Rolle als Frau zu bestätigen. Sie sucht ständig die Zusicherung ihres Analytikers, daß ihm das, was sie tut, gefällt. Er bewahrt den Anschein analytischer Neutralität, gibt aber durch die Art seiner Interpretation deutlich seine Vorliebe für farbige, weibliche Kleidung zu erkennen. Mit aufrichtiger Freude kommentiert er den Kauf eines roten Kleides, den sie trotz ihrer Hemmungen bewerkstelligt hat: »Dieses Mal hat Ihre Mutter aber nicht gewonnen, was?«

Mary fühlt sich zu diesem Zeitpunkt tatsächlich so viel wohler, daß sie sich fragt, ob eine Fortsetzung der Analyse wirklich nötig sei. Während einiger Interviews spricht sie von oberflächlichen Dingen, die sich in der Hauptsache auf ihr gesellschaftliches Leben beziehen. Die Tatsache, daß ihr immer alles ziemlich gut gelungen ist, was sie angepackt hat, hat ihr wesentlich zu einer inneren Sicherheit hinsichtlich ihrer Fähigkeiten verholfen. Sie ist dankbar, daß sie keine Minderwertigkeitsgefühle hat und glücklich, daß sie von ihrer eigenen Tüchtigkeit überzeugt ist. Sie verknüpft dieses Thema mit vielen Ereignissen aus ihrer Lebensgeschichte; schließlich kommen ihr jedoch Zweifel.

Als Reaktion auf die Bemerkung des Analytikers: »Wenigstens könnten Sie es, was Ihre Fähigkeiten anlangt, mit allen aufnehmen, sogar mit Ihrer Mutter«, fühlt sie sich etwas bedrückt. Nun unterstreicht sie die Begrenztheit ihrer Fähigkeiten und betont, daß sie sich nur in ganz bestimmten Situationen kompetent fühle. Sie empfindet sich nur dann als kompetent, wenn es um ihre Arbeit, um ihre Aufgaben geht oder um

das Lösen intellektueller Probleme. In ganz gewöhnlichen alltäglichen Unterhaltungen wird sie schweigsam. Sie erinnert sich, daß sie sich früher über solche Unterhaltungen erhaben fühlte, weil sie der Meinung war, daß »nur Idioten sich mit solchem Geschwätz abgeben« könnten. Auf diese Weise pflegte sie ihr mangelndes Interesse an sozialem Kontakt zu rechtfertigen; nun erkennt sie, daß ihr ein gewisser Charme im Umgang mit anderen fehlt. Was sie tut oder wie sie handelt — sie ist immer nur die beruflich kompetente, erfolgreiche Frau.
Das ist alles sehr deprimierend für Mary, und sie kehrt nun in ihren Assoziationen zum Familienleben in ihrer Kindheit zurück. Ihre Gedanken und Gefühle kreisen um das Thema, daß ihre Eltern keine Freunde hatten und kein geselliges Leben führten. Außer ihren Eltern war nie jemand da; sie brachte nicht einmal ihre Schulkameraden mit nach Hause. Jedesmal, wenn sie über das Leben in ihrer Familie spricht, hat sie ein bedrückendes Gefühl der Deprivation. Sie wünscht sich sehnlichst, daß sie Geschwister gehabt hätte. Die Tatsache, daß sie in einem solchen Elternhaus als Einzelkind aufgewachsen ist, scheint bei ihr ein Gefühl der Leere und Unsicherheit und der Unfähigkeit, sich in Gegenwart anderer Leute wohl zu fühlen, hinterlassen zu haben. Sie hat manchmal den Eindruck, daß sie keinen Körper habe. Der Analytiker bemerkt: »Sie müssen sich so sehr davor gefürchtet haben, einen Körper zu haben, daß Sie ihn beseitigen mußten«, oder: »Sie müssen gemerkt haben, daß Ihre Mutter Ihren Körper wollte — um damit etwas zu tun — um Sie zu besitzen?«
Kurz danach beginnt Mary an Schlafstörungen zu leiden, und sie erinnert sich zum ersten Mal an Stimmungen in ihren Träumen und an Traumfragmente. Alles, woran sie sich erinnern kann, sind ein Gefühl von Gewalt, Angst und wilder Aktivität sowie einige Einzelheiten, wie Leute zerstückelt und in Fleischfetzen zerrissen werden. »Die Gewalt Ihrer Mutter? — Ihre eigene? — Ihres Vaters?« fragt der Analytiker. Wieder kehrt Mary zum Thema des aufdringlichen, tyrannischen, eindringlichen Besitzergreifens der Mutter zurück. »Wo ist Ihr Vater?« wiederholt der Analytiker mehrere Male.
Das Thema der Verlassenheit taucht jetzt noch deutlicher auf, und wieder einmal bezieht es sich zuerst auf den Analytiker, der kühl, distanziert und ungerührt erscheint. Diesmal besteht Marys Reaktion nicht in Ärger, sondern in Depression, in Gefühlen von Einsamkeit und Unglücklichsein. Mary macht jetzt langsamere Fortschritte und hat den intensiven Eindruck, daß niemand sich besonders um sie sorgt. Dr. R., der Mensch, der sie am besten kennt, ist schließlich nur ihr Arzt. Sie hat zwar Freunde, aber diese verlassen sich auf sie, während sie selbst

sich nicht auf sie verlassen kann; sie ist immer diejenige, die ihre Freunde davor bewahrt, traurig und unglücklich zu sein. Es gibt niemanden auf der ganzen Welt, der *für sie* da ist.
Der Analytiker interpretiert ihr Verlassenheitsgefühl als erneutes Durchleben vergangener Erfahrungen mit ihrer Familie; das Gefühl des Verlassenseins deutet er als eine Reaktion auf ihren Vater, die nun auf alle Männer übertragen wird. Sie führt das Leben eines Menschen, für den nie jemand da ist, auf den sie sich verlassen kann. Das ist das Muster. Da war die Mutter, von der sie freikommen und der gegenüber sie sich auf Distanz halten mußte. Da war der Vater, der nicht da war, um ihr gegen ihre Mutter beizustehen. Du kannst niemandem auf der Welt vertrauen, außer dir selbst — das war Marys Grundsatz seit ihrem fünften Lebensjahr. Deshalb leidet sie nun unter Depressionen und dem Gefühl der Deprivation. Der Analytiker wird wieder als distanziert und unheimlich empfunden. Er sagt ihr, und sie sagt es sich selbst, daß ihre Stärke und ihre Tüchtigkeit weitgehend eine Abwehr gegen das heftige Gefühl der Verlassenheit war, das sie nun noch einmal neu durcherlebt. Um die Verzweiflung der Einsamkeit ertragen zu können, entwickelte sie sich zu einem tüchtigen, zu logischem und vernünftigem Denken fähigen Menschen. Als Kind durfte sie dem Wunsch, ihrer Mutter nahe zu sein, nicht nachgeben, weil sie diese als verschlingend erlebte. Als Erwachsene mußte sie das angestaute Bedürfnis nach emotionaler Nähe unter Kontrolle halten, weil es sich (wie bei ihrer Mutter) in infantiler, nörgelnder, gereizter, fordernder Weise äußerte. Sie empfand die hungrige Unterwürfigkeit ihrer Mutter als abscheulich und war sicher, daß sie bei jedem anständigen Menschen absolute Ablehnung auslösen mußte.

Sechster Monat. Mary hat nun ungefähr 110 Analysesitzungen hinter sich und kann sich inzwischen ziemlich gut an ihre Träume erinnern. Sie beginnt den Monat mit einem unheimlichen Traum, in dem sie sich in einem labyrinthähnlichen Gefängnis, irgendwo tief unten in einem Verlies, zusammen mit einer anderen Insassin befindet, die nackt auf einem Feldbett liegt. Die andere Frau hat einen abstoßend verliebten Gesichtsausdruck. Mary zieht die Frau hoch, legt ihre Hand auf deren Genitalien und fragt: »Hier, ist es das, was du willst?« Marys Assoziationen zu diesem Traum bestehen in einer Flut von Erinnerungen an ihre Mutter, die immer genau diesen Gesichtsausdruck gehabt hatte, wenn sie zu Bett gingen. Sie kann sich an die dünnen rosa Nachthemden erinnern, die ihre Mutter trug, sowie an die sichtbaren, herabhängenden Brüste. »Ich lag da und wartete darauf, daß sie in mein Bett

kam, und ich hatte das Gefühl, mich am liebsten in einen Holzklotz verwandeln zu wollen.« Der Analytiker bemerkt: »Das wäre Ihnen beinahe gelungen.«
Es bedarf hier kaum einer Interpretation vom Analytiker, da Mary sehr deutlich erkennen kann, wie sie sich gegen den verliebten, homosexuellen Versuch ihrer Mutter, sie zu verführen, wehren mußte. Die Patientin ist verschiedentlich nahe daran, den Analytiker zu fragen, ob sie wirklich homosexuell sei und ob sie jemals hoffen könne, der Homosexualität zu entrinnen. Beinahe zufällig sagt er einmal: »Wenn Sie erst einmal deutlich erkennen und fühlen, daß sich Ihre ursprüngliche Abwehr gegen die Homosexualität richtete, können Sie sie aufgeben.« Ohne bewußte Absicht teilt er ihr mit, daß sie eine normale Frau sein kann.
Diese Form der *Kommunikation durch Implikation* ist ein wesentlicher Bestandteil der psychoanalytischen Struktur, wie auch jeder menschlichen Beziehung. Analytiker und Patientin erkennen, daß sich Marys Mutter fraglos in einem vorpsychotischen Borderline-Zustand befand. Die Aufteilung der Wohnung, die Entfremdung zwischen den Eheleuten, das immer bizarrere Verhalten der Mutter — alles deutet darauf hin, daß die Mutter sehr schwer gestört sein mußte. Indem Mary ihre Abwehr in Form einer starren Tüchtigkeit entwickelte, versuchte sie, sich gegen einen schmerzhaften und destruktiven Einfluß zu verteidigen. Mary beginnt, sich bei diesen Enthüllungen etwas besser zu fühlen. Ihr Verhalten und ihre Reaktionen werden normal und verständlich angesichts des Drucks, dem sie ausgesetzt war, und das ist eine wirkliche Erleichterung für sie.
Bis zum Ende des sechsten Monats ist es der Patientin gelungen, ungefähr fünfunddreißig Pfund abzunehmen. Sie hat sich eine völlig neue Frisur zugelegt, attraktive neue Kleider gekauft, einige Verabredungen getroffen und interessiert sich immer stärker für einen Mann, der im selben Krankenhaus arbeitet wie sie.

Aufbau eines neuen Lebens

Es ist offensichtlich, daß sich Mary bereits neue Welten des Verhaltens, der Reaktion und des Empfindens eröffnet haben. Durch seine zustimmende, vorsichtige, geduldige Unterstützung hat der Analytiker ihr eine Vielzahl neuer, bestätigender Erfahrungen ermöglicht. Es ist ihr inzwischen deutlich geworden, daß die Art, wie ihr Leben strukturiert ist, eine normale, vernünftige Reaktion auf schwierige Erfahrungen ist. In der Analyse hat sie die Möglichkeit gehabt und ist sogar dazu ermutigt worden, eine Reihe kulturell verbotener und individuell beschämender, negativer Erfahrungen zu erleben und sich einzugestehen in einer Umgebung, in der sie spürte, daß sie trotz allem angenommen war.

In diesem Rahmen werden Erfahrungen interpretierbar, die zuvor aus Marys Leben ausgeschlossen waren. Haß, Lust, homosexuelle Neigungen, klammernde Abhängigkeit werden in einem Kontext erfahren, der es erlaubt, sie zu artikulieren. Diese verborgenen Gefühle auszudrükken wird als bewunderswert und mutig, als Steigerung der eigenen Ehrlichkeit, als Überwindung von Tabus und als heroische Konfrontation mit den Drachen der Unterwelt erlebt. Es wird deutlich, daß das doppelte Bewußtsein in der Psychoanalyse auf der Vorstellung beruht, das analytische Bewußtsein verteidige die verborgene, dem Leben zugrundeliegende Wahrheit — und nicht die Alltagswahrheit der kulturellen und familiären Welt, die diese Tabus errichtet und so die Neurose erzeugt hat.

Mit Unterstützung des Analytikers erfährt Mary, wie stark die Versuchung war, der sanften Verführung ihrer Mutter zu erliegen. Als Erwachsene war sie häufig flüchtig der Versuchung ausgesetzt — die sie aber immer schnell unterdrückte —, dem Wunsch nach sexueller, liebevoller Intimität mit ihren Freundinnen nachzugeben. Daß sie sich diesen Wunsch in der Analyse eingesteht, betrachten beide, sowohl der Analytiker als auch Mary selbst, als Beweis ihres Vertrauens in das analytische Unterfangen.

Aber Mary muß erkennen, daß es in der Analyse nicht darum geht, ihre homosexuellen Wünsche zu akzeptieren, um sie dann auch auszuleben; die analytische Leistung besteht vielmehr darin, die Homosexualität verbal anzugehen, sie dem Analytiker und sich selbst aufzudecken. Die Untersuchung der Homosexualität innerhalb des Systems der analytischen Wahrheit bedeutet eine schonungslose Selbst-Enthüllung, wobei die Bequemlichkeit oder Fassade einer heroischen Selbst-Bewertung geopfert wird. Wenn ein Patient, statt der Homosexualität entgegenzutreten, den homosexuellen Trieben einfach nachgeben würde, so würde der Analytiker dies auf sein schwaches Ich oder auf eine schlechte analytische Technik zurückführen. Er würde jedenfalls darauf hinweisen, daß es unanalytisch wäre, diesen Impulsen einfach nachzugeben, bloß weil sie existieren.

Auf diese Weise wird eine Welt der analytischen Tugend wie der analytischen Laster konstituiert. »Tugend« schließt alles ein, was der analytischen Aufrichtigkeit im Hinblick auf Motivationen, die man gewöhnlich nicht sehr schätzt, förderlich ist. »Laster« umfaßt alles, was

die analytische Offenheit verhindert. Der Analytiker weist den Patienten auf seinen Widerstand hin, und die angemessene Reaktion des Patienten besteht darin, den Widerstand schließlich zuzugeben und sich selbst einzugestehen, daß er auf defensiven Motivationen beruht. Aufrichtig zu sein heißt, über kulturell nicht erwünschte, im infantilen Unbewußten existierende und dennoch zum Ich gehörende Motivationen zu sprechen. Stärke ist die Fähigkeit, diesen Motivationen ohne Panik und übermäßige Scham- oder Schuldgefühle ins Gesicht zu sehen.
In den ersten Monaten der Analyse könnte Mary vielleicht indirekt, undeutlich, verhüllt die Möglichkeit andeuten, daß es in ihrem sexuellen Verhalten etwas gibt, das nicht ganz dem gesellschaftlich erwarteten Erwachsenendasein entspricht. Später spricht sie direkt von ihren homosexuellen Impulsen, die angesichts des verliebten Erotizismus ihrer Mutter verständlich werden und die indirekt in ihren Beziehungen zu Freundinnen zum Ausdruck gekommen sind. Es ist bemerkenswert, daß diese homosexuellen Impulse und/oder ihr Eingeständnis im sozialen Alltag zu einem Verlust an Selbstachtung führen würden.
In der Analyse jedoch werden das Eingeständnis solcher Impulse und das Bemühen der Patientin, ihre Phantasien, ihre Gedanken und Vorstellungen zu erforschen, als Vorstöße in die Dunkelheit ihrer verborgenen unbewußten Motivationen verstanden und in ein Schema gebracht. Diese Erkundungen führen zu einem zunehmenden Verständnis ihrer selbst und werden in Erfahrungen umgewandelt, die zur Folge haben, daß sie sich selbst besser annehmen kann als früher.
Sie hat sich in eine Welt begeben, die nur denen bekannt ist, die den Preis der Selbst-Enthüllung, des Leidens und der Angst bezahlt haben, indem sie das Wagnis eingegangen sind, sich dem Unbewußten zu stellen. Was also auf den ersten Blick zu einem Verlust der Selbstachtung führt, ist in der durch die Analyse geschaffenen Welt ein Grund zur Selbsterhöhung.

Siebter Monat. Zu Beginn des siebten Monats hat Mary bereits 126 Sitzungen hinter sich. Sie fühlt sich lebendiger und glücklicher, sie sieht besser aus, nicht nur weil sie stark abgenommen hat und sich attraktiver kleidet, sondern auch, weil ihre Augen lebhafter sind, weil sie bereitwilliger lächelt und sogar ihre Haut lebendiger aussieht. Sie hat auch die überernste, etwas übertriebene Betonung ihrer Kompetenz und Unabhängigkeit aufgegeben.
Sie lernt einen Mann kennen, die beiden interessieren sich schnell für einander und verbringen jeden Abend und jedes Wochenende zusammen, spielen Tennis usw. Die Patientin spricht von nichts anderem

mehr. Obwohl alles gut läuft zwischen ihnen, zerbricht sie sich den Kopf darüber, wie sie sich verhalten soll, wie sie mit ihm umgehen soll, ob er sie weiterhin gern haben wird. Der Analytiker interpretiert diese Sorge sowohl als Furcht vor der Übernahme der weiblichen Geschlechtsrolle — eine Wiederholung der Erwartung, von ihrem Vater abgelehnt zu werden — als auch als erneutes Erleben der ständigen mütterlichen Vorhaltungen, daß sie unfähig sei, etwas zu sein oder zu tun. »Sie erwarten, daß dieser Mann Sie verlassen wird, wie Ihr Vater Sie verlassen hat, und Sie in Ihrer Einsamkeit und Isolation zurückläßt.«
Während dieser Zeit ist sie ganz entzückt und begeistert über ihre Entdeckung, eine Frau zu sein. Ihre freien Assoziationen werden erfreulicherweise immer ungestümer, und während der Sitzungen ist sie meist heiter. Zum ersten Mal verhält sie sich nun auf eine angenehm »verrückte« Weise ziemlich frei. Der Analytiker interpretiert diese neuerworbene Freiheit taktvollerweise nicht als Widerstand, obwohl er bemerkt und dies ihr gegenüber auch zum Ausdruck bringt, daß sie dieses Verhalten dazu benutzt, einer Diskussion der mit ihrem Freund zusammenhängenden Konfliktbereiche aus dem Wege zu gehen. Sie beginnt etwas ängstlicher zu werden, als sie sich immer stärker auf die Beziehung zu Bill einläßt, und sie bemerkt selbst, daß sie »etwas Merkwürdiges mit ihm macht«.

Achter Monat. Zu Beginn des achten Monats trifft sich Bill nicht mehr mit ihr. Vor dem Bruch war Mary übertrieben fordernd aufgetreten, hatte herumgenörgelt, wenn er zu spät kam, und sich aufgeregt, wenn er nicht anrief. Jetzt verfällt sie in eine Depression und fühlt sich von neuem verlassen. »Wie ich erwartet habe, hat es nicht geklappt. Es wird nie klappen«, sagt sie immer wieder in depressiver Monotonie. Als Reaktion auf diese Stimmung interpretiert der Analytiker wieder häufiger und stärker. Sein roter Interpretationsfaden ist: »Sie haben es darauf angelegt. Sie haben ihn durch Ihr Nörgeln und Drängen vertrieben.« Sie soll verstehen, daß sie nicht dazu verdammt ist, von jedem Mann zurückgewiesen zu werden. Er möchte sie ermutigen und ihr versichern, daß sie eine durchaus gute Beziehung zu einem Mann eingehen kann. Aber Mary scheint dies alles zurückzuweisen. Sie sagt immer wieder, daß es bei ihr niemals klappen werde und reagiert auch ärgerlich auf den Analytiker. »Sie sagen immer, daß es mein Fehler sei; Sie geben immer mir die Schuld. Aber selbst wenn ich nicht immer nörgelte und quengelte, würde kein Mann mich wirklich mögen.«
Der Analytiker interpretiert ihr Aufgeben und selbst ihre Depression

als Schutz davor, in zu intensive Beziehungen mit Männern hineingezogen zu werden. Auf diese Weise bewahrt sie ihre Unabhängigkeit; sie behält ihren Penis, ihre Männlichkeit, und muß sich nicht mit einem Mann teilen; so setzt sie sich nie richtig mit ihrer Furcht vor Männern auseinander. Sie vermeidet schließlich sogar die gefürchtete Zurückweisung, indem sie sie selbst verursacht, bevor sie sich zu sehr in die Beziehung verstrickt hat und zu verwundbar geworden ist.

Der Analytiker reagiert auf die Äußerungen der Patientin mit einer Vielfalt von Interpretationen, aus denen er eine zusammenhängende und logische Geschichte ihrer Beziehung zu Bill im besonderen und zu den Männern im allgemeinen entwickelt. Die Patientin reagiert darauf mit einem verschwommenen Traum, an den sie sich kaum erinnern kann. »Es war irgendwie, als wären wir in diesem Raum zusammen — vielleicht saß ich oder — ich weiß es nicht genau — es ist alles sehr undeutlich und sonderbar — aber Sie waren nicht an Ihrem gewohnten Platz. Es war so etwas wie ein Penis an Ihnen befestigt, aber wie das Ding sich bewegte — es war merkwürdig, wie es einfach immer nur auf und ab schnellte, als ob es ein Gelenk hätte. Es wippte einfach immer nur sehr schnell auf und ab.«

Der Traum wird als eine Bestätigung ihrer tiefsitzenden Ambivalenz, einen Mann einen Mann sein zu lassen, interpretiert. Das ambivalente Hin und Her kommt in dem Auf und Ab des »penisähnlichen Gegenstandes« zum Ausdruck. Mary empfindet das durchdringende Verständnis ihrer Person von seiten des Analytikers als eine Art sexuelle Bedrohung, besonders da er in letzter Zeit ziemlich aggressiv mit ihr geredet hat. Sie möchte, daß er sehr männlich und sie selbst sehr rezeptiv wäre, so wie sie den Wunsch hat, daß die Beziehung zu Bill andauern und intensiver werden sollte. Gleichzeitig hat sie große Angst davor, »eine Frau zu sein«, was für sie heißt, einem Mann zu gestatten, aggressiv, aufdringlich und penetrierend zu sein. Ihr Lebensstil ließ sich, bevor er durch die Analyse beeinflußt wurde, als eine Methode verstehen, mögliche Nähe zu Männern auszuschließen. Diese Koppelung von Angst und Verlangen, das gleichzeitige Verlangen nach Männern und die Angst vor ihnen, kam in ihrer Beziehung zu ihrem Vater, zu einer Reihe von Lehrern, zu Bill und jetzt auch zu ihrem Analytiker zum Ausdruck. Der Analytiker unterstreicht diese Ambivalenz in der subtilen, ruhigen, für ihn persönlich charakteristischen Art.

Für ihn ist es selbstverständlich, daß er und Mary weiterhin gut miteinander auskommen und daß sie trotz all ihres Widerstandes, ihrer Aufregung und ihrer Wut das, was er sagt, ernst nimmt. Da er sich grundsätzlich sicher und wohl mit ihr fühlt, kann er, wann immer es

angemessen scheint, ganz freundlich auf ihre sich in verschiedener Weise äußernde Ambivalenz hinweisen. Er betont auch häufig, daß sie diese allgemeine Interpretation stärker ablehnt als alles zuvor und daß das etwas zu bedeuten haben müsse. In der so strukturierten analytischen Situation, wie sie durch Dr. R., der Mary gern mag, gestaltet wird, kann Mary die ruhige Stimme der Vernunft aufnehmen.
Zuerst sagt sie: »Nun, Sie haben wahrscheinlich recht, *aber* . . .«, und später: »Ich kann die Ambivalenz erkennen und fühlen, *aber* . . .« Schließlich erkundet sie aktiv die Wurzeln dieser Ambivalenz und erkennt klar und bestimmt, daß sie Männer sowohl will als auch fürchtet, sie sowohl liebt als auch haßt; daß dies in ihrer Vergangenheit begründet ist und sowohl Ausdruck ihrer Enttäuschung über ihren Vater als auch Ausdruck der nörgelnden, für ihre Mutter charakteristischen Enttäuschungserwartung ist. Sie erläutert dies im einzelnen, indem ihr selbst klar wird, daß sie ihren Freund los wurde, weil sie ständig krank, müde, deprimiert, unglücklich und ängstlich war, an allem herumnörgelte usw. Sie erinnert sich, daß sie sich immer dann so zu verhalten pflegte, wenn die Gefahr großer Intimität bestand, und sie erkennt, daß sie mit Bill die Beziehungsform praktizierte, die für ihre Mutter charakteristisch war: Zuerst war sie immer krank, ängstlich oder nicht in der Stimmung, und später klagte sie *ihn* an, gab *ihm* die Schuld und warf ihm vor, daß er so kühl und distanziert sei.

Die Analyse wird zur Geschichte des Patienten

Menschen leben in der Zeit — das heißt, daß sie bereits in der Gegenwart ihre Zukunft entwerfen und daß das *Jetzt* in jedem Augenblick zur Vergangenheit wird. Dieses »In-der-Zeit-Leben« ist immer eine Geschichte (story) und eine Entwicklung (history), wie diffus und undeutlich sie auch sein mag. Denn der Mensch lebt nicht nur, er lebt auch eine Geschichte, und diese Geschichte macht in der Analyse, wenn sie erfolgreich ist, eine Veränderung durch.
Mary hat eine Geschichte gelebt, deren Qualität als historische Lebensgeschichte in der Analyse entfaltet wurde. Sie hat unreflektiert die Geschichte eines Kindes *gelebt*, das von seiner Mutter bedrängt und von seinem Vater — der es nur so lange liebte, wie es etwas leistete — überwiegend allein gelassen wurde. Diesen Aspekt, nämlich »Tüchtigkeit«, machte sie zum Thema ihrer Lebensgeschichte. Als sie schließlich anfing, darüber nachzudenken, fand sie, daß dies eine ungenügende Lebensform sei, und so hatte sie sich in Analyse begeben, um ihr Leben zu ändern.

Der Analytiker hat ihr bei der bewußten Artikulierung ihrer Geschichte geholfen, immer ausgehend von dem analytischen Grundsatz, daß die Vergangenheit in ihrem gegenwärtigen Leben wirksam ist. Der Ablauf der Analyse wurde als eine Klärung und Enthüllung der ersten, blind gelebten Geschichte, der Geschichte einer Neurose, verstanden.
Es ist schwierig, diese neue, geschichtliche Entwicklung des Verstehens und Lebens als konstitutiv für die Analyse zu begreifen, wenn nicht zwei Faktoren berücksichtigt werden. Erstens: Die Analyse kann als kontinuierliche Suche nach der vergangenen Geschichte verstanden werden. Zweitens: Der Prozeß der Analyse selbst mit dem Zurückhalten von Gedanken, mit Enthüllung, Widerstand und Übertragung nimmt seinerseits einen spezifischen geschichtlichen Verlauf, in dem Hemmungen abgebaut, Vorstellungen freigesetzt werden, das Bewußtsein sich erweitert und geheilt wird.
Die Geschichte einer erfolgreichen Analyse besteht also ihrem Wesen nach aus einer Geschichte *vor* und einer Geschichte *nach* der Analyse. Die Geschichte vor der Analyse wird man in einem spezifisch analytischen Verständnishorizont erfahren. Es handelt sich dabei um eine innere Erfahrungsdimension, die vom Standpunkt des erfolgreich analysierten Patienten und seines Analytikers für eine weitere Erforschung und ein vertieftes Verständnis offen ist. Der Teil der Geschichte, der die Zeit nach der Analyse umfaßt, besteht daraus, wie der Patient die in der Analyse gewonnene Befreiung auf sein Leben überträgt.

Neunter Monat. Zu Beginn des neunten Monats hat Mary ungefähr 170 analytische Sitzungen hinter sich. Sie vertraut ihrem Analytiker in solchem Maße, daß sie es ihm nun sagen kann, wenn sie sich einmal über ihn ärgert. Sie fühlt sich in der analytischen Situation sehr wohl, legt sich bereitwillig auf die Couch und drückt ihre Spannung, ihre Furcht, ihre Wut oder auch ihre unausgegorenen, verrückten Gedanken mit nur wenig Zurückhaltung oder Zögern aus. Ihre Sprache ist gelegentlich etwas derb, und in Momenten intensiver Empfindungen gebraucht sie »unanständige« Wörter.
Sie träumt, daß sie in ihre eigene Vagina greift und Meter um Meter Penis herauszieht. Der Analytiker vermutet, daß sie jetzt masturbiert, und sie bestätigt seinen Verdacht. Der Traum läßt sich als eine weitere Bestätigung der Interpretation des Analytikers verstehen, deren allgemeiner Tenor ist, daß sie ein Mann sein möchte; sie hat es ständig abgelehnt, eine Frau zu sein, und ist nun zu dem Schluß gekommen, daß sie, wenn sie einen Mann haben will, selbst ein Mann sein müsse. Mary erkennt zum erstenmal, daß sie ihrer Mutter buchstäblich den Ehemann

ersetzt hat, als sie anstelle des Ehemannes/Vaters im Bett ihrer Mutter lag. Es ist daher nicht verwunderlich, daß sie lernte, ihren Kollegen ein sachverständiger Kumpel zu sein. Aber schon während sich ihr diese Interpretationen und Einsichten auftun, wird sie nicht mehr als männliches Wesen behandelt. Sie flirtet jetzt häufiger und wird von Männern geneckt. Männer öffnen Türen für sie und laden sie ein; einige interessieren sie, andere nicht.

Sie träumt auch von Männern. »Ein riesenhafter Mann kommt. Er beugt sich über mich. Ich schlafe, und er weckt mich auf. Bin ich nackt? Ist er es? Vielleicht tragen wir Nachtwäsche — jedenfalls nimmt er mich bei der Hand, und ich bin sehr glücklich, mit ihm gehen zu können.« Hierin sieht der Analytiker das Erwachen ihrer Weiblichkeit und den Wunsch nach einem riesengroßen Mann, der kommen und sie nehmen soll. Der riesenhafte Mann ist ihr Vater, der erste riesenhafte Mann in ihrem Leben, und jetzt möchte sie wirklich sein kleines Mädchen sein anstelle der harten, männlichen Frau, die sie gewesen ist. Der riesenhafte Mann ist auch der Analytiker, von dem sie möchte, daß er sie bei der Hand nimmt und ihr alles über Nacktheit und Sexualität beibringt. Sie hat jetzt eine ganze Reihe von Träumen — zuerst, daß sie Geschlechtsverkehr mit ihrem Analytiker hat; danach, daß sie schwanger wird; noch später, daß sie einen Penis hat; dann, daß sie schwanger ist. Sie träumt, daß sie eifrig nach ihrem kleinen Kind sucht, das sie verloren hat; dann träumt sie wieder, daß sie schwanger ist.

Der Analytiker interpretiert das in der Weise, daß sie auf eine allmähliche Auflösung ihres »Penisneides« zusteuert. Sie selbst wollte einen Penis und akzeptiert nun allmählich ihre weibliche Fähigkeit, ein Kind zu bekommen, statt einen Penis zu haben. Kinder zu haben, erhält für sie nun fast denselben Wert wie ein Mann zu werden. Die analytische Interpretation kehrt zuerst zu ihrer Kindheit zurück und zu der Phantasie ihrer frühen Kindheit, daß ihr Penis nicht fehlte, sondern sich in ihr befand. Ursprünglich war dies eine Kompensationsphantasie gewesen angesichts des Gefühls, mangelhaft, klein und hilflos zu sein.

Das Traumleben als Dialog

Die Träume des Patienten werden als ständige Reaktion auf den Prozeß der Analyse betrachtet; sie drücken die Qualität der Beziehung zum Analytiker aus. Marys frühere Unfähigkeit zu träumen war somit auch eine Unfähigkeit, mit dem Analytiker zusammen kooperativ an der Enthüllung der tiefsten Schichten der analytischen Wahrheit mitzuwirken. Die Träume des Patienten stellen auch häufig eine direkte

Antwort, eine Bestätigung oder eine Weiterarbeit an den Gefühlen, Gedanken und Tendenzen dar, die durch die Art der analytischen Interpretationen angeregt werden. Wenn die Interpretationen wirksam sind, folgt ihnen eine Reihe von Träumen, die innerhalb des durch die Interpretation festgesetzten Horizontes eine Bestätigung, Kommentierung und Ausarbeitung bedeuten und in der Regel in der Sprache der Interpretation ablaufen.
Als Reaktion auf die Interpretation des Analytikers träumt Mary davon, einen Penis zu haben. Als weitere Reaktion träumt sie von Geschlechtsverkehr und dann davon, Kinder zu haben. Die Sprache der Freudschen Interpretation wird zur Sprache ihrer Träume, die damit Freudsche Träume sind. Wenn die Patientin eines Analytikers, der davon ausgeht, daß sie unter einem starken Penisneid leidet, mit einem Traum reagiert, in dem sie einen Penis hat oder haben will, dann ist er ein guter Analytiker.
Die Tatsache, daß die Träume eine Freudsche Vorstellung bestätigen und weiterentwickeln, verstärkte den Glauben und das Vertrauen in die Wahrheit der analytischen Interpretationen. Die Träume als innerpsychische Ereignisse rufen konkrete Bilder und Gefühle hervor, besonders wenn sie in den analytischen Sitzungen neu durchlebt werden. Sie tragen dazu bei, die mächtige und lebendige Wahrheit, wie sie in der Analyse erschaffen wird, wirklich zu machen. Der Patient träumt und durchlebt die Verwandlung seiner Erfahrung und liefert so den Beweis für die Gültigkeit und Lebendigkeit der Veränderung. Der Patient übernimmt dann die metaphorische, analytische Sprache als eine Sprache, in der die Wahrheit über ihn selbst zum Ausdruck gebracht werden kann. Da diese metaphorische Sprache Leben bzw. eine bestimmte Lebenssicht ausdrückt, wird sein Leben in vieler Hinsicht dieser Wahrheit und dieser Sprache angepaßt und durch sie verändert.

Zehnter Monat. Als für Mary nach ungefähr 190 Analysesitzungen der zehnte Monat beginnt, fängt sie gerade an, sich mit einem anderen Mann zu treffen. Sie verhält sich nun weniger ambivalent und ist von Jack nicht so völlig in Bann geschlagen wie von Bill. Indirekt bittet sie den Analytiker um Erlaubnis, sich zu verabreden, und er gibt sie ihr indirekt anhand einer Interpretation. Ohne es auszusprechen, kennen sie beide das Muster der Umschreibungen, das notwendig ist, um diese Form der Kommunikation trotz der analytischen Konventionen zu erreichen. Daher erwähnt sie, daß sie sich wie ein kleines Mädchen vorkommt, das um Erlaubnis fragt, und ihr Analytiker interpretiert lächelnd und freundlich, daß sie immer noch an ihrer Vaterübertragung klebt. Sie stellt fest, daß er ihre Verabredung billigt, und ist erfreut. Sie macht die Bemerkung, daß ihr Freund sehr groß ist, und bezeichnet ihn im Scherz als ihren »Riesen«. Auch dies wird als Wunsch, zu dem beschützenden Vater zurückzukehren, interpretiert, und Mary akzeptiert dies ohne große Beunruhigung oder Angst, da sie zunehmend in der Lage ist, sich von ihrem Schutzbedürfnis zu lösen und es aus der analytischen Perspektive zu betrachten. Sie kann erkennen, daß sie sich manchmal wirklich abhängig fühlt, aber ihr Schutzbedürfnis, ihre Suche nach Trost bei einem Mann oder auch ihre Nörgelei und Quengelei, die sie manchmal an den Tag legt, erschrecken sie nicht mehr so sehr. Jetzt lächelt sie bloß und sagt: »Da ist Mutter wieder.« Da sie jedoch die potentielle Gefahr einer übermäßigen Abhängigkeit erkennt, legt sie Wert darauf, ein gesellschaftliches Leben auch außerhalb ihrer Beziehung zu Jack zu führen.

Elfter Monat. Zu Beginn des elften Monats hat Mary mehr als 200 Sitzungen bei ihrem Analytiker verbracht. Die Ferienzeit nähert sich, und obwohl ihre Eltern sie für die ganze Zeit nach Hause eingeladen haben, beschließt sie, nur drei Tage zu bleiben. Es ist eines der schrecklichsten Erlebnisse, das sie je gehabt hat. Fünf Minuten nachdem sie eingetreten ist, kommt sie sich im Haus »wie eingeschlossen« vor; sie fühlt sich verlassen und verängstigt, und es ist, als ob die übrige Welt verschwände, sobald sie das Haus ihrer Eltern betritt. Drei Tage lang bleibt sie wie von Schrecken gelähmt zu Hause, beobachtet die Interaktion zwischen ihrem Vater und ihrer Mutter — ihre Mutter ist wie immer etwas absonderlich, nicht zu erreichen, seltsam, mit einem merkwürdigen Glanz in den Augen, ihr Vater hilflos, zurückgezogen, kalt, distanziert. Niemand im Hause spricht mit dem andern oder nimmt mit irgend jemand Kontakt auf.

Als sie nach ihrem Besuch in die Analyse zurückkehrt, interpretieren sie und Dr. R. zusammen, wie sie während des dreitägigen Aufenthalts ihre Kindheit sehr intensiv und verkürzt neu durchlebt hat. Sie war in der unbewußten, verzweifelten Hoffnung nach Hause gegangen, daß sie in dieser Zeit umsorgt würde, sich entspannen könnte, willkommen wäre und sich daheim fühlen könnte. Statt dessen entdeckte sie, daß niemand da war, der sie »fütterte« oder sich um sie kümmerte, und dieses Mal hatte sie die ganze Intensität ihrer Deprivation und Depression erlebt. »Niemand ›füttert‹ Sie, deshalb sind Sie deprimiert«, sagt ihr Analytiker; das Gefühl ist der Depression und dem Ärger sehr ähnlich, die sie erlebt hatte, als sie den Eindruck gehabt hatte, daß Dr. R. sich nicht richtig um sie kümmerte, und als Bill sich mit ihr nicht mehr traf.

Nun war sie zum Ursprung dieses immer wieder erlebten Gefühls zurückgekehrt, dieses Gefühls, verlassen zu sein, nicht umsorgt zu werden und von ihrer Mutter — bis auf ihre Rolle als sonderbarer Ehemann-Ersatz — zurückgewiesen zu werden. Auf einer Woge von Gefühlen und Assoziationen schwimmend, beginnt Mary in einer sehr lebhaften, aber etwas theatralischen Weise über den verführerischen Reiz ihrer Mutter zu reden, indem sie wieder und wieder davon spricht und darauf zurückkommt: Sie betont nachdrücklich den Glanz in den Augen ihrer Mutter, beschreibt, wie sie sich anzieht, indem sie z. B. ihre Bluse halb offen läßt usw. Der Analytiker bemerkt, daß Mary dies alles überbetont, und er fragt sie, ob sie auf diese Weise vielleicht vor etwas ausweiche. Mary ist tief gekränkt und verletzt und fühlt sich aufs neue verraten; aber zum ersten Mal sieht sie ihren Vater und seine Unfähigkeit, sie zu unterstützen, klar und deutlich.
Der Analytiker weist erneut darauf hin, daß ihr Gefühl, von ihm verletzt und allein gelassen worden zu sein, als er ihren Angriff auf ihre Mutter nicht unterstützte, eine Wiederholung der Erfahrung gewesen sei, die sie mit ihrem Vater gemacht hatte. Ihr Vater hatte sie nicht verteidigt, und nun fühlt sie sich auch vom Analytiker nicht verteidigt, sondern verlassen. Zum ersten Mal erkennt sie *lebhaft,* wenn auch etwas nüchterner, weniger aufgeregt, welche Enttäuschung ihr Vater tatsächlich für sie bedeutete, wie desillusioniert sie war. In gewissem Sinne hatte sie überhaupt keinen Vater. Sie hatte eine verrückte, überaufdringliche Mutter und einen schwachen, nur selten hilfreichen Vater gehabt. Bisher hatte sie immer so tun müssen, als ob er stärker gewesen wäre und sie mehr unterstützt hätte, als dies tatsächlich der Fall war. Zu diesem Zeitpunkt bietet sich Mary eine gute Möglichkeit, sich in einem anderen Staat niederzulassen. Sie steht der Aussicht, wegzugehen, mit ambivalenten Gefühlen und einigem Zweifel gegenüber, weil dies zur Folge hätte, daß sie die Analyse vielleicht vorzeitig beenden müßte. Wenn sie sich entschließt, diese Arbeit anzunehmen, müßte sie in einem Monat abreisen. Wieder fragt sie ihren Analytiker um Erlaubnis, aber im Grunde möchte sie gehen, weil es sie beruflich vorwärtsbringen, ihren Bruch mit der Vergangenheit beschleunigen und ganz allgemein einen Neubeginn für sie bedeuten würde. So kommen sie überein, die Analyse am Ende des folgenden Monats abzuschließen.

Der zwölfte Monat ist einem Überblick über die gesamte Analyse, einer Zusammenfassung und der Vorbereitung auf die Trennung gewidmet. Mary erkennt nun, in welch außerordentlichem Maß ihr Leben eine Reaktion auf die gierige Abhängigkeit war, in der ihre Eltern sie zurückgelassen hatten. Ihr früheres Leben zeichnete sich sowohl durch diese Abhängigkeit als auch durch eine starke Reaktion dagegen aus. Selbst noch während des letzten Monats ihrer Analyse ißt und trinkt sie etwas zuviel, und sie weiß das auch. Sie findet nun leicht eine Reihe von alltäglichen Möglichkeiten, die es ihr erlauben, ihre Abhängigkeit, ihre Einsamkeit, ihr Verlassensein und ihr Zurückschrecken vor sozialem Kontakt auszuleben. Manchmal verhält sie sich so, als ob sie immer noch auf die Ermahnung ihrer Mutter, vorsichtig zu sein, reagierte. Sie begreift, daß sie sogar bei den Männern, die sie gefunden hat, eine Mischung aus dem Vater, den sie nie gehabt, und dem Vater, den sie tatsächlich hatte, sucht. Sie sucht offensichtlich starke, vitale, dominante Männer, die sich in intimen Situationen letztlich doch als ziemlich gefügig, manipulierbar und weich erweisen. Auch ihr Vater war, außer in seiner Familie und in seinen engen Beziehungen, kompetent und stark gewesen.

Mary setzt sich nun mit den tatsächlich vorhandenen homosexuellen Tendenzen in ihrem Leben auseinander, die in der Wahl ihrer Freundinnen zum Ausdruck kamen. Sie kann nun erkennen, daß sie eine Reihe erotisch gefärbter Beziehungen zu Frauen entwickelt hatte, daß sie sich abhängige, gestörte Frauen oder Mädchen, die jünger waren als sie, ausgesucht hatte, die sie unterstützen und denen sie helfen konnte. Auf diese Weise hatte sie eine indirekte homosexuelle Befriedigung erzielt und auch eine gewisse Nähe zu Frauen, die ihrer Mutter ähnlich waren, hergestellt.

Am Ende ihrer Analyse faßt Mary zusammen: »Ich war eine Art Waisenkind, bin es aber nun nicht mehr. Der Analytiker war der ›gute Vater‹. Er hat mich gelehrt, die Welt zu erkennen, und mir gezeigt, wie ich unabhängig in ihr leben kann. Nun bin ich in der Lage, meine Tendenzen zur Wiederholung schon im Keim zu erkennen, sie zu analysieren.« Gleichzeitig hat sie viele Dinge gelernt, die ihr gar nicht klar bewußt sind. Sie hat bestimmte Sprechweisen, Tonlagen, charakteristische Sätze und Gesten, ein ganzes System von Denk- und Fühlweisen erlernt, Dinge, die sie von ihrem Analytiker übernommen hat. Sie wird immer noch bestimmte Verhaltensmuster wiederholen, aber es werden besser angepaßte Verhaltensweisen sein, die sie von ihrem »Analyti-

ker-Vater« gelernt hat. Nun kann sie vernünftig urteilen, verstehen und Hemmungen abbauen, indem sie sich selbst noch einmal mehr oder weniger unabhängig durch Teile der Analyse führt.
Die Religion wurde in der Analyse kaum berührt, aber sie erkennt nun, daß sie sich in diesem Punkt nicht sehr sicher ist, und sie hat den Verdacht, daß die Religion für sie in der Vergangenheit eine ziemlich neurotische Kompensation gewesen ist. Sie stellt nun fest, daß das, was für ihr Leben wirklich von Bedeutung ist, das ist, was in der Analyse einen Sinn erhielt, und daß das, was in ihrem Leben ohne Bedeutung ist, auch in der Analyse irgendwie ignoriert, nur gestreift, übersehen oder indirekt durch den Prozeß der Analyse abgewertet wurde.

5

Der Patient aus Jungs Sicht

Jungs umfassende Individualisierung

Jungs Theorie will sowohl umfassend als auch individuell sein; die individualisierenden Aspekte seines Denkens erschweren jedoch eine ebenso schematisch klare Beschreibung des Patienten wie bei Freud. Für Freud besteht das Problem des Patienten darin, daß dieser Impulse, die grundsätzlich mit Sexualität oder Aggressivität zusammenhängen, zu stark verdrängt hat. Daher müssen diese besonderen Inhalte auf lebendige und einsichtsvolle Weise ins Bewußtsein gebracht werden. Jung ist jedoch nicht davon überzeugt, daß sich seine Patienten so sehr gleichen. Seiner Vorstellung vom Patienten als einem Individuum gemäß muß man fragen: Welcher Patient?

Jung stimmt mit Freud darin überein, daß der Patient in zwei widerstreitende Lager gespalten und gewöhnlich neurotisch ist; das heißt, es gibt zwei verschiedene, voneinander getrennte Bereiche seines Selbst. Auf der einen Ebene seiner Persönlichkeit hat er eine Anpassung an die Welt gesucht; dieses bewußte, adaptive, sozial orientierte Ich — oder, in Jungs Terminologie, diese *Persona* — steht in seinen Beziehungen zur Welt im Vordergrund. Auf der anderen Seite befinden sich die dunkleren, unbewußten Aspekte seiner Persönlichkeit. Freud geht davon aus, daß ein Konflikt zwischen bestimmten primitiven Impulsen und einem pseudomoralischen Selbst bestehe. Jungs Auffassung zufolge leidet der Patient dagegen an einer viel radikaleren Spaltung.

In ihrem Kern versteht Jung die Neurose als Teil des Kampfes des Individuums, die einander anscheinend widersprechenden, entgegengesetzten Aspekte seines Selbst zu versöhnen. Wenn es neurotisch ist, gelingt ihm das nicht besonders gut. Die neurotische Person hat einige Aspekte oder Ziele ihres Lebens dermaßen überbetont, daß sie darüber andere, ebenso wichtige Seiten ihrer Persönlichkeit ignorieren mußte. Ein Lehrer hat seine intellektuellen und kognitiven Fähigkeiten vielleicht so stark überentwickelt, daß die gefühlsmäßigen, intuitiven Aspekte seiner Existenz verschüttet worden sind und sich nur noch in Symptomen, sonderbaren Stimmungen oder in einer verzerrten Wahrnehmung anderer Menschen zeigen. Diese unterentwickelten, noch undifferenzierten Seiten seines Lebens verfolgen ihn in seinen Träumen und Alpträumen und erscheinen in Form von Symptomen, Unzufriedenheit, Unglücklichsein, Spannung, Angst, Zwangsvorstellungen, usw. Er hat wichtige Funktionen und Inhalte seines persönlichen Lebens ins Unbewußte absinken lassen und damit in einem primitiven, minderwertigen, unentwickelten Zustand belassen.

Nach Jungs Auffassung variiert jedoch das, was sich in den zwei oder mehr Bereichen der gespaltenen Persönlichkeit findet, von Person zu Person. Auch Jung ist der Meinung, daß Sexualität/Aggression und ihre Verdrängung bei bestimmten Personen — tatsächlich bei sehr vielen Menschen — zu einer grundlegenden Spaltung der Persönlichkeit führe. Der Mensch kann Sexualität und Aggression von seinen übrigen Funktionen abtrennen, dadurch ein sexualisiertes Unbewußtes schaffen und somit charakteristische Freudsche Probleme entwickeln, für die er eine Freudsche Interpretation benötigt. Aber Jung betont, daß diese Art der Auffassung nur auf spezifische neurotische Persönlichkeiten in spezifischen Stadien ihrer Entwicklung zutreffe, was die Freudsche Auffassung des Neurotikers von Grund auf relativiert. Jung stimmt andererseits auch mit Adler darin überein, daß das Machtstreben und das Streben nach Überlegenheit bei vielen Menschen eine fundamentale neurotische Spaltung bewirken können. Für solche Personen empfiehlt er die Adlersche Reduktion und Interpretation als notwendigen Weg zum Verständnis. Diese Auffassung wird jedoch auch nur für bestimmte Stadien ihrer Entwicklung als angemessen betrachtet.

Nach Jung ist weder die Freudsche noch die Adlersche Auffassung von der neurotischen Persönlichkeit in ihrem Kern umfassend genug. Keiner der beiden Theorien gelingt es, die vielfältigen Persönlichkeitstypen zu berücksichtigen, noch gehen sie in angemessener Weise auf die vielfältigen Ebenen der Persönlichkeitsentwicklung ein. Die Persönlichkeit wird nach Jung in ihrer tiefsten Schicht durch die fundamentalen Einstellungen geformt, die eine Person in ihren Beziehungen zur Wirklichkeit *realisiert*, und diese fundamentalen Einstellungen sind von Person zu Person, von Rasse zu Rasse, von Kultur zu Kultur, in verschiedenen Epochen innerhalb derselben Kultur und selbst während der verschiedenen Phasen der individuellen Entwicklung verschieden. Jede fundamentale Einstellung erfordert eine spezifische, unter Berücksichtigung dieser Einstellung entwickelte Psychologie.

Jung betont, daß eine Person, der man das Falsche beibringt, psychologisch ausgedrückt von einer Klippe stürzen kann; daß im Bereich der Psychologie die Wahrheit des einen die Unwahrheit des anderen bedeuten kann. Einem extravertierten modernen amerikanischen Verkäufer vorzuschlagen, er solle sich stärker am gesellschaftlichen Leben beteiligen, sich mehr an den sozialen Realitäten seines Alltagslebens ausrichten, heißt, ihm empfehlen, psychischen Selbstmord zu begehen. Ebenso falsch wäre es, einem Eremiten zu sagen, er solle sich zur weiteren fruchtbringenden Einsicht und spirituellen Entwicklung auf sein inneres Leben konzentrieren. Das heißt, eine therapeutische Technik, die dem einen Patienten hilft, kann für den anderen den psychischen Tod bedeuten.

Wenn man an eine Person, die die Welt als einen Ort betrachtet, in dem sich Befriedigung durch Machtausübung (Adlers Auffassung) erzielen läßt, und die auch dementsprechend lebt, herangeht, als ob sie versuchte, durch die Objekte der Welt sinnliche Befriedigung (Freuds Auffassung) zu erlangen, so tut man ihr schweres Unrecht an. Jeder Patient muß im Rahmen seines Bezugssystems verstanden werden, wenn er erreicht und ihm geholfen werden soll. Seine Einstellung nicht zu verstehen, sie zu verzerren und sie für eine andere Einstellung zu halten oder mit einer bestimmten Erwartungshaltung an ihn heranzutreten und so zu tun, als ob er dieselbe Einstellung wie der Theoretiker/Therapeut hätte, heißt, die Realität des Patienten verfälschen, ihn verletzen und ihn seinen eigenen, spontanen Lebensweisen entfremden.

Das Problem, die grundlegende Einstellung einer Person zu erkennen, ist nicht allein Aufgabe der Psychotherapie, sondern Aufgabe jeder wirklichen Erziehung. Jede bestehende Kultur wird für bestimmte Personen schädlich sein, da jede Kultur verlangt, daß der Mensch sich in einer bestimmten Weise verhält oder sich eine bestimmte Grundeinstellung zu eigen macht. Der von Natur aus kontemplative Introvertierte zum Beispiel hat es in den Vereinigten Staaten schwer und kann deshalb leicht eine seelische Störung entwickeln. Da er stark daran gehindert wird, die ihm eigene Einstellung zu entwickeln, wird er gezwungen sein, eine unnatürliche Haltung zu entwickeln.

Der Zustand des Patienten

All dies erschwert die Beantwortung der Frage: Was ist nach Jungs Auffassung mit dem Patienten los? Anders als die meisten anderen Persönlichkeitstheoretiker, gibt Jung die Frage an uns zurück, indem er fragt: »Welcher Patient, mit welcher Einstellung oder welchen Verhaltensweisen, in welcher Phase seiner Entwicklung?« Weiter räumt er ein, daß die Antwort mit der Antwort Freuds, Adlers oder mit einer ganzen Reihe theoretischer Antworten übereinstimmen kann, von denen jede sich für eine bestimmte Anzahl von Patienten mit bestimmten spezifischen Verhaltensweisen in bestimmten Phasen ihrer Entwicklung als richtig erweisen kann.

Nichtsdestoweniger gibt es einige grundlegende Postulate, denen Jungs Therapie verpflichtet ist, darunter die Ansicht, daß der Patient ein Mensch ist, der einem bestimmten Aspekt seines Lebens oder einer Person zuviel Bedeutung beigemessen hat und von den vernachlässigten und unterentwickelten Seiten seiner Persönlichkeit sozusagen gequält wird. Nach Jung gestattet der Patient sich nicht, in all seinen Aspekten *ganz er selbst* zu sein, und fördert seine eigene Entwicklung nicht in dem Maße, wie er es tun sollte. Diese nicht verwirklichten Aspekte seiner Persönlichkeit äußern sich in Form von Symptomen und Lebensschwierigkeiten besonderer, subjektiver, innerpersönlicher Art — im Gegensatz zu situationsbedingten Schwierigkeiten. Jeder hat Lebensschwierigkeiten, aber diese unbewußten Aspekte der Persönlichkeit des Patienten, die nicht ausgedrückt, nicht symbolisiert, nicht verwirklicht werden, sondern gestaltlos bleiben, kündigen sich in ganz besonderer Weise in Symptomen aller Art und vielfältigen Lebensschwierigkeiten an.

Ein Mann mit stark entwickelter Rationalität zum Beispiel bemerkt, daß sein Gefühlsleben sich in unerklärlichen, irrationalen Stimmungen äußert. Es kann sein, daß er plötzlich finster oder düster und oft schon bei geringen Anlässen wütend wird. Er drückt sich auf der Gefühlsebene stark, chaotisch und undifferenziert aus. Diese besonderen, subjektiven, innerpersönlichen Schwierigkeiten werden nicht nur durch seine hysterische Frau oder seine delinquenten Kinder verursacht (obwohl seine Stimmungen der Grund dafür sein mögen, daß seine Frau schwierig ist und seine Kinder sich schlecht benehmen). Das *fundamentale* Problem des Patienten besteht darin, daß er mehr und ganz er selbst werden und die widersprüchlichen, paradoxen, offenbar unversöhnlichen Aspekte seiner ganzen Persönlichkeit integrieren muß.

Aber selbst diese Feststellung wird von Jung relativiert, der feststellt, daß eine derartige Forderung nach Synthese, nach Bewußtsein, bewußtem Kontakt und Selbstverwirklichung einige Patienten buchstäblich psychotisch machen würde, weil sie zu schwach sind, dies auszuhalten. Jung hält daher zwar immer an dem Ziel der Persönlichkeitsentwicklung fest, aber jeweils innerhalb der Grenzen, die einer bestimmten Person gesetzt sind. Er weicht nicht wirklich von seinem Ziel ab, sondern er modifiziert es.

Jung betrachtet den Patienten als jemanden, der seine Ganzheit im Interesse einiger untergeordneter Aspekte seiner Persönlichkeit verraten hat. Die primitive, undifferenzierte Unvollständigkeit der Persönlichkeit läßt die Neurose entstehen. Diese Aspekte äußern sich in besonderen Stimmungsabhängigkeiten, infantilen Verhaltensweisen und anderen Symptomen, und tatsächlich *sind* diese dunklen, nicht verwirklichten Aspekte kindisch, neurotisch und blind. Sie werden als minderwertige Teile der Persönlichkeit betrachtet, weil sie minderwertig *sind*. Der vergeistigte Professor, der seine Fähigkeiten, analytisch zu denken, in hohem Maße verfeinert hat, erscheint seiner Frau zuhause mit Recht oft wie ein Kind, da diese Fähigkeiten wenig damit zu tun haben, wie er sich in seiner Familie verhält. Zuhause, mit einer Halsentzündung, mag der große, weise, reife, ausgeglichene Professor, der einige hervorragende Konzepte von der Ausgeglichenheit und Ganzheit der Persönlichkeit entwickelt hat, nicht so ausgeglichen sein; vielleicht ist er wehleidig. Jung ist der Meinung, daß diese unentwickelten und dunklen Aspekte der Persönlichkeit tatsächlich minderwertig sind.

Projektion und andere neurotische Symptome

Eine der wesentlichsten Eigentümlichkeiten der unentwickelten Persönlichkeit ist die Projektion, die darin besteht, daß ich das, was zu meinem eigenen Charakter, meinen eigenen Impulsen und Gefühlen gehört, anderen Personen und Objekten zuschreibe. Nach Jung ist die häufigste Projektion die Projektion der unbewußten und (nach seiner Definition) daher minderwertigen Aspekte seiner Persönlichkeit. Die Projektion dient demnach dazu, die minderwertigen Aspekte der Persönlichkeit auszudrücken und ebenso die Person gegen ihre unentwikkelte Seite zu schützen.
Eine Frau zum Beispiel, die eine schwach entwickelte männliche Seite hat, deren Logos oder Denkvermögen schwach entwickelt ist, wird Männern häufig deren Willkür, Egozentrik, ihre zu starke Selbstsicherheit und Eigensinnigkeit vorwerfen. Es zeigt sich darin, daß das Denken in ihrer eigenen Persönlichkeit nur schwach entwickelt ist. Diese minderwertige Seite ergreift manchmal von ihr Besitz, fesselt ihr Bewußtsein an eine irrationale Meinung. Sie selbst leidet an einer Unterentwicklung des Denkens und irrationalen Auffassungen, und sie hält mit Eifer und Überzeugung an ihnen fest in der absoluten Gewißheit, daß sie recht habe. Sie ist sich dessen nicht bewußt und empfindet diejenigen, deren maskuline Seite entwickelt ist, als irrational, willkürlich und eigensinnig.
In Jungs Denken stellt die Projektion der eigenen unentwickelten Seite auf andere den Versuch der Persönlichkeit dar, sich zur Ganzheit zu entwickeln und den Bruch zu heilen. Das Gesetz der Gesamtpersönlichkeit ist, *sie selbst zu sein*. Das schließt nach Jungs Schema Denken, Fühlen, Intuition und körperliches Empfinden als Grundfunktionen

ein. Mit *Empfinden* ist der direkte körperliche Kontakt mit der Welt gemeint, als eine Form, diese Welt zu erkennen, die, im Gegensatz zur *Intuition*, nicht das Ganze begreift. Diese beiden Funktionen, Realitätskontakt und -erkenntnis, sind in der Persönlichkeit durch die bewertenden Funktionen des Fühlens und Denkens ausgeglichen. *Fühlen* ist die Bewertung von Lust-Unlust, Mögen-Nichtmögen; *Denken* ist ein Vergleichen, ein geistiges Betrachten und Überarbeiten, um zu ordnen und zu artikulieren, wie die Dinge beschaffen sind. Gleich, welche dieser Funktionen besser entwickelt oder differenziert ist, jede Person *besteht* aus all diesen Funktionen. Jeder Mensch ist ein fühlendes Wesen, selbst wenn seine Gefühlsfunktionen undifferenziert, unzuverlässig und primitiv sind. Ebenso ist jeder Mensch ein denkendes, empfindendes, intuitiv erkennendes Wesen, ob diese Funktionen nun gut entwickelt sind oder nicht.

Das Gesetz der Anpassung, normalerweise die Grundlage für die Herausbildung des bewußten Ichs, wirkt sich so aus, daß jeder Mensch geneigt ist, die Seiten weiterzuentwickeln, die bei ihm ohnehin bereits überentwickelt sind, mit dem Ergebnis, daß die bewußte, eingeengte Denkweise die Gesamtpersönlichkeit veranlassen will, nicht sie selbst zu sein. Die meisten Menschen sind deshalb in gewissem Maße gespalten. Jungs Vorstellung ist, daß die bewußte *Persona*, das adaptive Wesen, darauf aus ist, wenn möglich nicht zu minderwertig zu sein. Dieses Prinzip erklärt die minderwertigen Funktionen für tabu.

Der Mann, der die rationale Seite seines Lebens überentwickelt hat, steht auf Kriegsfuß mit seiner Gefühlswelt. Er fühlt sich dumm und *ist* dumm, weil seine Gefühle eine minderwertige Funktion haben. Dann projiziert er: »Meine Frau ist dumm; sie hat all diese verrückten Gefühle.« Seine Frau ihrerseits verfügt vielleicht über ein fein differenziertes Gefühlsvermögen, kann aber nicht denken. Sie findet ihn irrational und eigensinnig, was er nicht ist. Jeder projiziert auf den anderen die minderwertigen Qualitäten der eigenen minderwertigen Funktion, und das ist der Anfang und das Ende vieler Ehen. Besonders in unserer Kultur, in der die Männer dazu neigen, die denkerische Seite, und die Frauen, die gefühlsmäßige Seite zu entwickeln, heiraten gefühllose Dummköpfe häufig empfindsame Pflänzchen, und es fällt ihnen sehr schwer, ohne Verzerrungen zu kommunizieren.

Das kleinere Ich — die *Persona* — folgt insofern primär dem Gesetz der Anpassung, als es dieses gar nicht durchschaut. Das eingeschränkte Ich hat vieles in das Unbewußte verbannt, es gelingt ihm jedoch nicht, die Dinge unter Kontrolle zu halten. Jung schreibt dieses Mißlingen der Tatsache zu, daß das größere, überwiegend unbewußte Ich, die Totalität des Ichs, entsprechend Freuds Auffassung vom Unbewußten, ein kontinuierlicher aktiver Prozeß ist, der die engen Grenzen des Bewußtseins durchbricht und dem Bewußtsein sein Eingesperrtsein verrät. Indem es sich selbst heraufbeschwört oder ausdrückt, ist dieses Unbewußte bereits auf dem Wege, den Bruch der Persönlichkeit zu heilen. Dadurch, daß das Unbewußte dem Dummkopf von einem Mann seine irrationalen Gefühle enthüllt, kann es ihm vermitteln, wie wichtig seine Gefühle für ihn sind und warum er ihnen Aufmerksamkeit schenken muß. Vielleicht hat er sich sein ganzes Leben lang gesagt, daß es die Tatsachen sind, die zählen, und nicht die Gefühle. Nun sagt ihm sein weiteres Leben, daß das nicht stimmt; Gefühle spielen eine Rolle, und wenn sie ignoriert werden, kann man tatsächlich verrückt werden. Indem das ganze Ich dem Gesetz folgt, es selbst zu sein, bewirkt es hier bereits die Zerstörung der Selbstgefälligkeit des adaptiven Bewußtseins.

Das Unbewußte aktualisiert sich in den besessenen Momenten, in denen die Person von einer Stimmung, einer unbesonnenen Emotion, einem Zwang, einer Melodie, die ihr immer im Kopf herumgeht, einer Sprechweise, derer sie sich gewohnheitsmäßig und sinnloserweise bedient, und, was vielleicht am wichtigsten ist, von Träumen überschwemmt wird. Diese Ausdrucksformen des Unbewußten sind nach Jungs Auffassung ein Schritt in Richtung auf die Verwirklichung derjenigen Aspekte der Persönlichkeit, die in das Dunkel des Unbewußten und Unwirklichen verbannt wurden.

Die Schwierigkeit, sich die unbewußte Seite in Erinnerung zu rufen, ist zunächst ein Beweis für ihre Minderwertigkeit. Das Unbewußte setzt sich aus unentwickelten Funktionen, kindlich einfachen, undifferenzierten, unkultivierten Aspekten der Persönlichkeit zusammen; sie sind unkultiviert und einfach geblieben, weil sie im Dunkeln belassen wurden. Der hochentwickelte, kognitiv orientierte Mann ist merkwürdigen Stimmungen, befremdlichem Aberglauben, verrückten und falschen Gefühlen gegenüber anderen Personen ausgesetzt, wenn er sich den gefühlsmäßig-intuitiven Seiten des Lebens nähert. Gerade in diesem Bereich hat er in der Tat selten recht, weil es nur um Gefühle geht. Es ist kein Gefühl, wie es vielleicht seine Frau hat, denn sie hat ihre Intuition entwickelt und kann die Totalität eines anderen, so wie sich die andere Person darstellt, begreifen.

Der wissenschaftlich ausgebildete Psychologe oder Psychiater verfügt über eine relativ schwach entwickelte Intuition. Demzufolge sind seiner Meinung nach Gefühle unzuverlässig und unzulänglich, weil sie es bei *ihm* sind. Der Psychologen-Denker, der den intuitiven Künstler für ver-

rückt hält, projiziert. Die Wahrheit ist, daß die intuitiv-ästhetische Dimension bei ihm, dem Psychologen , so schwach und unentwickelt ist, daß *er* in diesem Bereich verrückt und nicht fähig ist, die Überlegenheit der anderen Person in diesem Bereich anzuerkennen.
Bei Eheleuten ist dies ein bekanntes Phänomen. Eine der grundlegenden Schwierigkeiten in vielen Ehen besteht darin, daß die Frau durch die Kultur ermutigt wird, ihre intuitiv-gefühlsmäßige Seite zu entwickeln; der Mann dagegen seine Denk- und Empfindungsdimensionen (entsprechend den vier Funktionen, von denen Jung spricht). Der Kampf zwischen ihnen wird folglich zu einem Kampf der Projektionen. Der Mann sagt: »Du mit deinen Ahnungen, Gefühlen und deiner Intuition bist irrational.« Die Frau sagt: »Du mit deiner verrückten Sexgier, deiner Verständnislosigkeit für Gefühle und deiner Kälte bist eigentlich unmenschlich.« Jeder projiziert auf den anderen die Minderwertigkeit einer Funktion, die eigentlich ihm selbst eigen ist.
Sowohl Freud als auch Jung stellen fest, daß die Projektion aus dem Unbewußten, der unentwickelten Seite der Persönlichkeit stammt, daß es also die minderwertigen Aspekte einer Person sind, die projiziert werden. Für Freud sind die primitiven Seiten einer Person etwas Schlechtes, für Jung dagegen sind sie etwas noch Unentwickeltes und Entwicklungsbedürftiges. Für Freud ist der Ausbruch einer Neurose die Wiederkehr des Verdrängten; für Jung ist es das Insistieren des unentwickelten Teils der Persönlichkeit darauf, gehört und verwirklicht zu werden.

Das überpersönliche (universale) oder kollektive Unbewußte

Im Unterschied zu Freud glaubt Jung, daß die Wiederkehr des Verdrängten auf die Verwirklichung essentieller, universeller menschlicher Möglichkeiten und Anlagen gerichtet sei. Das Verdrängte ist nicht aus der zufälligen Lebensgeschichte eines Menschen allein zu verstehen, sondern hat seine Wurzeln in der tiefsten Schicht der verschütteten Innenwelt. Diese tiefen inneren Schichten haben ihren letzten Bezugspunkt in den fundamentalen menschlichen Anlagen, und in diesem Sinne gehen sie über das jeweils betroffene Individuum hinaus.
So wie der einzelne Mensch die Erbanlagen seiner Rasse und der Menschheit in seinen Chromosomen trägt, so sind in ihm auch die fundamentalen Anlagen und psychischen Dispositionen, die der Menschheitsfamilie insgesamt, seiner Rasse und seiner individuellen Familie eigen sind, enthalten. Diese grundlegenden Anlagen können gleichgesetzt werden mit der Befähigung oder der Neigung zu bestimmten Vor-

stellungen (Imaginationen), Symbolisierungen und interpersonellen Beziehungen, die dem menschlichen Wesen aufgrund der Tatsache eigen sind, daß es ein Mensch ist und einen menschlichen Körper hat. Zum Beispiel ist zu beobachten, daß sich ganz spezifische männliche Formen der Realitätsbezogenheit in der frühen Kindheit stärker bei männlichen als bei weiblichen Säuglingen entwickeln. Diese männliche Ausrichtung, die als eine gewisse Fähigkeit verstanden werden kann, sich auf die Realität in Form des Besiegens oder Überwindens dieser Realität zu beziehen, bezeichnen die Psychoanalytiker als phallisch. Nach Jungs Auffassung trägt die männliche Realitätsbezogenheit, die bereits im Körper angelegt ist, aber die Form des Weiblichen in sich. Das heißt, Siegen und Unterwerfen bringt immer auch ein Verständnis für Besiegtwerden mit sich und enthält immer auch die Fähigkeit zur Rezeptivität, zum Annehmen und Nachgeben. Der Körper des Mannes strebt nach dem Körper der Frau, wie die Augen nach einer sichtbaren Welt und die Zähne nach Kauen verlangen. In der Männlichkeit liegt bereits die Bereitschaft, auf Weiblichkeit zu reagieren.

Nach Jung manifestiert sich in den ersten Anfängen der maskulinen Ausrichtung des Kindes eine universelle Anlage — ein Archetypus, eine urtümliche Art oder Form des Menschseins, die zu allen Zeiten besungen, beschworen und gelebt worden ist. Diese maskuline Anlage äußert sich bei den Männern in Neurosen und Psychosen, ebenso wie in heroischen Taten, in Kriegen, im Bau von Monumenten, Festungen und Kirchen, in Gebeten zu Gott, dem Vater, Schöpfer und Erzeuger der Welt. Wir stellen daher fest, daß ein universeller Trend, uns in einer bestimmten Weise zu bewegen, uns in einer bestimmten Form etwas vorzustellen, den Sinn und die Beschaffenheit der Welt in einer spezifischen Weise wahrzunehmen, in unserem Körper, unserer Psyche angelegt ist. Wenn ein Mann zum Beispiel indirekt und neurotisch gegen eine subtile Form der Beherrschung durch seine Frau rebelliert, so kommt auch in dieser Entstellung noch die tiefste Schicht des männlichen Unbewußten zum Ausdruck, eine Beschwörung urtümlicher Männlichkeit — der fundamentalen Anlagen des Archetyps »Held«, der gegen unerträgliche Beschränkungen den Sieg erkämpft.

Der Freudianer würde hervorheben, daß ein derartig neurotischer Mann eine dominierende Mutter gehabt habe, die er jetzt in seiner Frau bekämpfe und auf diese Weise die verzweifelte und erfolglose Rebellion seiner Kindheit wiederhole. Jung gibt zu, daß das richtig sein kann und, wenn es der Fall ist, akzeptiert und verstanden werden muß. Es gibt aber auch einen universellen Faktor in diesem Kampf zwischen Mutter und Kind, der in die tiefsten Winkel des Mythos, des Volkstums und des Märchens zurückreicht: der Held und die dunkle allmächtige Mutter, die ihn erzeugte, im Kampf verstrickt. Aus dem Inneren der Persönlichkeit ganz gewöhnlicher Mittelschicht-Patienten tauchen oft außergewöhnliche Symbole und Bilder auf: des Verschlungenwerdens, der Geburt und Wiedergeburt, der Abkunft von der Mutter, des Vonihr-Aufgegessenwerdens und des Tötens der Großen Mutter. Die Symbole, Bilder, Träume, der Konflikt zwischen Ehemann und Ehefrau, Mutter und Kind sind als Ausdruck fundamentaler Archetypen zu verstehen.

Archetypen repräsentieren die Anlagen zu bestimmten Vorstellungen, Symbolisierungen und Entwicklungen. Das Bild der Energie zum Beispiel ist für Jung eine sehr späte Manifestation eines sehr alten Archetypus (d. h. Energie: psychische Libido, physische Kraft), der in Wendungen zum Ausdruck kommt wie: »Die Erde ist voll von der Größe Gottes« oder »Er ist eine starke Persönlichkeit«. In der heutigen Zeit wird dies durch $E = mc^2$ (durch die Einstein-Formel »Energie und Masse sind äquivalent«) ausgedrückt, was eine andere Übersetzung ist für »Die Welt ist voll von der Größe Gottes«. In anderen Kulturen, wie zum Beispiel der polynesischen, wurde dasselbe durch die Vorstellung des *Mana* oder einer vitalen »spirituellen Kraft« ausgedrückt; in früheren Zeiten durch die Vorstellung tierischer Geister oder eines tierischen Magnetismus. Solche historischen und transkulturellen Vergleiche stützen Jungs Auffassung vom Archetypus der Macht.

Was wir nach Jung erkennen sollen, ist, daß der Mensch ein Wesen ist, das in allen Jahrhunderten und zu allen Zeiten derartige Vorstellungen gehabt und entsprechend gehandelt hat, und daß diese ein höchst bedeutsamer Faktor in seinem Leben sind. Wenn man versucht, einen Archetypus abzuschaffen — wenn man zum Beispiel sagt, Gott sei tot —, wird sich der Archetypus selbst an den unwahrscheinlichsten Stellen manifestieren, weil ein Archetypus nicht getötet werden kann. Aus Gott wird nur etwas anderes, und es erweist sich tatsächlich als wahr, daß der Mensch Baal, sich selbst, die psychologische Einsicht oder fast alles anbeten kann. Was Jung sagen will, ist, daß man nicht einfach den Archetypus des zeugenden Vaters und der zeugenden Mutter abschaffen kann, die die psychische Grundlage bilden, auf der unser Leben geformt wird.

Soweit beschreibt Jung den Patienten als eine Person, die grundsätzlich in zwei oder mehr einander bekämpfende Seiten gespalten ist. Er sagt nicht direkt, daß wir auf der einen Seite die Kräfte der Aggression und der Sexualität finden, deutet aber an, daß es auf der unbewußten Seite eine Vielzahl psychischer Dispositionen gibt. Für Jung ist die Zusammensetzung des Unbewußten nicht so klar oder eindeutig wie für Freud oder Adler. Jung versucht uns zu erklären, daß der Patient im Laufe seines Lebens bestimmte Aspekte seiner selbst unter Ausschluß anderer wichtiger Seiten übermäßig stark entwickelt und überbetont hat, und daß diese unentwickelten Seiten, die darauf bestehen, wahrgenommen zu werden, nun in Form von seltsamen Stimmungen, neurotischen Symptomen und anderen Manifestationen der Unvollkommenheit zurückkehren und ihn heimsuchen. Dieses Insistieren ist auch ein Drang, im wesentlichen universelle menschliche Anlagen, Möglichkeiten, psychische Dispositionen und gerichtete Tendenzen zu verwirklichen, die im menschlichen Körper angelegt sind.

Jung betont, daß es unter der Oberflächenebene eines Phänomens und auch unter den Ebenen, die Freud und Adler gesehen haben, noch eine tieferliegende Ebene gibt. Auf diese Ebene unterhalb der zufälligen Individualität der spezifischen Lebensgeschichte des Patienten zielt die spezifisch Jungsche Interpretation. Sie zielt auf die Realisierung und Symbolisierung und das Verstehen des Lebens als einer universell menschlichen Möglichkeit und auf den Ausgleich dieser fundamentalen universellen Neigungen und Anlagen.

Die Entwicklung des Selbst muß demnach als die wichtigste Aufgabe im Leben eines Menschen verstanden werden. Ganz allgemein gesagt, ist die erste Hälfte des Lebens, ungefähr die ersten vierzig Lebensjahre, der Entwicklung und Aktualisierung des adaptiven Ichs, des Ego, im Hinblick auf seine Anpassung an die Realität gewidmet. Dieses Ego arbeitet, wie Freud gezeigt hat, nach dem Realitätsprinzip; das heißt, es ist die effektive Methode der Person, mit der Realität umzugehen. Das ist es, was wir gewöhnlich meinen, wenn wir das Pronomen »Ich« verwenden. Aber dieses adaptive Ego ist nicht die Gesamtpersönlichkeit. Wenn ich zum Beispiel klar gegliedert und dennoch ziemlich frei, wie bei einem Vortrag, spreche, kann man annehmen, daß es nicht nur ich selbst bin, der den Vortrag hält. Das heißt, in gewisser Weise entwickelt sich der Vortrag von selbst. Ich weiß nicht, was ich als nächstes sagen werde, aber ich weiß, daß ich das noch nie zuvor gesagt oder geschrieben habe. Das rationale, an der Realität orientierte Ego führt eigentlich

nicht das Kommando, wenn »ich« vortrage oder wenn der Vortrag stattfindet. Was ist es dann, das den Vortrag hält, wenn nicht »ich« (im Sinne meines adaptiven Ego)? Es kann sein, daß das Ich den Vortrag hält. In unserem Alltagsleben hält sich das Realitätsprinzip oder das Ego-»Ich« für das Zentrum und stellt sich vor, daß es das will, was getan wird. Aber eine sorgfältige Analyse dessen, was getan wird, kann aufdecken, daß es sich um einen Wiederholungszwang handelt, was bedeutet, daß nicht das Ego, sondern ein Aspekt des Unbewußten für das Getane verantwortlich ist.
In einem gut aufgebauten Vortrag ist ein stärker integrierendes Prinzip am Werk, eine Einheit, eine ausgewogene Zentrierung zwischen Bewußtem und Unbewußtem, die für den Vortrag verantwortlich ist. Ein Vortragender zum Beispiel, der im Lichte einer langen historischen Tradition spricht, kann das Gefühl haben, daß er seinen eigenen Vortrag gerne hören würde, da er ihn noch nie gehört hat, daß das, was er sagt, aus Quellen stammt, die er nicht genau kennt. Eine Art Synthese beginnt sich abzuzeichnen: Gedanken werden gedacht, Integrationen werden hergestellt, Synthesen werden zusammengefügt, Verbindungen werden geknüpft, die es so nie zuvor gegeben hat. Das ist ziemlich typisch für die Ausübung fast jeder kulturellen Tätigkeit — Tanzen, Sprechen, Spielen, Singen, usw.
So kann man sich bewußt werden, daß das Zentrum der eigenen Persönlichkeit nicht wirklich in dem bewußten, rational strukturierten, verzerrten, äußerst kategorischen, von Freud beschriebenen Ich-Bewußtsein liegt. Freud sagt: »Wo Es war, soll Ich sein«, und mit Ich meint er rationales Bewußtsein im herkömmlichen westlichen Sinne. Jung zeigt, daß das Ich nicht das Zentrum der Persönlichkeit ist. Freud hatte bereits angefangen, diese Wahrheit zu entdecken, wollte aber den Menschen vor der Irrationalität retten und das Ich-Bewußtsein in den Mittelpunkt stellen.
Jungs Ausrichtung steht eher mit den asketischen geistigen Traditionen des Ostens und Westens im Einklang. Er sagt, daß dieses »Ich«, das sich selbst in überheblichem Stolz für das Zentrum der Persönlichkeit hält, nicht nur nicht das Zentrum der Persönlichkeit *ist*, sondern auch nicht sein *sollte*. Rationales Ich-Bewußtsein ist eine oberflächliche Manifestation einer viel tieferen Gesamtpersönlichkeit. Erst in der zweiten Hälfte des Lebens, wenn Erfolg im Leben nicht länger ein Problem darstellt, wird es möglich, den Wert des Erfolges und der Anpassung an die Realität in Frage zu stellen und die Form des religiösen, nach innen gerichteten Fragens zu entwickeln, die den Jungschen Interpretationsstil besonders relevant werden läßt.

Es gibt viele Menschen, die nie sozialen Erfolg gehabt haben, die sich nie leicht an Gruppen oder Individuen anpassen konnten, die Schwierigkeiten gehabt haben, Freundschaften zu schließen, die nicht beliebt sind. Für solche Menschen ist das Paradies eine Welt unbeschwerter Geselligkeit. Andererseits stellt soziale Anpassungsfähigkeit für einen Menschen, der seit seiner Kindheit gesellig und gut angepaßt gewesen ist, und den die anderen Menschen gerne mochten, kaum einen Wert dar, da sich die Persönlichkeit grundsätzlich an den noch nicht aktualisierten Werten orientiert. Ein Großteil von Jungs Patienten waren daher (zumindest in seinem späteren Leben) erfolgreiche, gut angepaßte Personen über vierzig. Freud betrachtete Patienten über vierzig im allgemeinen als der analytischen Therapie schwer zugänglich, weil sie seiner Auffassung nach schon zu rigide und gesetzt sind, als daß ihnen mit orthodoxer psychoanalytischer Therapie zu helfen wäre. Eine spezifisch Jungsche Behandlungsmethode dagegen ist für die meisten Menschen unter vierzig ungeeignet.
Es ist interessant festzustellen, worauf diese beiden Männer in ihrer Therapie Wert legten. Freud wünschte sich gescheite junge Menschen, die sich an die Realität anzupassen versuchen, in ihrer Anpassung aber gehemmt und blockiert sind. Jung sagte zwar, er wolle solchen Menschen helfen, ihre Blockierungen zu überwinden; in Wirklichkeit jedoch interessierte ihn das, was sich vollzieht, nachdem diese Blockierungen überwunden sind und diese Personen die nächste Ebene ihrer Ich-Entwicklung erreichen. Auch die Interpretationsebene ist dementsprechend bei Jung eine andere als bei Freud. Die Freudsche Ebene hat eine individualistischere und zufälligere Qualität, die von dem Schicksal des Stillens und der oralen Fixierung, das in der Psychoanalyse aufgearbeitet werden muß, abhängig ist. Jungs Interpretation befindet sich auf einer sehr viel universelleren menschlichen Ebene. Jung befaßt sich mit der Person fast genau an dem Punkt, an dem Freud sie geheilt nennen würde.

Jungs Theorie der Komplexe

Jung prägte den Begriff »Komplex«, um die Ergebnisse seiner Experimente mit Wortassoziationen zu beschreiben, anhand derer er entdeckte, daß die Geschwindigkeit, mit der die Versuchspersonen auf eine Liste von Wörtern reagierten, spezifische Assoziations- und Reaktionsmuster ergab; auf bestimmte Bereiche der Wortliste (zum Beispiel Wörter aus dem Bereich Sexualität/Aggression) reagierten die Versuchspersonen sehr schnell, in anderen Gebieten (zum Beispiel Wörter

aus dem Bereich Mutter/Vater/ Kind) waren sie unfähig zu assoziieren. Jung verwendet den Begriff »Komplex«, um die Konstellation oder Gestalt psychischer Inhalte und Strukturen innerhalb der Persönlichkeit, die um zentrale Themen angeordet sind, zu beschreiben. Ein Komplex ist demnach eine Art thematisches Feld oder eine Art psychischer Struktur.
Die wichtigste Funktion eines Komplexes ist organisatorischer Art. Ein Komplex ist eine vereinheitlichende, vereinfachende Gestalt, die eine sonst heterogene Gruppierung psychischer Ereignisse zusammenbringt. Komplexe sind psychische Strukturen, die relativ unabhängig voneinander, bewußt oder unbewußt, existieren, aber als halbautonome psychische Realitäten verstanden werden müssen — von denen jede sozusagen eine kleine Unterpersönlichkeit mit einem eigenen Leben darstellt.
Man kann einen Komplex bei einer anderen Person feststellen, wenn man sie manipuliert. Wenn man bestimmte Dinge tut — sozusagen einen bestimmten Knopf drückt —, kann man ein ganzes komplexes Verhaltensmuster bei ihr ablaufen lassen. Man kann bei sich selbst einen Komplex feststellen, wenn man ein bestimmtes Verhaltensmuster durchläuft, das von einem selbst nicht bewußt gesteuert wurde. Ein derartiges Verhalten kann sogar dann auftreten, wenn die eigene Ich-Persönlichkeit daneben steht, sich selbst beobachtet und sich fragt, warum um Himmels willen man gerade das tut. Der Mensch, der »außer sich« vor Wut ist, durchläuft ein komplexes Vergeltungsverhaltensmuster und kann gleichzeitig ein hintergründiges Bewußtsein seiner Reizbarkeit haben. Zwanghaftes Reden in einer sozialen Situation ist ein häufiger Komplex bei vielen Menschen. Daß sie versuchen, ihn zu kontrollieren, es aber nicht können, ist eine typische Manifestation eines Komplexes: eine bestimmte Unterorganisation der Persönlichkeit führt ohne bewußtes Dazutun eine halbautonome Existenz.
Komplexe sind jedoch nicht notwendigerweise neurotisch bedingt oder Ursache für Blockierungen; jede Organisation der Persönlichkeit kann als ein Komplex verstanden werden. Der Redner, der zu einer Gruppe spricht, ist eine bestimmte Art von Persönlichkeit, die sich von seinem nicht vortragenden Ich unterscheidet. Die Vortragssituation entlockt mir eine bestimmte Verhaltenskonstellation, die teilweise bewußt und teilweise unbewußt ist, die aber auf jeden Fall eine bestimmte »Rednerpersönlichkeit« zur Folge hat. Obwohl ich zum Beispiel unter anderen Bedingungen leicht von Zweifeln gepackt werde, werde ich es nicht zulassen, daß dies während des Vortrags geschieht. Wenn ich es zuließe, könnte ich nicht vortragen. Meine Vortragspersönlichkeit ist daher

ein bestimmter organisatorischer Komplex, der nicht alle psychischen Phänomene gleichermaßen zuläßt. Soziale Rollen stellen daher die äußerste Seite bestimmter Komplexe dar. Ob und wann zum Beispiel eine Person eine vulgäre oder gewählte Sprache benutzt, hängt von vielen Faktoren ab. Während eines Vortrages wird eine grobe Ausdrucksweise nur dann benutzt, wenn ein Argument angebracht werden soll, das sich auf grobe Ausdrucksweise und Tabus bezieht; gewöhnlich benutzt man eine solche Sprache während eines Vortrags jedoch nicht.

Wie Freud und Adler zeigten, ist der Komplex eine Organisationsstruktur innerhalb der Psyche, die ihre Wurzeln in der individuellen Lebensgeschichte des Patienten hat. Sie entstammt auch den Tiefen des psychischen Lebens eines Individuums und den fundamentalen Verhaltensstrukturen und typischen Anlagen, die physiologisch im Menschsein des Patienten angelegt sind. Zum Beispiel ist die männliche Geschlechtsrolle bei bestimmten Individuen ein Komplex, der unter bestimmten besonderen Bedingungen auftritt. In einem bestimmten Moment oder einer bestimmten Stimmung gibt es einen spezifischen Katalog an Verhaltensweisen, an verbalen Äußerungen, an Körperbewegungen, die Männlichkeit ausdrücken. Dieses Verhalten hat seine Wurzeln demnach (und das trifft auf die meisten Komplexe zu) in der besonderen, individuellen Lebenssituation des Patienten. Seine Form, Männlichkeit auszudrücken, ist aber auch in fundamentalen menschlichen Verhaltensstrukturen verwurzelt, so daß es eine introvertierte und eine extravertierte Form der körperlichen Liebe gibt. Schließlich ist sein Verhalten auch durch die zugrundeliegenden archetypischen Strukturen bestimmt, die in seiner Körperlichkeit angelegt sind.

Einige Komplexe können sich leicht erschöpfen; sie bilden sich während eines kurzen Zeitraums vielleicht um ein Thema, das nur zeitweise im Leben eines Menschen von Bedeutung ist, und verschwinden dann ziemlich schnell. Wenn jemand einen Film mit einer bestimmten musikalischen Untermalung, mit bestimmten Interaktionsformen und einer bestimmten Stimmung gesehen hat, wird er einen kleinen, irgendwie bewußten Komplex entwickeln, der Melodien, bestimmte Musikinstrumente, bestimmte Interaktionsformen und eine bestimmte Stimmungsqualität enthalten kann. All dies kann einige Wochen lang andauern. Dieser Komplex, eine organisierte Struktur psychischen Inhalts, der sich in der Erinnerung, in der Stimmung und Vorstellung manifestiert, wird aber in der Regel von dauerhafteren Organisationsstrukturen absorbiert und wird damit verschwinden, sofern natürlich der Film nicht einen bedeutsamen Aspekt der psychischen Struktur im Leben der betreffenden Person zum Ausdruck bringt.

Das Ego-Ich und das reale Ich

Ein Komplex von beträchtlicher Reichweite und beträchtlichem Einfluß in der westlichen Gesellschaft ist der Komplex, der bereits durch die Verwendung des Pronomens »Ich« bezeichnet wurde. Gewöhnlich wird dieser Komplex — das Ego — vom westlichen Menschen fälschlicherweise mit der Gesamtpersönlichkeit und dem authentischen Ich gleichgesetzt. Eine derartige Gleichsetzung ist irreführend, weil sich das Ego-Ich durch die Vorstellung, daß es viele Dinge entscheidet, will, fühlt und denkt, die faktisch und tatsächlich Gaben der umfassenderen Persönlichkeit sind, nur selbst betrügt. Dieses selbst-betrügerische »Ich« will gewöhnlich genau das, was getan wird — was sehr bequem ist.

Dies zu verstehen, heißt, persönliche Gewohnheiten zu verändern. Das »Ich« beschließt, daß es sich ändern wird, und stellt erst dann fest, daß sich das eigentliche Zentrum der Persönlichkeit nicht in ihm selbst, sondern anderswo befindet. Der furchtsame Mensch, der versucht, kaltblütig zu sein, der Introvertierte, der versucht, extravertiert zu sein, der vom Sexualtrieb getriebene Mensch, der versucht, kühl zu sein, der impotente Mann, der versucht, seine Erektion aufrechtzuerhalten — sie alle können diese Wahrheit bezeugen. Man versuche, die einfachsten Handlungen des täglichen Lebens zu wollen, und man wird entdecken, daß das adaptive Ego-Ich nicht das absolute Zentrum der Persönlichkeit ist. Das rationale Bewußtsein ist nicht die fundamentalste Antriebskraft für das Funktionieren der Persönlichkeit, sondern wird vielmehr selbst angetrieben und bewegt sich nach einer tieferen, älteren Melodie als der des rationalen Bewußtseins.

Es gibt jedoch einen grundlegenden Archetypus, der ein fundamentales Zentrum der Persönlichkeit bilden kann — gemeint ist jener Komplex, der das Ganze der Persönlichkeit in eine Einheit bringt oder integriert. Dieses Ich ist eher ein Ziel als eine Tatsache, eher eine Bewegung als ein Zustand. Es ist wie das Heil, das nie erreicht wird, aber immer angestrebt werden muß. Dieses Ich existiert jedoch nicht als Abstraktion. Es wird als eine kohärente, fließende, irgendwie symbolisierbare Bewegung zur Ganzheit der Persönlichkeit hin, als eine zugrundeliegende Kontinuität nicht nur in sich selbst, sondern bezüglich der Menschheit und der Realität als ganzer erfahren. Dieses Gefühl der Kontinuität entsteht, weil der auftretende Komplex eine Vielzahl von Komplexen zusammenfaßt und verbindet, sie sozusagen zu einem einzigen symphonischen Thema verknüpft. Er gibt der Menschheit ein Gefühl der Kontinuität, weil er, was sehr wichtig ist, die Heilung der fundamentalen universellen Konflikte, die das Erbe aller Menschen sind, einschließt und sie auch in einer irrationalen universellen Synthese auflöst.

Zusammenfassung

Aus der Jungschen Perspektive betrachtet ist der neurotische, unverwirklichte Mensch eine Person, die wesentliche Aspekte ihrer Lebenserfahrung ins Dunkle und in die Nicht-Verwirklichung verbannt hat. Weil sie feststellt, daß Aspekte ihrer Persönlichkeit unterentwickelt, unangepaßt oder für sie selbst unannehmbar sind, unterdrückt oder verdrängt sie sie mit dem Ergebnis, daß diese Seiten ihres Lebens, diese Fähigkeiten, Anlagen oder Neigungen in einem primitiven , unentwickelten Zustand verharren. Bei dem Vernachlässigten oder Tabuisierten kann es sich praktisch um jeden Inhalt, jede Neigung oder Anlage handeln; in jedem Fall aber bedeutet diese Unterdrückung zugleich die Unterdrückung universeller, im menschlichen Wesen schlechthin begründeter Anlagen. Diese unterdrückten Anlagen haben jedoch ihre eigene Dynamik. Die Archetypen ruhen nicht; vielmehr gehorcht die Gesamtpersönlichkeit dem Gesetz, daß sie sie selbst sein muß, und die vernachlässigten Seiten und Anlagen treten in verschiedenen Formen fehlangepaßten Verhaltens zutage. Dieses Auftauchen in Form von Symptomen bedeutet einen Schritt zur Aktualisierung. Die Persönlichkeit entwickelt sich unter dem Einfluß eines zugrundeliegenden Archetypus naturgemäß zur Einheit und Integration; dieser Archetypus kann jedoch nur dann voll wirksam werden, wenn sich die Person gestattet, ganz sie selbst zu sein.

Das eingeschränkte Ego-Ich wird oft Aspekte der Gesamtperson mißbilligen, und indem es diese schlechten, unreifen oder minderwertigen Seiten unterdrückt, wird es auch den Prozeß der Integration und Vereinheitlichung, der naturgemäß durch die Anlagen des Ichs in Gang gesetzt wird, unterdrücken. Damit sich ein ausgeglichenes, integriertes Persönlichkeitszentrum bilden kann, muß die Persönlichkeit von den beschränkten Urteilen des Ego-Ich befreit werden. Auf diese Weise kann das reale Ich oder die bei allen Menschen vorhandene Anlage zur Ganzheit verwirklicht werden.

6

Der Jungsche Psychotherapieansatz

Nach Jung zielt jede Psychotherapie direkt oder indirekt auf die Entwicklung umfassender Komplexe, die die schädlichen Komplexe absorbieren sollen, deren halb-autonome Existenz die Person der Irrationalität ausliefert und Furcht und ängstliche Blockierung ihrer Lebensziele bewirkt. Die Entwicklung dieser stärker integrierenden Komplexe zielt darauf, die Gefühle und Gedanken der Person in ein Gleichgewicht zu bringen, so daß stark irrationale Stimmungen nicht mehr mit Hilfe eines rigiden, logischen, perfektionistischen, automatischen Gedankenprozesses angegangen werden müssen.

Bei Freud äußert sich dieses Streben nach Ganzheit in dem ständigen Versuch, Unbewußtes bewußt zu machen und dadurch ein sinnvolles Ganzes zu formen. Im Dialog zwischen Bewußtem und Unbewußtem entsteht eine neue, differenziertere Haltung, und die Konflikte werden gelöst. Diese integrative Aktivität kann zum Beispiel im Akt des Schreibens oder Malens sehr fruchtbar zum Ausdruck kommen, insofern bei solchen schöpferischen Tätigkeiten ein abgekapselter Komplex zum Ausbruch kommen und auf einer höheren Ebene neu integriert werden kann. Die Frage, wie ein Psychotherapeut diesen Integrationsprozeß fördern kann, stellt den Leitgedanken der Jungschen Psychotherapie dar.

Es ist sehr schwierig, die Jungsche Psychotherapie zu beschreiben, vor allem deshalb, weil Jung viel zurückhaltender bei der Darlegung seiner psychotherapeutischen Verfahren war als Freud. Die Jungsche Psychotherapie ist, was Orientierung und Ansatz betrifft, sehr viel weniger technisch als die Freudsche Psychotherapie. In der Einleitung zu seiner Autobiographie bemerkt Jung, nur innere psychische Ereignisse hätten in seinem Leben Bedeutung, während äußere Ereignisse daneben verblaßten. Das ist auch seine Auffassung von Psychotherapie. Er spricht vom Geist, den Absichten und den Zielen seiner Psychotherapie, aber er bietet nichts an, was den technischen Empfehlungen Freuds entspräche.

Ziel der Jungschen Analyse ist es, das Unbewußte bewußt zu machen und das, was abgekapselt oder abgespalten ist, ans Tageslicht zu bringen. Wie bereits gesagt, betont Jung jedoch, daß es keinen Ansatz gibt, der für alle Menschen geeignet wäre. Viele brauchen einfach einen vernünftigen Rat und Anleitung im Hinblick auf ein bestimmtes Lebensproblem. Das sind Menschen, wie sie früher mit einer schwierigen moralischen Entscheidung oder einem besonderen Problem zu einem Weisen, Ältesten oder Priester gingen, um Antwort zu erhalten oder zu einer Klärung zu gelangen.

Jung verweist auch auf das Bedürfnis der Menschen nach Beichte, die gewöhnlich mit einer emotionalen Erleichterung verbunden ist. Viele Menschen haben das Bedürfnis, ihre dunkle Seite einem anderen mitzuteilen, um ihre Seele zu entlasten; während die verschiedenen religiösen Beichtformen bei manchen Menschen dieses Bedürfnis befriedigen können, ist die Situation bei anderen jedoch komplexer. Manche Patienten können ihre Seele nur dadurch entlasten, daß sie vergangene Erfahrungen emotional neu durchleben. Jungs Auffassung vom therapeutischen Wert emotionalen Nacherlebens ist von den Auffassungen anderer psychotherapeutischer Richtungen deutlich unterschieden. Bei Freud muß das emotionale Nacherleben von bewußtem intellektuellen Verstehen begleitet sein. Für ihn ist wirkliche, lebendige Einsicht der entscheidende heilende Faktor der Analyse. Das Nacherleben besteht in der Vergegenwärtigung vergangener Erfahrungen, um diese durch intellektuelles Verstehen zu bewältigen. Auch hat das Nacherleben den Vorteil, daß es für einen direkten Spannungsabbau, eine Reduktion blockierter Affekte sorgt.

Jung dagegen ist der Meinung, daß ein derartiges emotionales Neuerleben an sich keine therapeutische Wirkung habe. Wenn dies der Fall wäre, wären auch Wutanfälle und andere emotionale Ausbrüche heilsam; dann wäre auch die volkstümliche Vorstellung richtig, daß es heilsam sei, zu explodieren oder Emotionen auszuleben. Aber schon eine oberflächliche Kenntnis der menschlichen Natur zeigt, daß das nicht der Fall ist. Das einzige, was von jemandem, der solche emotionalen Ausbrüche hat, gesagt werden kann, ist eben dies, daß er Ausbrüche hat. Emotionales Neudurchleben ist, was seine Wirksamkeit betrifft, von der stärkenden Gegenwart des anderen abhängig, der den Patienten sowohl moralisch als auch intellektuell *unterstützt*. Nur mit dieser Unterstützung ist es dem Patienten gewöhnlich möglich, seine unbewußten Seiten zu akzeptieren, von ihnen Besitz zu ergreifen, sie zu assimilieren und zu integrieren.

Beide, Freud und Jung, sind sich dieser Tatsache bewußt; eine andere Person ist erforderlich, wenn mit dem emotionalen Neuerleben ein heilsamer Effekt erzielt werden soll. Freuds Auffassung nach ist die andere Person nötig, um die Emotion durch Übertragung hervorzurufen; zugleich stellt sie dem Patienten ihren Intellekt zur Verfügung. Für Jung ist die Zurverfügungstellung intellektueller Fähigkeiten für die Beziehung nicht von primärer Bedeutung; vielmehr ist es die gesamte persönliche Unterstützung des anderen — die persönliche und geistige Gegenwart des weisen Führers, des Freundes, des guten Menschen —, die einen heilsamen Einfluß auf sie ausübt. Der Patient hat einen bestimmten Inhalt seines Lebens verleugnet, und es ist die Aufgabe des Analytikers, ihm seine ganze Kraft und seinen ganzen Mut zur Verfügung zu stellen.

Solchermaßen gestärkt, wird der Patient die Kraft haben, diesen Komplex in seine Persönlichkeit und den weiteren Bereich seines Bewußtseins zu assimilieren und zu integrieren. Trotz intellektueller Einsicht führt emotionales Neuerleben ohne die unterstützende persönliche Gegenwart des anderen zu nichts; die Person muß die Kraft haben, das, was sie über sich selbst erfährt, zu akzeptieren, einen Standpunkt zu beziehen und eine moralische Bewertung ihres Lebens vorzunehmen, an die sie sich gebunden fühlt. Auf diese Weise ist die empfindungsmäßige Einsicht oder das Verständnis nicht bloße Intellektualität oder Ästhetik, sondern bewirkt eine echte, grundlegende persönliche Veränderung.

Symbolische Begegnung der Seelen

Es ist wichtig festzuhalten, daß oft gerade ein ganz bestimmter Therapeut, unabhängig von seiner theoretischen Ausrichtung, diese heilsame Unterstützung, die Jung für so wesentlich hält, bieten kann. Die Betonung der persönlichen Gegenwart des anderen bedeutet, daß sich der Therapeut nicht, wie bei der Freudschen Methode, unsichtbar macht. Er sieht den Patienten an, da der ganze Prozeß der Psychotherapie sozusagen eine Begegnung der Seelen erfordert. Der Therapeut geht nicht davon aus, daß er hinsichtlich der Realitätsinterpretation Priorität besitze. Er verzichtet ausdrücklich auf den Anspruch, daß er in seiner Beziehung zu dem Patienten über ein überlegenes technisches Wissen verfüge. Phänomenologisch betrachtet, wäre es daher nicht konsistent, wenn er sitzt, während der Patient liegt. Er verzichtet allerdings lediglich auf den Anspruch seines professionellen und technischen Ichs; er gibt keine Ansprüche auf, die Teil seiner weiteren Persönlichkeit sind. Der Therapeut schenkt aber auch dem rationalen Ego des Patienten keinen Glauben. Da er das Ego als eingeschränktes, rationales, bewußtes Ich versteht, vertraut er weder seiner eigenen Rationalität noch der des Patienten. Patient und Therapeut sitzen einander gegenüber, ge-

hen und sprechen miteinander, interpretieren Träume gemeinsam, machen sich zusammen Gedanken und unternehmen vielfältige Aktivitäten, in deren Verlauf sie sich fragen, welches die Wahrheit im Leben des Patienten ist. Die Jungsche Therapie geht also von der Annahme aus, daß das rein rationale, professionelle, wohldisziplinierte Ich den Weg zur Heilung weder kenne noch verstehe.
Jung ist der Auffassung, daß die Möglichkeit wirklicher Hilfe in der therapeutischen Beziehung auf der verwandelnden Macht der Symbole und ihrem gänzlich irrationalen Leben beruhe. Ein Symbol ist ein Bild, eine Vorstellung, ein Gefühl für Dinge oder ein psychischer Organisator, der Energie richtet, zentriert und sammelt. Es ist seinem Wesen nach ein integrierender Faktor, der verschiedene Energien, Impulse, Gedanken und Handlungen zu einer grundlegenden thematischen Einheit verbindet. Nach Jung kann man das außerhalb der Psychotherapie zuerst an den Veränderungen feststellen, die während der natürlichen Entwicklung auftreten.
Wenn sich zum Beispiel ein heranwachsender Jugendlicher verliebt, so richtet sich ein enormer Betrag an Energie und Aktivität auf seine Geliebte. Er schenkt seinem Äußeren mehr Aufmerksamkeit, er wird vielleicht ernster und beginnt, die Schule wichtiger zu nehmen, um sich seiner Geliebten würdiger zu erweisen. Sein Sexualleben, das sich früher in diffusen Phantasien und Masturbation äußerte, konzentriert sich nun auf eine personbezogene romantisch-geistige Liebe zu einem Mädchen, das für ihn die »Einzige« ist. Häufig wird die Masturbation ohne besondere Anstrengung völlig aufgegeben. Er hängt nicht mehr bloß so herum; sein ganzes Leben hat eine bedeutsame Veränderung erfahren. Seine Liebe wird zu einem organisierenden und integrierenden Faktor in seinem Leben.
Ein anderes Beispiel für die Veränderung eines ganzen Lebens ist die Verwandlung eines Mädchens in eine Frau oder eines Jungen in einen Mann. Alles an der Person verändert sich, die nun anders geht, anders spricht und die Welt radikal anders sieht. Die junge Frau entwickelt eine körperliche Ansprechbarkeit, Verständnis und Mütterlichkeit, Züge, die für das Frausein charakteristisch sind, und gibt ihr kicherndes Mädchendasein auf. Jetzt kann man ein richtiges Gespräch mit ihr führen, da sie nun ihren eigenen Erwachsenenstandpunkt hat und sich nicht mehr als Kind empfindet. Derartige Veränderungen werden durch reine Willensanstrengung und Rationalität nicht erreicht und können so auch nicht erreicht werden.
Diese Veränderungen haben ihre Wurzeln immer im universell Menschlichen — d. h. sie sind in den Archetypen des kollektiv Mensch-

lichen begründet. Jahrtausendelang ist der Übergang vom Knabentum/Mädchentum zur Männlichkeit/Fraulichkeit als symbolischer Übergang betrachtet worden, für den jede Gesellschaft ihre besonderen Formen entwickelt hat. Initiationsriten, in der Regel formaler Art, haben fast in allen Kulturen dazu gedient, den Übergang anzukündigen, zu bestätigen und zu ermöglichen. »Von heute an bin ich ein Mann«, verkündet der Junge/Mann, und die Älteren stimmen ihm zu und bringen damit symbolisch die Wahrheit seiner Mannhaftigkeit gemeinsam zum Ausdruck. Wenn er an den Ritus und seine Bedeutung glaubt, ist er von nun an ein verantwortlicher Erwachsener. Sein Leben wird durch die gemeinschaftliche Kraft des »gefühlten, erlebten, imaginierten, symbolisierten« Mannseins transformiert.

Nicht alle symbolischen Transformationen jedoch haben einen positiven Wert. Ein Mann, der beträchtliches Unbehagen, Angst und starke Weltuntergangsgefühle erlebt, gerät in eine Krise, in deren Verlauf er die Eingebung hat, er sei der »Messias«, der »Erwählte Gottes«. Diese Vorstellung wird nun zum Mittelpunkt seines Lebens. Er gelangt zu der Erkenntnis, daß er von den Dienern Satans verfolgt wird, daß er zwar eine Zeit stillen Leidens durchleben muß, daß aber später die Zeit der Verkündigung und der Auferstehung kommen wird. Seine Gefühle der Hilflosigkeit werden von ihm als Zurückhalten seiner großen Macht neu interpretiert. Jede Einzelheit seines Lebens wird verändert; selbst seine Bewegungen, sein Gesicht, seine Augen, besonders die Art und Weise, wie er andere sieht, erfahren eine radikale Veränderung. Nach psychiatrischen Maßstäben wird er schizophren mit paranoiden Zügen; dies bedeutet zugleich eine symbolische Transformation, die als Ausdruck universeller menschlicher Motive verstanden werden muß. Keines dieser mächtigen Symbole, die zu einer (in diesem Fall pathologischen) Transformation führen, ist seine eigene Erfindung. Es handelt sich hierbei um archetypische Symbole, die älter sind als die Form, die sie in der christlichen und jüdischen Religion gefunden haben. Seit Beginn der Menschheitsgeschichte sind Menschen von Gott auserwählt und gesandt worden, um sein Vermächtnis zu verkünden, auszulegen und der Welt zu überbringen. Typischerweise erlitten diese heroischen Gestalten immer läuternde Prüfungen und Verfolgungen; typischerweise schien es so, als ob sie unterliegen und sterben würden, und immer gingen sie am Ende im Triumph aus der Dunkelheit hervor. Sowohl im Verlauf normaler als auch pathologischer Entwicklungen sind symbolische Transformationen in Motiven, Dispositionen und Anlagen begründet, die allgemeinmenschlich sind.

Was den Therapieansatz und die Hoffnung auf therapeutische Veränderungen betrifft, so liefert die Vorstellung vom Menschen als einem Wesen, das durch Symbole organisiert und integriert wird, die Grundlage für die Möglichkeit einer persönlichen Entwicklung und Veränderung. Es ist die Aufgabe des Therapeuten, die Entwicklung solcher Symbole zu fördern, die die Persönlichkeit des Patienten auf gesunde Weise verwandeln und integrieren. Jeder Mensch hat eine Geschichte oder einen Mythos, den er lebt. Wenn die »gute« oder gut angepaßte Seite überbetont wird, ist die Geschichte oder der Mythos dem Leben nicht angemessen. Er vernachlässigt dann wichtige Bereiche des wirklichen Lebens und wird auch seinen eigenen universellen Strukturen nicht gerecht. Er ist willkürlich, ungenau und der Wahrheit des Lebens nicht angemessen. Aufgabe des Therapeuten ist es, dem Patienten eine angemessenere, umfassendere und wahrere Lebensgeschichte entwikkeln zu helfen.

Erkennen des Schattens

Wie gesagt, hat die neurotische Person Jungs Auffassung zufolge eine Seite ihrer Persönlichkeit so überbetont und so stark entwickelt, daß ihre anderen Seiten in einem Zustand völliger Unentwickeltheit, Unreife und Minderwertigkeit bleiben müssen. Irgendwann einmal beginnt die unentwickelte Seite den neurotischen Menschen in Form von Symptomen, irrationalen Stimmungen, Besessenheiten oder anderen Störungen zu verfolgen. Die erste Aufgabe der Therapie besteht deshalb darin, einen Kontakt mit der Schattenseite der Persönlichkeit herzustellen und das Verständnis für sie und ihre Symbolisierung zu entwickeln.

In der Regel bekommt die neurotische Person ihre minderwertige Seite in verschiedenen Formen zu spüren. Sie ist Opfer behindernder oder sehr unangenehmer Symptome, die ihr zu verstehen geben, daß etwas in ihrem Leben gegen ihre bewußten Wünsche arbeitet. Ihrem Wunsch, gut mit Leuten auszukommen, steht eine rätselhafte Übellaunigkeit entgegen, eine scharfe Zunge, die in Sarkasmus ausarten kann und Freunde zurückstößt. »Warum tue ich so etwas? Immer waren mir in meinem Leben Gefälligkeit und freundliches Eingehen auf andere wichtig. Jetzt, selbst wenn ich mir auf die Zunge beiße und nichts sage, kommen mir die sarkastischsten, zynischsten, destruktivsten Gedanken.«

In diesem Fall wird ein ausgesprochen freundliches, sozial angepaßtes Ich durch Auftreten eines anderen Komplexes gestört. Das dunkle, grübelnde, ärgerliche, zynische, sarkastische Ich, das in manchen

Momenten auftritt, steht in eindeutigem Gegensatz zu seinem idealen, angepaßten Ich. Der Jungianer sieht darin das Auftreten des Schattens, der Seite der Person, die im Interesse des Wunsches, gut mit dem Leben zurechtzukommen, unterdrückt worden ist. Nach Freudscher Interpretation würde der Schatten die Seite des netten, freundlichen Ichs repräsentieren, die mit heimlicher Aggression und selbstsüchtigem Streben nach Lustgewinn zu tun hat. Diese Form der Interpretation, durch die auch die besten Seiten der Persönlichkeit auf Sexualität und Aggression reduziert werden, dient dazu, der Person zu einer weltlicheren Ebene des Selbstverständnisses zu verhelfen. Das ideale, vernünftige, freundliche, immer altruistische Selbstbild kann so durch eine ausgeglichenere Betrachtungsweise ersetzt werden. Jungianisch ausgedrückt, hat dies den Zweck, einem angemesseneren Ich-Mythos symbolisch Ausdruck zu verleihen. Die Absicht, einen adäquaten Lebensmythos zu entwickeln, bleibt Mittelpunkt des therapeutischen Plans.
Das Vorhandensein einer Schattenseite ist eine universelle, archetypische Anlage des Menschen. Die Menschen hatten immer eine Schattenseite, die sich in Träumen, Mythen und Märchen ausdrückte. Sie ist nicht nur ein persönlicher oder individueller, sondern auch ein kollektiver Besitz. Wenn der Patient seinen eigenen Schatten zu erkennen und zu symbolisieren beginnt, erkennt er, daß das Vorhandensein einer Schattenseite wie auch einer Lichtseite etwas universell Menschliches ist. Die Furcht vor Minderwertigkeit, die das Erkennen des Schattens begleitet, gehört also zum Menschsein überhaupt wie auch zum individuellen Leben wesenhaft dazu. Diese Erkenntnis vermindert die Angst, da der Konflikt zwischen den beiden Seiten auf diese Weise Sinn und Bedeutung erhält und die Schattenseite nicht mehr ausschließlich als etwas persönlich Verwerfliches erscheinen muß. Der Schatten wird nun nicht mehr als ausschließlich schlecht empfunden, sondern er wird symbolisch als noch unerschlossene Ader verstanden, als ein Bereich der Persönlichkeit, der bis dahin zu sehr vernachlässigt worden ist.
Der Therapeut betrachtet den Schatten als etwas äußerst Wertvolles — als positive Energiequelle und als potentielles Mittel, in der Person ein Gleichgewicht herzustellen, als einen fruchtbaren Bereich innerhalb der Persönlichkeit, dem noch nicht gestattet worden ist, sich zu verwirklichen. Je mehr die Person ihre Schattenseite vernachlässigt, ignoriert, unterdrückt und verdrängt hat, um so mehr verarmt sie. Der Jungianische Therapeut teilt deshalb nicht das Schamgefühl, die moralische Niedergeschlagenheit und das unglückliche Gefühl, das sich des Patienten bemächtigt, wenn er sich dem Schattenland von Symptomen und Lebenskonflikten gegenübersieht, die durch die Therapie aufge-

deckt werden; er freut sich über die Entwicklung der Person zur Ganzheit und die gesteigerte Lebensfülle, die in der Manifestation des scheinbar minderwertigen Schattens zum Ausdruck kommt.
Genau dieser Bereich, den der Patient am liebsten übergehen würde, wird vom Therapeuten als ausgesprochen wertvoll betrachtet. Er möchte dieser dunklen, unentwickelten Seite der Persönlichkeit Gewicht und Bedeutung verleihen und sie ins Bewußtsein heben, so daß sie neben der hellen Seite existieren kann. Nach der Auffassung Jungs führt diese Koexistenz zur Entstehung eines dritten Bereiches zwischen den beiden Seiten, der der Persönlichkeit auf einer umfassenderen Ebene eine neue Einheit gibt. Die Schattenseite eines Mannes zum Beispiel, der sein durch ein robustes, konkurrierendes, tüchtiges, unsentimentales Äußeres charakterisiertes Anpassungs-Ich überentwickelt hat, wird auch die Tendenz haben, sanft und nachgiebig zu sein und sich von sentimentalen Gefühlen überfluten zu lassen. Indem der Therapeut beiden Seiten der Person verständnisvolle Aufmerksamkeit widmet, gibt er seiner Erwartung, daß die beiden Seiten sich schließlich vereinigen werden, Ausdruck, jedoch ohne genau zu wissen, zu welcher Lösung das führen wird. So kann der Patient im Verlauf der therapeutischen Beziehung zum Beispiel auf mannigfaltige Weise von Frauen träumen. Zuerst erscheinen sie in hexenähnlicher, gespenstischer, furchterregender, mächtiger Gestalt; später in sanfter, angenehmer, immer noch geheimnisvoll mächtiger, romantischer Gestalt; und schließlich tritt in einem seiner Träume die weise, heitere, ausgeglichene Frau auf, die ihm sagt, daß ein Mann seine Rüstung nicht immer braucht. Wenn er diese Traumerfahrung auf sein Leben überträgt, wird es ihm allmählich möglich, ein freundlicherer, väterlicherer Mann zu sein, der die Bedeutung von Zärtlichkeit und behutsamer Fürsorge für andere anerkennen kann. Das Bild vom freundlichen und gerechten Vater, nach dem er jetzt lebt, ist eine symbolische Integration der früheren übertrieben robusten, unsentimentalen Seite und der schattenhaften, weiblich-empfindenden Seite. Beide Seiten können nun in ausgeglichener Form verwirklicht werden.

Das Prinzip der Kompensation

Die Beziehung zwischen Schatten und Licht ist nach Jungscher Denkweise für das Funktionieren der Psyche von grundlegender Bedeutung. Die Betonung und Entwicklung oder das In-den-Mittelpunkt-Stellen einer Facette der Persönlichkeit führt immer zu einem Streben nach Ausgleich in der Gesamtpersönlichkeit. Es ist zu erwarten, daß eine außergewöhnlich gute oder tugendhafte Person lasterhafte und perverse Träume hat; bei einer unerschütterlich affektfreien Person ist zu erwarten, daß sie manchmal von Stimmungen überflutet wird; von einer äußerst pragmatischen und vernünftigen Person ist anzunehmen, daß sie von dunklen Ahnungen und merkwürdigen abergläubischen Vorstellungen bestürmt wird. Da die Gesamtpersönlichkeit dem Gesetz folgt, sie selbst zu werden, kompensiert sie die Einseitigkeit in der entgegengesetzten Richtung.

Die grundlegende Struktur der Persönlichkeit als ganzer kann daher in dem Streben nach Ausgleich, Ganzheit, Vielgestaltigkeit und in der Verwirklichung all ihrer vielfältigen Möglichkeiten gesehen werden. Sowohl der Gesamtpersönlichkeit als auch ihren einzelnen Aspekten liegt ein Dualitätsprinzip, ein Spannungsgegensatz, eine Polarisierung um ein unsichtbares Zentrum herum zugrunde. Die Jungsche Therapie ist, indem sie beide Seiten dieser Polarität zunehmend bestärkt, völlig auf dieses Zentrum ausgerichtet. Wenn in einer Person eine höfliche, bereitwillige Gefälligkeit stark ausgeprägt ist, bestärkt der Jungianer die aggressive, urteilende Seite. Wenn eine zärtliche, herzliche Freundlichkeit stark ausgeprägt ist, betont der Jungianer jene Bereiche, in denen eine »Was-geht-mich-das-alles-an« – Einstellung vorherrscht.

Indem der Therapeut die Gegenseite bestärkt, ähnelt er nach außen hin dem Freudianer, der von der tugendhaften Seite einer Person annimmt, daß sich hinter ihrer Maske das Gegenteil verberge. Im Gegensatz zum Freudianer strebt der Jungianer jedoch danach, beiden Seiten ihr volles Gewicht zu geben. Freundlichkeit wird nicht als Tarnung ihres Gegenteils betrachtet; vielmehr werden beide als gleichermaßen gültiger, aber unvollständiger Ausdruck der gesamten Persönlichkeit angesehen. Wenn der Patient der zynischen Versuchung unterliegt, seine edelsten Bestrebungen in den »Schmutz« Freudscher Interpretation zu ziehen, wird der Jungianer ihn vor einer willkürlich urteilenden Haltung warnen: »In Ihnen leben sowohl das Erhabene als auch das Niedrige, das Gute und das Böse, Freundlichkeit und Rachsucht, Tugend und Laster.«

Amplifikation

Nach Jungscher Auffassung wird die symbolische Integration von Männlichkeit und Weiblichkeit, von Aggression und Fürsorge, von Denken und Fühlen, von Universellem und Individuellem nicht primär dadurch erreicht, daß über das Leben nachgedacht, daß es verstanden oder erklärt wird. Diese persönliche Einheit tritt spontan in der Entfaltung der Person in ihren vielfältigen, offensichtlich widersprüchlichen Ausdrucksformen auf. Jung geht davon aus, daß das Gemisch offensichtlich unvereinbarer Elemente sein eigenes Einigungsprinzip enthalte, das, wenn es sich entfalten kann, Gleichgewicht und Ganzheit wiederherstellen werde. Der Therapeut möchte dieses Gemisch wie die auftretenden Einigungssymbole intensivieren, und er erreicht das gemeinsam mit seinem Patienten durch die Technik der Amplifikation. Die Technik der Amplifikation setzt voraus, daß der Therapeut sich dem Auftauchen reicher symbolischer Bedeutungen überläßt und auch den Patienten dazu auffordert. Gemäß seiner Einstellung behandelt der Therapeut als »reines Gold«, was der Patient vielleicht als unwichtig abtut. Ein Patient sagt zum Beispiel von sich selbst, er sei müde, erschöpft, verausgabt.

THERAPEUT: Ja, Sie sehen verausgabt aus, aber gerade jetzt schonen Sie sich, verausgaben sich nicht, halten sich zurück.
PATIENT: Das ist nur eine Stimmung; ich bin nur irgendwie müde. Das ist wirklich nicht wichtig.
THERAPEUT: Selbst die Tatsache, daß Sie diese Stimmung nicht verstehen wollen, entspringt Ihrem Bemühen, sich zu schonen, sich nicht zu verausgaben.
PATIENT: Ja, das stimmt. Das geht mir oft so. Es ist so, als ob mir alles zuviel ist.
THERAPEUT: Sie haben das Gefühl, Sie hätten sich bereits zu sehr verausgabt und wollen nichts mehr geben. Sind Sie manchmal verschwenderisch?
PATIENT: Ich glaube, ich strenge mich zu sehr an, großzügig zu sein. Meine Freunde warnen mich manchmal davor, so ein gutgläubiger Trottel zu sein, ich möchte aber nicht robust, hart und unnachgiebig sein. Es gibt soviel Bosheit in der Welt.
THERAPEUT: Es wäre häßlich, nein zu sagen, aber Sie sind manchmal einfach zu müde, und das ist in Ordnung so?
PATIENT: Ja, verdammt nochmal. Ich habe es einfach satt, die ganze Zeit so großzügig zu sein.
THERAPEUT: Es ist, als ob man sich endlos verausgabe?

Im Verlauf dieser Interaktion weist der Therapeut darauf hin, daß der Zwang zu geben, sich für andere zu verausgaben, immer der Großzügige zu sein, einen Gegentrend in der Persönlichkeit hervorruft, eine Tendenz, sich selbst zu bewahren und zu schonen. »Ab einem bestimmten Punkt wird Geben, besonders zwanghaftes Geben, zur

Selbstaufgabe, zum Selbstverlust. An diesem Punkt rebellieren Sie und stellen das Gleichgewicht wieder her.« Der Therapeut fragt: »Empfinden Sie sich nicht auch manchmal als ausgesprochen geizig, knauserig, schmarotzend? Das müßte eigentlich der Fall sein.« Hierauf stellt der Patient ausführlicher seine knauserige Seite, seine geizigen Gedanken, sein Schmarotzen und seine heimliche Selbstsucht dar.
Während er dieses Sich-Eröffnen mit Zögern, Scham und Zweifel unternimmt, ist der Therapeut von der sich entfaltenden Komplexität fasziniert. »Sie sind aber manchmal auch einfach großzügig, nicht wahr?« fragt der Therapeut. Der Patient beschreibt ausführlich jene seltenen Gelegenheiten, bei denen Großzügigkeit und Freude zusammentreffen, bei denen Geben zugleich Empfangen bedeutet. »Merkwürdig«, bemerkt der Therapeut, »ist es nicht so, daß Sie, wenn Sie etwas bekommen, sich darüber freuen und ausgesprochen selbstsüchtig sind, dann auch bereitwillig großzügig sind? In diesen Momenten sind Sie gleichzeitig am sparsamsten und am verschwenderischsten.«
»Aber in diesen Momenten muß ich mich nicht anstrengen. Es ergibt sich von selbst.«
Der Therapeut greift dies mit Nachdruck auf: »Sie geben Ihre armseligen rationalen Anstrengungen für etwas viel Schöneres auf, nicht?«
Selbst in diesem alltäglichen, undramatischen Beispiel ist eine beträchtliche Lebensveränderung bewirkt worden. Indem einer scheinbar unbedeutenden Stimme intensives Interesse und intensive Aufmerksamkeit gewidmet wurden, ergab sich ein wirklich wichtiges Thema. Ferner hat der Patient in seinem eigenen Leben überzeugend erfahren, daß das Prinzip der irrationalen Vereinigung die richtige Form ist, sein Leben zu leben. Im Verlauf des Prozesses ergaben sich verschiedene Wertumkehrungen: Es wurde erkannt, daß die selbstsüchtige, knauserige Seite eine dumme Zwanghaftigkeit verhinderte, das Ich schützte und ein gesundes Gleichgewicht erhielt; die großzügige, rationale Seite wurde als zu eng, kümmerlich und ungeeignet für das Leben erkannt. Die ganze Zeit wird der hohe Wert einer sorgfältigen Förderung der Gesamtpersönlichkeit stark unterstrichen.
Dadurch, daß Therapeut und Patient versuchen, die unerschöpflichen Tiefen einer in einem bestimmten Motiv gegebenen Bedeutung zu durchdringen, erhalten Bild/Gedanke/Symbol einen neuen bedeutsamen Stellenwert im Leben der Person. Wenn der Patient an die Möglichkeit glaubt, daß ihm geholfen werden kann, und wirklich versucht, sein Leben zu verbessern, wird er anfangen zu träumen. Der Therapeut hat zu ihm gesagt: »Wir haben bereits einen Hinweis auf die Lösung für das Dilemma des Zuviel-Gebens und Zu-Knauserig-Seins, sie ist aber

weder Ihnen noch mir bisher völlig klar. Vielleicht werden Sie davon träumen. Achten Sie vor allem auf Ihre Träume, da sie die richtige Richtung angeben können, der wir zu folgen haben.«
Der Patient wird wahrscheinlich etwas über die Problematik des Gebens und Nehmens träumen. »Ich gehe einen Hügel hinauf zu einer Parkbank, und da sitzt ein Bettler mit einer Blechtasse. Gerade als ich etwas Geld ziemlich automatisch in seine Tasse fallen lassen will, bemerke ich, daß bereits enorm viel Geld darin liegt.« Weitere Träume zum Thema des Gebens, Nehmens, der Großzügigkeit und Knauserigkeit werden sich naturgemäß aus dem Interesse und der Aufmerksamkeit ergeben, die sowohl Patient als auch Therapeut diesem Thema widmen. In vielen therapeutischen Sitzungen ausgeweitet, wird der Mythos des Gebens und Nehmens zunehmend an Intensität und Bedeutung gewinnen. Die Symbole Bettler und Reicher, Herr und Sklave, mächtig und unbedeutend werden den Patienten wahrscheinlich stark beschäftigen. Die ganze Welt und sein Leben in ihr werden durch die Linse dieser sich nun entfaltenden symbolischen Problematik gefiltert, bis sein Denken und Fühlen an dem mythischen, gläubigen Bewußtsein, das sich nun entwickelt, zu partizipieren beginnt. Wie er im Restaurant Trinkgelder *gibt*, welche Gefühle er hat, wenn er etwas bezahlt, wie er jemandem dankt und ihm seine Aufmerksamkeit *schenkt*, wie er Liedern über Sich-Verlieben und alles *Geben* zuhört — all das wird dazu beitragen, daß der zentrale Mythos, den er entwickelt, verstärkt und belebt wird. Sobald er diese Dinge in seinem Leben zur Kenntnis nimmt, wird er sich selektiv auf Themen einstellen, die mit Geben und Nehmen zu tun haben.
Für den Jungianer ist es typisch, daß er sich stark auf Träume stützt. Im Verlauf einer einzigen Sitzung kommt der Therapeut vielleicht immer wieder auf den Traum zurück, indem er dessen Bilder und Sprache benutzt und zeigt, daß der Traum bereits ausgedrückt hat, was nun wiederholt wird. Der Patient beklagt sich vielleicht darüber, daß er geringschätzig behandelt werde, und der Therapeut antwortet mit dem Traumbild des »armen Bettlers«.
»Nun, ja, ich habe etwas Gieriges an mir. Ich möchte, daß mich jeder schätzt und lobt.« »So sind Sie«, sagt der Therapeut, »egal wie reich Sie sind, immer der arme Bettler und doch immer der großzügige Geber.« Auf diese Weise erhält der Traum Gewicht und Bedeutung. Sowohl der Patient als auch der Therapeut überlassen sich einer Haltung der Erwartung, einer freischwebenden Aufmerksamkeit gegenüber dem Traum als dem geheimnisvollen »Sprecher«, der ihnen die für das Leben benötigten Antworten geben wird.

Träume sind verläßlicher und wahrer als rationale Äußerungen; ein Traum kann nicht lügen. Ferner sind Träume Äußerungen der unbewußten Sphäre, die eine größere und umfassendere Basis der Persönlichkeit als das rationale Ego darstellen. Gewöhnlich sind sie den bewußten Verhaltensweisen und Absichten des Patienten komplementär und gleichen sie aus, indem sie die »andere Seite« repräsentieren oder für sie sprechen. Wenn das Streben nach Ganzheit und Aktualisierung aller Seiten der Persönlichkeit als das grundlegende Ziel der Therapie verstanden wird, wird klar, daß der Traum den Mittelpunkt der Psychotherapie bilden muß und in einer besonderen Weise den Weg zur Heilung eröffnet. Tatsächlich sagt Jung zu seinem Patienten: »Sie und ich sind zwei vernünftige, ziemlich gut eingegliederte, gut angepaßte Menschen, die über genügend Kraft verfügen, verhältnismäßig gut in der Welt zurechtzukommen. Wir wollen unsere Aufmerksamkeit, Anteilnahme und Intelligenz völlig einem Verstehen der stark vernachlässigten und dennoch sehr wichtigen Äußerungen aus der Unterwelt Ihrer Gesamtpersönlichkeit widmen. Wir wollen auf Ihre Traumwelt hören und uns auf sie konzentrieren.«
Jungs Einstellung zur Traumwelt unterschied sich wesentlich von der Freuds, dessen Hauptmethode darin bestand, eine Person aufzufordern, zu jedem Element des Traums intellektuell zu assoziieren. Freud nahm an, daß der Traum aus Elementen der Bereiche, zu denen assoziiert wird, zusammengesetzt oder von ihnen verursacht sei; er glaubte, wenn die assoziierten Elemente richtig miteinander in Beziehung gesetzt würden, erhalte man die Bedeutungen des Traumes. Jung war dagegen der Meinung, daß das Assoziieren zu einem Traum oder zu einer Zeitungsgeschichte immer zum selben Ergebnis führe: man entdeckt die Komplexe des Patienten. Bei Anwendung der Assoziationsmethode wird man immer die Bedeutung des Traumes in ihrer Beziehung zu bestimmten vorherrschenden Komplexen der Person erhalten. Den Traum selbst wird man auf diese Weise niemals verstehen, weil *der Traum meint, was er sagt*.
Es kann sein, daß das Inbeziehungsetzen des Traumes zu Komplexen etwas über den Traum aussagt, so wie das Inbeziehungsetzen eines Vortrags zu den Komplexen der Person, die ihn hält, etwas über die Gründe des Vortrags aussagen kann. Aber weder der Vortrag noch der Traum können auf diese Weise richtig verstanden werden. Bei beiden handelt es sich um ein Sprechen in einer bestimmten Sprache. Diese Sprache ist nie unklar, obwohl sie schwer zu verstehen sein mag.

Die grundlegende Methode, einen Traum zu verstehen, besteht darin, *seine Bedeutung auszuweiten oder auszudehnen.* Zuerst ist eine genaue Beschreibung der Traumbilder zu geben, um den »Wortlaut« der Traumäußerungen zu verdeutlichen. Die Komplexe, die aufgedeckt werden, wenn der Patient zu assoziieren beginnt, stellen einen Teil der gegenwärtigen Situation des Patienten dar, die berücksichtigt werden muß. Zunächst jedoch wird der Traum *genauso genommen, wie er ist.* Der Patient wird gebeten, die Bedeutungen der Elemente auszuweiten, dann die Bilder genauer zu beschreiben — ihre Farben, Formen und die Situationen, die sie darstellen — und schließlich seine eigene Position, seine Gefühle und Einstellung dazu zu schildern.

Der Traum ist ein kleiner Mythos oder eine kleine Geschichte und muß als solche verstanden werden. Der Patient wird aufgefordert, die Geschichte immer wieder zu erzählen, sie wieder zu beleben, den Traum ernst zu nehmen, über ihn nachzubrüten, nachzudenken und ihn sich immer wieder neu vorzustellen. Patient und Therapeut unternehmen es gemeinsam, die konkrete Bedeutung jedes einzelnen Traumelementes und ihre Zusammenhänge zu entfalten. Sie wiederholen den Traum ständig, übersetzen ihn in eine andere Sprache und untersuchen ihn wieder und wieder, bis sich seine Intention klar enthüllt. Beide üben sich darin, den Traum richtig zu deuten, so daß die verschiedenen Traumelemente schließlich zu einer einzigen Aussage verwoben werden können, welche der Traum mit durchsichtiger Klarheit verkündet. Die ideale Deutung eines Traumes ergibt in ähnlicher Weise einen Sinn wie das richtige Verständnis eines schwierigen philosophischen Textes. Alle Mutmaßungen und früheren Annäherungen an die Bedeutung verblassen schließlich, wenn der Deuter zum wirklichen Verständnis des Traumes gelangt. Er dringt zu dem vor, was in der Traumäußerung selbst enthalten und in sich selbst evident ist, also keine theoretische Erklärung und Rechtfertigung erfordert.

Eine Patientin träumt zum Beispiel davon, sie sei in einem biologischen Laboratorium, wo sie an einem Regenerationsexperiment an einer großen Hydra teilnimmt. Ihre Aufgabe ist es, die Hydra in zwei Teile zu schneiden. Obwohl sie nicht weiß, wie sie das machen soll, beugt sie sich mit einem Messer über die Hydra und stellt fest, daß es tatsächlich eine geeignete Schnittstelle gibt, als ob diese auf dem Körper der Hydra markiert wäre, so daß sie in der Lage ist, ihre Aufgabe auszuführen. Eine typisch Jungsche Interpretation weitet den Traum sorgfältig aus und gibt ungefähr die folgende Deutung:

»Für mich ist es wichtig, mich der Biologie (dem Körperverständnis) in lebendig empfundener Weise zuzuwenden, da mein Körper von besonderer Bedeutung für mich ist. Dieses undifferenzierte, asexuelle Wesen (das ich gewesen bin), muß differenzierter werden, damit die Regeneration (therapeutische Transformation) erfolgreich ist. Während ich mir über meine Regenerationsfähigkeit Sorgen mache, weist der Traum darauf hin, daß es bereits eine Markierung am Körper gibt, die die Transformation leichter macht, als ich erwartet hätte. Ich kann mich daher grundsätzlich auf meine Weiblichkeit verlassen, obwohl es dabei zwei Seiten gibt und einige Arbeit erforderlich ist. Die Arbeit besteht im Durchschneiden oder Trennen, aber entlang einer bereits vorgegebenen Linie. Die Tatsache, daß es sich um eine Hydra handelt — eine sehr primitive, relativ undifferenzierte Kreatur —, weist darauf hin, daß ich gerade erst mit dieser Aufgabe begonnen habe.«

Therapeut und Patient deuten den Traum zusammen von allen Seiten, indem sie sich beide ihres Bilder-, Symbol- und Lebensverständnisses bedienen, um seine mythische, symbolische Struktur freizulegen. Die Beziehung des Traums zum konkreten Leben und zur Alltagssituation des Patienten wird geklärt; was noch wichtiger ist, seine Beziehung zur Ausrichtung der Gesamtpersönlichkeit des Patienten wird ausführlich dargelegt. So bestätigt der angeführte Traum ganz allgemein, daß die körperliche Existenz der Patientin Aufmerksamkeit und Bearbeitung verdient. Gleichzeitig erhält der Traum für die Patientin ganz konkret die Bedeutung, daß sie sich mehr mit Sexualität beschäftigen und Verabredungen treffen sollte und daß das Regenerationsexperiment (die Therapie) richtig funktioniert, selbst wenn sie nicht weiß wie. Das bedeutet für sie eine Befreiung von der Angst und Sorge hinsichtlich ihrer eigenen Entwicklung.

Als sie die Bedeutung der Hydra weiterentwickelt, empfindet sie die Tatsache, daß die Hydra zwei Arme hat, als Hinweis auf deren gieriges, hungriges, habgieriges Wesen. Sie phantasiert, daß die Hydra ständig die Arme ausstreckt und sich Dinge in den Mund stopft und daß die Operation, die sie ausführt, sich auf den Mundbereich der Hydra bezog. Bei weiterem Nachdenken wird deutlich, daß die Traumoperation zeitweilig den Mund zerstören, die Greifwerkzeuge aber intakt lassen würde. Eine gewisse Aggressivität, kein passives Verhätscheln ihrer eigenen Bedürfnisse nach Beistand, scheint der geeignete Weg für ihre Ich-Entwicklung zu sein. Sie und ihr Therapeut arbeiten gemeinsam diesen Weg aus, indem sie den Traum und seine »Deutung« als Grundlage benutzen.

An einem bestimmten Punkt haben sowohl der Therapeut als auch die Patientin das Gefühl, die Traumarbeit sei nun abgeschlossen. Später läßt sich der Traum vielleicht in eine ganze Traumserie einfügen, wobei einige seiner Teile, die schwer verständlich waren, deutlicher werden. Es liegt eine echte moralische ernste Absicht in der Verfolgung des Traumes; wenn er verstanden wurde, dient er in vielfältiger, konkreter Weise dazu, die Person in ihrem Leben zu leiten. Der Traum kann ihr nahelegen, ein bestimmtes Gebiet genau zu studieren oder ein künstlerisches Interesse aufzugreifen, aber noch radikaler bedeutet er, daß sich Einstellungen verändern müssen.

Im Rahmen der Jungschen Theorie bewirkt ein Traum, der eine Einstellungsänderung nahelegt, bereits einen Teil dieser Veränderung. Wenn die Traumausweitung empfiehlt: »Mach' dir keine Sorgen, alles geht gut«, entspannt sich der Patient tatsächlich und neigt weniger dazu, sich Sorgen zu machen. Wenn der Traum darauf hinweist, daß sexuelle Probleme überbetont werden und daß die geistigen Fähigkeiten stärker berücksichtigt werden sollten, beginnt der Patient, eine Ausweitung in den Bereichen Kompetenz und Fähigkeit vorzunehmen. Auf diese Weise verändern sich der Aufmerksamkeitsbereich, das Verständnis, der Interessenmittelpunkt und die Gefühle des Patienten entsprechend den sich entwickelnden Geschichten oder mythischen symbolischen Strukturen, die in der Therapie ausgearbeitet werden.

Amplifikation versus Erklärung

Die Auffassung des Traums als Ausdruck einer Geschichte, die der Ausarbeitung und Ausweitung bedarf, um klar verstanden zu werden, unterscheidet sich stark von der Auffassung des Traums als Ausdruck tiefer liegender Ursachen oder verborgener Impulse. Die Geschichte mit ihren Konsequenzen für das Leben erfordert eine lebhafte Beteiligung von Patient und Therapeut, wobei beide bestrebt sind, ihre Bedeutungen zu entdecken und zu erweitern. Der Traum soll nicht auf seine eigentlichen Ursachen oder Impulse reduziert, sondern bereichert und ausgeweitet werden, um zum Leben des Patienten zu sprechen. Der Therapeut ist daher nicht Experte, und der Patient wird nicht auf zu interpretierende Daten reduziert. Der Patient ist vielmehr selbst eine reiche Symbol- und Bedeutungsquelle. Im Prinzip ist jede Bedeutung, die er einem Traum oder einem anderen Ereignis gibt, eine gültige Bedeutung, selbst wenn sie momentan einseitig oder unangemessen sein mag und noch beträchtlicher Ausarbeitung bedarf, um voll zum Ausdruck zu kommen und in die Persönlichkeit integriert zu werden.

Darin unterscheidet sich die Jungsche Psychotherapie deutlich von der orthodoxen Psychoanalyse, welche die vom Patienten gelieferten Be-

deutungen als ungültig betrachtet und den von der psychoanalytischen Theorie gegebenen Bedeutungen überhöhten Wert beimißt. In der orthodoxen Freudschen Analyse ist der Patient zu verstehendes Datenmaterial; Bedeutungen, die sich aus seinem normalen Leben, aus seinen unrealistischen Selbstbewertungen oder seinen Träumen ergeben, werden grundsätzlich für falsch gehalten. Die wirklichen Bedeutungen entsprechen den »eigentlichen Ursachen« (Impulsen), die nur mit Hilfe der reinen psychoanalytischen Theorie und Einsicht gefunden werden. Der Analytiker besitzt die Wahrheit — der Patient nur insofern, als er »zweiter« Analytiker wird.
Erklärungen, die Reduzierung auf tiefer liegende Ursachen, empfindet der Patient als »Ergänzung« zu seinem Leben. Neben dem gewöhnlichen thematisierenden Bewußtsein seiner selbst erarbeitet er zusammen mit dem Analytiker ein Interpretationsschema, das sich in einem kritischen, einschätzenden, bewertenden Bewußtsein äußert. Dadurch lernt der Patient neben seiner »falschen« Einschätzung seiner selbst als großzügig, seine eigentlichen Beherrschungsmotive, seine Aggression und seine Reaktionsbildungen gegen seine Selbstsucht erkennen. Dieses erklärende Bewußtsein wird bei dem erfolgreich analysierten Patienten zur vorherrschenden Bewußtseinsform, während er zugleich sein Alltagsverständnis von sich selbst bewahrt. Folglich existieren Erklärung und Reduzierung auf Ursachen als eine Art Kommentar zu seinem Leben neben und zusätzlich zu seinem Alltagsverständnis. Die orthodoxe Analyse bringt daher eine Dualität des Bewußtseins mit sich; die eine Seite »lebt meine Lebensgeschichte«; die andere Seite reduziert kritisch, bewertend, erklärend auf Ursachen. Das analytische Bewußtsein macht ständig die Gültigkeit und den Wert des Bewußtseins des Alltagslebens zunichte.
Die Jungsche Ausweitung, Ausarbeitung und Intensivierung von Bedeutungen wird ganz anders erfahren. Die auftauchenden Bedeutungen werden den Äußerungen, der Sinngebung und der Symbolisierung des Patienten entnommen. Tatsächlich hilft der Therapeut dem Patienten zu erkennen, daß seine Sinngebung, sein symbolischer Selbstausdruck tiefer gehen, als er glaubt. Jeder symbolische Ausdruck des Patienten muß, im Prinzip, als wertvolle Äußerung behandelt werden; so wird der Patient, besonders in seinen Träumen, Phantasien, Bildern und Mythen, mit äußerstem Ernst behandelt, da er wertvolle Lebenswahrheiten äußert. Statt sein Unbewußtes und seine symbolischen Produkte in Form von »Reduktion durch Erklärung« zu verunglimpfen, wird das mythenerzählende Unbewußte als grundsätzlich weise, veredelnde, ausgleichende Kraft zum Guten in der Person behandelt.

Somit wird die grundlegende Angst, entblößt zu werden, nackt, beschämt und wertlos zu sein, durch die Anerkennung des Wertes und der Wahrheit des Patienten als Mythenschöpfer völlig transformiert.

Der Traum vom beschmutzten Mantel. Der Unterschied zwischen Ausweitung und Erklärung kann vielleicht mit Hilfe eines Beispiels zum Ausdruck gebracht werden, in dem eine junge Frau ihrem Jungianischen Therapeuten berichtet: »Ich kann heute kaum von irgendwelchen Träumen erzählen, lediglich das Bruchstück eines Traumes, der mir nicht wichtig erschien.«

Der Therapeut antwortet: »Mag sein, wir werden sehen. Sie haben mir kürzlich eine Menge über Ihre Beziehung zu Ihrem Vater und zu Ihrem neuen Freund erzählt. Daß Sie sich vor ihnen in gewisser Weise fürchten, ist eindeutig. Das letzte Mal habe ich die Vermutung geäußert, daß Sie davon träumen würden. Vielleicht trifft das zu.«

Die Patientin beschreibt einen kurzen Traum, in dem sie Schwierigkeiten hatte, einen Mantel, den sie gerne mochte, anzuziehen. Schließlich hatte sie sich hineingequält und dann entdeckt, daß er am unteren Teil beschmutzt war. Da sie mit der Jungschen Therapie noch nicht vertraut ist, erwartet sie, daß der Therapeut Geheimnisse deuten wird, zu denen sie keinen Zugang hat. Da der ganze Bereich ihrer Beziehung zu ihrem Vater und ihrem neuen Freund emotional besetzt ist, fürchtet sie sich vor dem, was der Therapeut herausfinden wird. Sie zögert, ihren Traum zu erzählen, weil sie Angst davor hat, ohne ihr Wissen und ohne ihre Einwilligung entlarvt und durchschaut zu werden.

Wenn sich der Therapeut der Geheimnisse des Freudschen Symbolverständnisses bedienen würde, demzufolge die Falten am unteren Teil des Mantels die Vagina darstellen und die Furcht, eine schmutzige Frau zu werden, die Patientin davon abhält, erwachsen zu werden und die unteren Partien ihres Körpers zu akzeptieren, denn würde genau dies ihre Angst bestätigen. Es würde ihr das Fachwissen des Therapeuten und ihre eigene Unwissenheit vor Augen führen. In mancher Hinsicht würde sie die Wahrheit der therapeutischen Interpretation anerkennen, es wäre aber eine Wahrheit, die abseits ihres Alltagsverständnisses ihrer selbst liegt. Wenn der Therapeut sie auffordert, nach Freudscher Manier zu allen Traumelementen zu assoziieren, und dann sowohl aus den Blockierungen als auch aus den Assoziationen eine Interpretation konstruiert, so kann die Wahrheit, die sich auf diese Weise ergibt, immer noch außerhalb ihres eigentlichen Lebens liegen.

Dagegen sagt der Jungianer etwa: »Wir wollen die Bedeutungen gemeinsam erforschen, ausarbeiten und ausweiten. Die Bedeutung ist weder verborgen noch unklar; wir müssen uns einfach bemühen, sie aus dem Traum selbst herauszulesen.« Dann könnte er zu der Patientin sagen: »Ein Mantel ist etwas, das Sie tragen, eine Art, sich anderen zu zeigen, eine Art, sich als Frau auszudrücken. Er kann auch Schutz vor den rauhen Elementen bedeuten, ich weiß aber immer noch nicht, was er für Sie in Ihrem Traum bedeutet. Sagen Sie mir, welche Bedeutung der Mantel für Sie hat.«

Die Patientin erklärt, daß sie den Mantel kürzlich gekauft hat, obwohl ihre Eltern dagegen waren, weil er zu teuer und ausgefallen war. Da er vor kurzem erfahren hat, daß sie Verabredungen mit Männern hat, fragt der Therapeut: »Beide Eltern?«

»Nein, eigentlich nicht, nur mein Vater«, antwortet das Mädchen. »Er ist immer dagegen, wenn ich etwas kaufe, selbst wenn es mit selbstverdientem Geld geschieht.«

Weiter erzählt sie, daß ihr der Mantel besonders deshalb gefiel, weil er unten weiter wird und Falten hat. Er läßt ihrem Körper genügend Freiheit, ohne Behinderung zu gehen oder zu laufen. Wenn sie herumwirbelt, bauscht er sich wie ein weiter Rock. Als sie ihn weiter beschreibt, entwickelt sich bei ihr ein Gefühl des Interesses für ihren Mantel und seine Bedeutungen — kein Gefühl, das aus einem kritischen, sorgfältigen, erklärenden Bewußtsein entspringt, sondern vielmehr ein Gefühl der Bereicherung ihres Alltagslebens in all seinen Bedeutungen.

Der Mantel erfährt eine Bedeutungsausweitung: als schmückender, weiblicher Selbstausdruck; als sie selbst im Unterschied zu ihrem Vater; als sich entwickelndes Gefühl der Freiheit und des Glücklichseins über ihren Körper und seinen Selbstausdruck; als etwas, für dessen Entwicklung sie gerade kämpft und an das sie sich gewöhnen will. Alle diese Bedeutungen erwachsen einfach und spontan aus ihrem eigenen Lebensverständnis von sich selbst als einer Person, die wächst, reift und sich entwickelt. Die Patientin beteiligt sich zunehmend an der Entfaltung der Traumbedeutungen, die alle als gültige Ausweitungen der tatsächlichen Bedeutung der Traumgeschichte verstanden werden. Der Traum ist wichtig, weil er durch erlebte symbolische Bedeutung mit dem Leben verwurzelt und selbst Mythen- und Symbolschöpfer ist.

Freuds »freischwebende, unbefangene Aufmerksamkeit« kann nicht unbefangen sein, weil die Kategorien des Freudschen Unbewußten vorgegeben und dem Therapeuten bekannt sind. Der Jungianer und sein Patient dagegen nehmen beide eine Erwartungshaltung bezüglich der inneren Tiefe des Traumes ein. Keiner von beiden ist im Besitz der Wahrheit, aber beide warten darauf, mit Hilfe des Traumorakels, der

Phantasie, der Ahnungen der Intuition, des Bildes oder der Veränderungen der Gefühlslage des Patienten in ihren Besitz zu gelangen. Der Patient lernt dieses vertrauensvolle Warten von seinem Therapeuten, indem er auf eine Reihe typischer Anweisungen reagiert, wie zum Beispiel: »Träumen Sie davon«, »Warten Sie ab, wohin das führt«, »Füllen Sie das stärker aus«, »Weiten Sie das mehr aus«. Sowohl Therapeut als auch Patient praktizieren eine freischwebende Aufmerksamkeit in der Erwartung, daß dabei etwas ans Licht kommt, was sie noch nicht wissen.

Das Vorgehen des Therapeuten allgemein

Der Jungianische Therapeut erwartet, daß etwas bisher Unbekanntes aus der Innenwelt des Patienten ans Licht kommt; er verfügt dabei über eine Theorie und über Richtlinien, die es ihm ermöglichen, die wahrscheinliche Entwicklung vorherzusehen. Der Jungianer wartet darauf, daß ein Vereinigungssymbol auftaucht. Jedesmal, wenn der Patient eine Seite seines Lebens besonders hervorhebt, weiß der Jungianer, daß es eine kompensatorische Seite gibt und daß die beiden auf einer dritten Ebene, der symbolischen, zu einer möglichen Einheit gelangen werden. Das Symbol ist ein Akt, eine Phantasie, ein Bild oder eine Vorstellung, das unterschiedliche Elemente zusammenbringt, vereinigt und transformiert. Diese Symbole können nicht willkürlich sein, sonst würden sie eine neue Spaltung in der Persönlichkeit hervorrufen. So wenden sich die Jungianer gegen Routine, nicht-individuelle Freudsche, Adlersche oder andere theoriebeladene Interpretationsformen, weil es sich bei diesen ihrer Auffassung nach um willkürliche, theoretisch konstruierte Symbole handelt, die nicht auf den jeweiligen Patienten und seine besondere Lebensentfaltung zugeschnitten sind. Da angenommen wird, daß die Symbole aus den inneren Tiefen der Persönlichkeit auftauchen, sind Träume und deren Interpretation für diese Vorgehensweise bestens geeignet.
Jung beschränkt sich jedoch nicht auf einen methodischen Ansatz. In manchen Fällen hält er einen guten, vernünftigen Ratschlag, der dazu beiträgt, eine gesunde Anpassung an die Realität zu erreichen, für geeignet; manchmal sind Beichte und Katharsis erforderlich; manchmal auch die zersetzende Reduktion und Interpretation nach dem Freudschen oder Adlerschen Modell, um eine übermäßige Selbstaufblähung und Selbstidealisierung zu verhindern. Der Therapeut benötigt all seinen Verstand und seine Einsicht in die Realität, um die sich entwickelnde Persönlichkeit seines Patienten weise zu beraten. Sein Wissen

um Symbole, Mythen und Geschichten der Menschheit und seine Fähigkeit, den Patienten bei ihrer transformativen Entfaltung anzuleiten und zu beraten, sind es, die den spezifischen Jungschen Aspekt seiner Intervention und Hilfe ausmachen.
Der Jungianer ist Spezialist für universelle Transformationssymbole und noch mehr für Transformationssymbole, die im Leben bestimmter Individuen angewandt und entwickelt werden. Wie bereits ausgeführt, stellt die Ausweitung und Intensivierung von Bedeutungen und Symbolen die wichtigste therapeutische Fähigkeit des Jungianers dar; sie ist, zusammen mit der Sicherheit, die ein weiser und kenntnisreicher Führer beim Ausfindigmachen der sichersten Marschroute verleiht, die wichtigste Unterstützung bei der Entfaltung der Persönlichkeit.

Die Methode der aktiven Imagination

Jung verwandte die Methode der aktiven Imagination für die Ausweitung von Bedeutungen und zur Förderung vereinigender Symbole. Bei dieser Methode wird der Patient aufgefordert, sich seiner Phantasie in der therapeutischen Situation zu bedienen, einen Traum zu vervollständigen oder sich mit einer gefürchteten Situation auseinanderzusetzen. Gewöhnlich wird der Patient die Augen schließen, da das der Imagination förderlich ist. Es wird ein intensiver Einsatz beim Phantasieren gefordert, um zu vermeiden, daß die Phantasien, was gewöhnlich so leicht der Fall ist, allzu rasch entschlüpfen. Das normale Phantasieren hilft dem Patienten nicht bei der Bewältigung von Schwierigkeiten und Problemen. Sobald ein Bild schwierig wird oder Angst erzeugt, wird es beiseite geschoben, wie wichtig es auch sein mag.
Bei der Methode der aktiven Imagination wird alles getan, um die Entwicklung eines so intensiven Interesses an der sich entfaltenden Phantasie zu fördern, als ob es um Leben und Tod ginge. Zuerst wählt der Therapeut für die Phantasie einen Traum oder ein Bild aus, das sich für den Patienten bereits als sehr wichtig erwiesen hat. Vielleicht ist es einem erschreckenden oder als wichtig empfundenen Traum entnommen, vielleicht einer sich ständig wiederholenden Phantasie, vielleicht einem kürzlich entwickelten Gedanken, der sich mit Themen beschäftigt, die sich als für den Patienten besonders wichtig erwiesen haben. Gemäß seiner Überzeugung, daß die symbolische Entfaltung des Lebens von zentraler Bedeutung ist, nimmt der Therapeut die Hinwendung zur Phantasie sehr ernst. »Vielleicht können wir uns wirklich der Lösung dieser Furcht, die Sie empfinden, nähern oder zu einem wirklichen Verständnis gelangen. Es mag Ihnen schwer fallen, durch-

zuhalten, aber ich werde da sein, um Ihnen zu helfen.« Dem Patienten wird also gesagt, daß das Imaginieren wichtig ist, bedeutsame Besserungsmöglichkeiten enthält und erschreckend oder schwierig sein kann. Auf diese Weise wird er ermuntert, sich der Phantasie mit echter Verantwortung und absichtsvollem, moralischem Ernst hinzugeben, der sich von bloßer Intellektualität oder ästhetischem Imaginieren deutlich unterscheidet.

Diese Methode impliziert, daß das Töten eines Drachens in der Phantasie — im Ernst ausgeführt — dem Töten im tatsächlichen Leben grundsätzlich gleichzustellen ist. Die reale, signifikante, wesentliche und transformative Macht des Symbolischen wird so durch die Methode der aktiven Imagination bestätigt. Die Jungianer gehen davon aus, daß der Traum, indem er als Orakel und Ausdruck einer signifikanten Wahrheit behandelt wird, Transformationen im Verhalten, in den Einstellungen und zentralen Interessen bewirkt. »Wachträume« wirken durch die Methode der aktiven Imagination in der gleichen Weise transformativ.

Zum Beispiel wird in der Phantasie eines Patienten seine in der frühen Kindheit entwickelte Abscheu vor allem Körperlichen wiederbelebt. Er träumt, daß er sich einer jungen Frau nähert, die er gern hat, und als er sie gerade umarmen will, verwandelt sie sich in einen Drachen; an dieser Stelle wacht er auf. Nach der Methode der aktiven Imagination wird der Patient aufgefordert, die Augen zu schließen und den Traum zu vervollständigen. Unter dem Druck der Angst möchte er das vielleicht schnell hinter sich bringen, aber der Therapeut bremst ihn. Alle Momente des Traums, alle Bilder, Gefühle und Gedanken, die zur Umarmung führen, werden eingehend behandelt und entwickelt. Der Patient erlebt den neuen Wachtraum sogar intensiver als den Nachttraum. Wenn er sich in einem nächsten Schritt unter der Anleitung des Therapeuten in den Trancezustand der aktiven Imagination begibt, wird er sich ängstlich fragen, was nun passieren wird und wie er mit der furchteinflößenden Drachenseite der Frau fertig wird. Sobald er sich nun in der Phantasie der attraktiven jungen Frau nähert, um sie zu umarmen, empfindet er tatsächlich Angst.

Der Therapeut ermutigt ihn: »Fahren Sie fort, wir werden einen Weg finden. In Ihrem bisherigen Leben haben Sie an dieser Stelle immer aufgehört. Nun sind Sie bereit, es anders zu machen.« Der Patient zögert, nimmt seinen ganzen Mut zusammen und greift in der Phantasie nach der Drachenfrau. Der Drachen öffnet sein Maul, um ihn zu beißen, aber statt wegzurennen, befiehlt er ihm dieses Mal, das Maul zu schließen, indem er seinen Willen zu erkennen gibt, ihn, wenn nötig, dazu zu zwingen. Der Drachen verwandelt sich in eine keifende, schimpfende alte Hexe. Der Patient wird augenblicklich von dem Drang überwältigt, sich zu entschuldigen und zurückzuziehen, fühlt aber nun, in Gegenwart des Therapeuten, eine plötzliche Macht und Kraft in sich. Die Drachenhexe verwandelt sich wieder in die junge Dame, die er an sich drückt und mit der er Hand in Hand fortgeht. Nachdem der Wachtraum zu Ende ist, diskutieren er und der Therapeut den Traum; sie erkennen, daß eine Veränderung im Gange ist. Die Furcht, die der Patient vor Frauen, vor Sexualität und vor der Kritik durch andere hatte, ist, wie sie feststellen, teilweise überwunden. Beide, Patient und Therapeut, sehen den weiteren Entwicklungen und Vertiefungen dieses guten Anfangs optimistisch entgegen. Der Therapeut bemerkt vielleicht, daß es nicht immer so leicht sein wird wie am Anfang und daß noch sehr viel mehr Arbeit erforderlich ist. Mit Hilfe der symbolischen Imagination aber erreicht der Patient schließlich die Freiheit.

Der Einsatz schöpferischer Fähigkeiten

Seinem allgemeinen Mißtrauen gegenüber dem rein Rationalen entsprechend und aufgrund seiner Wertschätzung der irrationalen Vereinigungsprinzipien ermutigt der Jungianische Therapeut die kreativen Bemühungen seitens seiner Patienten. Gespräch, Phantasie, Assoziation, Verständnis und Einsicht allein reichen für eine Veränderung des Lebens nicht aus. Die natürliche Atmosphäre der symbolischen Transformation ist die kreative Imagination, die durch schöpferischen, konkreten, symbolischen Ausdruck mit dem realen Leben verknüpft ist. In dem Maße wie die Jungsche Therapie das Leben des Patienten verändert, erhalten seine Träume, Phantasien und Vorstellungen unter der stetigen Ermutigung durch die lebendige Perspektive des Therapeuten einen mythischen, universellen Charakter. All dies macht sich der Patient zu eigen, indem er sich ausdrücklich mit einer bestimmten Kunstform beschäftigt. Indem er über ein Gemälde nachgrübelt, ein Traumbild malt, eine Geschichte über ein Traumbild schreibt oder Musik komponiert, bringt der Patient seinen wachsenden Glauben an die fundamentale Bedeutung des irrationalen Vereinigungsprinzips radikal zum Ausdruck und lebt gemäß diesem Glauben. Er erwartet, daß sein künstlerisches Tun die Ganzheit bewirke, was auch tatsächlich geschieht.

In der Art, wie der Freudsche Psychoanalytiker die Neurose auflöst, wird die rationale Seite der Persönlichkeit zum Vermittler zwischen

den verschiedenen Interessen der Gesamtpersönlichkeit. Die sinnlichen, geistigen und sozialen Bedürfnisse wie auch der Wunsch, irgendeine Tätigkeit auszuüben, werden im Interesse einer vernünftigen Anpassung an das Leben durch das Ich zum Ausgleich gebracht. Infolgedessen unterdrückt die Person weder ihre Aggression und ihre Sexualität in einem solchen Ausmaß, daß neurotische Symptome ausbrechen, noch lebt sie sie so sehr aus, daß sie unter einem zu großen Schuld- oder sozialen Schamgefühl leidet. Mit Hilfe der Rationalität mildert sie die Ansprüche ihres Gewissens, ihres Körpers und der Gesellschaft ab.
Jungs Vorstellung von Synthese und Ganzheit ähnelt der Einheit, die in einem Kunstwerk hergestellt wird. Es ist typisch für ein Kunstprodukt, daß es Form- und Gefühlselemente und auch bestimmte sensuelle Elemente enthält. In einem Kunstwerk gelangt eine Erkenntnis zur Darstellung, und es erfordert die Entwicklung bestimmter Fähigkeiten und ihre vernünftige Anwendung, um diese Erkenntnis auszudrücken oder wirksam werden zu lassen. Alle diese Aspekte vereinigen sich nicht nach rationalen Prinzipien, sondern entsprechend einer bestimmten Einheit des Ausdrucks. Künstlerische Produktion, aktive Imagination und Träume sind Formen, in denen die Person die irrationalen Einigungsprinzipien zum Ausdruck bringt; sie werden zum zentralen Mittelpunkt der Jungschen Therapie.

Die Entwicklung des archetypischen Ichs

Die Fähigkeit zur spontanen Entfaltung des Lebens der Person und die Vereinigung der Gegensätze mit Hilfe von Symbolen werden in der Jungschen Therapie als individuelle wie auch als universelle Anlage betrachtet. Der Therapeut verweist implizit und explizit bei jedem Schritt im Verlauf der Therapie auf die kollektiven, universellen Tendenzen, die sich im Leben der Person manifestieren. Ihre individuellen Konflikte sind zugleich typische menschliche Konflikte, deren Lösung als zu ihr gehörig wie auch als über sie hinausgehend betrachtet wird. In gleicher Weise wird auch die Vereinigung der Gegensätze durch das Auftreten der unbewußten symbolerschaffenden Macht als allgemeinmenschlicher Prozeß verstanden.
Patient und Therapeut nehmen eine bemerkenswerte Haltung religiöser Ehrerbietung und Achtung vor dem sich entfaltenden Unbewußten ein. Die spontane Symboltätigkeit der Persönlichkeit wird als schicksalhaft, als auf die Einheit der Person zielend, verstanden. Die Person muß sich auf die Weisheit der tiefen, ihrem Leben zugrundeliegenden Einheit, die sie selbst darstellt, einstellen und ihr folgen. Alle Methoden

und Techniken des Jungschen Therapeuten befinden sich im Einklang mit dem Ziel, durch Symbole die Ganzheit zu erreichen. Die freischwebende Aufmerksamkeit, die den symbolischen Manifestationen der Persönlichkeit entgegengebracht wird, und die starke Erwartungshaltung, in der dies geschieht, befruchtet und bereichert die symbolerschaffenden Kräfte der Person.

Je nach der Bereitschaft der Person, ihrem Lebensstadium und ihrer Anpassungsstärke richtet der Jungianische Therapeut seine Bemühungen so weit wie möglich auf die Entwicklung des Ichs. Das Ich verkörpert die archetypische Tendenz der Persönlichkeit zur Ganzheit; es ist immer in dem dritten Bereich wirksam, der die scheinbar unversöhnlichen Seiten der Persönlichkeit verbindet, vereinigt und zum Ausgleich bringt. Das Ich ist die Einheit, auf die sich alle mystischen Traditionen beziehen, sofern sie die Abschaffung des verengten Ego als Lebenszentrum fordern: »Nicht ich lebe, sondern Christus in mir.« In den östlichen Traditionen bedeutet Erleuchtung auch, daß die unbedeutenden Probleme des Ego nicht mehr im Zentrum stehen: »Mein Erfolg und mein Mißerfolg berühren mich nicht mehr.«

So tritt das Ich mit seinem Streben nach Macht, Erfolg und Manipulation hinter ein stärker auf die Innenerfahrung gerichtetes Ich zurück. Diese innere Erfahrung der Einheit der Persönlichkeit wird vom Jungschen Therapeuten als der »Gott in uns« bezeichnet; es handelt sich dabei um etwas Transzendentes, das zum Patienten gehört und doch größer ist als er und das im kollektiv Menschlichen begründet liegt. Es ist nicht überraschend, daß mit dieser Hinwendung zu einer Haltung philosophisch-geistiger Innenerfahrung die Jungsche Therapie besonders für ältere Personen geeignet ist, die Sinngehalte außerhalb des Schoßes traditioneller religiöser Gemeinschaften suchen. In den ersten vierzig Jahren ihres Lebens sind die meisten Menschen der westlichen Zivilisation zu sehr damit beschäftigt, in dieser Welt voranzukommen, um nach dem weiteren Ich mit der damit verbundenen Relativierung der Werte Arbeit, Macht und Erfolg zu streben.

Bei jüngeren Menschen sind die Erwartungen des Jungianischen Therapeuten etwas eingeschränkter, obwohl sein Ziel dasselbe ist. Ziel bleibt ein wirklicher Pantheismus der sich entfaltenden Seele, der, als Gott oder Christus in uns, richtungweisenden Einfluß auf unser Leben haben und den Machenschaften unserer kleinen Ego vorgezogen werden sollte. Der in uns wohnende Geist der Wahrheit ist das Selbst, jene Entfaltung zur Ganzheit, die unser Zentrum sein sollte; und dieses Selbst wird in den Tiefen des kollektiven Unbewußten gelebt, wie eine Art Samen, der Aufmerksamkeit und Pflege benötigt. Der Patient wird damit ermutigt, sich im Sinne dieses universell transzendierenden Ich sich selbst zuzuwenden und es zum Zentrum seines Lebens zu machen. Schießlich und grundsätzlich sind die Bestrebungen der Jungianer religiöser Natur; die bedeutsamste Heilkraft ist die Bekehrung durch die Annahme Gottes. Der angenommene Gott ist, wenngleich manche Patienten von ihm vielleicht in traditionell theologischer Sprache sprechen, grundsätzlich ein in uns wohnender Gott, eine Art Naturgeist in der universellen Seele des Menschen. Gehorsam gegenüber diesem Naturgeist, der sich in Ganzheitssymbolen, Frieden und religiöser Versöhung äußert, ist das wichtigste Ziel menschlichen Lebens, etwa in diesem Sinne: »Ich habe nun jenseits des bloß rationalen Verständnisses Frieden gefunden, ein Gefühl der Harmonie mit mir selbst, anderen Menschen und dem Universum. Er (der Naturgeist) arbeitet geheimnisvoll in mir, ich kann auf seine Entfaltung zählen, ihm vertrauen und seinen Anweisungen folgen.«

7

Fortsetzung des Falles Mary

Da es der Beschreibung der Jungschen Psychotherapie bisher noch mehr an konkreten Einzelheiten mangelt, als es bei der allgemeinen Beschreibung der Freudschen Psychoanalyse der Fall war, ist es dringend notwendig, den Jungschen Ansatz durch die Beschreibung eines Therapiefalles zu veranschaulichen. Wie bereits festgestellt wurde, erfolgt der Jungsche Dialog immer zwischen einem bestimmten Therapeuten und einem bestimmten Patienten. In Weiterführung unserer phänomenologischen Analyse der Psychotherapie, ist es erforderlich, wieder einen Blick auf den Fall Mary zu werfen, dieses Mal unter dem Gesichtspunkt, wie er sich im Kontext der Jungschen Psychotherapie entwickelt.

Erneute Einführung

Mary ist jetzt 38 Jahre alt, Doktor der Medizin und auf Psychiatrie spezialisiert. Sie hält in mehreren Krankenhäusern Sprechstunden ab, verbringt einen Tag in der Woche an der lokalen Universität mit der Behandlung von Studenten und betreibt auch eine kleine Privatpraxis, in der sie sowohl den Gebrauch von Tranquilizern bei einigen seit längerer Zeit psychisch kranken Patienten überwacht als auch intensive Psychotherapie einer modifizierten analytischen Richtung praktiziert. Obwohl sie ihre eigene Analyse als erfolgreich betrachtet, ist sie dennoch mit ihrem Leben und vielen Aspekten ihrer psychiatrischen Arbeit unzufrieden. Sie weiß, daß ein Teil ihrer Unzufriedenheit daher rührt, daß sie allein lebt. Obwohl sie gerne verheiratet wäre, ist sie es nicht, und ihre Aussichten, einen geeigneten Ehemann zu finden, sind schlecht. Sie ist jedoch der Meinung, daß ihre Unzufriedenheit tiefere Wurzeln hat. In gewisser Weise geht es um Sinn und Bedeutung ihres Lebens.

»Mein Leben ist größtenteils zufriedenstellend«, sagt sie. »Ich habe selten eine wirklich schlechte Stimmung und bin nicht oft deprimiert oder wirklich unglücklich. Die wenigen noch vorhandenen neurotischen Überbleibsel habe ich gut unter Kontrolle, sie sind kaum der Rede wert. Ich empfinde mich trotzdem als zu rational, als zu stark kontrolliert. Teilweise ist das das Risiko einer beruflich kompetenten Frau;

dennoch ist meine mangelnde Launenhaftigkeit beinahe zu vernünftig. Es ist fast so, als diente ich der Vernunft wie einem Gott.«

Die verschiedenen Kulte des Selbstausdrucks — des »Sichselbstseins«, des »Spontan-Seins«, »der völligen Hingabe an die eigenen Gefühle« — sprechen Mary sehr wenig an, sie betrachtet diese als unausgeglichene, einseitige Ausdrucksformen einiger weniger, wenn auch wichtiger Aspekte des Lebens. Selbstbewußte Spontaneität hat in ihrem Leben einen geringen Stellenwert, und das Streben nach mehr Emotionalität empfand sie immer als künstlich und unnatürlich. Nichtsdestoweniger ist sie unzufrieden. Sie findet ihr Leben zu unbedeutend, zu vernünftig, zu geschäftig, zu unreligiös, zu oberflächlich, zu pragmatisch und zu bequem. »Es scheint keine Ziele zu geben, nach denen zu streben sich lohnt«, sagt sie. »Mehr beruflicher Erfolg oder mehr Geld reizen mich nicht. Es ist beinahe so, als müßte ich religiöser sein, aber ich weiß nicht wie. Und ich habe den Eindruck, daß die Kirche keine wirkliche Hilfe ist, obwohl ich immer noch ziemlich oft dorthin gehe.«

Auf ihrer Suche nach einem stärkeren Gefühl der Erfüllung und einer tieferen Verbindung zu Gott und dem Leben, beginnt sie einige existentialistische Schriftsteller zu lesen, die sie zwar interessant, aber überwiegend morbid findet. Zufällig stößt sie eines Tages auf Jungs *Seelenprobleme der Gegenwart*, dessen Titel genau ihre Misere auszudrücken scheint. Sie ist so modern und aufgeklärt, daß sie dabei irgendwie ihre Seele verloren hat. Da sie gerade in die »zweite Hälfte des Lebens« eintritt, von der Jung sagt, daß sie die Zeit der wahren Ich-Entwicklung sei, findet sie das Buch interessant. Vielleicht könnte ihr die Jungsche Therapie helfen. Aber ihre Fachkollegen entmutigen sie: »Jung ist zu mystisch, zu unsystematisch. Die Jungianer sind ein ziemlich eigenartiger, verrückter Haufen«, usw.

Das von ihren mehr psychoanalytisch orientierten Kollegen geäußerte Vorurteil macht sie neugierig. Keiner zeigt ein wirkliches Verständnis des Jungschen Denkens; stattdessen verdammen sie ihn rundheraus. Paradoxerweise bestätigen diese Bemerkungen ihren Eindruck, daß die Jungsche Theorie und Praxis etwas Besonderes sein müsse, etwas Geistigeres, eine über bloße Vernünftigkeit hinausgehende, umfassendere Denkweise. Erfreut darüber, daß es einen Jungianischen Therapeuten in der Stadt gibt, beschließt sie, zu ihm zu gehen, obwohl die Tatsache sie etwas abschreckt, daß er Psychologe statt Psychiater ist. Ihr Umgang mit Psychologen hat sie zu der Überzeugung geführt, daß es sich bei ihnen in der Regel um ziemlich schwache Persönlichkeiten handelt, die zwar raffinierte Methoden zur Beurteilung von Patienten aushekken, aber herumstottern, wenn man sie fragt, was sie wirklich denken.

Dennoch macht sie mit diesem Jungianischen Therapeuten einen Termin aus, und bereits bei ihrem ersten telefonischen Kontakt stellt sie fest, daß er sich von den ihr bekannten Therapeuten unterscheidet. Er lacht schallend, als sie von den vorurteilsvollen Bemerkungen berichtet, die sie über die Jungianische Therapie gehört hat. In der Tat wirkt er völlig ungeschäftsmäßig und erfreulich unfachmännisch. Er schlägt vor, daß sie sich auf seiner Farm treffen, und verspricht, ihr eine Karte zu schicken, auf der er ihr den Weg dorthin beschreibt.

Die erste Zusammenkunft

Eine halbe Stunde zu früh trifft Mary zu ihrem ersten Termin ein. Als sie die lange, schmutzige Zufahrt entlangfährt, an deren Ende sich ein kleines Bauernhaus befindet, fühlt sie, wie sehr sie verstädtert ist, wie sehr sie den Kontakt zum Natürlichen verloren hat, und sie fragt sich, welche Art von Mensch in einem solchen Blockhaus wohnen mag. Ihr früherer Analytiker war ein städtischer Intellektueller und Bücherwurm, der nur gelegentlich zu Theateraufführungen und Symphoniekonzerten ging. Dieser Dr. M., der Jungianer, scheint ganz anders zu sein. Sie fragt sich, ob wohl diese Umgebung damit zusammenhängt, daß er ein Anhänger Jungs ist, oder ob es sich dabei um eine persönliche Exzentrizität handelt.
Sie wird von einem Mann in einem buntkarierten Wollhemd begrüßt, der mit einem großen irischen Setter dahergeschlendert kommt und sie einlädt, mit ihm spazierenzugehen, da sie etwas zu früh gekommen ist. Nachdem sie sich in der üblichen Weise miteinander bekannt gemacht haben, gehen sie ein paar Minuten schweigend nebeneinander her. Dann sagt er: »Genießen Sie die Wälder hier, sie wurden für Sie und mich geschaffen«. Er hat etwas an sich, die Art, wie er geht, wie er sich auf seiner Farm zuhause fühlt, das sie anspricht, etwas das sie denken läßt, daß er einen direkten Bezug zur Natur und vielleicht zu Gott habe. Im Haus scheint auch alles auf die Natur abgestimmt zu sein: überall Holz, grob oder poliert; der große handgewebte Indianerteppich in der Mitte des Wohnraums; ein runder, aus einem großen Baumstamm geschnittener Tisch, auf dem die Wachstumsringe des Holzes zu erkennen sind und der von dicken schmiedeeisernen Beinen getragen wird. Direkt über dem Kamin aus Stein hängt eine runde Zeichnung; sie sieht sie einen Augenblick an und erfährt: »Das ist eine Sandzeichnung, die von den Medizinmännern der Navajo bei der Heilung von Kranken verwendet wird. Der Patient sitzt in der Mitte der Zeichnung oder liegt dort, wenn er nicht sitzen kann. Soviel ich weiß, ist es eine gute Thera-

pie.« In seinem Büro befinden sich ein weiterer Navajoteppich, eine Ledercouch mit grobgearbeitetem Holzgestell, mehrere Stühle, ein langer Tisch an der Wand, auf dem eine Schreibmaschine und einige archäologische Gegenstände stehen, eine Reihe von Gemälden an der Wand und weitere Gemälde auf dem Boden, an die Wand gelehnt.
Als Mary sich auf einen bequemen Lederstuhl setzt, stellt der Therapeut seinen Stuhl direkt vor sie, ganz dicht, und fragt: »Nun, was führt Sie zu mir?« Sie berichtet von ihrer Unzufriedenheit über ihr Leben und von ihrer Hoffnung , ihrem Leben mehr Tiefe und Weite geben zu können. Um zu erfahren, welche Bereiche bei ihr gut entwickelt und welche schwach sind, stellt er einige gezielte Fragen zu ihrem religiösen Leben, ihren ästhetischen Interessen, ihren Lesegewohnheiten, ihrem Arbeitstag und ihren Freizeitaktivitäten.
»Sie sind eine Denkerin«, sagt er, »Sie haben den Lebensstil eines Rationalisten und Pragmatikers. Aber Sie fühlen, daß das nicht genug ist. Außerdem haben Sie das sinnlich Erfahrbare in Ihrem Leben betont, das Greifbare, Materielle. Das läßt sich bereits aus dem Wenigen, was Sie mir von Ihrer schwer gestörten Mutter erzählen, erkennen; wenn Sie sich als Kind intuitiv auf ihre Welt eingestellt hätten, hätten Sie sich ihrer Verrücktheit ausgeliefert. Indem Sie das Beobachtbare, die allgemeine Klarheit des Denkens und die einfache, konkrete Wahrnehmung betonten, schufen Sie sich einen Bereich der Klarheit und Kontrolle.
All dies hat jedoch auch zu einem ungünstigen Ergebnis geführt. Ihr psychisches Leben ist entsprechen verarmt. Ihre verstandesmäßige Vernünftigkeit ist gleichzeitig ein Gefängnis, das Sie von Gott und den Tiefen Ihres eigenen Ichs trennt. Ihnen und mir stellt sich die Frage, wie Sie zu einer ausgeglicheneren, einheitlichen Ganzheit gelangen können, die nicht auf der Tyrannei einer einseitigen Vernünftigkeit basiert.«
Mary ist stark beeindruckt, wie sehr seine allgemeine Diagnose mit ihrer eigenen Einschätzung ihrer selbst übereinstimmt. Obwohl er ziemlich zwanglos von ihrer einseitigen Betonung der Vernunft, des gesunden Menschenverstandes, des Klaren und Geordneten spricht, ist sie nicht beleidigt oder verstimmt. Sie fühlt, daß ihr Unentwickeltsein integraler Bestandteil ihrer Lebensgeschichte ist; sie erkennt bereits undeutlich, daß ihr Leben eine kohärente Entwicklung durchläuft. Ihre Bereitschaft, die Entfaltung neuer Lebensmöglichkeiten an sich zu erfahren, ist genau das, was sie einen Jungianischen Therapeuten wählen ließ, und sie ist durch ihn bereits auf die Erfüllung der Aspekte ausgerichtet, die sie sich bisher nicht gestattet hat.

Mary reagiert enthusiastisch auf die Darstellung des Therapeuten, gibt aber zu, daß ihr die Lösung ihres Dilemmas Kopfzerbrechen bereitet. »Ich weiß wirklich nicht, wie ich die Tiefen meines Ichs entwickeln soll«, sagt sie, »obwohl ich dunkel meine Unzulänglichkeiten empfinde. Welchen Ausweg gibt es? Sehen Sie einen Weg, oder glauben Sie, daß Sie mir helfen können?« »Lassen Sie mich Ihnen zeigen, daß Ihre Frage Ihrer eigenen Enge entspringt«, antwortet Dr. M. »Sie sagen mir, daß Sie Ihre Unzulänglichkeiten *empfinden*. Weiter fragen Sie mich, ob ich einen Ausweg *sehe*. Schließlich fragen Sie sich, was ich von meiner Fähigkeit, Ihnen zu helfen, *denke*. Darauf muß ich Ihnen antworten, daß ich den Ausweg nicht *sehe*, sondern daß ich *intuitiv erkenne* oder *ahne*, daß wir zusammen einen Ausweg finden können. Wir brauchen ein Orakel, einen Führer, der die Tiefen Ihres inneren Lebens kennt und uns leiten kann.« »Mein fachliches Können«, fügt er hinzu, »besteht darin, daß ich viele solcher Reisen kenne und persönlich mitgemacht habe, vor allem meine eigene, die immer noch andauert. Aber dieses Wissen von mir selbst, wie geeignet oder umfassend es auch sein mag, ist noch kein Orakel für Sie. Wir müssen einen Weg finden, Ihnen zuzuhören. Aus Ihrer früheren Analyse wissen Sie, wie wertvoll Träume für die Enthüllung des Verborgenen — dessen, was sich im Dunkeln abspielt — sein können. Wir wollen Ihr Traumleben zu uns sprechen lassen. Erzählen Sie mir Ihren letzten Traum.« »Ich hatte einen Traum in der Nacht, nachdem ich das erste Mal mit Ihnen telefoniert hatte«, antwortet Mary. »Es ist der erste, an den ich mich seit langer Zeit erinnern kann, und er ist mir ziemlich unklar. Zu Beginn des Traumes befinde ich mich auf einem kleinen Floß auf dem Meer oder einem großen See. Nirgendwo ist Land in Sicht, und ich weiß nicht, wo ich bin, aber ich weiß, daß ich Glück habe, auf diesem Floß zu sein, denn da war ein Sturm gewesen, und ich war hilflos herumgeschwommen. Offenbar war ich auf dieses Floß gestoßen, das mich während des Sturms über Wasser hielt; es ist recht hübsch aus irgendeinem Plastikmaterial gemacht. Es sieht aber so aus, als ob es sich nun allmählich auflöst, als ob es langsam zusammenfällt, und ich fange an, mir Sorgen zu machen und mich verloren zu fühlen. Das Wasser ist sehr dunkel, die Nacht ist sehr dunkel. Es gibt einige furchteinflößende Fische im Meer, und auch das jagt mir Angst ein — die unfreundlichen Mächte, die kommen und mich zerstören könnten. Ich sehe etwas, was zuerst wie ein Hai aussieht, aber dann entdecke ich, daß es ein Delphin ist. Er sieht mich an, und ich habe das Gefühl, daß er mir etwas mitteilt, daß er meine Misere kennt und mir helfen will. Ich fange an, hinter ihm herzupaddeln, und dann wache ich auf.« »Ihr Traum ist sehr interessant und vermutlich sehr wichtig«, antwortet Dr. M. »Er trat an dem Tag auf, an dem Sie sich entschieden hatten, ein neues lebenerfüllendes Wagnis einzugehen, Ihre neue Therapie. Mir scheint, daß er Ihre Lebenssituation ganz gut zum Ausdruck bringt, obwohl ich vieles daran nicht verstehe. Vielleicht werden Sie den Traum selbst auf eine neue Weise verstehen, wenn ich Ihnen den Traum als Ihre Geschichte erzähle. Ihre Geschichte bestand darin, daß Sie sehr lange Zeit in einer dunklen und chaotischen Welt lebten. Sie fanden eine Möglichkeit für sich, sich über Wasser zu halten und zu überleben, zuerst allein und dann mit Ihrem Analytiker zusammen. Diese Art, sich über Wasser zu halten, erscheint Ihnen jetzt unzureichend; sie fällt zusammen und löst sich auf. Der Traum weist ferner darauf hin, daß Sie in diesem Meer, in diesem dunklen Chaos ohne Hilfe vom Himmel oder von der Erde schwimmen müssen; da ist jedoch ein freundliches, intelligentes Tier, das Ihnen als Führer dienen wird. Das ist eine sehr kursorische Deutung Ihres Traumes. Ergibt das irgendeinen Sinn für Sie?« Mary findet diese Deutung sehr überzeugend, obwohl sie sich laut nach der Bedeutung des Delphin-Führers fragt. Der Therapeut gibt diese Frage an sie zurück und weist darauf hin, daß sich dessen Bedeutung klären werde, wenn sie ihm erzähle, welche Eigenschaften ein Delphin hat. Als Mary darüber nachdenkt, stellt sie fest, daß der Delphin intelligent ist, die Unterwasserwelt kennt, angeblich über eine Sprache verfügt, mit deren Hilfe er mit seinesgleichen kommuniziert, daß er warmblütig ist und seine Jungen säugt; tatsächlich ist er von allen Tieren des Meeres das dem Menschen am ähnlichsten und atmet sogar Luft. »Sind Sie der Delphin?« fragt sie. Der Therapeut gibt zu, daß dies ein attraktiver Gedanke ist und wahrscheinlich eine angemessene Interpretationsebene darstellt. Dr. M. weist nachdrücklich darauf hin, daß ein warmblütiges Tier, das sich im Wasser wohlfühlt, das genaue Gegenteil von Marys bewußtem Ich ist. Bewußt ist sie eher die Kaltblütige, die sich an ihr kleines Floß der Vernunft klammert. Während sie im dunklen Chaos des Meeres schwimmt, gibt es etwas, das sie sich nicht bewußt vorstellen kann, aber die Intelligenz und Sympathie des Delphins sind ihr nicht so fremd, wie sie meint, da der Traum auf ein Verständigungsband zwischen ihr und dem Delphin hinweist. Schon die Tatsache, daß sie sich zu einem Jungianischen Therapeuten hingezogen fühlt, obgleich sie vor der Unvernünftigkeit und der Rätselhaftigkeit dieses Unternehmens gewarnt worden ist, weist erneut darauf hin, daß die dunkle, intuitive, ästhetische Sphäre ihrem Wesen nicht so fremd ist, wie sie gemeint hat.

Zweieinhalb Stunden später erwähnt Dr. M., daß er, obwohl er Patienten häufig in seiner Stadtpraxis trifft, besonderen Wert darauf gelegt hat, daß Mary zu ihrem ersten Treffen auf seine Farm kam — »um Ihre Vernünftigkeit mit ein bißchen Natur auszugleichen«, sagt er. Sie vereinbaren, sich eine Zeitlang zweimal wöchentlich zu treffen. Unterdessen soll Mary alle ihre Träume aufschreiben.

Vorstellung des Dr. M.

Dr. M. ist dreiundfünfzig Jahre alt, ein schlanker Mann mit hagerem, asketischen Gesicht. Bevor er sich auf seine akademischen Studien einließ, hatte er ernsthaft erwogen, Künstler zu werden. Obwohl er, als Teil seines Selbstanspruchs, immer noch malt, was zu seiner Ich-Entwicklung beiträgt, hatte er die Vorstellung, die Kunst zum Hauptzweck seines Lebens zu machen, aufgegeben, aus dem vagen Gefühl heraus, daß es für ihn schlecht gewesen wäre, sich zu sehr von den Menschen zurückzuziehen. Jetzt, nachdem sein Wissen über sich selbst zugenommen hat, dadurch, daß er eine Therapie gemacht hat und selbst Therapeut geworden ist, erkennt er, daß es für ihn psychisch sehr gefährlich gewesen wäre, Künstler zu sein. Seine jugendliche Freude an seinen Gaben und an seiner intuitiven Fähigkeit, mehr zu sehen als die meisten anderen, grenzte gefährlich an Selbstüberheblichkeit.

Er ist froh, daß er nicht den größenwahnsinnigen Stolz dessen leben mußte, der sich selbst für ein Genie hält. Die Entdeckung, die er glücklicherweise mit Hilfe eines Lehrers der Archäologie und Geschichte machte und die ihn bescheiden werden ließ, bestand darin, daß seine eigenen naiven Einsichten bis in die Vorgeschichte der Menschheit zurückreichten. Seine eigene Therapie — zuerst eine Freudsche, später eine Jungsche Analyse — hatte ihm noch deutlicher gemacht, daß sein Talent Ausdruck eines allgemeinen Erbes war. Von Beginn der Menschheitsgeschichte an hat der Mensch versucht, seinem Leben und seiner Phantasie Ausdruck zu verleihen, sie in Gesang, Dichtung, Mythos, Religion, Malerei einzufangen und unsterblich zu machen. Infolgedessen war er nur einer in einer langen Reihe, eine konkrete, individuelle Verkörperung der kollektiven Seele.

An diesem Punkt seines Lebens entdeckte er, daß er selbst in die Linie der geistigen Führer, der weisen Männer, der asketisch-mystischen Schriftsteller und der Philosophen gehört, die die Philosophie als den wirklichen Führer zum guten Leben betrachten. Bei seinen Patienten befindet er sich meistens in der Rolle des Führers durch das Unbekannte. Manchmal genießt er diese Rolle, obwohl er weiß, daß sein Verlan-

gen, ein mystischer Seher zu sein, zu Selbstüberheblichkeit, Stolz und zur Verletzung anderer führen kann. Um ein Ich-Gleichgewicht herzustellen, liest er verschiedene tiefgründige, besonders östliche Denker. Er hat auch das Glück, eine intelligente Frau zu haben, eine realistische, praktische, erdverbundene Frau aus dem Mittleren Westen, die seine Höhenflüge mit ihrem konkreten, pragmatischen Sinn für das Naheliegende bremst. Er berät sich regelmäßig mit ihr über seine Fälle, besonders im Hinblick auf die Frauen, die er behandelt.
Sein hageres Gesicht und sein hagerer Körper verleihen ihm, in Verbindung mit der Intensität seiner intuitiven Haltung gegenüber der Realität, manchmal das Aussehen eines inspirierten Mannes. In ihm drückt sich eine paradoxe Mischung aus Friedfertigkeit und Kraft aus. Er spricht mit Überzeugung und Autorität. Er selbst drückt das so aus: »Wenn ich nur aus mir selbst spreche, bedeuten meine Worte überhaupt nichts. Wenn ich als jemand spreche, der in der Menschheit und in einer universelleren Weisheit verwurzelt ist, dann erst ist das wirkliches Sprechen.«

Der Dialog

In den ersten Sitzungen kommen Dr. M. und Mary gut miteinander zurecht. Sie findet ihn wärmer, expressiver und enthusiastischer als ihren vorigen Therapeuten. Sie findet ihn auch ein bißchen geheimnisvoll und spukhaft, was sie aber nicht weiter stört, so sehr sie früher alles, was auch nur im geringsten unlogisch oder mysteriös wirkte, befremdet hat. Sie merkt, daß sie vom nur Rationalen genug hat. Irgendwie ruft die Art, wie er spricht, ein Gefühl für das Spirituelle bei ihr hervor, eine Weisheit, die zu einer natürlichen Harmonie mit sich selbst und dem Universum zu führen scheint. Das erregt sie. Sie spürt schon jetzt, daß all das dem, was sie gesucht hat, sehr nahe kommt.
Sie hat die Therapie dieses Mal nicht begonnen, um Erklärungen zu finden, sondern um zu einem intensiveren Leben zu gelangen, und sie stellt fest, daß es bereits anfängt. Sie empfindet es als angenehm, mit Offenheit geführt, statt auf sich selbst zurückgeworfen zu werden. Die Urteile des Therapeuten sind erkennbar für sie, seine Intuitionen werden offen ausgedrückt, und sie kann sich an deren Weiterführung beteiligen oder anderer Meinung sein. Das ist aber noch längst nicht alles. Der Therapeut ist in diesen irrationalen Gewässern zuhause und fühlt sich wohl darin, seine ehrfürchtige Haltung gegenüber der Entfaltung des Mysteriösen gefällt ihr.
Dr. M. seinerseits findet, daß Mary auf das, was er ihr zu bieten hat,

sehr gut anspricht. Er findet sie sympathisch, ein bißchen pedantisch und überrational vielleicht, aber das verleiht ihm ein positives Gefühl der Autorität ihr gegenüber und das Gefühl, ihr von wirklichem Nutzen sein zu können. In vielerlei Hinsicht sieht er seine Rolle darin, ihre Einseitigkeit zu kompensieren. Sie ist eine rationale Denkerin; er ist mehr intuitiv-ästhetisch. Fühlen ist für ihn wichtiger als Denken und Intuition grundlegender als Empfindung. Es handelt sich bei ihren Charakterstrukturen also um sich ausgleichende Gegensätze und, seinem Jungschen Verständnis gemäß, ist er der Meinung, daß diese Komplementarität zu einer äußerst fruchtbaren Zusammenarbeit führen müsse. In der Reaktion auf Mary empfindet er sich bereits als vernünftiger und nachdenklicher — eine gute Entwicklung, da dies der Bereich ist, in dem sein Leben relativ wenig entwickelt ist.

Auf der Alltagsebene schätzt Dr. M. emotional hysterische Personen nicht, sondern zieht rationale Typen vor, obwohl seine Arbeit es mit sich bringt, sie in die geheimnisvolleren, intuitiveren Bereiche der Erfahrung einzuführen. Marys vernunftbestimmte Ernsthaftigkeit gefällt ihm deshalb. Sie ist bereit zu arbeiten, ist aufmerksam, hört sorgfältig zu und ist in all diesem eine ideale Patientin. Daß sie ihn schätzt und sich auf ihn einstellt, ist sehr befriedigend für ihn. Kurz: Sie mögen sich.

Die Bestimmung von Marys Persönlichkeitstyp

Die Jungianer behaupten, daß jeder Mensch einem bestimmten natürlichen Typus angehöre, und daß der angemessene Lebensstil einer Person darin bestehe, *weitgehend* in Übereinstimmung mit diesem Typus, das heißt nicht einseitig, zu leben. Obwohl dieser Typus alle möglichen Wandlungen im Leben durchmacht, verweist schon der Begriff »Typus« darauf, daß es sich um einen grundsätzlich unveränderlichen Kern der Persönlichkeit handelt. Diese Frage nach dem Typus ist kein theoretisches Problem. Der Therapeut muß sorgfältig bestimmen, um welchen Personentyp es sich bei einem Patienten handelt, damit das therapeutische Vorgehen ihm richtig angepaßt werden kann. Nur wenn diese fundamentale natürliche Anlage zuerst sorgfältig bestimmt wird, kann die Therapie dazu führen, daß das ganze Leben des Patienten sich als Einheit entfalten kann. Mary ist nicht nur offensichtlich rational und empfindungsorientiert, sondern ihre sich mit äußeren Konventionen in Übereinstimmung befindende Lebensweise läßt erkennen, daß sie auch von Natur aus extravertiert ist. Sie orientiert sich an der Welt und paßt sich schnell an neue Situationen an. In der Tat ist die Geschwindigkeit, mit der sie sich an ihren Jungianischen Therapeuten assimiliert hat und mit ihm mitgehen kann, ein Beweis ihrer Extravertierheit. Schließlich ist die Tatsache, daß sie den Freudschen Ansatz, der auf extravertiertem Empfinden und Denken basiert, als fruchtbar empfunden hat, ein noch stärkerer Hinweis dafür, daß sie von Natur aus dem extravertierten Empfindungstypus angehört, für den das Denken wichtigstes Hilfsmittel ist.

Das Problem des natürlichen Typus ist jedoch in Marys Fall nicht so leicht zu lösen, weil die bereits erfolgte Typisierung sich primär auf ihr Anpassungs-Ich, die *Persona*, bezieht, die nach außen hin sichtbar ist. In ihrer Kindheit war es gefährlich für sie, Intuition und Gefühl zu entwickeln, da diese sie stark in psychische Berührung mit der außerordentlich destruktiven, hypochondrischen, wahnsinnigen Welt ihrer Mutter gebracht hätten. So war Mary zum Teil gerade durch die Minimierung ihrer Intuitions- und Gefühlsfunktion fähig, sich im Rahmen der Normalität zu entwickeln. Ihre extravertierte Art, sich mit offensichtlichem Vertrauen und Kompetenz in der Welt zu bewegen und nicht vor dem Kontakt mit Objekten oder Personen, selbst wenn diese neu und unbekannt waren, zurückzuschrecken, war auch für ihr psychisches Überleben notwendig. Ohne diese Kombination aus gesunder Rationalität und vertrauensvoller Annäherung an die Welt hätte das dunkle Chaos der gestörten Welt ihrer Mutter sie überwältigt. All das deutet darauf hin, daß ihr extravertierter Typ hauptsächlich eine Abwehrreaktion ist, und daß ihre natürliche Anlage sich vielleicht gar nie entwickeln *konnte*.

Eine radikale Deformierung der natürlichen Anlage manifestiert sich typischerweise in einer sehr schweren Pathologie, die jedoch in Marys Fall nicht festzustellen ist. Sie hat sich im Rahmen einer vernünftigen Extroversion bemerkenswert gut entwickelt, und sie ist eine gute Denkerin. Trotz des starken, pathologischen Einflusses ihrer Mutter ist Mary anscheinend nicht schwer gestört — und war es auch nie —, was darauf hinweist, daß die für eine erfolgreiche Anpassung an die Welt und für eine erfolgreiche Verteidigung gegen die Mutter erforderlichen Verhaltensweisen Marys natürlicher Anlage entsprachen.

Abschließend kann Mary, obwohl bei ihr infolge der Notwendigkeit, sich zu verteidigen, wahrscheinlich eine Überbetonung des natürlichen Typus stattgefunden hat, insgesamt als extravertiert, empfindungs- und denkorientiert bezeichnet werden — eine Typusdiagnose, die auf der Einschätzung beruht, daß sie nicht schwer gestört ist. Zwar ist, vom Standpunkt des alltäglichen, gesunden Menschenverstandes aus betrachtet, völlig klar, daß sie nicht sehr gestört ist; aus der subtilen Perspektive des Jungianiers ist das indessen längst nicht so eindeutig.

Die Tatsache, daß Marys Mutter eine Zeitlang in psychiatrischer Behandlung war, könnte Anlaß zu der Mutmaßung geben, daß Mary eine Disposition zu einer sehr schweren Störung hat. Die Jungsche Theorie zieht immer auch erbliche Faktoren in Betracht; ferner könnte der frühe Einfluß der Mutter immer noch vorhanden, im Unbewußten verschlossen sein.

Schließlich könnte es sein, daß Mary, indem sie die Entwicklung ihrer Fühlfunktion und ihrer intuitiven Fähigkeiten unterdrückt und ihre introvertierten Neigungen verleugnet, ihre Persönlichkeit derartig geschwächt hat, daß sie nun, im Verlauf der Therapie, einem überwältigenden Ansturm aus dem Unbewußten ausgesetzt wäre. Vielleicht könnte ihr eben erst erwachtes Interesse für den Jungschen Ansatz, ihre Beschäftigung mit Religion, Gott und dem Sinn ihres Lebens in diesem Sinne als Beginn einer paranoid-schizophrenen Veränderung aufgefaßt werden. Eine solche Einschätzung würde ein ganz anderes therapeutisches Programm erfordern, als wenn man davon ausgeht, daß sie eine grundsätzlich gesunde, gut angepaßte, wenn auch einseitige Persönlichkeit ist. In diesem Zusammenhang läge die Vermutung nahe, daß ihr Grundtypus durch ihre Lebensgeschichte radikal deformiert wurde, daß sie sehr wohl dem stärker intuitiv-fühlenden Typus angehören könnte und daß ein therapeutischer Versuch, ihre Psyche umfassend zu entwickeln, an diesem Punkt ihres Lebens von vornherein zum Scheitern verurteilt wäre.

Eine solche Beurteilung der Situation würde den Therapeuten veranlassen, sie bei der Rationalisierung und Zurückdrängung des aufsteigenden Unbewußten zu unterstützen, wobei er sich vielleicht der Adlerschen Theorie bedienen würde, um ihr religiöses Streben rationalisierend zu deuten: »Sie wollen immer noch etwas Besonderes sein, das bevorzugte Einzelkind; Sie suchen nun den Kontakt zum Mystischen, um dadurch etwas Besonderes zu sein. Geben Sie diesen Egoismus auf, und arbeiten Sie mit anderen zusammen, um ihnen nützlich zu sein. Da liegt die wirkliche Befriedigung für Sie, was das Leben sonst auch an Glück für Sie noch bereithalten mag.« Der Therapeut würde also die Jungsche Therapie wegen des psychotischen Potentials der Patientin als ungeeignet aufgeben.

Marys Eignung für die Jungsche Therapie

Um auch die Möglichkeit, daß Mary als für die Jungsche Therapie ungeeignet betrachtet wird, anschaulich darzustellen, wollen wir nun annehmen, sie wäre zu Dr. B. gekommen, einem Jungianischen Thera-

peuten, der ganz anders ist als Dr. M. Dr. B. ist ein ruhiger Gelehrter, der sich erst, nachdem er einige Jahre Physik studiert hatte, der Psychologie zugewandt und in diesem Fach seinen Doktorgrad erworben hatte. Nachdem er zunächst bei einem Jungianer Hilfe gesucht hatte, wurde er später selbst Jungianischer Therapeut. Wie Mary gehört er dem empfindungs- und denkorientierten Typus an. Trotz seiner theoretischen Kenntnis der Typenpsychologie, mißtraut er erfolgreichen Extravertierten sehr. Er selbst ist von Natur aus ein vorsichtiger Introvertierter, der zögert, bevor er sich mit jemandem oder mit etwas einläßt und immer zuerst sorgfältig den Wert einer Sache abwägt, bevor er sich dafür engagiert.
Bei seinem ersten Treffen mit Mary befragt er sie eingehend über die Art der Störung ihrer Mutter. Da er erfährt, daß Religion eine der Hauptbeschäftigungen ihrer Mutter war, betrachtet er auch Marys sich entwickelndes religiöses Interesse mit Mißtrauen. Ihre oberflächliche soziale Kompetenz hält er für dünne Tünche; offenbar hat sie Angst vor ihm . . . Wenn er sich auf eine Jungsche Therapie mit ihr einlassen soll, muß er wissen, wie stark sie wirklich ist. Teilweise um das herauszubekommen und teilweise als Ausdruck seines Mißtrauens ihr gegenüber, ist er während der ersten Interviews ziemlich schweigsam und runzelt häufig die Stirn. Obwohl sie nicht deutlich artikulieren kann, was sie empfindet, macht sie die Atmosphäre des Mißtrauens und der mangelnden Offenheit zwischen ihr und dem Therapeuten ängstlich und läßt sie an dem ganzen Unternehmen zweifeln. Für sie hat es den Anschein, als ob Dr. B. alles, was sie sagt, umdrehe und ihre Urteile als oberflächlich, unüberlegt, banal und wenig intuitiv behandle. Er ist nicht unfreundlich, aber seine starke, geheimnisvolle Reserve bewirkt, daß sie sich abgelehnt und ängstlich fühlt.
Während der dritten Sitzung erzählt sie ihm ihren Traum. Unmittelbar nach diesem Traum hatte sie sich wohlgefühlt, aber jetzt ist sie finster und pessimistisch.
»Kurz nachdem wir unser erstes Treffen vereinbart hatten, hatte ich einen Traum«, sagt sie. »Er ist sehr konfus und unklar für mich — ich kann mich an meine Träume meistens auch gar nicht erinnern. In dem Traum befinde ich mich auf einem Floß, gerade groß genug, um mich über Wasser zu halten. Ich habe Angst und bemerke, daß das Floß langsam zusammenfällt, sich auflöst. Die See ist unruhig; hohe Wellen türmen sich um mich herum auf. Ich weiß nicht, wo ich bin; es ist kein Land in Sicht. Ich habe das undeutliche Gefühl, daß ich fast untergegangen wäre, in einem heftigen Sturm fast ertrunken wäre, aber ich hatte Glück, daß ich dieses kleine Floß gefunden hatte.

Es ist aus einer Art Plastik — sehr gut gebaut —, es ist aber dieses schaumige Plastikmaterial, das nicht sehr stabil ist. Die Nacht ist dunkel und das Wasser ist schwarz. Ich bin verloren und habe Angst. Ich sehe einen Hai — er schwimmt um mich herum —, und dann merke ich, daß es gar kein Hai ist. Es ist ein freundlicher Delphin, und er sieht mich an, als ob er meine Notlage verstünde, und ich fange an, hinter ihm herzupaddeln und ihm zu folgen. Er bringt mich schließlich an Land.«

Für Dr. B. ist der Traum ein eindeutiger Beweis dafür, daß die Jungsche Therapie für Mary nicht geeignet ist. Er läßt erkennen, daß sie in dem Chaos ihres Lebens überlebt hat, indem sie sich ein künstliches Überlebensprinzip konstruierte, das sie, wie auf einem »Plastikfloß«, über Wasser hielt. Ferner scheint der Traum auf die Zerstörung dieses Überlebensprinzips hinzuweisen und endet mit der Mahnung, daß Mary ermutigt werden muß, sicheres, trockenes Land zu suchen. Das Ziel der Jungschen Therapie, das darin besteht, die Tiefen des psychischen Lebens auszuloten und sie in die Persönlichkeit zu integrieren, ist, wie der Traum zeigt, für Mary kontraindiziert. Das intelligente Wesen, das die Tiefen kennt, der Delphin, veranlaßt sie nicht, das Meer zu erforschen, sondern führt sie sicher an Land. Es ist deshalb angezeigt, Mary zu ermutigen, die Ziele konkreter sozialer Bereicherung anzustreben; selbst ihr religiöses Interesse sollte darauf hingelenkt werden, sich mit anderen zusammenzuschließen. Vielleicht würde die Arbeit mit Jugendgruppen ihr Bedürfnis nach einer echten Berufung und Sinnerfüllung befriedigen und sie gleichzeitig auf konventionellem »trockenem Land« lassen.

Das Problem der Objektivität

Sowohl die Einschätzung, welcher Art Marys Pathologie ist, als auch die Frage, ob sie für die Jungsche Therapie geeignet ist oder nicht, hängt von dem Dialog zwischen ihr und dem jeweiligen Therapeuten ab. Sogar die Bestimmung ihres Typus oder Lebensstils und die aus dem Traum gewonnene Diagnose dessen, was sie braucht, um ein Gleichgewicht in ihrem Leben zu bewahren oder zu erreichen, hängen von dem jeweiligen Therapeuten ab. Einerseits ist dies nicht verwunderlich, weil die Jungsche Therapie ja davon ausgeht, daß zwei Personen zusammentreffen, deren Subjektivität gut zueinander paßt. Zugleich aber wird durch diese Variabilität die objektive Aussagekraft des Traums, der als das wahre Orakel, als Sprecher aus dem Unbewußten des Patienten betrachtet wird, in Zweifel gezogen. Die Haltung, die der

Jungianische Therapeut seinem Patienten vermittelt, ist die Haltung ehrfürchtigen Respektes vor der Objektivität der Psyche.

Da Träume der Diagnose dienen und ebenso genau sind wie ein Urintest oder eine physikalische Analyse, wenden sich sowohl Therapeut als auch Patient dem Traum zu als dem Sprecher der Wahrheit. Der Traum erzählt *seine* Geschichte; die Absicht des Jungianers ist, ihn sprechen zu lassen, um ihn zu verstehen. Aber der Traum selbst spricht nicht, sondern Personen sprechen und verleihen damit der Traumsprache ein besonderes prophetisches Gewicht. Therapeut und Patient räumen der Traumsprache diesen hohen Grad an Gültigkeit und Zuverlässigkeit ein, und genau dieses Überzeugtsein von seiner außerordentlichen Zuverlässigkeit ist es, was dem Traum seine Macht gibt. *Seine* Macht ist in Wirklichkeit *unsere* Macht, dem Traum innerhalb des Jungianischen Kontextes Glaubwürdigkeit zuzubilligen. Sowohl Patient als auch Therapeut vergessen die Quelle der Traumgültigkeit und weisen sie dem Traum als objektiv gegeben zu.

Im Prinzip handelt es sich hier um das gleiche Objektivitätsproblem, dem wir schon bei der Beschreibung der Freudschen Analyse begegneten. Der Analytiker ist sehr bemüht, eine Situation zu schaffen, in der die analytische Interpretation für beide Partner des therapeutischen Prozesses Überzeugungskraft und Plausibilität gewinnt. Er baut diese Situation mit Hilfe einer Reihe expliziter und impliziter Vereinbarungen mit seinem Patienten so auf, daß die Realität als sich in der Gegenwart wiederholende Vergangenheit sichtbar wird. Der Patient wird ermutigt, irrational und infantil zu sein, er wird in ein relatives soziales Vakuum versetzt, und dann wird in der analytischen Interpretation festgestellt, daß er irrational, infantil, unsozial und in sich selbst vertieft sei.

Die Überzeugungskraft des Jungianers kommt in der direkten Weise zum Tragen, in der er die offensichtlich irrationalen inneren Tiefen, das Traumleben und andere Seiten des Patienten angeht. Gemeinsam mit dem Patienten beschwört und konstituiert er das Orakel, indem er sich dem erst vage Geahnten, kaum Verstandenen, noch nicht Entwickelten zuwendet. Der Patient kommt mit dem Eingeständnis des Bedürfnisses nach größerer Lebensfülle zum Therapeuten, in der Hoffnung, sich mit seiner Hilfe ein Stück weiterzuentwickeln. Der Therapeut weist ständig auf die dunkleren Erfahrungszonen des Klienten hin, was für diesen dann besonders überzeugend ist, wenn der Therapeut es versteht, die kaum bekannten Grenzen, die mythischen Strukturen, das Schattenland, das dem Patienten teilweise vielleicht schon zugänglich ist, geschickt zu erfassen.

Der Therapeut kann dem Patienten nur sich selbst geben und die Welt, die er kennt; gemeinsam müssen sie ein Feld bilden, in dem das Leben des Patienten größere Spannweite und mehr Tiefe erlangen kann. Der Glaube, daß der Traum ein Orakel sei und ein echtes, religiöses Gefühl für die ihm zugrundeliegende objektive Psyche machen die Überzeugung des Jungianers aus, die er dem Patienten zu vermitteln sucht. Denn es ist wahr, daß das, was der Patient braucht, in einem Schattenland verborgen, noch nicht verwirklicht, noch unbekannt und erst undeutlich zu erahnen ist.

Eine Traumserie

Mary fährt weiterhin zweimal in der Woche zu Dr. M.; sie hat eine Traumserie, der offenbar ein einheitliches Thema zugrunde liegt. Ihr zweiter Traum ist eine direkte Reaktion auf das Bild, das der Therapeut zur Interpretation ihres ersten Traumes verwendete, das Bild »geschmeidig im Meer zu schwimmen«. Sie schwimmt in mondbeschienenen Gewässern, zuerst glücklich und spielerisch, wird aber später ängstlich und fragt sich unruhig, ob sie den Weg auch finden werde. In einem späteren Traum taucht sie in das Meer hinab und entdeckt dort einen großen, furchterregenden Tintenfisch. Ein weiteres Traumbild zeigt ihr unterirdische, von einem unheimlich glänzenden Licht illuminierte Höhlen, in denen es von gefährlichen, erschreckenden Tieren wimmelt. Vorstellungen des Gefangenseins tauchen auf, die sie an ihre Gefühle gegenüber ihrer Mutter erinnern. Die schrecklichsten Tiere, denen sie begegnet, sind undifferenzierte, klumpenförmige Kreaturen, die einen zu verschlingen oder zu ersticken drohen.

Während des mehrmonatigen Zeitraums, in dem sich diese Träume einstellen, stellt Mary fest, daß sie mehr Zeit allein mit sich selbst verbringen möchte. Einen Teil der Zeit verbringt sie mit dem Versuch, ihre Träume zu verstehen, indem sie sie im Geiste noch einmal durchlebt. Ihre Freunde bemerken, daß sie manchmal stark mit sich selbst beschäftigt ist, mehr grübelt und sich mehr Sorgen macht als früher. Auch tagsüber lebt sie in ihren Träumen, deren dunkle Bilder sie oft mitten in der Unterhaltung mit anderen heimsuchen. Was noch überraschender ist, sie entdeckt, daß viele dieser Bilder für ihre eigene therapeutische Arbeit von Nutzen sind. Sie stellt fest, daß sie die Bilder von dem Tintenfisch, von einer klumpenförmigen, gallertartigen, erdrükkenden Masse, des Dunklen und des Unterirdischen, in der Arbeit mit ihren eigenen Patienten verwendet. Ihr ist klar, daß die Kämpfe, die sie durchlebt, etwas Universelles sind: der Kampf zwischen Dunkel und

Licht, Erde und Himmel, verbindet sich mit der eigenen Furcht vor dem dunklen Unbekannten.
In gewisser Weise wird für Mary nun die Traumwelt zur eigentlichen Wirklichkeit. Als orakelhafte Äußerung aus den Tiefen ihres Seins verdienen ihre Träume die gleiche Aufmerksamkeit, die sie bis dahin nur ihrer Arbeit gewidmet hat. Auch in ihrer früheren Analyse gewannen die Traumbilder manchmal Bedeutung und Leben, aber nun ist es fast so, als ob eine völlige Umkehrung stattgefunden hätte: Sie wendet sich der Traumwelt zu, um dort den realen, objektiven Führer für ihr Leben zu finden. Tatsächlich *ist* die Traumwelt und ihre Entfaltung als Geschichte die Geschichte ihres sich entwickelnden Lebens. Sie ist *das* Drama ihres Lebens. Gegenüber der äußeren Welt der Fertigkeiten und des Wissens gewinnt nun die innere Entfaltung der Landschaften ihrer mythischen Traumwelt immer mehr an Realität. Wenn man Mary fragt, was sich diese Woche in ihrem Leben ereignet habe, würde sie von der Entwicklung ihrer Träume berichten und betonen, daß es ihre Träume und deren Entfaltung seien, die zählen.
Den Therapeuten betrachtet sie als eine Person, die die objektive Entfaltung ihrer Psyche begleitet. Seine Macht als Mitschöpfer der Traumwelt und ihrer Bedeutungen ist weder ihm noch ihr bewußt. In der Tat gibt es bei dem, was er tut, eine Ebene der menschlichen Objektivität, das heißt, der Intersubjektivität: In dem Maße, wie er darauf vertraut, Jungianer zu sein, ist seine Arbeit als Therapeut nicht allein Ausdruck seiner eigenen Individualität, sondern sie ist Ausdruck einer ganzen Kultur, einer Realitätsorientierung, die gemeinschaftlich entwickelt wurde.

Der Therapeut in der Traumwelt

Bei der Diskussion der orthodoxen Psychoanalyse wurde darauf hingewiesen, daß die Träume des Patienten während der Therapie eine Reaktion auf den Therapeuten und seine Therapieorientierung darstellen. Der Patient eines Freudianers träumt Freudsche Träume, der Patient eines Jungianers träumt Jungsche Träume. Diese Tatsache sollte uns weder zu einer zynischen Verunglimpfung der Verwendung von Träumen in der Therapie noch zu gehässigen Angriffen auf die angeblich willkürlichen Interpretationen der verschiedenen therapeutischen Schulen verleiten. Traum- und Wachleben des Patienten und der sich entfaltende Sinn seiner Geschichte sind und sollten untrennbar mit dem Verlauf der Psychotherapie verbunden sein. Das Träumen, das Erzählen der Träume und die Interpretation der Träume geschieht innerhalb eines spezifischen menschlichen Kontextes. Alle drei sind untrennbar mit der therapeutischen Interaktion verbunden, die immer eine konkrete Situation zwischen zwei Personen ist. Daher ist der Therapeut implizit immer in den Träumen des Patienten enthalten; der Patient träumt für seinen Therapeuten.

Das Auftreten des Therapeuten in der Traumwelt des Patienten erscheint jedoch in einem ganz besonderen Licht. Da der Jungianer den Traum als gültiges, wahres Orakel der Bedeutungen im Leben einer Person auffaßt, enthält auch der Therapeut als einflußreiche, mächtige und wertvolle Person in der Traumwelt eine besondere Bedeutung. In der Jungschen Therapie erscheint der Therapeut typischerweise *in der Maske* der Inkarnation eines allgemeinen Lebensprinzips — als Führer, warnende Stimme, Hexe, Magier oder alter weiser Mann, der durch Worte oder Taten anzeigt, welche Richtung eingeschlagen werden muß. Zeichen, die die richtige Richtung anzeigen — Verwandlungsrituale zum Beispiel, in denen ein Tier zu einem geflügelten Geist wird —, alle bringen sie die Führungsfunktion des Therapeuten zum Ausdruck. Das Traumbild bringt auch ziemlich klar die Besonderheiten und Neigungen des Therapeuten zum Ausdruck, die Formen, in denen er dem Patienten Ermutigung und Unterstützung zuteil werden läßt — kurz, seine Art, mit ihm umzugehen.

Auch in Marys Träumen ist der Therapeut als Hintergrundsfigur gegenwärtig. Alle Richtungen, in die ihre Träume gehen — nämlich in die Tiefen des Ozeans, in das Innere der Erde —, sind Richtungen, die ihr Therapeut als notwendig für ihre innere Entwicklung angesprochen hat. In dieser frühen Phase ihrer Therapie spielt der Therapeut jedoch noch keine aktive Rolle in ihren Träumen. Sie träumt weiter davon, in die Eingeweide der Erde einzudringen, an einen zunehmend helleren, warmen, ja heißen Ort zu gelangen. Das schimmernde Licht und die Hitze werden manchmal so stark, daß sie fast versengt, überwältigt, verbrannt wird. Sie wacht tatsächlich erhitzt und schwitzend auf. Der Therapeut regt an, daß sie eine aktivere Rolle bei der Bezähmung der feurigen Tiefen ihres unbewußten Lebens spielen solle. Vielleicht sollte sie zeichnen oder malen, um zu versuchen, diese Traumbilder auszudrücken und sie in ihr Wachleben zu übertragen.

Kurz danach träumt Mary, daß sie das Ende eines langen, feurigen Tunnels erreicht. Sie kann nirgendwo hin, und ihre Angst, daß sie von den Flammen und der Hitze verbrannt wird, wird immer größer. In dieser ausweglosen Situation sagt eine befehlende Stimme zu ihr: »Kühle die Wände ab« und weist auf einen schlammigen Teich. Als Mary eine Wand der Höhle mit Schlamm bewirft, kommt eine kreisförmige Figur mit einem Drachen in der Mitte zum Vorschein, die der Sandzeichnung, die sie in Dr. M.s Haus gesehen hat, sehr ähnlich ist. Sie ist erleichtert, fühlt sich ruhiger, weniger erhitzt und ängstlich. Der Traum endet damit, daß sie die Wände weiter mit Schlamm bewirft und immer mehr Figuren in ihrem Schlammgemälde zum Vorschein kommen. Die rätselhafte Traumstimme, die gesagt hat »Kühle die Wände ab«, reflektiert ziemlich genau die Anregung des Therapeuten, sie solle malen, um die heißen Tiefen ihres unbewußten Lebens abzukühlen.

Verwendung künstlerischer Produktion

Im Jungschen Verständnis bringen transformative, integrierende Symbole außen und innen, hoch und tief, Erde und Götter in eine symbolische Einheit. Dunkel und Licht, Bewußtes und Unbewußtes, Schlafen und Wachen sind die Hauptdimensionen dieser symbolischen Ganzheit. Der Jungianer möchte das mythische Leben des Schlaftraumes ins wache, bewußte Leben übertragen, und das wird am natürlichsten durch irgendeine Form der Kunstausübung erreicht, in der das Unbewußte mit dem Bewußten eine Synthese eingeht. Malen heißt, sich mit der Welt bewußt und angepaßt, aber unter Berücksichtigung eines inneren Bereiches unausgesprochener Bedeutungen, auseinanderzusetzen. Im Malen kommen die immer noch chaotischen Bestrebungen des unbewußten Lebens zum Ausdruck, sie werden dadurch gezähmt, befreit und in eine Form gebracht.

Zum ersten Mal seit ihrer frühen Schulzeit beginnt Mary zu malen. Zuerst versucht sie, mit den Fingern zu malen; sie hält sich dabei so eng wie möglich an den Traum, in dem sie die Wände mit Schlamm bewarf. Ihr Therapeut bestärkt sie darin und schlägt außerdem vor, sie solle versuchen, im Garten zu arbeiten, um ein Gefühl für schlammige Erde und wachsendes Leben zu bekommen. Das Stadtleben bietet ihr zwar wenig Gelegenheit dazu, aber wenn sie hin und wieder im Haus eines Freundes Gartenarbeit verrichten kann, empfindet sie das als entspannend; in einigen Träumen tauchen Bilder auf, in denen sie pflanzt und das Wachstum der Früchte beobachtet. Sie fährt fort zu malen, und nach ein paar Wochen der Fingermalerei versucht sie, einen Pinsel zu benutzen. Ihre Gemälde sind primitiv, aber ausdrucksvoll, und ihnen liegen Motive aus ihren Träumen zugrunde.

Zuerst fällt ihr das Malen sehr schwer, weil sie sich gehemmt und unfähig fühlt. Sie ist erleichtert darüber, daß der Therapeut ihre Malerei nicht als Kunst beurteilt, lernt aber auch einige Prinzipien der Traum-

und Kunstinterpretation kennen: daß sowohl in der Malerei als auch in Träumen die Erde, die Leidenschaften des Fleisches, Dunkelheit und Abwärtsbewegung das Gleiche bedeuten; daß dagegen Aufwärtsbewegung und Licht mit dem Geistigen und Vernünftigen einhergehen; daß Bilder, die sich auf der rechten Seite des Gemäldes oder eines Traumes befinden, häufig für eine bestimmte Beziehung oder Zukunft stehen und den »richtigen Weg« weisen; daß die linke Seite oft für die Vergangenheit steht. Dieser Lernprozeß erfolgt nicht abstrakt, sondern im Zusammenhang mit ihrer Therapie und den Kämpfen, die sie in dieser Zeit durchlebt.

Zuerst sind ihre Bilder dunkel, die Betonung liegt auf der Abwärtsbewegung, auf der Erforschung und Artikulierung der Dunkelheit, der Erde und des Feuers im Erdinnern. Fast in unmittelbarer Reaktion auf diese Einseitigkeit versucht sie einige Bilder zu malen, die Himmel, Sterne und eine differenzierte Aufwärtsbewegung enthalten, erkennt aber, daß für sie diese Aufwärtsbewegung leer und schablonenhaft ist. Sie bemerkt, daß auf einem ihrer Bilder »sogar die Sterne den Sternen in einem Kinderbuch ähneln«. Sowohl ihr als auch ihrem Therapeuten kommt der Gedanke, daß ihrem Leben bisher diese geistige Aufwärtsgerichtetheit fehlte, daß sie überhaupt noch nicht entwickelt wurde. Lange Zeit war das Prinzip der Rationalität, der guten Anpassung an eine geschäftsmäßige Arbeitswelt ihre Form der »Aufwärtsgerichtetheit« gewesen. Ihr früheres Liebäugeln mit einem religiösen Beruf, das eine bestimmte geistige Sehnsucht ausgedrückt hatte, hatte sich völlig in Richtung auf religiöse Sozialarbeit in Gruppen verlagert. Während ihrer Collegejahre hatte sie für kurze Zeit als Hilfsgeistliche für Jugendliche gearbeitet.

Der Therapeut fragt sie nun direkt nach der Ausübung ihres christlichen Glaubens. Sie betet selten, obwohl sie unter dem Einfluß der Therapie regelmäßig über ihr Leben meditiert, wobei auch einige religiöse Themen aufgetaucht sind. Da Mary und der Therapeut auf diesen bei ihr unentwickelten Bereich achten, schenkt sie den liturgischen und rituellen Elementen in ihrer Kirche nun größere Beachtung. Sie wird sich bewußt, was das Aufsagen des Glaubensbekenntnisses für sie bedeutet, nämlich die Hingabe an Gott. Die größere Bewußtheit im Hinblick auf die liturgischen Aspekte des Methodismus läßt sie erschaudern, da ihr nun deutlich wird, wie leer ihr konventionelles religiöses Leben gewesen ist. Auch mißfällt ihr die Vorstellung, »sich selbst Gott oder irgend jemandem hinzugeben«.

Eines Tages malt sie impulsiv ein kleines Kreuz in die obere linke Ecke eines dunklen, fast schwarzen Bildes, auf dem sich unten ein rotes Feuer befindet. Sie wird darüber ganz wütend. Als sie die Jungsche Therapie begonnen hatte, war sie auf der Suche nach etwas Geistigem gewesen, aber das Kreuz auf ihrem Bild läßt sie erkennen, wie sehr sie ihren christlichen Hintergrund fürchtet und sogar haßt. Das Kreuz steht bei ihr für all die fürchterlichen, erschreckenden, sinnlosen Vorträge über Opfern und Gutes tun, die ihre Mutter ihr früher gehalten hatte. Es war mit dem Gebot »Ehre Deinen Vater und Deine Mutter« verbunden, einem Gebot, das ein tiefes Schuldgefühl in ihr hervorgerufen hatte, als sie sich im Interesse ihrer eigenen Selbsterhaltung von ihrer Mutter gelöst hatte. Marys Mutter hatte bei ihren psychotischen Ausbrüchen immer wieder vom Blut Christi gesprochen, davon, ihr Blut, sich selbst, ganz als Opfer für ihre Kinder zu geben. Diese zusammenhanglosen, wahnhaft-religiösen Reden hatten für Mary den Beginn der Auflösung ihrer Familie bedeutet und das schreckliche Martyrium zur Folge gehabt, daß sie die erneute Hospitalisierung ihrer Mutter veranlassen mußte.

Religiöse Entwicklung

In der nächsten Sitzung ist Mary auf ihren Therapeuten böse. Sie berichtet von einem kurzen Traum, in dem er so streng und fordernd »wie ein Prophet aus dem Alten Testament« aufgetreten war. Dr. M. fragt sie, ob er ihr, wenn er als Person gegenwärtig sei, anders erscheint, als wenn sie an ihn denke oder sich ihn außerhalb der Therapiestunde vorstelle. Die Tatsache, daß er gelassen, interessiert und lebhaft bleibt und sich nicht verteidigt, als sie seine Therapie angreift, beeindruckt Mary. Sie erkennt lebhaft, daß er an der Bedeutung des Kreuzes und der Rolle des Propheten aus dem Alten Testament stark interessiert ist und sich offensichtlich sowohl über die neue Entwicklung ihrer Beziehung als auch über die Entfaltung ihres psychischen religiösen Lebens freut. Sie denkt deshalb darüber nach, wie sie sich ihn außerhalb der Therapie vorstellt, und stellt fest, daß er ihr, wenn sie nicht bei ihm ist, unheimlich, hexenähnlich, wie ein Zauberer vorkommt. Ein- oder zweimal hatte sie sich ihn flüchtig mit einem Heiligenschein vorgestellt; ein andermal hatte sie sich ihn als hexenähnliche aber königliche Person vorgestellt, die einen heiligen oder bösen Trank braute.

»Wie merkwürdig, daß ich Sie so gesehen haben soll«, sagt sie. »So sind Sie überhaupt nicht zu mir. Ich vermute, das hängt einfach damit zusammen, daß ich als Kind Angst davor hatte, daß eine mächtige, gottähnliche Person mich für das, was ich war, verdammen würde. Wissen Sie, es war für mich immer schwierig, meine Mutter anzusehen, wenn sie verrückt war. Es lag etwas Merkwürdiges in ihren Augen, wenn sie von Verschwörungen und Gegenverschwörungen oder von Jesus Christus sprach; sie hatte dann so einen fanatischen Glanz in den Augen und eine Art inspirierter Intensität an sich. Das machte mir immer Angst. Sie war ihrer Sache so absolut sicher, so intensiv, und dann, im nächsten Augenblick, wurde sie einfach panisch.«

Mary wirft einen kurzen Blick auf Dr. M., der dicht bei ihr und ihr direkt gegenüber sitzt; sie sucht seine beruhigende Wärme. Sie wundert sich, ihn angespannt und angeregt, aber auch freundlich besorgt um sie zu sehen. Er beugt sich fast über sie, oder so kommt es ihr jedenfalls vor, er neigt sich zu ihr, wie ein gütiger Vater sich einem verängstigten Kind zuwendet.

Die Sitzung endet damit, daß Dr. M. Mary beruhigt und betont, daß alle diese Bilder — das Geweihte, das Heilige, das Kreuz, die intensiven, erleuchteten Augen, Jesus Christus, der Prophet des Alten Testaments — zu ihr gehören. Sie sind eine kollektive Gabe der Seele, abgesehen von den besonderen Formen, in denen ihre Mutter damit umgegangen ist, oder der spezifischen Art, wie er über einige Merkmale von Inspiration oder Religiosität denkt. Er empfiehlt ihr, die Abschnitte aus dem Jesajakapitel zu lesen, in denen der Prophet vom zornigen Urteilsverkünder zum Tröster, zum Verkünder von Güte und Gnade wird. Er versucht ihr vor allem nahezubringen, daß sie diese religiösen Themen und Bilder sich in ihrer eigenen Weise entwickeln lassen und nichts überstürzen sollte. Sie sind Teil des kollektiven Unbewußten und können Erfahrungsveränderungen bewirken, die ihrer Person Ganzheit und Richtung verleihen.

Im Verlauf der folgenden Wochen erkennt Mary, daß ihre Projektion unheimlicher, spiritueller oder auch dämonischer Eigenschaften auf Dr. M. zu der Entwicklung ihres eigenen psychischen Lebens gehörte. Sie hatte nicht auf seine hexenähnliche, königliche oder prophetenhafte Erscheinung reagiert, sondern vielmehr auf ihr eigenes Bedürfnis nach einem Propheten, König oder geistigen Führer. Ihr Unbewußtes hatte sie zuerst zum Kreuz und dann zu Christus zurückgeführt. Die Hinwendung dieses Stroms des Unbewußten zum religiösen Leben war ihr jedoch immer noch unklar.

Rückblickend erkennt Mary, daß sie sich zunächst auf die Entwicklung der dunklen, körperlichen, chaotischen Seite ihres Lebens konzentriert hat. Sie fühlt sich bereits lebendiger, wohler in ihrem Körper, offener für ihr Zusammenleben mit anderen; die stärkere Sinnerfüllung ihres Alltagslebens, ihre meditative Offenheit sich selbst und ihren Träumen gegenüber, selbst ihr Grübeln und ihre Befürchtungen haben ihr Gefühl der Lebensfülle verstärkt. Sie ist nun intuitiver und ihrem emotionalen Leben näher. Sie hat eine lebhaftere mythischere Sprechweise entwickelt, und das hat sie wiederum in stärkere Berührung mit der affektiven Dimension ihres Lebens gebracht.

Die Assimilierung der Religion

Es sollte zur Kenntnis genommen werden, daß in der Therapie nicht über die Wahrheit oder Unwahrheit religiöser Behauptungen diskutiert wird; auch wird die Patientin nicht etwa aufgefordert, in die Geschichte ihrer Religionsgemeinschaft einzudringen. Die Frage der Berufung eines Menschen durch Gott ihm Rahmen des christlichen Glaubens wird in der Therapie nicht thematisiert. Vielmehr wird die Aufforderung Gottes oder Christi zur Nachfolge als aus dem Streben der nach innen gerichteten Persönlichkeit nach religiöser Ganzheit hervorgehend, als durch dieses determiniert und verursacht angesehen. Auf jeden Fall wird das Streben nach Sinn, nach einer tieferen Bedeutung des Lebens, nach Verwandtschaft mit Gott, nach stärkerer Verbindung mit der Welt, mit der Entfaltung der kollektiven Seele in Verbindung gebracht. Die religiösen Symbole werden als aus der unbewußten kollektiven Psyche hervorgehend und somit als von innen, nicht von außen kommend angesehen. Dies wird weder diskutiert noch als eine Möglichkeit unter vielen hingestellt, die religiöse Entwicklung zu betrachten. Statt dessen bringt der Therapeut seinen Glauben an die Entfaltung der kollektiven Psyche im Leben des Individuums in der Weise zum Ausdruck, daß er dem Patienten die Entfaltung des Universellen in ihm selbst überzeugend demonstriert.

Die religiöse Orientierung eines Jungianers ist daher nach innen und nicht nach außen gerichtet; der Gott, der vernommen wird, ist die *kollektive Seele.* Während der Therapie wird der Gehorsam gegenüber der sich entfaltenden inneren Welt als die ethische, richtige, geeignete Erfüllung des Menschseins gelebt. Das Hören auf den Traum und seine Deutung als einer rätselhaften Äußerung aus den Tiefen der Persönlichkeit; die Befähigung in einer besonderen Kunstform als Möglichkeit, den inneren Tiefen zu lauschen; die Meditation und das Niederschreiben von Gedanken über die Bedeutung der Träume und Malerei — all diese Aktivitäten verkörpern den gelebten, nun mit dem Patienten geteilten Glauben an die religiöse, ehrfurchtgebietende Natur der sich im Inneren entfaltenden Welt, die als kollektiv gegeben verstanden wird. Mary muß diesen Botschaften ihres unbewußten Ichs lauschen und gehorchen, denn sie sind die Stimme Gottes in ihrem Leben.

Das unheimliche Bild des Königs, Priesters, Therapeuten ist in besonderer Weise mit den tatsächlichen Eigenschaften des Therapeuten verbunden. Der intensive Ausdruck der Augen, der an einen Magier gemahnende, nach innen gerichtete Blick, sein Warten auf das Wirken der magischen Kraft, der symbolischen Transformation, seine gelegentlich orakelhafte, erleuchtende Sprechweise — all dies sind wesentliche Bestandteile der therapeutischen Beziehung. Diese Eigenart der therapeutischen Beziehung führt dazu, daß Mary außerhalb der Therapie ihm gegenüber manchmal ein unheimliches Gefühl hat, und trägt zur Entstehung des Bildes eines alttestamentarischen Propheten in ihrem Traum bei.
Obwohl Dr. M.s konkrete Gegenwart wesentlich zu der gemeinsamen Konstituierung dieser Bilder, Vorstellungen und Symbole beigetragen hat, wird dieser Sachverhalt in der Jungschen Therapie als unwesentlich vernachlässigt. Das Bild von Dr. M. als Priester, Prophet oder König wird als in erster Linie Marys Unbewußtem zugehörig interpretiert; sie wird deshalb auf das Alte Testament verwiesen. Es ist Mary klar, daß sie, mit dem normalen, gesunden Menschenverstand betrachtet, Dr. M. in unangemessener Weise erlebt; daher ist sie bereit, die Ursache dieser Wahrnehmung in einer Projektion zu sehen, die von ihrem eigenen unbewußten Bedürfnis nach einem König oder Propheten herrührt. Darüber hinaus aber ist die dem kollektiven Unbewußten entstammende Form dieser Projektion ein wichtiger Bestandteil von Dr. M.s eigenem Selbstverständnis. Seiner Auffassung nach steht er in der Tradition der weisen geistigen Führer, der Priester, weisen Männer und weisen Könige. Seine geistige Teilhabe an diesem spirituellen Menschsein hat wesentlichen Einfluß auf die Träume seiner Patientin. Der Gott, dem er dient, ist der Gott in uns; für ihn ist die objektive kollektive Psyche die wirkliche Quelle eines jeden religiösen Glaubens. Er ist daher ein Jünger und Diener des einen wahren Gottes; seine Aufgabe besteht darin, auch anderen zu helfen, sich dem Willen dieses Gottes zu fügen. Daher gehört die Tatsache, daß Mary ihn als Priester/König erlebt, zu seiner eigenen tiefsten Selbsterfahrung und stammt nicht nur aus ihrem Inneren. Er hat an der Konstituierung des Bildes von ihm selbst als weiser Führer und königlicher Prophet mitgewirkt, und Mary hat diesen Zug in ihr Traumbild aufgenommen — das heißt, sie hat seine symbolische und reale Funktion imaginiert. Dieser Sachverhalt wird durch die Jungsche Reduktion ihrer Phantasie auf eine aus dem kollektiven Unbewußten auftauchende Projektion theoretisch verschleiert.

Die tatsächliche Beziehung zwischen Therapeut und Patient ist die Grundlage für die Wirksamkeit der orthodoxen Psychoanalyse. Das Phänomen der Übertragung ist vor allem dann therapeutisch fruchtbar, wenn tatsächliches Verständnis, Sympathie, Wärme und Respekt zwischen ihnen vorhanden sind. Analytische Einsichten können nur in dem Maße therapeutisch und befreiend wirken, wie sie dem Patienten eine Welt eröffnen, in der er leben kann. Analytische Wahrheit an sich ist für das Leben der Person weder konstruktiv noch destruktiv.
Nur wenn diese analytischen Wahrheiten mit den persönlichen Qualitäten eines Analytikers, wie er sie als Mensch im Umgang mit seinem Patienten realisiert, verknüpft sind, kann die Analyse eine neue Welt für den Patienten eröffnen. Die Wahrheit allein, wie sie aufgrund der theoretischen Orientierung in der Therapie vermittelt wird, bedeutet für den Patienten noch nicht die Eröffnung einer neuen Welt; genausowenig wie die vernachlässigte oder übersehene Wahrheit allein schon bedeuten muß, daß die Therapie für den Patienten destruktiv ist oder sein Leben einschränkt. Um den therapeutischen Prozeß zu verstehen, ist es notwendig, sich die tatsächlichen Gegebenheiten klar zu machen. Ein Therapeut ist Therapeut innerhalb eines größeren Horizontes kultureller und menschlicher Werte, von denen er in der Regel nicht spricht und die ihm vielleicht nicht einmal voll bewußt sind. Seine persönlichen Eigenschaften — Geduld, Verständnis, Vernunft, intuitives Einfühlungsvermögen, Wärme — sind die notwendige Basis für die Nützlichkeit der von ihm formulierten Wahrheiten.
Die menschliche Präsenz des Therapeuten ist auch die Basis, um den Patienten für neue und reichere Lebensmöglichkeiten aufgeschlossen zu machen. Inhaltlich entwickelt sich die Jungsche Therapie zur Artikulierung der mythischen Strukturen des unbewußten Lebens hin, unter besonderer Betonung seiner kollektiven und universellen Aspekte. Daher stehen das Traumleben des Patienten, seine sich entfaltende künstlerische Ausdrucksform, die Entwicklung seiner noch unentwikkelten Funktionen, das Auftauchen von Bildern aus dem mythischen Untergrund seiner Persönlichkeit im Mittelpunkt der Therapie.
Der Jungianische Therapeut begibt sich nicht in eine Pseudoanonymität. Er sieht den Patienten an, ermutigt ihn, redet ihm zu, belehrt ihn, leitet ihn an, führt ihn und fördert ausdrücklich eine nach innen gerichtete, meditativ-nachdenkliche Haltung. Jede Aufforderung oder jeder Hinweis des Therapeuten bedeutet sehr viel mehr, als er auf den ersten Blick auszusagen scheint.

Als zum Beispiel während der ersten Interviews der Therapeut beiläufig und doch eindringlich über Marys einseitige Ich-Entwicklung spricht, kommt darin ein Bedeutungshorizont zum Tragen, der nicht ausdrücklich angesprochen wird. Dr. M. versichert, daß Mary in einer Weise wachsen und sich entwickeln könne, wie sie es bisher noch nicht getan habe. Er stellt fest, daß er sie mag und sich darauf freut, im Rahmen eines interessanten und fruchtbaren Unternehmens mehr Zeit mit ihr zu verbringen; er bestätigt auch, daß ihre Unzufriedenheit mit ihrem Leben zu Recht besteht (er reduziert ihre Probleme also nicht auf eine Tick oder einfach einen Mangel an sexueller Erfüllung). Er erweist sich als herzlich und intelligent, und er ist optimistisch im Hinblick auf Marys Ich-Entwicklung; außerdem bestätigt er Mary, daß sie attraktiv sei, daß es Spaß mache, mit ihr zusammen zu sein und daß das Unternehmen lohnend sei.

Diese Bedeutungshorizonte sind nicht unbewußt im üblichen Sinne des Wortes, sondern es handelt sich um primär erlebte Bedeutungen, die sich aus der Interaktion zwischen Mary und dem Therapeuten ergeben. Als erlebte Bedeutungen liefern sie die Basis für die Kommunikation zwischen ihnen. Aber diese lebendige Basis, die den Ausschlag dafür gibt, daß Mary sich durch die Feststellung ihrer Minderwertigkeit nicht verletzt, angegriffen oder herabgesetzt fühlen muß, wird charakteristischerweise nicht thematisiert. Sie ist Basis der Kommunikation in dem doppelten Sinne, daß sie als solche nicht bemerkt wird, nicht im Mittelpunkt steht, aber auch in dem Sinn, daß sie sowohl dem Patienten als auch dem Therapeuten Bewegungsspielraum gibt.

Diese tatsächlich erlebten Bedeutungshorizonte, die für Dr. M. und Mary die Grundlage ihrer Kommunikation bilden und Lebensraum schaffen, sind nicht deren persönliche Erfindung, noch lassen sie sich in den Archetypen des Unbewußten finden. Vielmehr hat die Möglichkeit des fruchtbaren Gesprächs im Jungschen Sinne ihre *Wert*grundlage in der Tatsache, daß Dr. M. und Mary an einer kulturellen Situation partizipieren, die ihnen bereits gemeinsam war, bevor sie sich kennenlernten. Die Möglichkeit des Zugangs zueinander ist wahrscheinlich schon durch ihr gemeinsames christliches Erbe garantiert. Für ihre Kommunikation ist bereits eine Basis vorhanden aufgrund ihrer gemeinsamen Sprache, ihrer gemeinsamen Überzeugungen, ihrer gemeinsamen Wertschätzung des Individuums, der Tatsache, daß beide ein sich unter der Oberfläche befindliches Bewußtes annehmen, ihres impliziten Rationalismus und Szientismus (des Erbes des 20. Jahrhunderts, das den Glauben an Engel und Dämonen erschwert, den Glauben an ein Unbewußtes aber erleichtert).

Wenn Dr. M. Mary nicht in verdammender Weise, sondern herzlich, intensiv und interessiert ins Gesicht schaut und sie direkt darauf anspricht, daß sie in bestimmten Bereichen unentwickelt ist, verstehen beide vor dem Hintergrund eines gemeinsamen Lebensgefühls die Situation genau. Die persönlichen Qualitäten des Nicht-Verdammens, der Herzlichkeit, Intensität und des Interesses sind bereits kulturell als positive Werte vorgegeben. Sie sind *gute* Eigenschaften, die die andere Person ermutigen und anziehen. Auch die Vorstellung, unentwickelt zu sein, bezieht sich als kulturell vorgegebene, selbstverständliche Vorstellung auf einen Horizont vorgegebener und im voraus festgelegter Werte: Es ist besser, seine Talente zu entwickeln, als sie nicht zu entwickeln; es ist besser, reich ausgestattet als dürftig zu sein; es ist wichtig, daß jedes Individuum die Möglichkeit hat, sein ganzes Ich zu entwickeln. Keiner dieser Werte bedarf einer ausdrücklichen Diskussion, eines Beweises oder der Verteidigung.
In einer demokratischen, auf den christlichen Werten basierenden Gesellschaft und Kultur ist die Akzeptierung keiner dieser Werte in Frage gestellt. Der einzige kulturell erlaubte Angriff ist auf der Basis anderer, ebenso allgemein anerkannter Werte möglich, die durch eine solche Bejahung des rein Individuellen bedroht sein könnten. Diese kulturell vorgegebene, gemeinsame Basis wird von Dr. M. und Mary gerade deshalb nicht thematisiert oder diskutiert, weil sie vorgegeben ist. Im Rahmen dieser Werte sind sie konkret füreinander gegenwärtig. Und da auch wir derselben Kultur angehören, können *wir* bewundern, in welch taktvoller, uneingeschränkter, umfassender Weise sie sich an viele dieser Werte halten.
Es kann sein, daß wir uns als Beobachter nicht ganz klar darüber sind, was wir da eigentlich genau bewundern. Dr. M.s taktvolle, überzeugende, freundliche, menschliche, ermutigende Präsenz konzentriert sich schließlich thematisch auf das Auftauchen des kollektiven Unbewußten. Die Entfaltung der inneren Welt des Individuums auf der Basis der kollektiven, universellen, objektiven Psyche ist faszinierend. Auch wir können zu verzückten Gläubigen werden, ja, dies ist bis zu einem gewissen Grade sogar unvermeidbar.

Die aktive Imagination

Sowohl aus der Interpretation des Traumes als auch aus dem Gebrauch der Malerei geht hervor, daß Mary und Dr. M. mit äußerstem Ernst die interpretierten Hinweise, Anregungen und Eingebungen, die sich daraus als Richtlinien für das Leben ergeben, aufgegriffen haben.

Die bewußte Haltung des Respekts und der hoffnungsvollen Erwartung gegenüber diesen aus dem Unbewußten auftauchenden Werken ist notwendiger Bestandteil dieses Vorhabens. Manchmal ist es jedoch darüber hinaus nützlich, sich der aktiven Imagination zu bedienen. Diese wird oft als zusätzliche Methode verwendet, die aus dem Unbewußten hervortretenden Bedeutungen auszuweiten oder anzureichern. Manchmal soll der Patient mit ihrer Hilfe auch über eine Schwierigkeit hinweggebracht werden.
Mary stößt auf einen solchen schwierigen Bereich, als sie sich auf eine reichere religiöse Entwicklung zubewegt. Wegen ihrer vergangenen Erfahrungen mit Religion fürchtet sie die Möglichkeit, dadurch wahnsinnig zu werden; abgesehen davon hat ihre vernünftige Anpassung an das Leben immer eine ziemlich starke Ego-Kontrolle, Selbst-Kontrolle erfordert. Die Vorstellung, sich einer numinosen spirituellen Macht radikal zu unterwerfen, erschreckt sie deshalb.
Bisher ist Mary bereit gewesen, die Ansprüche ihres Ego-Ich im Interesse einer reicheren Entfaltung ihrer Persönlichkeit zu mäßigen. Dies hat jedoch noch keine radikale Umwälzung oder Neuorientierung ihres Lebens mit sich gebracht. Ihr Leben ist reicher und emotionaler und daher universeller und bedeutungsvoller geworden, aber ihre Ego-Kontrolle hat sich dadurch nicht wesentlich verändert. Sie richtet sich immer noch hauptsächlich nach der Vernunft. Selbst das Jungsche Prinzip der Vervollständigung wurde von ihr als Prinzip der Mäßigung und der Vernünftigkeit aufgegriffen.
Als sie sich nun zu einem ausgeprägten religiösen Verständnis ihres Lebens hin entwickelt, leistet sie Widerstand. Sie mag es nicht, sie kann es nicht vertragen; sie hat Angst. Dr. M. hat sie ermutigt weiterzumalen und religiöse Themen sich in ihren Bildern entwickeln zu lassen. Marys Reaktion ist, daß sie Malen nun überhaupt ablehnt; ihre Arbeit wird planlos, und ihr Traumleben versiegt in gewisser Weise. Ihre Entwicklung zur nächsten Phase, auf die ihre Träume und ihre Gemälde bereits hinweisen, die Entwicklung eines reicheren religiösen Empfindens, ist blockiert.
Dr. M. denkt sorgfältig über diese Situation nach. Einerseits gibt es in ihren Träumen wie auch in ihren Malereien klare Hinweise dafür, daß Mary nun zu einer neuen Synthese in ihrer psychischen Entwicklung gelangen könnte. Aber sie hat dieser neuen Entwicklung seit über einen Monat Widerstand geleistet. Mehrmals hat sie zu Dr. M. gesagt: »Nun ist es genug. Ich weiß, daß ich in meiner Selbst-Entwicklung weiter kommen könnte, aber ich möchte nicht. Schon wenn ich bloß versuche, es zu wollen, verkrampfe ich mich, werde ich ängstlich und furchtsam.«

Dr. M. weiß, daß die Tiefen des unbewußten Lebens der Archetypen einen Menschen wirklich erdrücken können. Es ist nicht immer ratsam, in das kollektive Unbewußte hinabzutauchen, da manche Patienten daraufhin eine sehr schwere vorübergehende oder sogar ständige Störung entwickeln. Aufgrund dieser Überlegungen und Sorge um Mary kommt er zu dem Schluß, daß er sie nicht drängen möchte. An diesem Punkt beschließt er, sich der Methode der aktiven Imagination zu bedienen. Wenn ein Patient die Möglichkeit erhält, in der Gegenwart des Therapeuten aktiv zu imaginieren, kann man genau erfahren, was er kann und was er nicht kann.

Indem er Mary erklärt, daß er unmittelbar an ihren Ängsten, Schwierigkeiten und der Erforschung ihres unbewußten Lebens teilnehmen möchte, fordert er sie auf, sich auf die Couch zu legen und sich imaginativ in das erste religiöse Bild, das sie gemalt hat — das mit dem kleinen Kreuz —, zu versetzen. Er versichert ihr, daß er ihr helfen, sich an ihren Erforschungen beteiligen und alles tun werde, um zu vermeiden, daß sie ihm entgleitet: »Wir haben keine große Eile. Wir müssen uns nicht hineinstürzen und uns zu Tode ängstigen. Wir wollen unsere Erforschungen einfach mit diesem ersten Bild beginnen, das Sie durch unsere früheren Diskussionen und ihre eigenen Meditationen bereits recht gut verstehen.«

Mary ist angespannt, sie fühlt sich an die erste Behandlungsstunde auf der Couch bei ihrem früheren Analytiker erinnert und weiß nicht, wie sie anfangen soll. Der Therapeut sagt: »Beginnen Sie einfach damit, wo Sie sich in dem Bild befinden. Sagen Sie mir, was Sie jetzt von dem Bild halten.« Mary beschreibt das Bild und stellt lakonisch fest, daß in der oberen linken Ecke ein Kreuz ist; sie erwärmt sich etwas bei der Beschreibung der orangefarbenen und rotglühenden Masse, die von einer dunklen schwarzbraunen Schicht überdeckt wird. Als sie fortfährt, ermutigt sie der Therapeut: »Führen Sie das weiter aus! Versenken Sie sich da hinein. Was fühlen Sie dabei? Was sehen Sie? Sind Sie allein?« Seine Aufmerksamkeit gegenüber den auftauchenden Bilder, Gefühlen, Gedanken und Zweifeln verleiht dieser Welt der Imagination Bedeutung und hilft Mary, sie zu konkretisieren.

Dr. M. und Mary schenken der sich nun entwickelnden imaginativen Phantasie gemeinsam Glauben. Mary begibt sich jetzt tief ins Erdinnere und ist überwältigt von dem Aufblühen ihrer eigenen Imagination. Ihr thematisierendes Bewußtsein hat vergessen, daß sie sich auf einer imaginativen, religiösen Suche befindet. Daher ist sie überrascht, zwei hervorragend geschnitzte Eichentüren (wie große Kirchentüren) in ihrer Phantasie zu sehen, in die fremdartige Hieroglyphen einge-

schnitzt sind. Sie steht vor ihnen und weiß nicht, was sie tun soll. Sie vernimmt von innen ein murmelndes Geräusch wie von einer Gruppe von Menschen, die in einem fremdartigen, unverständlichen Kauderwelsch singen.
Sie steht wie versteinert vor den Türen, die dunkler und schwerer zu werden scheinen; sie wird von nacktem Schrecken erfaßt, und Lähmung packt sie, ihre Atmung wird flacher. Gerade als sie ihre Augen öffnen will, um aus der imaginativen Trance auszubrechen, fängt Dr. M. an, mit ihr über die verschiedenen Möglichkeiten in dieser Situation zu sprechen. »Wir könnten uns vielleicht den Betenden anschließen; oder wir könnten vielleicht eintreten, um als Zuschauer ihren Riten zuzusehen. Wir wollen durch die Türen gehen und sehen, was passiert. Wir können immer wieder weggehen, wenn es sein muß.«
Mary fährt mit dem aktiven Imaginieren fort und geht durch die Türen in das dunkle Innere. Was durch die Türen wie Singen geklungen hatte, klingt jetzt wie das Geräusch von Nagetieren. Weiter vorn kann sie im Zwielicht einen Altar schwach erkennen, auf dem eine große Ratte etwas frißt; Mary hat das schreckliche Gefühl, daß sie Menschenfleisch frißt. Obwohl dies sie mit Grauen erfüllt, fühlt sie sich irgendwie sicherer als in dem Moment, als sie vor den Kirchentüren stand. Dr. M.s Gegenwart wirkt beruhigend auf sie in diesem dunklen, unheimlichen Raum. Sie nimmt ihren ganzen Mut zusammen und nähert sich dem Altar. Als sie näher kommt, nimmt die Ratte gewisse menschliche Züge an — sie ist halb Ratte, halb ein alter Mann, wie ein runzliger, buckliger, priesterlicher Zwerg. Der Blick, den er Mary zuwirft, lädt sie ein, mit ihm an einem Opferfest teilzunehmen. Als Mary zaudert, hebt er seine Hand zuerst gen Himmel, dann hält er sie über das Opfer auf dem Altar und schließlich über Marys Kopf. Mit einem Gefühl des Friedens und der Ruhe öffnet Mary ihre Augen. Dr. M. beschließt das Interview einen Augenblick später, indem er sagt: »Formulieren Sie diese Bilder aus; denken Sie über diese Erfahrung nach, vielleicht werden Sie entspannter und können wieder malen. Das nächste Mal werden wir darüber sprechen.«

Die Transformation von Marys Lebenswelt

Mary und Dr. M. wenden auch weiterhin die aktive Imagination an, die in einem wesentlichen Moment von Marys Entwicklung eingesetzt worden war, als sie bereits angefangen hatte, ihre Rationalität ein Stück weit zu relativieren und als sich ihr ein reicherer innerer Bedeutungshorizont erschlossen hatte. Es handelte sich aber auch dabei um eine

Form der Mäßigung und Vernünftigkeit, die im Interesse einer besseren Anpassung an das Leben geboten war. Die tiefsten Archetypen des kollektiven Unbewußten, diejenigen, die für die Ganzheit der Persönlichkeit auf der Basis des Irrationalen zuständig sind, sind jedoch nicht gemäßigt, pragmatisch oder vernünftig, sondern drücken ihre Existenz in Bildern von Opfer und Kreuzigung, von dunklen Erdgöttern und lichten Himmelsgöttern aus. Sie sind scheinbar nutzlos, unvernünftig, ja sogar verrückt und gefährlich für das aufgeklärte Bewußtsein des rationalen westlichen Menschen.

Das aufgeklärte Bewußtsein war die Wurzel für Marys Unzulänglichkeit und ist auch die Wurzel für die Unzulänglichkeit des westlichen Menschen überhaupt. Marys Glaube an die Macht rationaler Verfahren war der Grund dafür, daß die tiefsten, universellsten Bedeutungen des Menschseins für sie in der Dunkelheit geblieben waren und nicht zur Verwirklichung gelangten. Nun erkennt sie sie zum ersten Mal durch die immer reicher werdenden mythischen Bilder, die in ihren Träumen und Malereien auftauchen und die in den großen religiösen Traditionen begründet sind. Sie erkennt jetzt, daß sie eine Dienerin »des Gottes in ihr« ist, und daß es sich dabei nicht um eine vergängliche Laune oder Stimmung, einen momentanen Gedanken oder ein Augenblickserlebnis handelt; sie entwickelt nun ein Empfinden für die ihrem Leben zugrundeliegende Einheit mit der ganzen Menscheit und »dem Gott in uns.« Sie findet einen tiefen Frieden, der es ihr erlaubt, sich zu entspannen und die sich in ihr entfaltenden religiösen Bilder zu genießen.

Auch andere bemerken die Veränderung an Mary. Sie spricht langsamer, bewegt sich irgendwie langsamer und ist offensichtlich ruhiger und entspannter. Wie sie selbst hervorhebt, hat sie das Nirwana nicht erreicht. Es gibt immer noch Momente der Angst und der Spannung, manchmal taucht das frühere maschinenhafte, geschäftige, hastende, pragmatische Ego-Ich mit seiner inneren Unruhe und Rastlosigkeit wieder auf. Sie selbst drückt diesen Zustand in Anlehnung an die geistigen Vorfahren dieser Haltung so aus:

»Es stimmt, daß es in meinem Leben angstvolle Augenblicke gibt, aber sie sind wie die Wellen oder das Schäumen des Wassers an der Oberfläche des Meeres. In meinem innersten Ich ist ein Gefühl des Friedens und der Harmonie, der Ruhe und der Tiefen. Ich habe ein tiefes Gefühl des Einsseins oder der Harmonie mit allem, was ist, das sogar Schmerz, Streit, Schwierigkeiten und Angst umfaßt. Ich bin wie ein Tropfen in dem Strom, der aus dem Krug des Allmächtigen fließt, wie der Lichtstrahl einer Kerze, wie ein Reisender auf einem weiten Weg.

Und es ist richtig, daß das so ist. Ich bin mir dieses Einsseins mit allem irgendwie die ganze Zeit hintergründig bewußt, ich habe das Gefühl, Teil eines viel größeren, weiteren Bewußtseins zu sein, das dennoch auch mir gehört und unersetzbar ist.«

Nach dem Durchbruch zu einem neuen religiösen Bewußtsein werden Marys Therapiesitzungen seltener. Sie kommt nur noch zweimal im Monat, später noch einmal. Zu diesem Zeitpunkt diskutieren sie und ihr Therapeut in erster Linie über Marys Patienten oder über die Religion. Es handelt sich bei ihren Gesprächen schließlich kaum noch um eine Therapie, und so beenden sie die formalen Verabredungen.

8

Der Klient aus der Sicht der klientenzentrierten Psychotherapie

Hintergrund

Im Rahmen der klientenzentrierten Theorie, wie sie von ihrem Gründer und Hauptvertreter, Carl Rogers, entwickelt wurde, ist der Klient deshalb Klient, weil er an Spannung und Angst leidet. Diese Spannung besteht, weil er wichtige Aspekte oder Bereiche seiner Erfahrung nicht zum Bewußtsein zugelassen hat. In Übereinstimmung mit Freud und Jung betrachtet der klientenzentrierte Ansatz den Patienten als gespalten, weil er wichtige Bereiche der Erfahrung aus dem Bewußtsein verdrängt hat.
Das Selbstbild des Klienten steht im Widerspruch zu seiner Lebenserfahrung; daher muß er diese Erfahrung ständig in ihrer Bedeutung herabsetzen, ignorieren, verleugnen oder verzerren. Dadurch entstehen zwei Ebenen des Selbst-Seins: die eine umfaßt das konzeptualisierte, zugelassene oder irgendwie idealisierte Selbst, die andere hat Kontakt mit und entstammt der tatsächlichen Erfahrung des prozeßhaften Selbst. Weil der Klient entschlossen ist, sein Selbstkonzept, seine Selbstkonsistenz aufrechtzuerhalten und sich so zu verwirklichen, wie er sich selbst versteht, ist er nicht in der Lage, jene Erfahrungen, die mit seinem idealisierten Selbst und damit seinem Selbstwertgefühl in Konflikt geraten könnten, zum Bewußtsein zuzulassen.
Hier besteht eine eindeutige Parallele zu Jungs und Freuds Sicht des Patienten. Jung geht davon aus, daß der Neurotiker dazu tendiert, die gut angepaßten, gut entwickelten Aspekte seiner Persönlichkeit zu betonen und die dunklere, minderwertige Seite zu unterdrücken. Freuds Auffassung zufolge neigt der Neurotiker dazu, seinen Ich-Stolz gegen die primitive, impulsive Seite seiner Persönlichkeit durchzusetzen, was zu einer Verleugnung der triebhaften Seite führt. Alle drei Theoretiker stimmen grundsätzlich darin überein, daß die neurotische Person eine verstümmelte, einseitige, fragmentarische Version ihrer selbst aufrechterhält und die umfassendere Wahrheit ihrer Persönlichkeit verleugnet.

Um zu verstehen, wie ein Mensch seine eigene Erfahrung verleugnen kann, müssen wir auf die Struktur der menschlichen Motivation, wie Rogers sie versteht, eingehen. Jeder Mensch strebt danach, sein ganzes Selbst zu bewahren und zu erweitern, partielle Bedürfnisse (wie Hunger und Sexualität) zu befriedigen und auch seine Fähigkeit zu fruchtbarem Kontakt mit der Wirklichkeit zum Ausdruck zu bringen. Dieses Streben nach Selbsterfüllung, das Rogers als das grundlegende Streben aller Lebewesen betrachtet, erhält im Rahmen der klientenzentrierten Realitätsauffassung eine absolute, metaphysische oder religiöse Qualität. Dieses Streben, das manchmal auch »organisches Streben« genannt wird, ist das eigentlich *Wirkliche*.
Es ergibt sich jedoch eine interessante Komplikation bei der Entfaltung des Selbst, die aus der Tatsache erwächst, daß für die Erfüllung dieses Strebens des Organismus andere Menschen notwendig sind. Andere Menschen haben einen großen Einfluß, wenn es um das Bedürfnis einer Person nach Liebe, Zärtlichkeit und Selbstachtung geht, sowie um die Möglichkeit, Liebe zu versagen. Eltern empfinden, ebenso wie andere Menschen, ein Kind nicht zu allen Zeiten als gleich liebenswert. Daher enthält das ausgeprägte Streben nach Liebe und Beachtung immer auch eine grundlegende Schwäche, nämlich die Bereitschaft, die Erfahrung zu verzerren, zu verleugnen, zu ignorieren und zu verfälschen. Zum Beispiel stößt einiges, was ein Kind gern und mit Freude tut, auf starke Mißbilligung seitens der Eltern und führt zu Liebesentzug, oft sogar zu Feindseligkeit und Abneigung. Ein kleines Kind, das sein Bedürfnis befriedigt, indem es seinem kleinen Brüderchen auf den Kopf schlägt, wird wahrscheinlich nicht die Anerkennung seiner Eltern finden. Folglich kollidiert sein Bedürfnis, geliebt und anerkannt zu werden, mit seinem Bedürfnis nach Selbstausdruck.
Hier ist die Grundlage für eine Transformation der Persönlichkeit zu suchen. Bestimmte Aspekte seiner Persönlichkeit, seiner Erfahrung, seiner Motivationen und seiner Umgebung können von dem kleinen Kind als schlecht oder wertlos erfahren werden. Es ist noch nicht fähig, genau zu unterscheiden, daß es der Zorn seiner Mutter ist, den es vermeiden will; statt dessen empfindet es sein Gefühl, seinen Gedanken oder seine Tat als schlecht oder wertlos. Eine Person zu sein, die einen solchen Impuls oder eine solche Vorstellung hat, läßt sich nicht vereinbaren mit dem Wunsch, geliebt und gemocht zu werden. »Nur wenn ich höflich, nett, freundlich, warmherzig, liebevoll, herzlich, brav, ordentlich und sauber bin, bin ich ein wertvoller, erträglicher Mensch«,

oder »Nur wenn ich schwach, unterwürfig, dumm und nett bin, mögen mich die anderen.« Diese »Bedingungen des Selbstwertgefühls« sind an der Bildung eines stark verstümmelten Selbstkonzepts beteiligt, das die Person nun so konsistent wie möglich aufrechtzuerhalten versucht. Nachdem die elterlichen Tabus erst wirksam geworden sind, werden bestimmte Bereiche seiner Persönlichkeit und seiner Situation verdrängt und sind dann weder der bewußten Wahrnehmung noch der Symbolisierung zugänglich. Es existiert also ein innerer Widerspruch in der Persönlichkeit.

Ihm Rahmen des klientenorientierten Konzepts sind die Unfähigkeit zum symbolischen Ausdruck und die Unfähigkeit, sich eines Gefühls oder einer Tatsache bewußt zu werden oder etwas genau zu erfahren, gleichbedeutend. Der Klient ist nicht fähig, sich auf die tabuisierten Bereiche seiner Existenz zu konzentrieren, sie sich vorzustellen, sie klar zu sehen, zu thematisieren, sie sprachlich klar zum Ausdruck zu bringen oder ihnen auf andere Weise konkret Gestalt zu geben. Es mag sein, daß sehr intensive Erfahrungen aus dem Bewußtsein ausgeschlossen werden müssen — rasender Zorn, ein zärtliches Bedürfnis, anderen nahe zu kommen, sexuelles Verlangen usw. Die Spannung oder der Widerspruch zwischen dem »wertvollen Selbst, das ich sein muß« und dem »Selbst, das ich erfahre«, wird oft sehr stark und ist außerordentlich angsterzeugend; sie führt zu größerer Verwundbarkeit, Unbehagen und wachsender Vorsicht in den Beziehungen zu anderen. Die Spaltung in der Persönlichkeit ist nur mit großer Anstrengung aufrechtzuerhalten, da das eingeschränkte Selbstbild ständig durch weitere Lebenserfahrung bedroht ist. Jeden Augenblick kann ein Wutanfall, eine starke Reaktion auf Frustration, ein Traum oder eine unerwünschte Vorstellung eine Bedrohung für mein Selbstbild darstellen. Die Struktur der gespaltenen Existenz des Neurotikers enthält einen ständig erlebten Widerspruch zwischen dem Erfahrungsstrom und dem idealisierten, eingeschränkten Selbstbild, das es zu bewahren gilt.

Die Theorie der Neurose

Die Theorie der klientenzentrierten Psychotherapie gibt nur eine abstrakte, stark schematische Beschreibung der seelischen Entwicklung und der Persönlichkeit. Im Gegensatz zur Freudschen und Jungschen Theorie enthält sie keine detaillierte Beschreibung des innerpsychischen Lebens und differenziert nicht zwischen den einzelnen Entwicklungsphasen; sie stellt keine Beziehung her zwischen der Entwicklung einer Person und der Vorgeschichte der Menschheit, ihren Erbanlagen, ihrem konstitutionellen Typus, den Wechselfällen der frühen Lebensjahre oder ihren Erfahrungen mit bestimmten Organen wie Mund, Ohr, Anus oder Phallus.

Die Rogerssche Theorie ist fest in der klaren, einfachen, demokratischen Gesinnung verwurzelt, die sich in der Psychotherapie als therapeutisches, befreiendes, warmes, helfendes Verhalten zum Ausdruck bringt. Zu den »Bedingungen des Selbstwertgefühls« gibt es kaum theoretische Aussagen; hier erfolgt keine theoretische Darlegung einer innerpsychischen Instanz, genannt »Überich« wie bei Freud, noch wird zur Erklärung des moralischen Bewußtseins ein phantasievoller Abriß der frühen Menschheitsgeschichte gegeben wie bei Jung. Rogers geht im Hinblick auf den Klienten ausschließlich deskriptiv vor, und er entwickelt seine Theorie in enger Anlehnung an die Ereignisse, die auftreten, wenn ein freundlicher, verständnisvoller Therapeut sich mit einem Klienten beschäftigt.

Rogers' Theorie der Neurose beginnt und endet mit dem Klienten, wie dieser sich selbst darstellt. Der typische Klient, der in seine Therapie kommt, beginnt die Interviews mit Kommentaren, die mit seinen »Selbstwertbedingungen« zusammenhängen. Er sagt etwa: »In letzter Zeit konnte ich mich gar nicht auf mein Studium konzentrieren, dabei wäre das dringend nötig« oder »Ich komme nicht mit dem anderen Geschlecht zurecht« oder »Ich bin schrecklich schüchtern«.

Man könnte nun zum Beispiel fragen: »Was soll das alles? Es gibt viele Leute, die schüchtern sind oder Schwierigkeiten mit ihrem Studium haben.« Der Klient wird einem dann gewöhnlich erzählen, wie ungeheuer wichtig es für ihn sei, in seinem Studium besser voranzukommen, wenn er überhaupt zu etwas taugen soll. Wenn er in seinem Studium nicht außerordentlich gut ist, hört er vor Entmutigung ganz auf zu studieren; wenn er auf das andere Geschlecht nicht außergewöhnlich anziehend wirkt, zieht er sich ganz aus dem Kampf zurück. Von einem Durchschnittsklienten hört man gleich im ersten Interview eine Reihe von an ihn selbst gerichteten Befehlen, Verboten, Aufforderungen und Muß-Formulierungen, die — wenn er ihnen nicht nachkommt — zu Selbstentwertung und dem Verlust des Selbstwertgefühls führen. Der typische Klient ist offensichtlich in ein Netz von Regeln verstrickt, die genau festlegen, wie er sich verhalten *muß* und *sollte*, von denen er sich entmutigen und erdrücken läßt und die ihn schließlich davon abhalten, auf seine wirklichen Wünsche und Neigungen zu achten.

Die Theorie der klientenzentrierten Psychotherapie bleibt dicht an dem Erscheinungsbild, das der Klient präsentiert; sie ist deshalb ziemlich leicht verständlich. Aber diese deskriptive Nähe bleibt sehr allgemein und schematisch; es gibt keine Beschreibung, wie zum Beispiel die Körperhaltung eines Menschen die genaue Erfahrung sowie den symbolischen Ausdruck der Erfahrung blockiert. Die klientenzentrierte Theorie beschreibt nicht, wie Zähneknirschen und Halssteifmachen dem Zweck dienen, die Erfahrung von Wut zu unterdrücken; sie führt auch nicht aus, wie Sichstillverhalten, »Sichtotstellen« oder das Erstarren des Körpers in einer hochmütigen Pose Formen der neurotischen Abwehr sein können. Die klientenzentrierte Theorie ist einfach eine Theorie der Therapieereignisse, in der ausführliche Darstellungen verschiedener Formen der Abwehr, spekulative Beschreibungen der Vorgeschichte der Menschheit, eine Diskussion des innerpsychischen Lebens und der interpersonellen Kommunikation wenig Raum haben.

Die Theorie der Werte und der Bewertungsprozesse

In der Beschreibung der neurotischen Entwicklung aus der klientenzentrierten Perspektive ist eine Theorie der Werte enthalten, die von zwei Bewertungsprinzipien ausgeht: Das erste Prinzip ist in der organischen Struktur des Menschen begründet, das zweite ist künstlich geschaffen, das Ergebnis des Einflusses der Kultur auf die Entwicklung des Menschen. Diese Theorie wurzelt in der Beobachtung, daß die Klienten sich willkürlich und selbst-destruktiv Wertforderungen auferlegen, die nicht in Einklang mit ihren wirklichen Möglichkeiten stehen. Es ist für den Klienten typisch, daß er von sich selbst Leistungen, Tugenden, Kräfte, Begabungen und Eigenschaften fordert, die in keiner Weise zu seinem tatsächlichen Selbst und seinen Möglichkeiten passen. Der mit beiden Füßen auf der Erde stehende Pragmatiker strebt danach, ein spekulativer Intellektueller zu sein. Der stille, nachdenkliche Klient besteht darauf, ein unbeschwerter, geselliger Extravertierter zu sein. Der mürrische, trockene Typ möchte ganz Liebenswürdigkeit und Heiterkeit sein. Der Klient bewertet also offensichtlich in »unnatürlicher«, »künstlicher«, »falscher« oder »introjizierter« Weise. Er hat diese Werte von anderen übernommen, um deren Billigung, Achtung und Liebe zu erhalten. Aber indem er diese Werte übernimmt, als ob sie zu ihm selbst gehörten, begeht er einen grundlegenden Fehler, weil sie nicht seiner eigenen Erfahrung entstammen. Wenn der Klient diesen Werten folgt, verhärtet und täuscht er sich in der Regel, sein Kontakt zur Realität trübt sich, er wird defensiv, ängstlich und aktionsunfähig. Er verfolgt ein Idealbild seiner selbst, das er jedoch nicht wirklich lieben oder als zu ihm gehörig bejahen kann, weil es in Wirklichkeit *nicht* zu ihm gehört. Die natürlichere Bewertungsebene — die organisch vor-

gegebene Gefühls-/Empfindungsebene — ist trotz all dieser Verzerrungen weiterhin wirksam. Er reagiert weiterhin positiv auf das, was er wirklich gut findet und was ihm gefällt und negativ auf das, was ihm wirklich mißfällt. Diese natürliche Reaktion wird aber verwischt und verschleiert, sie wird ihm sogar in dem Maße unbewußt, wie sie durch die »Selbstwertbedingung«, an die er sich klammert, verboten ist.
Bei der neurotischen Person, die in die Therapie kommt, laufen zwei Prozesse ab, die sich grundsätzlich widersprechen. Da ist der wirkliche Bewertungsprozeß, der sich ständig in Fluß befindet und die sensorische und gefühlsmäßige Grundlage der fundamentalen organischen Bewertung bildet. Dieser Bewertungsprozeß liegt solch einfachen Sätzen zugrunde, wie: »Das schmeckt gut«, »Das fühlt sich gut an«, »Ich tue dies gern«, »Ich fühle mich besser, wenn ich das tue«, »Das macht mir großen Spaß«, »Ich tue das nicht gern«, »Ich empfinde das als unangenehm«, »Das macht mir keinen Spaß« usw. Wenn dieser Prozeß der natürlich-gefühlsmäßigen Bewertung nicht von komplizierten Selbstwertbedingungen, negativen Befehlen und Tabus gestört wird, dient ein komplexes Gefühls-/Empfindungs-Erlebnis als Bewertungsrichtschnur im Leben der Person.
Dieser natürliche Fluß wird jedoch durch die von anderen Personen übernommenen Bewertungsprozesse beeinträchtigt. Die Tatsache »Ich bin gerne laut und lärmend«, was für das kleine, aktive Kind ganz natürlich ist, wird durch den falschen Wert ersetzt: »Ich mag nur Stille, Ruhe und Ordnung.« »Ich gehe gerne im Regen spazieren, patsche gern mit meinen Füßen im Schlamm, renne gern wild und frei umher« wird ersetzt durch »Anständiges Benehmen, höfliches Sprechen und Würde sagen mir als wirkliche Erwachsenentugenden zu.« Der erfahrene klientenzentrierte Therapeut wird dem Klienten helfen, mit dieser Gefühls-Empfindungsseite seines Lebens in Berührung zu kommen und sie zu entwickeln. Die Therapie muß darauf gerichtet sein, dieses von der Theorie postulierte, natürliche, organische, wertende Empfinden zu fördern.

9

Die klienten-zentrierte Therapie

Hintergrund

Das Hauptproblem des neurotischen Klienten, der in die Therapie kommt, besteht darin, daß er sich von seinen eigenen Werten entfernt und die Werte anderer übernommen hat. Daher hat gerade der klientenzentrierte Therapeut kein Interesse daran, der Person seine eigenen Werte aufzuzwingen. Rogers führte seine Auffassung von Therapie aus der Tradition eines demokratischen Humanismus und des protestantischen Individualismus heraus zunächst als »nicht-direktive« Therapie ein. Er wollte von der Therapeutenautorität und dem Postulat, daß seiner Sicht der Realität immer der Vorrang zu geben sei vor der des Patienten, wegkommen. Nicht die Theorien, Werte, Meinungen oder Gefühle des Therapeuten zählen; vielmehr muß der Klient das Zentrum des therapeutischen Prozesses sein. Die Psychotherapieansätze, welche die Priorität hinsichtlich der Interpretation, des Verstehens, der Werte und der Weisheit dem Therapeuten einräumen, schätzen die Fähigkeiten des Individuums, sein eigenes Schicksal zu gestalten und seine eigenen Gedanken zu denken, zu gering ein. Aus der klientenzentrierten Sicht üben diese traditionellen Ansätze Zwang aus, sie sind manipulativ, autoritär und ineffizient.

Die klientenzentrierte Denkweise entstand aus dem Kontext zweier Haupttraditionen der therapeutisch-beratenden Hilfe, nahm jedoch eine eigene Entwicklung. Beide, die direktiven Beratungsmethoden und die psychoanalytischen Therapieformen, sammelten umfassende Informationen über den Patienten und gingen von der Annahme aus, daß der Therapeut dem Patienten an Wissen, Verständnis und Weisheit überlegen sei. Rogers' Auffassung zufolge versucht der Berater/Therapeut in diesen Fällen den Willen, die Gedanken und die Gefühle des Klienten durch seinen eigenen überlegenen Willen, seine eigenen Gedanken und Gefühle zu ersetzen. Rogers war dagegen von Anfang an von der äußersten Rationalität dessen, was Individuen tun, beeindruckt. Seiner Meinung nach reagiert jeder auf »die Welt, wie er sie wahrnimmt«. Der Klient handelt deshalb grundsätzlich sinnvoll. Nur aus der Sicht eines Außenstehenden erscheint sein Verhalten irrational, dumm oder neurotisch. Von seinem eigenen Standpunkt aus betrachtet, steht sein Verhalten durchaus in Übereinstimmung mit seiner

Weise, die Welt zu erfahren; zu dieser inneren Erfahrungswelt möchte der klientenzentrierte Therapeut vordringen bei dem Versuch, seinen Klienten zu verstehen.

Es ist richtig, daß die gestörte Person es sich nicht gestattet, sich in vollem Umfang der Erfahrung zu überlassen, weil sie fürchtet, sich selbst und anderen als wertlos zu erscheinen; das ist angesichts ihrer Erziehung jedoch eine vollkommen vernünftige und verständliche Reaktion. Eltern, Lehrer, Altersgenossen und andere Autoritäten haben dem Klienten (von seinem Standpunkt aus betrachtet) mitgeteilt, daß es schlecht sei, die Gefühle zu haben, die er hat. So wurde ihm beigebracht, seine wahren Gefühle vor anderen zu verbergen, um deren Achtung und Anerkennung nicht zu verlieren. Vom Standpunkt des Klienten aus ist es deshalb angemessen und grundsätzlich vernünftig, wenn er das Gefühl hat, daß viele seiner Erfahrungen vermieden und verleugnet werden müßten.

Der Klient hat seine Hemmungen, Blockierungen, Amnesien und seine Unfähigkeit, wichtige Bereiche seiner Erfahrung genau zu symbolisieren, nicht willkürlich oder unvernünftigerweise entwickelt. Er hat diejenigen Erfahrungen verleugnet und ausgelöscht, die ihm seiner Erfahrung nach die größte Schande, den größten Haß und die größten Schwierigkeiten von seiten anderer eingebracht hätten. Der Klient, der wegen seiner großen Schüchternheit zum Therapeuten kommt, der sich darüber beklagt, daß er sich im Unterricht nicht melden oder keine Unterhaltung in Gang bringen kann, der immer zögert und unsicher ist oder Angst vor Kritik hat, verhält sich also nicht irrational. Nur wenn man seinen inneren Bezugsrahmen nicht versteht, wird einem sein Verhalten dumm oder sinnlos erscheinen.

Der schüchterne Klient wurde von seinen Eltern tatsächlich als dumm bezeichnet, weil er mit fünf Jahren keine zusammenhängenden Geschichten erzählen konnte (was fast kein Kind kann). Als jüngstes Kind in der Familie wurde er durch die Tatsache eingeschüchtert, daß er immer der jüngste und dümmste war, derjenige, der sich am wenigsten artikulieren konnte und die geringsten Fähigkeiten zu sozialem Kontakt hatte. Die Geschwister nannten ihn ihr »kleines Dummerchen«. Vielleicht wurde ihm auch gesagt — und er nahm das ernst —, daß Kinder zwar gesehen, aber nicht gehört werden dürften. Er hat deshalb guten Grund, wenn er zögert, sich im Unterricht zu beteiligen, da er zutiefst von seiner Unzulänglichkeit überzeugt ist: Die Angst, die er empfindet — und die er selbst als dumm bezeichnen mag —, ist angesichts seines inneren Berzugsrahmens verständlich. Seine Vorstellung, daß andere sich über ihn lustig machen oder ihn angreifen würden, wenn er versuchte, tüchtig und erfolgreich zu sein, ist tief in seiner Erfahrung verwurzelt. Deshalb achtet er darauf, sich nicht hervorzutun, er bleibt schüchtern, zurückhaltend und ungeschickt, da dies die einzige Verhaltensform ist, die ihm früher zugestanden wurde und über die er verfügt. An dieser Beschreibung ist bemerkenswert, daß der Klient selbst den Schlüssel zum Verständnis seines Verhaltens hat; er selbst kann *aus seiner eigenen Perspektive* allmählich Sinn und Bedeutung seiner Schwierigkeiten artikulieren. Es ist deshalb für ein erfolgreiches Verständnis des Patienten nicht nötig, eine Entwicklungsthoerie oder eine komplexe Theorie der Neurose aufzustellen. Der Therapeut hilft dem Klienten vielmehr, sich selbst zu erklären und seine eigene Welt darzustellen; *sein* Bericht, *seine* Beschreibung, *sein* sich entwickelndes Bewußtsein und *sein* Gefühlsausdruck geben seinem Leben eine umfassende Bedeutung.

Der nicht-direktive Ansatz

Wenn die Probleme des Klienten in der Übernahme der Werte anderer begründet sind und wenn er sich, von seinem eigenen inneren Bezugsrahmen her betrachtet sinnvoll verhält, dann sind viele Aktivitäten, die in anderen Therapieansätzen eine große Rolle spielen, unnötig. Im wesentlichen beruhen alle Formen der therapeutischen Führung und der Interpretation durch einen Experten auf dem Glauben, daß Wissen, Verständnis und Weisheit in einem Bezugs- und Erfahrungsrahmen angesiedelt seien, der sich *außerhalb* der Erfahrungswelt des Klienten befindet. Ein wesentlicher Grundsatz der klientenzentrierten Therapie ist jedoch, daß der Klient innerhalb seiner *eigenen* Erfahrungswelt einen Sinn herzustellen vermag. Tatsächlich *ist* das die Welt, in der er lebt, und die Beurteilung, welche Entwicklung diese Welt braucht, erfolgt am sinnvollsten von innen und nicht von außen.
Dieses Argument gegen die Interpretation und die Anleitung durch Experten wird durch die Überlegung gestützt, daß sich die Probleme des Klienten in erster Linie daraus ergeben, daß er Vorstellungen, Werte und Gefühle anderer übernommen hat, als ob es seine eigenen wären. Diese durch eine Reihe neuer autoritärer Vorschriften zu ersetzen, wie gerechtfertigt sie auch sein mögen, hieße, weiterhin zu der Selbstentfremdung des Klienten beizutragen, die ja den Kern seiner Schwierigkeiten darstellt. Rogers geht davon aus, daß jeder autoritäre Therapieansatz eine neue Selbstentfremdung, also eine neue Neurose bewirke. Eine solche Therapie wird den Klienten lediglich dazu veranlassen, nach den Werten seines Therapeuten zu leben, als ob es seine eigenen wären. Die eine Krankheit wird also durch eine andere geheilt.

Der klientenzentrierte Therapeut hält sich deshalb mit Ratschlägen, Anleitungen oder Manipulation des Klienten und mit theoretischen Interpretationen zurück. Die Unterrichtung des Klienten in einer Reihe charakteristischer Interpretationen betrachtet er lediglich als Ablenkung von dessen eigenem inneren Bezugsrahmen. Dies ist im besten Falle unerheblich; schlimmstenfalls wird der Klient auf diese Weise daran gehindert, sein inneres Gefühl seiner selbst zu entwickeln und zu klären. Daß der Klient sich zu *sich selbst* entwickeln soll, nicht zu Freud, Jung oder Rogers, ist das wichtigste Anliegen des nicht-direktiven Ansatzes. Ihm zu raten, wie er sich verhalten, was er tun, was er denken und wie er handeln solle, ist ein Eingriff in die Prioritätsrechte seiner eigenen Welt. Es ist der Klient, der auf der Basis seines eigenen Selbstverständnisses und eines sich entwickelnden Gefühls für seine eigenen Werte entscheiden muß. Er muß sich selbst und seinen eigenen Gefühlen zurückgegeben werden.

Der Begriff »nicht-direktiv« wird von Rogers und seinen Mitarbeitern nicht mehr verwendet, da er den falschen Eindruck entstehen läßt, der Therapeut bleibe passiv oder beteilige sich nicht an der therapeutischen Beziehung. Der Therapeut hält sich nicht etwa heraus, sondern er gibt sich ganz der Aufgabe hin, den Klienten zu verstehen, indem er seinen inneren Bezugsrahmen, sein Innerstes, die Art, wie die Welt ihm erscheint und von ihm empfunden wird, zu begreifen versucht. Der Therapeut stellt sich ganz in den Dienst dieses Ziels und legt sein Selbst, wie es in der alltäglichen Interaktion in Erscheinung tritt, ab. Er bedient sich formell absichtsvoll eines »geläuterten Bewußtseins«; jeder Gedanke, jedes Gefühl, jede Wahrnehmung ist auf die Aufgabe konzentriert, den Klienten empathisch zu verstehen.

Neuere Modifizierungen

Die Literatur zur klientenzentrierten Psychotherapie hat immer eine gewisse Spannung zwischen dem Bemühen des Therapeuten, den Klienten vorurteilsfrei zu verstehen, und seinem Bedürfnis nach Selbstausdruck reflektiert. Die besondere Aufgabe des Therapeuten, dem Klienten Verständnis und Empathie entgegenzubringen, ist eine Tätigkeit, die ihn voll in Anspruch nimmt und wenig Raum läßt für freie Reaktionen. Er ist aufgefordert, nicht zu interpretieren, keine Ratschläge zu geben, dem Klienten keine Urteile aufzunötigen, noch seine Gefühle ins Spiel zu bringen, sondern sich völlig darauf einzustellen, den Gefühlen des Klienten zum Ausdruck zu verhelfen. Sein gewöhnliches soziales Selbst soll außerhalb der Therapie bleiben. Eine sensitive

Einstimmung auf das Gefühlsleben des Klienten kann nur erreicht werden, wenn andere Reaktionen »ausgeklammert« oder aus dem Spiel gelassen werden.

Gleichzeitig erkannte Rogers die Bedeutung eines ehrlichen, vollständigen, kongruenten Selbstausdrucks auf seiten des Therapeuten. Nicht äußeres Verständnis und positive Beachtung sind es, die heilend wirken, sondern die gelebte Realität, wie sie der Therapeut dem Klienten gegenüber zum Ausdruck bringt. Wenn der Therapeut lediglich bereit ist, Verständnis und empathische Reaktionen zu geben, lebt er ein Ideal anstelle seiner eigenen, vollen Realität. Der Klient leidet unter dem Eindruck solcher idealer Werte, die es ihm verbieten, sich selbst direkt und ehrlich auszudrücken. Es wäre ohne Zweifel eine schlechte Therapie, wenn der Therapeut seine eigene Version einer eingeengten idealen Verstehenshaltung ausleben würde.

Stellen Sie sich zum Beispiel einen Klienten vor, der Angst davor hat, aggressiv zu sein, weil »brave Jungen sich so nicht benehmen« (ein falscher Wert, den er von seinen Eltern übernommen hat). Dem Therapeuten wird dieses ganze Getue, als ob er nicht bis drei zählen könne, vielleicht zuviel, aber er möchte seine Gereiztheit und seine Ungeduld nicht zeigen, weil das keine verständnisvolle Reaktion wäre. Indem er seine eigene aggressive Reaktion unterdrückt, weil er sie als unwürdig empfindet, drückt er dasselbe neurotische Dilemma aus wie sein Klient. Das heißt, beide sind hemmenden »Selbstwertbedingungen« unterworfen und verstärken gegenseitig ihre Unfähigkeit, sich offen und kongruent auszudrücken.

In den Tagen, als die klientenzentrierte Therapie noch »nicht-direktiv« genannt wurde, verboten sowohl Technik als auch Geist des Unternehmens den vollen Einsatz der Person des Therapeuten. Die Technik war stark auf die Worte des Klienten ausgerichtet; der Therapeut sollte sich heraushalten und lediglich versuchen, den anderen zu verstehen. Später jedoch erhielt auch die Einstellung des Therapeuten Bedeutung. Er wurde ermutigt, seine Intuition, seine Sensitivität und reiche metaphorische Ausdrucksfähigkeit in die Therapie einfließen zu lassen. Die Ausdruckskraft des Therapeuten wurde als für die »Erfahrungsebene« des Klienten wichtig erkannt. Zur gleichen Zeit erfolgte eine starke Verschiebung von der Betonung der Technik des »Spiegelns« hin zu einer verstärkten Betonung der Einstellung und Philosophie des Therapeuten. Einige Abschnitte in *Klient-bezogene Gesprächstherapie* sind ganz dem Verhalten des Therapeuten gewidmet, einem Thema, dem Rogers in seiner früheren Arbeit *Die nicht-direktive Beratung* noch recht wenig Bedeutung beigemessen hatte. In den sechziger und siebziger Jahren hat die Fähigkeit des Therapeuten, seine eigenen Gefühle auszudrükken, also größere Bedeutung erlangt. In dieser Hinsicht hat sich die klientenzentrierte Therapie den Gestalt- und Begegnungstherapieformen etwas mehr angenähert und sich gleichzeitig auch stärker der Gruppentherapie zugewandt.

Der Wertstandpunkt des Therapeuten

Für den Therapeuten besteht das Ziel der Therapie und eines guten Lebens darin, daß der Klient lernt, nach dem von der Natur vorgegebenen organischen Selbst zu leben. Er betrachtet dieses organische Selbst als die der Existenz aller Menschen zugrundeliegende Realität. In seinen Augen bringt der Klient immer eine Erfahrungsebene zum Ausdruck, die auf sein Streben nach Erfüllung seines wirklichen Selbst hinweist. Der Therapeut glaubt an die Fähigkeit des Klienten, sich unter den richtigen Bedingungen zu entwickeln, und er bringt diesen Glauben durch seine besonders fein differenzierte Einstellung auf das Leben der Gefühle zum Ausdruck, das er als die Quintessenz des wirklichen Selbst betrachtet.
Das *wirklich natürliche*, das organische Selbst bildet die fließende Grundlage für einen realistischen Bewertungsprozeß, der auf einer von der Natur vorgegebenen Welt des Fühlens-Bewertens basiert. Rogers geht davon aus, daß dieser Bewertungsprozeß sich auf Wohlwollen, positive Achtung, Verständnis, Liebe und Mitgefühl hinbewege, und diese organischen Werte (die sozusagen in das Herz des Menschen geschrieben sind) müssen ihm nicht erst beigebracht oder ausdrücklich gefördert werden; sie entwickeln sich ganz von selbst aus der natürlich vorgegebenen Matrix der Persönlichkeit.
Diese Voraussetzungen über die Natur des Menschen und ihre Implikationen für die Behandlung bilden das Fundament für die Praxis der klientenzentrierten Therapie. Ein Therapeut, der diese Vision überzeugend vertritt und anderen zu vermitteln versteht, ist bereits lebensverändernde Kraft. Die Überzeugungskraft dieser besonderen Anschauung und ihre konkrete Auswirkung auf das Leben des Klienten sind es, die das Besondere des klientenzentrierten Ansatzes ausmachen. Es kommt darauf an, daß der Therapeut seinen Glauben an das organische, reale Gefühls-Selbst des anderen zum Ausdruck bringt.

Jede psychotherapeutische Orientierung beansprucht für sich eine gewisse Objektivität. Nach Auffassung der Psychoanalyse kann das Leben des Patienten als ständige Wiederholung früherer Belohnungs- und Blockierungsmuster verstanden werden. Die Jungianische Psychotherapie befaßt sich hauptsächlich mit den universellen symbolischen Themen und archetypischen Motiven des Patienten und ist bestrebt, seine einseitige Entwicklung auszugleichen. Der Psychoanalytiker Freudscher Prägung unterzieht sich selbst einer eingehenden Analyse in der Hoffnung, die neurotischen und rein subjektiven Elemente seiner Interpretationen und Interventionen durch die Therapie auszumerzen. Er ist bestrebt, seine eigenen Blockierungen zu beseitigen, um sich auf die zugrundeliegenden dynamischen Kräfte des Patienten einstellen zu können, ein möglichst objektiver, genauer Interpret zu sein.
Die Jungianische Therapie betont, daß Therapeut und Patient die unbewußten Prozesse des Patienten in einer bestimmtenWeise katalysieren; als Führer durch die Unterwelt kann der Therapeut jedoch nur die Wege führen, die er kennt und die er selbst gegangen ist. Daher ist es seine Pflicht, die große symbolische Literatur, die sich mit den seelischen Wandlungsprozessen befaßt, genau zu kennen, um seinen Patienten richtig zu führen. Innerhalb der Jungschen Konzeption haben Genauigkeit und Objektivität eine doppelte Bedeutung. In der richtigen Weise zu intervenieren, bedeutet, sich sorgfältig auf die besondere Person, die dem Therapeuten gegenübertritt und die besondere Entwicklungsphase, in der sie sich gerade befindet, einzustellen; es heißt aber auch, die Besonderheiten dieser Person auf die universellen Archetypen und das kollektive Unbewußte — den objektiven Geist, aus dem, Jungs Auffassung zufolge, auch dieser besondere Patient hervorgeht —, zu beziehen.
In der klientenzentrierten Therapie wird die Gegenwart des Therapeuten als verwandelnde Macht insofern als neutral verstanden, als sie »eine Atmosphäre herstellt« und »die natürliche Entfaltung nicht stört«. Das phänomenologische Verständnis der Interaktion gründet auf der Einsicht, daß wir »uns gegenseitig in unserem Sein beeinflussen«, stimmt in dieser Hinsicht also nicht mit der klientenzentrierten Auffassung von Psychotherapie überein. In der Tat unterscheidet sich die phänomenologische Psychologie von allen traditionellen Orientierungen insofern, als diese davon ausgehen, daß das reale Sein des Patienten durch das Sein des Therapeuten nicht berührt werde. Der Therapeut glaubt, daß er das entdecke, was *tatsächlich im Patienten vorhanden*

ist, wie ein Physiker die Härte von Steinen und ein Chemiker die H_2O-Beschaffenheit des Wassers feststellen kann.

Da der phänomenologische Ansatz den Glauben an ein »organisches Selbst« oder eine »natürliche Entfaltung« ablehnt, verweist er darauf, daß der Glaube des Therapeuten an eine derartig komplexe Ideologie ein wichtiger Faktor für das Zustandekommen einer bestimmten Form der Beziehung sei. Es ist eine ziemlich außergewöhnliche Form des »Zusammenseins mit anderen«, wenn man den anderen ständig so behandelt, als habe er ein wirkliches, all seinen Äußerungen zugrundeliegendes organisches Selbst. Wenn man die klientenzentrierte Therapie richtig einschätzen will, muß der Einfluß dieser besonderen Beziehung zwischen Klient und Therapeut im Hinblick auf das organische Selbst geklärt werden.

Die klassische Reaktion des klientenzentrierten Therapeuten auf die Äußerungen des Klienten ist: »Sie fühlen wirklich ...»; dies ist keine bloße Technik, sondern die Überzeugung, die Einstellung, an der sich der Berater orientiert. Die Aufgabe der klientenzentrierten Therapie besteht in erster Linie darin, den Klienten stärker in Kontakt mit seinem empfindenden/fühlenden Selbst, dem organischen Selbst, zu bringen, damit er Kontakt zu dem wahren Bewertungsprozeß seines Selbst bekommt. Die Aufgabe des Therapeuten ist es, die Gefühle des Klienten empathisch zu verstehen und ihm dieses Verständnis zu kommunizieren. Er muß die Welt des Klienten geistig-seelisch so erfassen, daß dieser sich verstanden fühlt. Die Objektivität des klientenzentrierten Therapeuten besteht darin, die Gefühlswelt des anderen richtig und ohne Verzerrung zu verstehen.

Der Therapieprozeß

Bisher haben wir uns in erster Linie mit der Absicht, der Theorie und den Einstellungen des klientenzentrierten Therapeuten befaßt. Das ist insofern angemessen, als die klientenzentrierte Perspektive eine Herausforderung und eine Aufgabe ist, die dem Therapeuten gestellt ist. Es ist jedoch auch wichtig, die Situation des Klienten/Patienten zu beschreiben, wenn er in die Therapie kommt. Der Klient leidet, und er erkennt, daß sein Leiden etwas damit zu tun hat, wie er mit der Welt umgeht. Er weiß, daß an der Art seiner Lebensbewältigung, seiner Beziehung zu sich selbst und anderen oder an seiner Realitätskonzeption etwas falsch ist. Dieser Mangel, wie vage er auch empfunden und formuliert werden mag, verhindert, daß er sein Leben angemessen leben kann. Er kommt als Krüppel zum Therapeuten in dem Sinne, daß ihm

das Geschick, sein Leben zu leben, verlorengegangen ist oder daß er nie über ein solches verfügt hat.
Er hofft, daß er durch das Eingreifen eines »besonderen anderen«, eines »fähigen Helfers«, eines »Heilers«, »Magiers« oder »weisen Mannes« diese Fähigkeit wiedererlangen werde. Diese besondere Situation ist eine wesentliche Bedingung der formalen Psychotherapie. Sie wird weder vom Klienten/Patienten noch vom Therapeuten erfunden, sondern wird kulturell-situational durch die Tatsache geschaffen, daß ein Klient/Patient einen Therapeuten aufsucht.
Dieses Sich-hoffnungsvoll-an-den-Therapeuten-Wenden verleiht der therapeutischen Beziehung bereits beträchtlichen Einfluß. Der Therapeut wird von vorneherein als ein »besonderer anderer« betrachtet. Welche anderen Erwartungen der Klient sonst auch haben mag, die erhoffte verwandelnde Kraft der Beziehung ist eine Tatsache. Die Hinwendung zu einer therapeutischen Beziehung bedeutet, daß die leicht zugänglichen, alltäglichen Quellen des Lernens bereits ausgeschöpft oder als unzulänglich erkannt worden sind. Angesichts dieser Erfahrung wird alles, was in der Therapie geschieht, vom Klienten innerhalb des Hoffnungshorizontes erfahren, mit Hilfe des Therapeuten den »Weg, der blockiert ist, finden zu können«. Der Klient hofft, daß der Therapeut den Weg kenne oder irgendwie über die spezielle Gabe verfüge, eine Veränderung einzuleiten.

Konzentration auf den Klienten

In der klientenzentrierten Therapie sitzen Therapeut und Klient typischerweise auf Stühlen, die ungefähr gleich groß sind. Obgleich der Therapeut oft an seinem Schreibtisch sitzt, stellt er die Stühle so, daß kein großer Schreibtisch oder ein anderes Hindernis zwischen ihnen steht; häufig unterhalten sie sich über die Ecke des Schreibtisches hinweg. Auf diese Weise wird von Anfang an eine gewisse Gleichheit bewahrt. Daß der Klient aufgefordert wird, aufrecht sitzen zu bleiben und seine Füße auf dem Boden zu lassen, steht in krassem Gegensatz zur orthodoxen Psychoanalyse, wo der Patient aufgefordert wird, sich hinzulegen, »seinen Kopf zu verlieren«, alles zu sagen, was ihm in den Sinn kommt, ohne Rücksicht auf Rationalität oder Sinn, seine Füße vom Boden wegzunehmen und sich in das Nicht-Reale treiben zu lassen. Außerdem wird in der klientenzentrierten Therapie keine ausführliche Vorgeschichte aufgenommen, es gibt keine psychologischen Testverfahren, und es bleibt dem Klienten überlassen, was diskutiert wird. Sowohl die Gesprächsinitiative als auch die Entscheidung darüber,

welche Themen Beachtung finden sollen, scheinen völlig Sache des Klienten zu sein. Fragen des Therapeuten werden auf ein Minimum reduziert; wenn doch Fragen gestellt werden, handelt es sich eher um die Aufforderung, etwas ausführlicher darzustellen und zu klären, als um das Initiieren einer neuen Gesprächsrichtung.
Sowohl Klient als auch Therapeut konzentrieren ihre ganze Aufmerksamkeit auf den Klienten. Es ist deshalb charakteristisch für den klientenzentrierten Therapeuten, daß er den Klienten ansieht, ihm zuhört und sich ihm zuwendet; der Klient blickt charakteristischerweise in die Luft oder auf irgendeinen Gegenstand im Raum, um sich auf sich selbst zu konzentrieren. Der Klient befindet sich also im Rampenlicht, er wird durch die gesamte Situation und die ständige Aufmerksamkeit des Therapeuten dazu gebracht, sich seiner selbst bewußt zu werden. Diese Art der Aufmerksamkeit gegenüber dem Klienten und das stetige und planvolle Warten auf seine Initiative verleihen der Situation ihre Kraft; auf diese Weise kommt der Glaube an das organische Selbst zum Ausdruck und der Klient wird ständig auf sich selbst verwiesen.
Dieser Sachverhalt wird deutlicher, wenn die klientenzentrierte Strategie einem rationalistischeren, problemlösenden Beratungsansatz gegenübergestellt wird, bei dem sich die ganze Aufmerksamkeit von Therapeut und Klient auf die genaue Definition und das Verständnis der »Probleme« richtet. Auch die Aufmerksamkeit gegenüber dem Klienten dient dazu, seine Probleme zu klären; die Hauptaufmerksamkeit gilt der genauen Definition der Probleme und der Frage, welche Aktionen und Strategien zu ihrer Lösung beitragen könnten. Klient und Therapeut richten ihre Konzentration gleichermaßen auf das Problem, während sie selbst dabei relativ nebensächlich bleiben. Die Struktur der klientenzentrierten Situation ist das genaue Gegenteil dazu. Die Aufmerksamkeit ist ganz stark auf den Klienten gerichtet und relativ schwach auf die Probleme.
Diese intensive Aufmerksamkeit bedarf einer differenzierten Beschreibung. Der Therapeut soll sich in äußerst feiner Weise auf die »Gefühle« des Klienten einstimmen — er soll nicht allen Manifestationen im Leben des Klienten die gleiche Aufmerksamkeit schenken, sondern sich auf das Leben der »wahrgenommenen Gefühle« konzentrieren. Wahrnehmungen, Überlegungen, komplexen Theorien oder Vorstellungen schenkt der Therapeut nur insofern Aufmerksamkeit, als in ihnen die Gefühle des Klienten enthalten sind oder zum Ausdruck kommen. Der Therapeut ist angehalten, sein alltägliches Selbst beiseite zu lassen, um sich völlig auf die Gefühle des anderen einstellen zu können. Im Idealfall wird er dann zu einem »Spiegel« der Gefühle seines Klienten.

Diese Spiegelung der Gefühle des Klienten mag vom Therapeuten beträchtliche Anstrengung, Disziplin und Geschick verlangen, und dennoch muß er genügend Objektivität besitzen, um zu erkennen, daß seine eigene Individualität nur von geringer Bedeutung ist. Solange er sich auf das Gefühlsleben des Klienten einstellt und dieses spiegelt, ist der Therapeut vermutlich durch jeden anderen Therapeuten ersetzbar, der gleichfalls zu diesem Spiegelverhalten fähig ist. Dieses Objektivitätsideal ist für alle traditionellen therapeutischen Orientierungen charakteristisch. Vom Therapeuten wird erwartet, daß er sich selbst soweit wie möglich auf ein reines Instrument reduziert, um die Gefühle des anderen zu verstehen, sich in sie einzufühlen und sie auszudrücken.

Akzeptierung des Klienten durch den Therapeuten

Die klientenzentrierte Therapie geht davon aus, daß der Klient, wenn er zu seinem eigenen, organischen, bewertenden Selbst finden will, die »Selbstwertbedingungen«, die er von anderen übernommen hat, verlernen muß. Der Therapeut darf daher nicht seine eigenen Bedingungen durchsetzen. Negativ ausgedrückt, er soll nicht verdammen, moralisieren, verurteilen oder den anderen aufgrund seines Verhaltens, seiner Werte und Überzeugungen verachten. Das würde bedeuten, daß der Klient sich seinen wirklichen Gefühlen nicht überlassen darf. Aber er gibt ja ohnehin bereits vor, weniger aggressiv zu sein, als er in Wirklichkeit ist, aus dem Gefühl heraus, daß es unwürdig ist, wütend zu sein.

Wenn der Therapeut Freundlichkeit vorziehen und deshalb bestätigen würde, während er Ärger und Wut gegenüber negativ eingestellt wäre und diese Einstellung direkt zum Ausdruck brächte, so würde das die neurotische Bindung des Patienten nur verstärken und ihn in den Augen des Patienten ebenfalls zu einem Menschen machen, vor dem er sich anstrengen muß, würdig zu erscheinen.

Da der Therapeut zuallererst auch ein Mitglied der Kultur ist, in der sein Klient lebt, ist es wahrscheinlich, daß er das Zögern, die Selbstzweifel und die Selbstwertbedingungen des Klienten direkt verstärken würde, wenn er seine Präferenzen und Werte ihm gegenüber direkt zum Ausdruck brächte. Normalerweise zieht der Therapeut eine ruhige Interaktion, Herzlichkeit, Freundlichkeit und Lebendigkeit wie jeder andere Mensch vor. Das sind aber genau die Bedingungen, denen der neurotische Klient nicht gerecht werden kann. Der Neurotiker ist ärgerlich, reizbar, unfreundlich oder er täuscht Freundlichkeit vor; er ist voller unwürdiger Charakterzüge und Gefühle, wie Neid, Faulheit,

Entmutigtsein, Depression und so weiter. Findet der Therapeut seinen Patienten dann sympathisch, wenn dieser seinen Idealvorstellungen entspricht, so heißt das, daß er genau die Probleme verstärkt, an denen der Neurotiker ohnehin leidet. Um es zu wiederholen: Auch der Therapeut ist zunächst einmal ein Mitglied seiner Kultur und kann nichts daran ändern, daß er die positiven sozialen Werte, mit denen er aufgewachsen ist, bevorzugt. Ihn anzuweisen, den Klienten, egal wie er sich verhält, zu mögen, zu lieben oder positiv einzuschätzen, heißt, so gut wie Unmögliches von ihm zu verlangen.

Es gibt jedoch eine Möglichkeit für den Therapeuten, selbst angesichts kulturell unangenehmer oder negativer Eigenschaften, Verhaltensweisen und Charakterzüge eine positive Einschätzung oder Sympathie für den Klienten zu bewahren. Diese Möglichkeit besteht darin, daß er bestimmte Aspekte der Welt zeitweilig »ausklammert«. Mitten in einer Operation kümmert sich ein Chirurg nicht um die besondere Art seiner Beziehungen zu seinen Mitarbeitern. Ebenso wenig denkt der Psychologe, der einen Patienten interviewt, an sein eigenes religiöses oder ethisches Erbe.

Jeder Beruf und jede Spezialisierung erfordert, daß man sich auf etwas Bestimmtes konzentriert und andere Bereiche der Realität, die in einem spezifischen Kontext »unwichtig« sind, »der momentanen Aufmerksamkeit nicht bedürfen«, ausgeklammert und zur Seite geschoben werden. So läßt der Therapeut seine alltäglichen sozialen Erwartungen und Urteile »aus dem Spiel«, um zu einem echten Verständnis seines Klienten zu gelangen. Es kann vorkommen, daß er diesen Standpunkt aufgrund einer stark negativen oder positiven Bewertung von etwas, das der Klient zur Sprache gebracht hat, momentan verläßt, aber dabei handelt es sich lediglich um eine zeitweilige Unterbrechung seines therapeutischen Bemühens.

Wie bei jeder anderen spezialisierten Tätigkeit werden auch die Ziele der Therapie und das therapeutische Vorgehen durch Werte bestimmt, nach denen sich der Therapeut richtet und die er dem Patienten vermittelt. Daß der klientenzentrierte Therapeut das organische Leben des Klienten für gut erklärt, ist nicht nur eine therapeutische List, sondern Ausdruck des Wertsystems der klientenzentrierten Therapie. Innerhalb dieser Orientierung bewertet der Therapeut das Gefühls-Selbst des Klienten positiv und schenkt ihm liebevolle Aufmerksamkeit. Dies wird oft eine Umkehrung der ihm eigenen kulturellen Werte erfordern, insofern als er in seiner Eigenschaft als Therapeut feindliche Gefühle, Zorn oder Haß einer freundlichen, relativ gefühllosen Neutralität vorziehen mag. Jeder klare und starke Ausdruck aus dem Gefühls-Selbst

des Klienten wird im Rahmen des klientenzentrierten Therapiekonzepts bestärkt und positiv bewertet.
Einstellung und Orientierung des Therapeuten drücken sich in seinen Reaktionen gegenüber dem Klienten aus — in der herzlichen Tonlage, in der er spricht, in seinen warmherzigen Blicken, mit denen er dem Klienten zu verstehen gibt, daß er ihn annimmt, und in der Verwendung einer ausdrucksstarken Sprache. Die wichtigste Reaktion des klientenzentrierten Therapeuten ist die Feststellung: »Sie fühlen wirklich«. Bevor diese Reaktion näher analysiert wird, muß erneut hervorgehoben werden, daß der Therapieverlauf ganz wesentlich durch die Individualität von Klient und Therapeut bestimmt wird. Ein warmherziger, emotional expressiver, poetischer, klientenzentrierter Therapeut und ein nüchterner Geschäftsmann, der ihn als Klient aufgesucht hat, führen einen spezifischen Therapieverlauf herbei, der sich von der Therapie eines nüchterneren, prosaischeren Therapeuten mit einem ebensolchen Klienten wesentlich unterscheidet.

Der Therapeut spricht

»*Sie* fühlen wirklich«

Die Therapiesituation selbst zeigt einen Therapeuten, der sich ganz auf die Gefühle seines Klienten eingestimmt hat, der sie einfühlend versteht, seinen Klienten ansieht und ihm zuhört. Der Therapeut widmet seine ganze Aufmerksamkeit dem Klienten, und der Klient versucht, sich so vollständig wie möglich auszudrücken. In einem bestimmten Augenblick spricht der Therapeut, und man findet einen wesentlichen Zugang dazu, wie sich in der klientenzentrierten Therapie Veränderungen vollziehen, wenn man sorgfältig auf das achtet, was er sagt.
Phänomenologisch verstanden, drücken sich in der Sprache und im Sprechen spezifisch menschliche Absichten aus, die eine besondere menschliche Welt formen. Deshalb sind die Worte des Therapeuten von grundsätzlicher Bedeutung. Er sagt *Sie*. Sehr oft sagt er das explizit; angesichts seines Bestrebens, die Gefühle des anderen im Rahmen von dessen eigenem inneren Bezugssystem zu verstehen, ist dieses »Sie« unausgesprochen jedoch in allen seinen Äußerungen enthalten. Der Therapeut sagt nicht: »Das erinnert mich an . . .« oder »Mir scheint, daß dies folgende Bedeutung hat . . .« oder »Es kommt auch auf den Standpunkt des anderen an«. Vielmehr richtet er seine Aufmerksamkeit völlig auf den Klienten und sagt *Sie*. Aufgabe des Therapeuten ist

es, sich auf dieses »Sie« einzustellen, es zu reflektieren, auszuweiten und auszudrücken. Er möchte dieses »Sie« seines Klienten rein, vollständig und genau zum Ausdruck bringen.
Da sich dieses direkte Ansprechen des Klienten bei jeder Reaktion des Therapeuten wiederholt, formt dieses *Sie* die Beziehung auf beiden Seiten. Der Therapeut drückt damit seine Entschlossenheit aus, sich nicht von Elementen, welche für die von ihm gelebte Auffassung von geringerer Bedeutung sind, ablenken zu lassen; er konzentriert sich nachdrücklich auf das »Sie« und ist vor Ablenkungen von innen und außen auf der Hut. »Auf *Sie* kommt es an, nicht auf mich oder meine Meinungen; nicht auf Ihre interessante Mutter, von der Sie gerade sprachen, nicht auf Ihren faszinierenden Onkel mit seiner Einsicht in die Komplexität Ihrer Familienbeziehungen, nicht auf die Geldschwierigkeiten, die Sie beschrieben haben, auf die Verhaltensweisen, die Ihnen Schwierigkeiten bereiten, auf das Urteil, das Sie gerade gefällt haben, nicht einmal auf das Gefühl, das Sie gerade beschrieben haben — sondern allein auf *Sie*.«
Was den Klienten betrifft, so bedeutet die Betonung des *Sie*, daß alles, was er sagt, durch den Therapeuten auf die unsichtbare Quelle, der diese Äußerungen entstammen, zurückverwiesen wird. Für den Klienten ist es typisch, daß er die Therapie damit beginnt, über alles Mögliche zu reden. Er sagt zu Beginn der Therapie nicht mit der Betonung *Ich*, mit der der Therapeut *Sie* sagt. Statt dessen diskutiert er die ihn umgebende Welt, die Äußerlichkeiten seines Lebens, die Menschen und Dinge, die er als schwierig empfindet. Er beschreibt die Schwierigkeiten seiner Arbeit oder seine sozialen Probleme und Gefühle, als ob sie zu der Welt draußen gehörten. Er bietet, kurz gesagt, ein komplexes Panorama von Äußerungen, die seine Situation, die ihn umgebenden Menschen, seine Verhaltensweisen, äußere Objekte usw. beschreiben und auf die der Therapeut reagiert, indem er sagt: »*Sie* haben das Gefühl, daß . . .«, »*Sie* kommen mit dieser Arbeit nicht zurecht . . .« usw. Die Tatsache, daß ein geschickter Therapeut dies ruhig und unaufdringlich tun kann, mag dem Klienten den Einfluß dieses Verhaltens auf ihn selbst verbergen. Der Klient betont vielleicht, daß andere und die Art, wie sie ihn behandeln, seine Schwierigkeiten verursachen, oder er führt seine Probleme auf schlechte Gewohnheiten zurück, auf die Einstellungen anderer, auf bestimmte Situationen oder die Erziehung durch seine Mutter. Das betonte *Sie* des Therapeuten aber verändert die Erfahrung des Klienten, der dadurch offen und schonungslos auf den Bereich der Einstellungen und Gefühle des Selbst zurückverwiesen wird.

»Sie fühlen *wirklich*«

Das stark betonte *Sie* des Therapeuten, aus dem allmählich das stark betonte *Ich* des Klienten wird, existiert nicht isoliert; es beeinflußt die gesamte Beziehung und den sich entwickelnden Dialog, und es steckt auch in der Feststellung »Sie fühlen, Sie wollen . . . *wirklich*«. Der Therapeut ist nicht an allem gleichmäßig interessiert. Er interessiert sich für das, was real, wichtig oder bedeutsam ist. So wie er das Wort »wirklich« verwendet, als Adjektiv wie auch als Adverb, deutet es daraufhin, daß er sich hauptsächlich auf das, was »wirklich« ist, konzentriert. Das Adjektiv »wirklich« modifiziert das *Sie* in dem Sinne, daß sich der Therapeut auf eine tieferliegende Schicht, einen fundamentalen Aspekt des »Sie« bezieht — der Kernpunkt der klientenzentrierten Theorie, die davon ausgeht, daß das wirkliche Selbst des Klienten durch die Interventionen falscher, von anderen übernommener Wertprozesse verzerrt, verleugnet oder verdeckt worden ist.

Der Therapeut versucht das wirkliche Selbst des Klienten zu erreichen und ihm zum Ausdruck zu verhelfen oder ihm zumindest so nahe wie möglich zu kommen. Von diesem »wirklichen Selbst« sagt der Therapeut, daß es grundsätzlich in allen seinen Reaktionen enthalten sei. Es ist offenkundig, daß gerade diese Betonung des »Wirklichen« dem Therapeuten Einfluß und Macht verleiht. Der Klient, in der Regel eine etwas verlorene, verwirrte, nicht besonders in sich gefestigte Person, ist typischerweise nie jemandem mit einem so stark fokal ausgerichteten Interesse und einem so lebendigen Glauben begegnet. Ihm ist klar, daß er selbst in gewisser Weise bruchstückhaft ist und mit sich selbst im Widerstreit liegt.

»Sie *fühlen* wirklich«

Das »wirkliche Selbst« ist ein fühlendes, empfindendes Selbst; der Therapeut hebt deshalb den Gefühlsaspekt stark hervor. Er sagt: »Sie *fühlen* wirklich.« Er bringt unzählige Male zum Ausdruck, daß die Voraussetzung dafür, ein *wirkliches Selbst* zu sein, zuallererst darin besteht, ein *fühlendes Selbst* zu sein. Die therapeutische Aufmerksamkeit, die sich zuerst auf die Wahrnehmungswelt des Klienten konzentrierte, was in der Betonung des *Sie* und dem Hinweis auf ein tieferliegendes wirkliches Selbst seinen Ausdruck fand, wird durch die Hervorhebung des *Fühlens* weiter artikuliert und differenziert.

Das »*Sie*« führt den Klienten von äußeren Gegebenheiten weg zu sich selbst; die Betonung des Fühlens führt ihn von den kognitiven, meditativen, denkenden oder kühl wahrnehmenden Aspekten seiner Beziehung zu sich und seiner Umwelt weg. Wenn sich der Klient vorstellt, daß eine rationale Lösung seiner Probleme der richtige Weg für ihn sei, wird er vom Therapeuten unverzüglich zu sich selbst und seinen Gefühlen zurückgeführt. Der Therapeut muß es verstehen, stark und genau auf den Gefühlsfluß des Klienten zu reagieren, um ihn dazu zu bringen, sich immer stärker auf sein fühlendes Selbst zu konzentrieren. Der Therapeut ist nicht an schwachen Gefühlsregungen interessiert, sondern er möchte sich auf die wichtigsten oder die vorherrschenden *wirklichen* Gefühle des Klienten einstellen. Die wirklichen Gefühle, die dem organischen Selbst am nächsten stehen, sind es, die den eigentlichen Kern des Menschseins ausmachen. Einige Gefühle von Klienten sind unecht, weil sie auf den übernommenen Bewertungen anderer beruhen. Bei einigen handelt es sich um Reaktionen auf die »Selbstwertbedingungen« des Klienten, als solche müssen sie durch die organische Erfahrung überprüft und als unangemessene Ausdrucksformen seiner wahren Gefühle erkannt werden.

Der Therapeut kann die Erfahrung des Klienten, die Realität seines fühlenden Selbst, besser zum Ausdruck bringen, als dieser sie jemals zuvor wahrgenommen hat. »Sie sprechen für mich, wirklich für mich. Sie sprechen zu mir, und wenn Sie sprechen, erkenne ich mich, und ich komme zu mir selbst, meinem wirklichen Selbst, das in Ihren Worten Ausdruck findet. Sie scheinen die Person, die ich wirklich bin, in dem, was Sie sagen, einzufangen.« Die spezielle Fähigkeit des Therapeuten, sich auf die Empfindungs-/Gefühlsebene des Klienten einzustellen, wird von diesem als Fokussierung auf etwas entscheidend »Wirkliches« empfunden. Daß die Initiative des Therapeuten darin besteht, das Gefühls-Selbst in den Mittelpunkt zu rücken, nimmt der Klient gewöhnlich nicht wahr.

»Ich« und »Sie«

Das Gefühls-Selbst des Klienten wird also in der Therapie als kleines, unabhängiges, von der Kultur, von anderen und von der Welt isoliertes Universum bestätigt. Wann immer der klientenzentrierte Therapeut *Sie* sagt — vorausgesetzt, er ist auf das Gefühlsleben des Klienten richtig eingestimmt —, kann man fragen: »Wer ist das, der *Sie* sagt?« oder »Was möchte der klientenzentrierte Therapeut sein?«. Da der Therapeut seiner Funktion nach auf die Gefühle des anderen eingestimmt ist, ist er bestrebt, sich selbst bis auf seine Spiegelfunktion auszulöschen. Der andere, auf den er sich eingestimmt hat, befindet sich ebenfalls in einem reduzierten Zustand. Der Therapeut betrachtet ihn in besonderer Weise als »Gefühls-Leben«, organisches Leben, als körperliches Leben aus Empfindung und Gefühl.

Auf beiden Seiten des therapeutischen Dialoges wird daher besonderer Nachdruck auf ein mitfühlendes, körperliches, empfindendes, fühlendes Leben gelegt; »wirkliche« Kommunikation findet nur auf dieser Ebene statt. Wenn der Therapeut seine Urteile, Meinungen und Reaktionen beiseite schiebt, so leidet er mit dem Klienten mit. »Ich leide im, durch und für den anderen. Indem ich dieses geteilte Gefühls-Leben, so gut ich kann, zum Ausdruck bringe, kann er seine eigenen Gefühle deutlicher erfahren.« Diese mitfühlende Beteiligung bedeutet, daß der Therapeut, einmal mehr, einmal weniger, auf einer organisch-körperlichen Ebene an dem Gefühls-Leben des Klienten partizipiert; in dem Maße, wie er sich auf eine Einstimmung auf dieses organisch-körperliche Leben reduziert, verschwindet offenbar die Unterscheidung zwischen seinen eigenen Gefühlen und den Gefühlen des Klienten.

Der Therapeut mag nun damit beginnen, das klientenzentrierte *Sie* durch das Wort *ich* zu ersetzen. Als Reaktion auf die tief empfundene Beschreibung eines tyrannischen, willkürlichen, rachsüchtigen Chefs flüstert der Therapeut vielleicht: »Ich könnte ihn umbringen.« Klient und Therapeut sprechen jetzt beide in der ersten Person, indem sie die Feststellung »*Sie* fühlen wirklich . . .«, die bisher für den therapeutischen Dialog charakteristisch war, durch die Feststellung »*Ich* fühle wirklich . . .« ersetzen.

Klient und Therapeut überlassen sich beide dem Gefühls-Leben, das aus dem Organismus kommt, und versuchen es zu artikulieren. Beide bringen nun ihren Haß auf den Vater zum Ausdruck, obwohl einer oder beide im Hintergrund vielleicht mehr oder weniger deutlich spüren, daß sie bereits auf dem Weg zu einem anderen Gefühl sind. Sie werden zu fühlenden, leidenden, aufeinander eingestimmten Körpern, bestrebt, sich gemeinsam zu artikulieren.

Wenn der klientenzentrierte Therapeut in Momenten höchsten empathischen Verständnisses und empathischer Gemeinschaft anstelle des Klienten *Ich* sagt, gelangt er zu einem hohen Grad an affektiv mitfühlender, mitempfindender, organisch-körperlicher, gleichgestimmter Gemeinsamkeit mit dem leidenden und fühlenden körperlichen Leben des anderen. Der Therapeut kann dieses »Ich« auch in dramatischer Form zum Ausdruck bringen. Er kann zum Beispiel anstelle des Klienten den flehentlichen Wunsch zum Ausdruck bringen: »Mutter, Mutter, ich brauche dich« oder »Es ist so verdammt einsam«. Tatsächlich hat es immer eine doppelte Bedeutung, wenn der Therapeut, der stark von dem affektiven Leben des Klienten bewegt ist, *Ich* oder *Sie* sagt, da er und der Klient auf einer tieferen Ebene, durch eine Art organischer Gemeinsamkeit, miteinander verbunden sind. In dieser Gemeinsamkeit empfindet der Therapeut das empfindende/fühlende organische Leben des Klienten deutlicher und intensiver als dieser selbst. So mag der Therapeut schon bei den geringsten Anzeichen von Traurigkeit das Gefühl des Klienten in der Form ausweiten und intensivieren, daß er etwa sagt: »Das klingt, als ob Sie sich ziemlich verloren fühlten, nicht wahr?« Eine solche Ausweitung und Hervorhebung einer bestimmten Stimmung verstärkt die stimmungsmäßige Erfahrung des Klienten, der sich auf diese Weise besser mit ihr identifizieren kann.

Der Therapeut spricht für sich selbst

Die frühe klientenzentrierte Literatur zielte darauf ab, sich von den autoritäreren und aktivistischeren Ansätzen der traditionellen Beratungstherapie abzuheben. Zu der Zeit, als die klientenzentrierte Therapie noch als »nicht-direktiv« bezeichnet wurde, legte man besonderen Nachdruck darauf, daß der Therapeut ausschließlich für den Klienten, in dessen eigenen Worten sprechen und seine eigenen Vorstellungen, Meinungen, Gefühle, Interpretationen und Urteile aus dem Spiel lassen sollte. Später, besonders in den sechziger und siebziger Jahren, als die Gruppenarbeit stärker in den Mittelpunkt rückte, gewann die Vorstellung an Boden, daß der Therapeut gerade auch seine eigenen Gefühle ehrlich aussprechen sollte. Das bedeutete keinen Verzicht auf das »verstehende Sprechen«, sondern eine Bereicherung und Einstimmung auf die Gefühlswelt des Klienten.

Der Therapeut, der *ich* sagt, spricht also manchmal für sich selbst. Er sagt vielleicht (obwohl dies auch heute nicht die Durchschnittsantwort eines klientenzentrierten Therapeuten ist): »Ich ärgere mich sehr darüber, wie Sie diese Person angreifen«; »ich bin tief bewegt und traurig« oder »Ich habe Sie wirklich gern«. In diesen Augenblicken spricht er für sich selbst, aus seinen eigenen Gefühlen heraus; dieses Abweichen vom reinen Verstehenwollen und der Wunsch, seine Gefühle mit dem Klienten zu teilen, ist durchaus im Einklang mit den Intentionen der klientenzentrierten Theorie und Praxis.

Rogers hat von Anfang an und im Laufe der Zeit mit immer größerem Nachdruck die zentrale Bedeutung von Aufrichtigkeit, Offenheit und Echtheit im Verhalten des Therapeuten betont. Nur sein echt empfundenes Verständnis und seine offene Wertschätzung können wirklich hilfreich und heilsam sein; Technik allein reicht nicht und kann in be-

stimmten Phasen der Psychotherapie sogar unangemessen oder schädlich sein. Wenn das nicht-direktive Verhalten des Therapeuten zum Beispiel darin zum Ausdruck kommt, daß er seinen eigenen Ärger unterdrückt, weil »der arme, schwache Klient« ihn vielleicht nicht ertragen könnte, wird er eine Haltung grundsätzlicher Mißachtung, Ärger und fehlende wirkliche Achtung der Fähigkeiten des Klienten kommunizieren. Selbst wenn die besten Absichten vorhanden sind, ist eine derartige Kommunikation mangelnden Verständnisses und mangelnder Wertschätzung schädlich, da das versteckte Unausgesprochene die Tendenz hat, die Atmosphäre zu vergiften und den offenen Gefühlsfluß zu hemmen, der den Kern der klientenzentrierten Hilfe darstellt.
Rogers hat die empirische Entdeckung gemacht, daß der Therapeut, der seine eigenen Gefühle eröffnet, es gerade dadurch auch dem Klienten ermöglicht, seine Gefühle offener zu zeigen. Das ist aber nur dann der Fall, wenn der Therapeut seine Gefühle auch als solche zum Ausdruck bringt, und nicht als Urteile, Interpretationen oder Hinweise in die »richtige Richtung«. Der Therapeut ist daher gehalten, seine Gefühle als seine eigenen »anzuerkennen« und sie nicht etwa für die des Patienten auszugeben. Wenn der Therapeut sagt: »Es stört und ärgert mich, wie Sie diese Person angreifen«, kann der Klient ganz natürlich fragen: »Meinen Sie, daß ich sie nicht angreifen sollte, oder ist es ihrer Meinung nach falsch, daß ich diese Person angreife, oder ist es überhaupt falsch, irgend jemanden anzugreifen?« Der Therapeut wird dann ungefähr antworten: »Ich kann Ihnen nicht sagen, was ich meine. Ich kann Ihnen nur mein Gefühl sagen, das, was ich empfinde. Vielleicht sollten Sie dieses Verhalten ändern, vielleicht nicht; ich kann Ihnen nur sagen, daß es mich ärgerlich machte, als Sie Joan angriffen.« Es ist bemerkenswert, daß der Therapeut seine Gefühle durchaus zum Ausdruck bringt, wenn es angemessen erscheint, sich in der Form, wie er das tut, jedoch zurückhält, um dem Klienten die Freiheit seiner eigenen Gefühle, Gedanken und Reaktionen zu lassen.
Die Wirksamkeit solcher empathischer Reaktionen des Therapeuten hängt damit zusammen, daß er von Anfang an versucht, die Gefühle des Klienten zu verstehen. Ganz anders wäre es, wenn er seine Gefühle willkürlich und undiszipliniert äußern würde. Wenn der Therapeut sagt: »*Ich* fühle dieses oder jenes«, so heißt das zugleich »*Sie* fühlen dieses oder jenes«, da die Feststellung »*Ich* fühle . . .« zuerst immer auf Einfühlung gründet. Es gibt so etwas wie ein Sammelbecken gemeinsamer Gefühle und eines gemeinsamen Verständnisses, aus dem heraus der Therapeut sein eigenes Gefühl zum Ausdruck bringt. Die Gefühle beider fließen in eine Einheit organischen Gefühls-Lebens zusammen.

Die Abschwächung der sonst üblichen Unterscheidung zwischen Ich und Du ist ein wichtiger Bestandteil des klientenzentrierten Prozesses. Für den Klienten besitzt das mitfühlende Selbst des Therapeuten auch außerhalb der Therapie Realität und Einfluß. Er erlangt das Gefühl eines äußerst wirksamen organischen Selbst und lernt, sich auf den lebendigen, pulsierenden Erfahrungsstrom in ihm selbst zu beziehen, um herauszufinden, wie er »wirklich« fühlt. In dem Maße, wie die Therapie diesen Gefühlsaspekt der menschlichen Realität lebendig zu machen vermag, erhält er auch im alltäglichen Leben des Klienten vitale Bedeutung. Das Gefühl wird zu etwas Absolutem, fast zu etwas Religiösem, das das beteiligte Individuum transzendiert.

Das wirkliche Selbst ist primär kein denkendes Selbst, kein wahrnehmendes, erkennendes, urteilendes, imaginierendes oder erklärendes Selbst. Es ist ein empfindendes, leidendes Gefühls-Selbst, und es muß zum Prüfstein der Realität gemacht werden. Das wirkliche Du ist, kurz gesagt, das Du, das fühlt.

Die Therapie ist ein Läuterungsprozeß, in dessen Verlauf der Klient die Fälschungen und Verzerrungen, die dieses echte, gefühlte Selbst verdeckt haben, überwindet und zu der tiefer liegenden, leidenden Gefühlsebene vordringt. Als Beispiel mag der folgende Dialog dienen:

KLIENT: Ich werde so ärgerlich, wenn jemand jammert!

THERAPEUT: Sie würden ihn am liebsten abwürgen.

KLIENT: Nun, es ist eigentlich nicht nur Ärger. Teilweise ist es auch das unangenehme Gefühl, nicht zu wissen, was ich mit ihm machen soll.

THERAPEUT: Nicht nur Ärger, sondern auch ein Gefühl des Sich-nicht-wohl-Fühlens, des Unbehagens — was kann ich tun?

KLIENT: Meine Mutter wurde immer so ärgerlich, wenn wir etwas von ihr wollten. Es wurde von ihr als eine Art Forderung verstanden. Ich nehme an, ich habe das von ihr übernommen; sie sagte mir einmal, daß sie Jammern nicht ausstehen könne.

THERAPEUT: Sie haben wirklich das Gefühl, daß mehr ihre Mutter aus Ihnen spricht als Sie selbst. Sie konnte Jammern nicht leiden.

KLIENT: Ja . . . Für mich bedeutet es eher, daß ich einfach nicht weiß, was ich mit so jemand machen soll.

THERAPEUT: *Sie* haben also eher ein unangenehmes Gefühl, ein Gefühl der Hilflosigkeit, wenn jemand jammert.

KLIENT: Ja, es ist gemischt. Einerseits möchte ich am liebsten schreien:

»Hör auf damit«, aber das ist eher meine Mutter. Ein anderes Gefühl ist da, und ich möchte ihn einfach trösten.
THERAPEUT: Sie haben jetzt also wirklich das Gefühl, daß die Stimme Ihrer Mutter aus Ihnen spricht und schreit: »Hör auf damit« und gleichzeitig haben Sie das Gefühl, Sie möchten ihn trösten und getröstet werden?
KLIENT: Ja, ich habe wirklich immer Trost gesucht. Ich wollte immer selbst getröstet werden. Ja, jetzt fühle ich das ganz deutlich.
THERAPEUT: Sie suchten immer Trost. Dieser Wunsch, getröstet zu werden, und die Angst, Forderungen zu stellen und darum zu bitten, ist das größte Problem für Sie.

In diesem Beispiel entsteht ein echtes Du und damit auch ein mitleidendes Gefühl für das Selbst, das nun, von den Werten der Mutter und den Zufällen des Schicksals befreit, wahrgenommen wird. Der Wunsch, getröstet und angenommen zu werden, entstammt einer viel universelleren, leidenden und fühlenden Körperebene, als der Ärger über das Jammern. Das Bedürfnis nach Trost und die Furcht, Forderungen zu stellen, ist, wie viele Persönlichkeitstheoretiker betonen, für die Entwicklung der Neurose von zentraler Bedeutung. Das empfindende, leidende Gefühls-Selbst, das Trost und Liebe braucht, ist nicht nur das Selbst einzelner Personen. Diese Bedürfnisse des eigentlichen organischen Selbst sind Bedürfnisse eines Selbst, das über das einzelne Individuum hinausgeht; gemeint ist das »nackte Selbst«, das, wie der nackte Körper, eine allgemein menschliche Erscheinung ist.
Auf einer empfindenden, leidenden, körperlichen, fühlenden Ebene ist das eigentliche, fundamentale »Ich« oder »Du« bei allen Menschen gleich; es ist mein »Ich« und zugleich das aller anderen. Deshalb überläßt sich der erfolgreich behandelte Klient fast andächtig dem »wirklichen Strom der Gefühle« seines eigentlichen Selbst; der »Gefühlsstrom des Selbst« ist für ihn eine Art absoluter, transzendenter Selbstrechtfertigung. »Ich fühle dieses oder jenes wirklich tief« ist für ihn die stärkste, bindendste Aussage, die er machen kann, eine Art Glaubensbekenntnis.
Die Person in ihren »tiefsten Gefühlen« in Frage zu stellen, heißt, ihr ganzes Sein verleugnen, da ihr Gefühls-Selbst in gewisser Weise ein universelles, allgemeinmenschliches, leidendes und empfindendes Selbst ist. Paradoxerweise wird das, was auf der fühlenden, leidenden Ebene das Allgemeinmenschliche ist, gleichzeitig als das Allerpersönlichste, ganz Individuelle empfunden. Das ist für das auf Körpergefühlen beruhende Gefühls-Leben des Menschen charakteristisch, denn

sein Körper ist immer sein eigener und doch zugleich allgemeinmenschlich.
Zusammenfassend kann die klientenzentrierte Therapie so charakterisiert werden: Ein Klient, der nicht weiß, wie er sein Leben leben soll, kommt zu einem Therapeuten, der leidenschaftlich davon überzeugt ist, daß der Kontakt zu seinem leidenden, fühlenden Selbst der Prüfstein ist für ein sinnvolles, authentisches Leben. Zwischen dem Therapeuten und dem Klienten wird ein lebendiges Bezugsfeld hergestellt, in welchem das »Gefühls-Leben des Körpers« Bedeutung und Wirklichkeit erlangt. Der Klient fühlt sich in seinem körperlichen, empfindenden, leidenden, fühlenden Leben bestätigt und geliebt, und dieser Aspekt seiner Existenz erfährt eine außerordentliche Entwicklung. Im Laufe der Behandlung übernimmt der Klient allmählich den Glauben des Therapeuten an sein organisches Selbst, das er als eigentliches, authentisches menschliches Leben anerkennen lernt.

Eine alternative Sicht

Ein von Rogers leicht abweichender therapeutischer Ansatz wurde von Charles Curran entwickelt. Curran, der durch den rationalistischen Traditionsstrang innerhalb der katholischen Lehre geprägt wurde, setzte das »wirkliche Selbst, auf das der Berater zielt«, mit einem klugen, vernünftigen, urteilenden, wahrnehmenden Selbst gleich. Die wichtigste Reaktion des Beraters auf die Äußerungen des Klienten ist deshalb: »Sie sehen, beurteilen, bewerten, nehmen wahr, usw. . . .«, und nicht »Sie fühlen wirklich . . .«. In Übereinstimmung mit der größeren Objektivität und Kühle dieses Ansatzes wird weniger Nachdruck auf das »Sie« gelegt und statt dessen stärker betont, wie die Dinge dem Klienten erscheinen oder vorkommen.
Auch in diesem therapeutischen Ansatz hat die demokratische, nicht intervenierende Achtung vor der Unverletzbarkeit der Welt des anderen Geltung, genau wie in der von Rogers entwickelten klientenzentrierten Therapie. Der Therapeut urteilt nicht, bewertet nicht, verdammt nicht, moralisiert nicht, berät nicht und belehrt nicht. Seine Aufgabe besteht darin, die Welt des Klienten aus seinem inneren Bezugssystem zu verstehen. Die Richtigkeit und Objektivität seines Verständnisses wird in dem Maße bestätigt, wie der Klient die Äußerungen und Reaktionen des Therapeuten als seine eigenen anerkennt. Currans Ansatz bewahrt also den Kern der klientenzentrierten Therapie, doch seine Auffassung von dem »Selbst, auf das der Berater zielt« ist von der Rogers' radikal unterschieden.

Der Klient, der in die Therapie kommt, hat den Kontakt zu seinen Gefühlen verloren und leidet gerade deshalb unter Gefühlsausbrüchen. Er kann seinem Leben aber auch *keinen rechten Sinn* geben, und gerade dies ist es, was Curran besonders hervorhebt. Er konzentriert seine Aufmerksamkeit deshalb auf die wahrnehmenden, urteilenden, sinngebenden Fähigkeiten des Klienten. Er stellt sich nicht primär auf die Gefühlsebene des Klienten ein, sondern auf sein imaginatives, wahrnehmendes Begreifen der Welt. Der Rogerianer würde zu einem erzürnten Klienten zähneknirschend sagen: »Sie sind wirklich wütend. Sie könnten ihn umbringen! Das Ganze macht Sie verrückt!« Nach dem Konzept Currans würde der Therapeut sagen: »Sie erleben ihn als ganz unfair. Sie hatten wirklich den Eindruck, daß er Ihnen einen gemeinen, ungerechten Streich gespielt hat. Von Ihrem Standpunkt aus betrachtet war das, was er getan hat, völlig irrational. So wie Sie die Sache sehen, sollte er bestraft oder verprügelt werden oder auf andere Weise für diese Beleidigung bezahlen müssen, usw.« Das Verstehen der Gefühlswelt und das Verstehen der Wahrnehmungswelt eines Klienten sind unterschiedliche Methoden, seiner Welt gerecht zu werden, und sie haben auch unterschiedliche Konsequenzen.

Die Reaktion: »Sie fühlen wirklich . . .« führt zu einem stark entwickelten, differenzierten Gefühls-Leben, und der Klient lernt, den Gefühlsfluß, der sein eigentliches Leben ist, zum Prüfstein der Realität zu machen. Currans Ansatz basiert auf der Thomistischen Auffassung, daß Beratung und Therapie dem Klienten bei der Sinnfindung behilflich sein müßten. Der Klient entwickelt sich in erster Linie zu einer rational orientierten Persönlichkeit, nicht im Sinne von Gefühllosigkeit oder Kälte, sondern im Sinne von Vernünftigkeit, Ausgeglichenheit und gedanklicher Klarheit.

Das Verhalten von Therapeuten und Klienten ist variabel

Bisher haben wir uns noch kaum mit dem konkreten Verhalten des Therapeuten, wie es in der Reaktion auf den Klienten zum Ausdruck kommt, befaßt. Die Art, wie Therapeuten ihr Verständnis der inneren Gefühls-Welt des Klienten artikulieren, ist recht unterschiedlich. Jeder Therapeut muß genau das artikulieren, was der Klient fühlt, aber die Art, wie er das tut, hängt von dem Stil und der Lebensgeschichte des Therapeuten selbst ab. Der Therapeut, dem es in erster Linie auf Bestätigung des Klienten und intensiven Gefühlsausdruck ankommt und der empfindsam auf die Tendenz der Klienten reagiert, möglichst nett, sanft und selbstlos zu sein, um akzeptiert zu werden, wird dem Verleugnen ärgerlicher Gefühle für die Entstehung der Neurose besondere Bedeutung beimessen. Ein anderer Therapeut mag dagegen besonders feinfühlig darauf achten, wie seine Klienten auf das Gefühl der Inkompetenz oder Minderwertigkeit reagieren, indem sie entweder außergewöhnlich bescheiden und zurückhaltend oder aber selbstgefällig werden.

Jeder Therapeut hat seine Lieblingsthemen, ist in manchen Bereichen besonders sensibel und stellt sich auf seine Art auf den Klienten ein. Auch gibt es in der Beziehung zu jedem Klienten bestimmte Bereiche, die dem Therapeuten schwerer zugänglich sind, in denen er unsensibel oder sogar nachlässig reagiert. Es ist bereits darauf hingewiesen worden, daß der Therapeut nicht auf jedes kleine Gefühl des Patienten reagiert, sondern jene Gefühle auswählt, die in auffälliger Weise Realität zu besitzen scheinen, die wichtig und für das wirkliche Selbst des Klienten zentral sind. Ob ein Gefühl für das wirkliche Selbst tatsächlich von zentraler Bedeutung ist, läßt sich jedoch nicht immer ohne weiteres an den Reaktionen des Klienten erkennen. Vielmehr wird dies, wenn Therapeut und Klient lebendig aufeinander eingestellt sind, von ihnen gemeinsam konstituiert.

Das Gefühl, in irgendeinem Bereich wirklich kompetent zu sein, freie Selbstbestätigung, Aggression, Zorn, zärtliche Gefühle, sinnliche Befriedigung und Selbstbestimmung sind für alle Menschen wichtig. So hat der Therapeut einen gewissen Spielraum, diejenigen Themen besonders zu betonen, die ihm persönlich am wichtigsten erscheinen, und dennoch den Gefühlen seines Klienten treu zu bleiben.

Wenn sich ein Patient zum Beispiel darüber ausläßt, wie seine Eltern ihm als Kind das Gefühl vermittelt haben, klein und unbedeutend zu sein, indem sie ihn wie ein Spielzeug behandelten, so können die therapeutischen Reaktionen darauf sehr vielfältig sein. Der eine Therapeut geht vielleicht besonders auf die Wut des Klienten ein; der andere auf das grundlegende Gefühl, nicht beachtet zu werden; wieder ein anderer mag sich ganz auf das Gefühl des Klienten konzentrieren, ein Nichts zu sein; der eine Therapeut hält es für wichtig, auf das Gefühl der Unzulänglichkeit und Nutzlosigkeit einzugehen, unter dem der Klient leidet; ein anderer befaßt sich in erster Linie mit dem Gefühl des Klienten, für andere ein bloßes Objekt, ein Spielzeug gewesen zu sein. Jede dieser Reaktionen verändert das sich allmählich entwickelnde Verständnis des Therapeuten und sein Verhalten gegenüber dem Selbst des Klienten.

Ein Therapeut, der besonders empfänglich ist für Gefühle der Unzulänglichkeit und Nutzlosigkeit, wird wahrscheinlich versuchen, dem

Klienten ein Bewußtsein seines eigenen Wertes, der Kompetenz und das Gefühl, daß er zu zielgerichtetem, sinnvollen Handeln fähig ist, zu vermitteln. Er wird sich — gemeinsam mit dem Klienten — bemühen, statt Gefühlen der Minderwertigkeit Gefühle der Kompetenz und des Vertrauens bei ihm zu entwickeln. Der Therapeut, dem es besonders darauf ankommt, die Fähigkeit des Klienten zur Selbstbehauptung und zum Ausdruck zorniger Gefühle zu fördern, verhilft ihm zur Überwindung seines ängstlichen, schüchternen, gehemmten Verhaltens, indem er die Fähigkeit des Patienten fördert, seine Gefühle, insbesondere seinen Ärger, direkter zu äußern und sein eigenes Selbst zu entwickeln. Der Therapeut, dem die Erfahrung des Klienten, für andere bloß ein Spielzeug oder ein Objekt zu sein, besonders bedeutsam erscheint, wird versuchen, sein Selbstwertgefühl zu stärken und seine Unabhängigkeit von anderen zu betonen.

Jede dieser »therapeutischen Veränderungen« hängt, wie bereits erwähnt, mit dem besonderen Stil des jeweiligen Therapeuten zusammen; je nachdem, welche persönliche Lebensgeschichte er hat und welchem kulturellen Hintergrund er entstammt, wird er den Wert der Individualität, die Selbstbehauptung der Person oder die Offenheit der Gefühlsäußerungen besonders in den Vordergrund stellen. Die Vorstellung, daß jeder Therapeut durch einen anderen, gleichermaßen kompetenten, klientenzentrierten Therapeuten ersetzt werden könnte, ist deshalb falsch. Denn jeder Therapeut wählt in der Beziehung zu seinem Klienten diejenigen Themen und Aspekte aus, die für ihn persönlich die größte Bedeutung haben. Sein Anteil an der Entwicklung des Klienten hängt also nicht zuletzt von seiner eigenen persönlichen Entwicklung ab, von seinen Werten, von dem, was er persönlich für wichtig hält.

Dabei spielen neben den inhaltlichen Werten, die er vertritt, natürlich auch sein familiärer Hintergrund und sein daraus entwickelter persönlicher Lebensstil eine Rolle. Ein Therapeut also, der aus einer Familie stammt, in der meditatives Denken und ruhige Innerlichkeit gepflegt wurden, mag für den Klienten den Wert meditativer Selbstreflexion durch sein gelebtes Vorbild verkörpern, ganz unabhängig von den anderen Akzenten, die er in seiner Eigenschaft als Therapeut setzen mag. Ein anderer Therapeut, der einem kulturellen Milieu entstammt, in dem der spontane Gefühlsausdruck gepflegt wurde, bringt möglicherweise seine spontane emotionale Ansprechbarkeit in die Therapie mit ein, und das Modell eines guten menschlichen Lebens, das er für den Klienten abgibt, wird durch diesen Zug bestimmt sein.

Umgekehrt kommt natürlich auch der Klient mit bestimmten Einstel-

lungen, Empfindungsweisen und Neigungen in die Therapie und entlockt dem Repertoire des Therapeuten dementsprechend auch ganz bestimmte Reaktionen. Der Klient ist keine Tabula rasa, auf die der Therapeut seine Botschaft schreibt; jeder Klient wird auf seine Weise durch den Therapeuten angesprochen und beeinflußt diesen auch in ganz spezifischer Weise. Der eine Klient ruft bei einem Therapeuten vielleicht ein überdurchschnittliches Maß an Sympathie, Zärtlichkeit und warmer Aufmerksamkeit hervor; ein anderer spricht bei demselben Therapeuten in stärkerem Maße kühle, objektive, sachliche Verhaltensweisen an. Es gehört zum Wesen der klientenzentrierten Therapie, so zu reagieren, daß er den Klienten wirklich erreicht; wenn also zum Beispiel der für einen Therapeuten charakteristische herzliche Stil bei einem bestimmten Klienten auf Gleichgültigkeit oder Ablehnung stößt, so wird er versuchen, sich etwas zurückzunehmen und sein Verhalten den Bedürfnissen des Klienten anzupassen.
Die spezifische Interaktion zwischen Therapeut und Klient führt also zu einer Vielzahl von Therapiestilen, die unter der allgemeinen Bezeichnung »klientenzentriert« praktiziert werden. So wird das Ergebnis der therapeutischen Veränderung in jedem Fall wieder anders aussehen: Der eine Klient wird einen stark individualistischen, der andere vielleicht einen exzentrischen Lebensstil entwickeln; wieder ein anderer wird sich sozialen oder politischen Aufgaben zuwenden usw. Von der komplexen Interaktion zwischen Klient und Therapeut hängt es ab, welcher Charakterzug sich schließlich am stärksten Geltung verschafft: intuitive Sanftheit oder heftige, sich selbst behauptende Aggressionen; prosaische Sachlichkeit oder dramatisch-expressive Verhaltensweisen usw.

Ergebnisse klientenzentrierter Therapie

Der klientenzentrierte Therapeut betrachtet den Klienten als ein organisches, fühlendes Selbst, das durch den Einfluß der kulturellen Werte anderer deformiert worden ist. Das wirkliche Selbst der Person existiert in einer Art »Erfahrung eines isolierten körperlichen Gefühlsstroms«. In diesem Zusammenhang versteht sich der Therapeut als jemand, der sich objektiv auf das wirkliche Selbst des Klienten einstellt und ihn nicht beeinflußt in dem Sinne, daß er ihm seinerseits Werte überstülpen würde — sondern die Entfaltung seines realen, organischen Selbst in einer den Klienten bestätigenden, akzeptierenden Atmosphäre fördert und unterstützt.
Diese stark auf das Gefühls-Leben der Person gerichtete Aufmerksam-

keit bewirkt eine therapeutische Veränderung besonderer Art. Indem sich der Therapeut in schöpferischer Weise auf das Gefühls-Leben des Klienten bezieht und sich darauf konzentriert, überzeugt er ihn von der Realität und Priorität des zugrundeliegenden Gefühls-Selbst. Er überträgt also diese seine Überzeugung auf den Klienten, dessen Leben sich nun daraus entwickelt. Das Gefühls-Selbst wird nicht blind bestätigt, sondern es wird entwickelt, gefördert, artikuliert, differenziert, Therapeut und Klient sprechen über es und zu ihm.

Weder der Klient noch der Therapeut erkennen, daß sie das organische Gefühls-Selbst des Klienten gemeinsam konstituieren. Beide gehen davon aus, daß der »Fluß des organischen Lebens« als eine Art objektive Wahrheit unabhängig von anderen existiert — außerhalb der Kultur und, ähnlich wie das Selbst bei Jung, außerhalb von Zeit und Geschichte. Der Therapeut fördert den Individualismus im anderen, die Vorstellung von der Nicht-Abhängigkeit des Selbst; diese Auffassung muß aber selbst in dem Fall, daß das organische Selbst sich in der Therapie tatsächlich entwickelt hat, noch fragwürdig erscheinen. Sowohl der klientenzentrierte Therapeut als auch der Klient ignorieren den Lerneffekt der Therapie oder spielen seine Bedeutung herunter und übersehen, wie stark die vermittelten Werte die des Therapeuten sind. Da beide sich so intensiv auf das Gefühls-Leben des Klienten konzentrieren, gelangen sie schließlich zu der Überzeugung, daß es das einzig wirkliche sei.

»Gefühle sind alles« — das ist der Mythos der klientenzentrierten Therapie; ihn auszuleben ist die Grundvoraussetzung der therapeutischen Veränderung. Die Geburt des organischen, realen Selbst wird durch eine Atmosphäre aufmerksamen, teilnehmenden Verständnisses und positiver Wertschätzung gefördert, und gerade dieser Vorgang demonstriert in überzeugender Weise die Gültigkeit der klientenzentrierten Theorie im Lichte der konkreten Lebenserfahrung. Überzeugt, daß sein Gefühls-Selbst das Zentrum seines Lebens ist, lernt der Klient sich auf diesen Aspekt seiner Existenz einzustellen und ihn als Prüfstein der Realität, als Führer seines Lebens, als Quelle seiner Macht und Initiative anzuerkennen. »Ich habe mich immer gefragt, wer ich eigentlich bin, und ich habe nie das Gefühl gehabt, mir selbst zu gehören. Jetzt *fühle* ich mich, die Wirklichkeit meiner Gefühle, sie gehören mir und dürfen nicht oberflächlich behandelt werden. Ich weiß jetzt wirklich, wie sehr ich meine Gefühle *bin*.«

Hintergrund

10

Der Fall Mary

Mary ist eine 32jährige Ärztin, die schon seit einigen Jahren in Erwägung gezogen hat, eine Psychotherapie zu machen. Sie glaubt jedoch, daß ihr, im Gegensatz zu einigen der Patienten, denen sie bei ihrer Arbeit als Kinderärztin in einem Krankenhaus begegnet, nicht viel fehlt. Ihre Lebenseinstellung ist durch Ruhe, Kompetenz und Sachlichkeit charakterisiert; sie selbst betrachtet sich als zäh, sachlich, ordentlich und vernünftig, und so wird sie auch von anderen eingeschätzt. Aber Mary kommt sich steif und gehemmt vor, und hinsichtlich ihrer engen Beziehungen zu anderen hat sie Schwierigkeiten. In allen ihren Beziehungen spielt sie die Rolle der großen Mutter und der starken Helferin. Auch hat sie keine männlichen Freunde, und kein Mann behandelt sie jemals als Frau.
Im Rahmen ihrer Arbeit als Kinderärztin am Universitätskrankenhaus hat Mary die Möglichkeit, an Vorlesungen über Psychiatrie teilzunehmen und erhält das Privileg, die Arbeit eines Kindertherapeuten und einige psychotherapeutische Interaktionen mit Erwachsenen durch einen Einwegspiegel zu beobachten. Bei den meisten Therapieformen, die sie erlebt, handelt es sich um eine modifizierte Form der Psychoanalyse, die sie überwiegend negativ beeindruckt.
»Der Bursche, dessen Therapie ich beobachtet habe, ist unglaublich präzise«, erzählt sie einem Freund. »Er ist von einer Art eisiger Klarheit. Er ist fast erschreckend korrekt. Man kann beobachten, wie er sich immer auf die irrationalen Enden des Patienten stürzt und sie ans Licht zerrt. Aber es ist gerade, als ob man beim Sezieren zusehen würde; es ist so kalt. Irgendwie ist der Patient immer der Dumme.«
Sie fragt sich, ob sie in ihren Beziehungen zu sentimental ist, sie ist sich aber zugleich auch bewußt, daß gerade ihr kühles, korrektes Verhalten ihr Problem ist. Es fällt ihr selbst schwer, sich vorzustellen, daß sie sich mit Hilfe ihrer Vernünftigkeit je selbst befreien könnte, und das entmutigt sie, weil sie einen Ausweg aus der Enge ihres Lebens sucht.
Mary hört, daß sich in ihrer Stadt ein Adlersches Institut befindet, und erwägt, dort einen Kursus mitzumachen, um herauszufinden, ob ihr diese Therapieform zusagen würde. Eines Tages trifft sie in der Krankenhauscafeteria einen jungen Mann, Jack, der in der psychiatrischen Abteilung des Krankenhauses sein Praktikum als klinischer Psychologe

ableistet; sie fragt ihn, was er von den psychiatrischen Mitarbeitern und ihrem Ansatz halte. Zu ihrer Überraschung sagt er: »Sie sind alle so sehr damit beschäftigt, korrekt zu sein und den lieben Gott zu spielen, daß sie nicht auf das hören, was der Patient wirklich sagt.«
»Ja«, ruft sie aus, »das ist es. Es ist nicht nur die Kühle und Genauigkeit, die mich gestört hat; es ist das, daß der Patient niemals als *er selbst* genommen und angehört wird.«
»He«, ruft Jack, »vielleicht wäre das Psychologische Zentrum auf dem Campus etwas für Sie. Da sind überwiegend Rogerianer.« Er beschreibt kurz den Ansatz und die Denkweise der klientenzentrierten Therapie; Mary gefällt das, was er sagt, doch ist sie sich über vieles noch nicht im klaren. Was ist mit der Diagnose? Was ist mit dem Problem der Übertragung? Der klientenzentrierte Therapeut scheint für den Patienten nicht verantwortlich zu sein. Jack schlägt vor, ihr sein Exemplar der *Klient-bezogenen Gesprächstherapie* zu leihen, in dem Rogers ausführlich zu diesen Problemen Stellung nimmt. Mary liest das Buch, und seine Einfachheit, Direktheit und die nichtsezierende Darstellungsweise gefallen ihr. Obwohl sie selbst Ärztin ist, hat sie Angst vor physischen oder psychischen Eingriffen, und gerade die psychoanalytische Therapie stellt sie sich als massives Eindringen in die Persönlichkeit vor. Die »nicht-direktive« Therapie scheint ihr dagegen im ganzen weniger gewaltsam und eindringend zu sein; wenn sie auch oberflächlicher sein mag, ist sie ihr letztlich doch lieber. Grundsätzlich jedoch erscheint ihr die Konzeption beinahe zu einfach.
»Im Grunde ist es doch so«, sagt sie später zu Jack, »daß ich rede und der Berater mich versteht und mir hilft, Kontakt zu den Gefühlen herzustellen, die ich auszudrücken versuche. Es ist doch so, daß ich mich ständig um meine eigenen Gedanken und Gefühle drehe.«
»Nein, so funktioniert es nicht«, erwidert Jack, der bereits selbst eine Rogerssche Therapie mitgemacht hat.

Der Therapiebeginn

Als Mary erfährt, daß der Leiter des Psychologischen Zentrums eine Privatpraxis hat, macht sie telefonisch einen Termin mit ihm aus. Dr. G. ist bereit, sie zu empfangen, und sie treffen sich in seinem Büro im Psychologischen Zentrum, einem alten, nicht besonders gut erhaltenen Gebäude auf dem Campus. Die Sprechstundenhilfe ist salopp gekleidet, sie trägt Hose und Pullover, und auch die wenigen anderen Menschen, denen Mary auf dem Weg zu Dr. G.s Büro im dritten Stock begegnet, sind ähnlich zwanglos gekleidet. Ohne es sich recht bewußt zu machen, hat Mary das Gefühl, daß sie gut angezogen ist, daß ihre Art, sich zu kleiden und auch ihr professionelles Auftreten hier nicht am Platze sind. Zu ihrer Zimmerkollegin sagt sie später: »Es hat mich schockiert, wie wenig ›formell‹ das alles wirkte, so ganz anders als alle Kliniken, die ich bisher gesehen habe. Die ganze Sache kam mir ein bißchen schäbig vor.«

Schließlich gelangt Mary zu Dr. G.s Büro — »Dritter Stock, erste links», hatte die Sprechstundenhilfe munter zu ihr gesagt, ohne auch nur nachzusehen, ob Mary erwartet wurde oder ob Dr. G. vielleicht gerade beschäftigt war. Die Tür ist offen, Dr. G. steht an seinem Schreibtisch und ist damit beschäftigt, auf einem großen Blatt Papier, das über und über mit Zahlen bedeckt ist, irgendwelche Berechnungen auszuführen. Mary zögert an der Tür, Dr. G. schaut kurz auf, und sie machen sich miteinander bekannt. Er legt einige technische Bücher auf dem Holzstuhl, der seinem Schreibtisch am nächsten steht, beiseite und fordert sie auf, sich zu setzen.

Mary fängt an zu sprechen, sie stellt sich vor, beschreibt ihr Alter, ihre Position, ihren Platz im Leben und erzählt dann ziemlich ausführlich ihre Lebensgeschichte; sie erwähnt, daß sie ein überbehütetes, fast könnte man sagen unterdrücktes Einzelkind gewesen ist; schließlich kommt sie auf ihre Unzufriedenheit mit ihren persönlichen Beziehungen zu sprechen. Nie sind es Beziehungen auf gleicher Ebene; immer ist sie die starke Helferin, nie die gleichwertige Freundin oder Geliebte. Zuletzt sagt sie, daß sie schon lange auf der Suche nach einem Therapeuten ist, daß sie Rogers' *Klient-bezogene Gesprächstherapie* gelesen hat, und sie erzählt, wie ihr Dr. G. empfohlen wurde.

In den ersten 45 Minuten des Interviews besteht Dr. G.s Hauptbeitrag in Äußerungen wie: »Mhm, ja, ich verstehe.« Nur zweimal im Verlauf des Interviews spricht er etwas ausführlicher. Als Mary mit der Beschreibung ihrer aufdringlichen, erdrückenden, energischen Mutter zu Ende ist, antwortet Dr. G.: »Das klingt, als ob Sie sich überfahren, angewidert und abgestoßen gefühlt hätten.« Und nachdem Mary erzählt hat, wie ihr daran gelegen war, ihrem Vater zu gefallen und ihm nahe zu sein, sagt Dr. G.: »Sie hatten ihn gern, Sie brauchten ihn, aber es scheint, daß Sie sich ziemlich verloren fühlten und keine Hoffnung hatten, ihn dazu bringen zu können, einmal gegen Ihre Mutter Partei zu ergreifen.«

Gegen Ende des Interviews versiegt Marys halbvorbereiteter Erzählfluß, sie fühlt sich irgendwie lahmgelegt und hilflos. Als sie dieses Gefühl zum Ausdruck bringt, antwortet der Therapeut: »Sie wissen wirklich nicht, was Sie sagen sollen, und ich nehme an, das macht Sie nervös

und gibt Ihnen ein Gefühl der Unsicherheit.« Sie sprechen kurz darüber, daß Mary gerne wissen möchte, wie es weitergeht, und darüber, daß sie überhaupt immer einen Wegweiser in ihrem Leben haben möchte, über ihre Angst vor der Ungewißheit, über das für sie typische Gefühl: »Sagen Sie mir, was ich tun soll. Ich möchte, daß Sie mir sagen, was ich tun soll, und mich von der Spannung der Ungewißheit befreien.« Am Ende des fünfzigminütigen Interviews kommen sie überein, daß sie sich in derselben Woche noch einmal treffen wollen.
Ihre unmittelbare Reaktion auf das erste Interview bezog sich darauf, wie wenig der Therapeut getan hatte und wie gänzlich unspektakulär er sich verhalten hatte. Sie hatte nicht den Eindruck, daß er nun viel über sie wußte, daß er in die Tiefen ihrer Persönlichkeit vorgedrungen war. Die Begegnung mit ihm war ein ganz gewöhnliches Erlebnis gewesen, bar jeder therapeutischen Mystik, fast banal. Dennoch fand sie Dr. G. sympathisch und fühlte sich von ihm verstanden. Das einzige, was sie ein bißchen aufgerüttelt hatte, war, daß sie über ihr Bedürfnis nach einem ordentlichen Lebensplan gesprochen hatten. Am Ende des Interviews war ihr klar, daß Dr. G. nicht ihren Erwartungen von einem Therapeuten entsprochen hatte. Irgendwie war ihr bereits klar geworden, daß er den Verlauf der Sitzungen nicht in die Hand nehmen, regeln oder in irgendeiner Weise leiten würde.
Sie fühlte, daß er ihr wieder und wieder zu verstehen gegeben hatte: »*Sie* werden es machen.«
Sie mochte ihn jedoch sofort als Person. Wie er an seinem Schreibtisch stand und sich über diese Zahlenreihen beugte, schien er ein ernster, hart arbeitender Mann zu sein, der ganz in seinem Beruf aufging. Das leicht zerknitterte, ausgebeulte Tweedjackett, das seinem langen und dünnen Körper nicht ganz zu passen schien, hatte ihr auch gefallen. Seine Sprechweise und seine Stimme waren in ansprechender Weise sachlich, nüchtern männlich, fachmännisch und dennoch sehr entspannt. Sie hatte das Gefühl, daß er ihr völlige Aufmerksamkeit geschenkt hatte; nichts hatte seinen unerschütterlichen, stetigen, aber entspannten Blick unsicher machen können. Meistens war sie es, die weggesehen hatte. Ganz anders als ihr Vater, der sie oder ihre Mutter nie hatte ansehen können. Sie mochte an ihm das Gefühl der Stärke, aber es hatte den Anschein, als ob er, ebenso wie ihr Vater, nichts *tun*, sondern es einfach ihr überlassen würde, alles selbst zu machen. Dieses Gefühl mochte sie nicht, aber sie mochte Dr. G. und hoffte, daß es gutgehen würde.

Dr. G. hatte sich praktisch sein ganzes Leben lang zwei verschiedenen Beschäftigungen hingegeben. Als Kind war er von der Ordnung und Klarheit der Mathematik und der Logik fasziniert gewesen; er hatte knifflige Spiele gern, liebte die Welt der Science fiction und machte mit Vorliebe chemische Versuche. Als er zehn Jahre alt war, versuchte er ein Perpetuum Mobile zu erfinden. Auch war er immer an Menschen interessiert gewesen, er hörte gern ihren Unterhaltungen zu und beobachtete, wie sie miteinander umgingen. Schon sehr früh rätselte er über die Verschiedenheit der Menschen. Das hing teilweise damit zusammen, daß die Erwachsenen ihn immer für etwas Besonderes hielten, während seine Altersgenossen über seine »merkwürdigen« Interessen erstaunt und manchmal ärgerlich waren. Aber im allgemeinen mochten ihn die Leute, und er fand Wege, sowohl von den Erwachsenen als auch von seinen Altersgenossen akzeptiert zu werden. Daß er die Menschen mochte und an ihnen interessiert war, fügte dem, was man sonst als arrogante Altklugheit hätte auffassen können, eine Dimension der Wärme und Toleranz hinzu.

Sowohl seine mathematischen Neigungen als auch sein Interesse an Menschen hatte er während seiner ganzen Schul- und Studienzeit beibehalten. Einfach zu seinem Vergnügen beschäftigte er sich mit Algebra, Geometrie, Stereometrie, Trigonometrie, höherer Mathematik, Mengentheorie und Topologie, die er als Spiele betrachtete und die er gern zusammen mit ein paar Altersgenossen, die sich ebenfalls dafür interessierten, betrieb. Da er Physik, Biologie und Chemie studierte, hatte er Gelegenheit festzustellen, welchen Einfluß diese mathematischen Spiele auf das Leben haben. Besonders beeindruckt war er von der philosophischen Vorstellung, daß das Universum in der Sprache der Mathematik geschrieben sei, und ihm wurde immer deutlicher, daß die Mathematik das komplizierte Gerüst der Wirklichkeit in besonders schöner und wunderbarer Weise enthüllt.

Auf dem College wählte er zunächst Mathematik und Physik als Hauptfächer, aber zwei Faktoren brachten ihn allmählich von diesen beiden Disziplinen ab. Zuerst dämmerte ihm, daß sein Vergnügen an Schach und sein Vergnügen an der Wissenschaft praktisch identisch waren, und er fing an, sich zu fragen, ob erwirklich sein ganzes Leben lang »wissenschaftliche Siele« spielen wollte. Der zweite und vielleicht wichtigere Faktor war der, daß Freunde und Bekannte dazu neigten, mit ihm über ihr Leben und ihre Probleme zu reden. Eine bestimmte Kombination von Persönlichkeitseigenschaften prädestinierte ihn zum

Berater — wahrscheinlich war es ganz einfach die Tatsache, daß er Menschen gern hatte und sich dafür interessierte, was sie fühlten und welchen Sinn das Leben für sie hatte. Er erschien anderen meist als solide, ruhig, diszipliniert und ordentlich, aber in einer entspannten, relativ mühelosen Form.

Während seiner Studienzeit stieß er wie von selbst auf die Sozialwissenschaften; er stellte fest, daß viele Forscher auf den Gebieten der Soziologie, Anthropologie und Psychologie davon überzeugt waren, daß eine Quantifizierung auf diesem Gebiet notwendig war, um sie zu echten Wissenschaften zu machen. Das zog ihn an, und er vertiefte sich mit Genuß in die Experimentelle Psychologie. Im zweiten Jahr seiner Studien auf dem Gebiet der Experimentellen Psychologie entdeckte er, daß er es wieder mit wissenschaftlichen Spielen zu tun hatte, was ihm zwar nach wie vor Spaß machte, aber irgendwie leer erschien. Einmal sagte er zu einem Freund: »Am Ende meines Lebens möchte ich sagen können, daß ich etwas mehr getan habe, als eine Menge kniffliger Spiele ziemlich gut gespielt zu haben.«

Er besuchte dann Kurse in Beratungstherapie und entdeckte dabei die klientenzentrierte Therapie, die sofort seine praktische Seite ansprach. Die Beschreibung des klientenzentrierten Ansatzes ähnelte dem, was er selbst bereits praktizierte. Die weitere Entdeckung, daß die klientenzentrierten Therapeuten an der Entwicklung wissenschaftlicher Forschungsmethoden zur Untersuchung des Therapieprozesses interessiert waren, bestätigte ihn in seinem Interesse. Er konnte auf dem Gebiet der Psychotherapie und der Beratung sowohl sein Interesse an der Wissenschaft als auch sein Interesse am Menschen, das von Anfang an für sein Leben charakteristisch gewesen war, kombinieren und ausleben.

Jetzt, im Alter von 45 Jahren, blickt Dr. G. auf 18 Jahre Praxis und Forschung zurück. Er praktiziert klientenzentrierte Therapie, ist als Supervisor in der Ausbildung von Therapeuten tätig und beschäftigt sich ständig mit umfangreichen mathematischen Forschungsprojekten im Rahmen der Psychotherapie. Es ist ein gutes Leben für ihn und seine Familie. Er ist der Meinung, daß er anderen mit seiner Beratungstätigkeit wirklich von Nutzen sein kann; darüber hinaus hat er so Gelegenheit, eng mit Studenten zusammenzuarbeiten, er hat genügend Freiheit, seine Forschungsinteressen zu verfolgen, und als Professor und Direktor des Psychologischen Zentrums auf dem Campus verfügt er über Prestige und Einfluß, um diese gute Arbeit zu fördern.

Als Mary ihn verlassen hat, wendet sich Dr. G. sofort wieder seinem Forschungsprojekt zu. Er hat ein gutes Gefühl nach dem ersten Ge-

spräch mit ihr. Während er seine Berechnungen fortsetzt, muß er plötzlich lächeln, weil er feststellt, daß seine Art, an seine Forschungen heranzugehen, Marys Art, mit dem Leben umzugehen, sehr ähnlich ist; er plant und kalkuliert, er versucht Vorgänge zu analysieren, zu präzisieren und Klarheit zu erhalten. Im Gegensatz zu Mary weiß er jedoch, so nützlich dieses Vorgehen in bestimmten Momenten auch sein mag — das wissenschaftliche Forschungsspiel ist nicht das Leben. Das Leben spielt sich stärker in Gefühlen ab als in Gedanken.
Ihm geht auch auf, daß Mary eine harte Arbeiterin ist, die verstehen will, was vor sich geht. Das gefällt Dr. G., und später erzählt er seiner Frau: »Ich glaube, Mary und ich werden gut zusammenarbeiten können.« Diese seine Formulierung kommt ihm selbst ungewöhnlich vor; normalerweise würde er sagen: »Ich werde ihr helfen können« oder »Wir werden gut miteinander zurechtkommen.« Etwas an Mary vermittelt ihm den Eindruck, daß sie »gut zusammenarbeiten können«. Sie ist ernst, konzentriert, aufrichtig, arbeitet hart und bemüht sich mit dem Eifer eines Kindes, alles zu verstehen. Einen Augenblick lang stellt sich Dr. G. vor, wie er Mary von seinen Forschungen erzählt, und er weiß, daß es ihr Freude machen würde, etwas darüber zu erfahren.

Fünf Interviews

Als sie sich wieder treffen, weiß Mary nicht, wo sie anfangen soll, weil sie nicht weiß, was das Richtige ist. Aus ihrer Lektüre weiß sie jedoch, daß das Ziel der klientenzentrierten Therapie darin besteht, sie in stärkeren Kontakt zu ihren Gefühlen zu bringen. Kurz vor dem Interview hat sie die Phantasie, daß sie völlig sprachlos und hilflos ist, daß der Therapeut sagt: »Sie fühlen sich völlig sprachlos und hilflos» und daß sie selbst sprachlos und hilflos dazu nickt.
Tatsächlich sagt Mary: »Ich weiß nicht, wo ich anfangen soll«, und Dr. G. antwortet: »Sie sind unsicher, womit Sie anfangen sollen«. Die wirkliche Situation ist jedoch ganz anders, als sie es sich vorgestellt hat. Dr. G. ist aufmerksam, drängt sie aber nicht, etwas zu sagen; er ist nicht ungeduldig, versucht jedoch, genau zu verstehen, woher ihre Unsicherheit kommt.
»Ich bin es nicht gewöhnt, die Dinge nicht im Griff zu haben«, sagt Mary, »ich bin daran gewöhnt, die Dinge unter Kontrolle zu haben«. »Sie sind es nicht gewöhnt, eine Situation nicht im Griff zu haben«, erwidert Dr. G., »und das macht dies hier ziemlich erschreckend für Sie.« Sie beschreibt noch einmal, wie stark sie ihre Beziehungen zu anderen unter Kontrolle hat, und sagt, sie sei sicher, daß sie dieses Verhalten

durch die Beziehung zu ihrer unterdrückenden Mutter gelernt habe. Dr. G. sagt: »Sie fühlen sich also ziemlich sicher — so hat es jedenfalls den Anschein —, daß sie Ihre Mutter von sich fernhalten mußten, weil Sie sonst verschlungen, überwältigt, verschluckt worden wären.« An dieser Stelle endet das Interview.

Beim nächsten Interview weiß Mary immer noch nicht, womit sie anfangen soll, aber dieses Mal lächeln sie und Dr. G. über die Vertrautheit dieser Situation. »Vielleicht ist es ganz in Ordnung, nicht zu wissen, wie man anfangen soll«, sagt sie. »Unsere letzte Sitzung war harte Arbeit, und ich hatte manchmal etwas Angst, aber ich habe wirklich den Eindruck, daß dies in die richtige Richtung geht.« Sie greift noch einmal die Frage der Selbstkontrolle auf, ihr Bedürfnis, jede Situation und vielleicht auch andere Menschen zu beherrschen. Dr. G. überlegt und bringt seinerseits so genau wie möglich ihr Gefühl zum Ausdruck, in jedem Fall Herr der Situation sein zu müssen und nicht zulassen zu können, daß etwas Unerwartetes passiert. An einem Punkt des Interviews sagt Mary leise: »Ich bin das alles so leid. Es ist so mühsam, sich um alles kümmern zu müssen.« Dr. G. antwortet: »Ich nehme an, Sie haben so gehandelt, weil es notwendig war. Sie wollen nicht wirklich das Universum regieren, das wäre ein so trauriges und einsames Leben.« Der Lebensüberdruß, der sich in Marys Tonfall verrät, vermittelt Dr. G. zugleich ein Gefühl tiefer Einsamkeit. Mary weint ein bißchen und gibt zu, daß sie manchmal schrecklich einsam ist. Bald danach ist die Sitzung zu Ende.

Während der nächsten Interviews bringt Mary ihre Gefühle der Traurigkeit und der verzweifelten Einsamkeit stärker zum Ausdruck. Sie beschreibt, wie einsam sie in ihrer Kindheit gewesen war. Freunde konnte sie nicht nach Hause bringen, ihre Familie hatte keine Freunde; das Haus war wie ein großes dunkles Schloß, in dem keiner mit dem anderen sprach. Dazuhin mußte sie sich gegen die aufdringliche Gegenwart ihrer Mutter schützen. »Aber«, fügt sie hinzu, »ich war tüchtig, und Außenstehende fanden mich immer nützlich. Ich konnte Dinge erledigen, ich konnte organisieren. Sogar meinen Eltern gefiel es, daß ich in der Schule gut war, daß mir in allen möglichen Ausschüssen Aufgaben übertragen wurden und ähnliches. Ich konnte mit Leuten einigermaßen auskommen, wenn ich ihnen nützlich war.«

Während dieser Interviews sagt der Therapeut selten mehr als: »Mhm, ja, ich verstehe.« Obwohl er sein Verständnis für Marys Gefühle häufig zum Ausdruck bringt, macht er das so vorsichtig und geschickt, daß es für Mary kaum merkbar ist. Es ist, als ob seine Funktion lediglich darin bestünde, ihr dabei zu helfen, ihre Gefühle auszudrücken, auszuweiten, zu klären und intuitiv zu erkennen. Seine intensive Teilnahme wird für Mary dann bemerkbar, wenn er ein Gefühl einfängt und sie dazu bringt, dieses intensiver zu erfahren. Manche seiner Reaktionen verstärken ihre Gefühle sehr. Seine Reaktion auf ihr Bedürfnis nach Kontrolle macht ihr in fast dramatischer Weise deutlich, wie verzweifelt sie sich an die Welt klammert. Seine Reaktion auf ihre Unsicherheit, wenn sie die Dinge nicht in den Griff bekommt, macht ihr klar, wie stark sie sich fürchtet. Seine Reaktion auf ihre Müdigkeit, ihren Überdruß und ihre Traurigkeit läßt sie die Intensität ihrer Verzweiflung, Einsamkeit und Hoffnungslosigkeit, die sie so oft in den Beziehungen zu anderen empfindet, noch stärker erfahren.

Dr. G.s Form der Partizipation

Wenn man bedenkt, wie sehr sich Dr. G. im Hintergrund hält, daß er Marys Gefühlsäußerungen lediglich unterstützt, so mag es unnötig erscheinen, die Besonderheiten seines Therapiestils und dessen Wirkung auf den Psychotherapieprozeß zu untersuchen. Der therapeutische Prozeß ist aber in jedem einzelnen Fall von besonderer Qualität. Es ist nicht so, daß ein universeller Patient zu einem universellen Therapeuten spräche; es ist Mary, die mit Dr. G. spricht, dessen besonderer, klientenzentrierter Therapiestil vor Mary, vor ihm selbst und auch vor uns verbergen kann, von welch zentraler Bedeutung er, Dr. G., für die Entfaltung dieser besonderen Beziehung ist.

Dr. G. ist Mary gegenüber sehr aufmerksam; die Form seiner Aufmerksamkeit wird von seinem Wunsch bestimmt, genau zu verstehen, was sie sagt. Weder Dr. G. noch Mary kommt es in den Sinn, das Interesse des Therapeuten an einem möglichst präzisen Gefühlsausdruck in Frage zu stellen; beide gehen wie selbstverständlich davon aus, daß dies therapeutisch und hilfreich ist. Ohne daß sie sich dessen bewußt würde, findet Mary diese Präzision des Ausdrucks äußerst beruhigend, so, wie sie die Sorgfalt, mit der eine körperliche Untersuchung durchgeführt wird, als Beweis ärztlicher Kompetenz empfinden würde.

Die Tatsache, daß Dr. G. hart arbeitet und doch völlig entspannt dabei ist, wirkt auf Mary zutiefst beruhigend. Seine Art, sorgfältig und genau zu formulieren, vermittelt ihr den Eindruck, daß hier ein methodischer Prozeß abläuft, und hilft ihr, mit den ängstlichen, chaotischen Gefühlen, die sie zu überwältigen drohen, fertig zu werden. Seine entspannte, selbstsichere, überzeugte Art, ihre Gefühle und deren Bedeutungen systematisch zu verfolgen, verleihen ihr das Gefühl, in guten Händen zu sein. Indem er Bedeutungen, Gefühle und Themen systematisch verfolgt, gibt er ihr klare Richtlinien, an die sie sich im weiteren Verlauf der therapeutischen Interaktion halten kann. Im allgemeinen läßt er sie nicht hängen und sie bleibt nicht im Ungewissen, was sie als nächstes sagen soll. Allein die Art, wie er Themen indirekt weiterverfolgt, macht ihr deutlich, daß es darauf ankommt, jeweils das Thema, das sie gerade behandeln, zu vertiefen.

Bereits in den ersten Interviews sagt Mary Dinge wie diese: »Es war mehr eine Frage des Alleinseins, das Problem, es ganz allein tun zu müssen, als daß ich mich einfach hilflos gefühlt hatte«; oder »Es war nicht nur so, daß ich einfach Angst hatte, sondern eine überwältigende, unheimliche, phantastische Erscheinung ängstigte mich.« Diese Antworten weisen darauf hin, daß sie im Verlauf der Therapie lernt, ihre Gefühle präzise zu differenzieren und zu artikulieren. Mary brachte eine Vorliebe für Ordnung und Klarheit und die Bereitschaft, hart zu arbeiten, mit in die Therapie; das erleichtert es beiden, miteinander zu arbeiten und systematisch zu präzisieren, was Mary meint und fühlt. Tatsächlich ist die Neigung, hart und systematisch zu arbeiten eine Eigenschaft, die beiden gemeinsam ist, die sie aneinader schätzen und die den Fluß der therapeutischen Arbeit erleichtert.

Noch etwas anderes an Dr. G.s Partizipationsstil formt seine Interaktion mit Mary: die Art, wie er sich für Menschen interessiert. Sein Interesse für Menschen ähnelt seinem Interesse für Denkspiele und wissenschaftliche Probleme. Es handelt sich nicht etwa um mangelnde Wärme oder mangelndes Interesse, sondern vielmehr um eine bestimmte Form der *interessierten Distanz*. Als er anfängt, Marys Beziehung zu ihrer Mutter zu verstehen und zu begreifen, wie schmerzlich und problematisch diese Beziehung für sie war, interessiert es ihn auch, wie Marys körperliche Starrheit sie daran hindete, etwas zu fühlen. Damit beginnt er, etwas Allgemeines zu verstehen — den Zusammenhang zwischen Körperhaltung und Erfahrung —, und gleichzeitig versteht er Marys besondere Gefühle gegenüber ihrer Mutter.

Er ist fasziniert davon, wie Menschen sich verhalten, und er ist mitfühlend auf Marys Zustand eingestellt; das heißt, er interessiert sich zunächst ganz allgemein für den Menschen Mary. Obwohl er sich zurückhält, könnte er jederzeit über die allgemeinen Strukturen des Lebens sprechen, die er versteht, indem er Mary versteht. Das kommt manchmal offen zum Ausdruck, wenn er zum Beispiel sagt: »Es ist sehr *interessant*, wie Sie etwas abblocken konnten, indem Sie einfach körperlich erstarrten. Ist es nicht *erstaunlich*, daß Sie instinktiv wußten, daß Sie sich von Ihrer Mutter fernhalten und Beziehungen außerhalb Ihres Zuhauses suchen mußten.«

Es ist sein Interesse daran, wie etwas funktioniert, das sein Verhalten Mary gegenüber bestimmt. Er möchte Marys Lebensstil in all seinen Ausprägungen *kennenlernen*. Er neigt dazu zusammenzufassen und das, was sie diese Woche gesagt hat, zu dem, was sie in der vorausgegangenen Woche gesagt hat, in Beziehung zu setzen, denn er möchte ihren scheinbar widersprüchlichen Gefühlsausdruck in eine Einheit bringen. Er möchte Mary in all den miteinander in Beziehung stehenden Aspekten ihrer Persönlichkeit zu einer thematischen, gefühlserfüllten Ganzheit verhelfen. Folglich ist er selten einfach nur mitfühlend; gewöhnlich versucht er, die innere Einheit ihrer Welt und ihrer Erfahrungen zu begreifen. Da auch Mary auf Erfahrungen, die »interessant« sind, die zu untersuchen und zu beurteilen Spaß macht, bereitwillig reagiert, steht Dr. G.s lebhaftes, warmes und doch distanziertes Interesse mit ihrem eigenen Stil in Einklang.

Ein anderer Therapiestil

Der charakteristische Effekt von Dr. G.s Therapiestil läßt sich am besten verdeutlichen, wenn er mit einem anderen Therapeuten an demselben Psychologischen Zentrum verglichen wird. Dr. S., der einen sehr viel leidenschaftlicheren, intensiveren, hypnotischen Therapiestil praktiziert, bereitet sich auf seine Interviews vor, indem er fünfzehn Minuten allein bleibt, um sich, wie er es ausdrückt, »in eine rezeptive Stimmung zu versetzen«. Seine Sprache ist lebhaft und dramatisch, voller poetischer Bilder; während er nachbrütet über das, was sein Klient ihm erzählt, wartet er auf eine Intuition, die ihm helfen wird, die Intensität eines Gefühls zu artikulieren.

Dr. S. wandte sich der Psychologie erst spät zu, nachdem er den größten Teil seiner Jugend künstlerisch gearbeitet hatte. Sein Hintergrund ist nicht streng wissenschaftlich, sondern eher poetisch und intuitiv. Von dem Augenblick an, in dem er sich mit einem Klienten trifft, ist Dr. S. mehr oder weniger ausdrücklich bemüht, ein aufnahmebereiter, sensitiver, intuitiver Sprecher für den Klienten zu sein; tatsächlich spricht er oft so, als ob er selbst der Klient wäre. Marys Interviews mit einem klientenzentrierten Therapeuten dieser Art würden sich stark von den entspannten, sachlichen, systematische Arbeit verratenden Interviews mit Dr. G. unterscheiden.

Sie würde Dr. S. an seinem Schreibtisch sitzend, sehr ernst, fast buddhaähnlich, vorfinden, ein Bild, das Mary aus ihrem Bewußtsein zu verjagen versucht, obwohl etwas an seiner brütenden, ernsten, intensiven Erscheinung es für sie schwierig macht, den Faden ihrer mehr oder weniger vorbereiteten Geschichte zu verfolgen. Sie legt die Grundzüge

ihres Lebens recht ungenau dar und beschreibt dann, wie sie an ihn verwiesen wurde — eine Sache, die ungefähr fünfzehn Minuten dauert, während derer Dr. S. hauptsächlich schweigt, es sei denn, daß er gelegentlich »Mhm, ja« einwirft. Mary fühlt sich durch den Verlauf des Interviews angespannt und ängstlich. Dr. S. widmet ihr äußerste Aufmerksamkeit, aber sie hat den Eindruck, daß das, was sie sagt, nebensächlich ist. Er ist so intensiv und ernst, daß es ihr erscheint, als ob er einen geheimnisvollen Innenbereich erreichen wolle, einen dunklen Gefühlskern in ihr, angesichts dessen ihre Worte oberflächlich, unwichtig und irrelevant erscheinen müssen.
»Ich weiß nicht, was Sie erwarten, daß ich sagen soll«, stammelt sie. »Ich komme mir so dumm vor, als ob ich ohne jeden Sinn drauflosgeplappert hätte. Das macht mir ziemlich Angst.«
»Fühlen Sie sich wie jemand, der seine Party-Kleidung angezogen hat und Party-Manieren an den Tag legt und dann entdeckt, daß er auf einem Begräbnis ist?« Als Dr. S. diese Frage stellt, schauspielert er ein bißchen, indem er dem Wort »Party« einen fröhlichen Klang und Schwung und dem Wort »Begräbnis« einen dunklen Klang verleiht. Mary ist plötzlich deprimiert, bei dem Gedanken, daß sie ein Clownskostüm anhat und ein Gefühl der Fröhlichkeit vortäuscht, das sie gar nicht empfindet. Sie sagt nichts, sprachlos über die Intensität dieses Gefühls. Normalerweise würde sie ein derartiges Gefühl sofort durch diszipliniertes Sprechen kaschieren, aber irgendwie ist das angesichts der brütenden Gegenwart von Dr. S. nicht möglich. Das Interview geht weiter mit einer stockenden, stolpernden, schmerzhaften Gefühlsintensität, und Mary erlebt eine Reihe äußerst konzentrierter dunkler Gefühle und Bilder einsamer, isolierter, wegloser Ödlandflächen. Nach dem ersten Interview ist sie sowohl erschöpft als auch ungeheuer beeindruckt von der überraschenden Stärke und Intensität ihrer bisher verschütteten Gefühle.
Der Unterschied zwischen den beiden Interviewverläufen mit ein und derselben Klientin ist verblüffend. Bei Dr. G. entfaltet sich Marys Gefühlswelt sachlich, vorsichtig und systematisch; Dr. S. dagegen praktiziert einen hochdramatischen, intensiven Therapiestil und ruft Bilder hervor, die ihr inneres Leben ästhetisch und doch gefühlsintensiv zum Ausdruck bringen sollen.

Die Beschreibung des Verlaufs einer klientenzentrierten Therapie ist durch einen merkwürdigen Widerspruch gekennzeichnet: Einerseits ist offenkundig, daß der spezifische Stil des Therapeuten auf den Prozeß der Selbstentfaltung des Klienten wesentlich Einfluß nimmt. Andererseits macht sich die Anwesenheit von Dr. G. paradoxerweise primär in seiner Unsichtbarkeit bemerkbar, insofern er sich ganz in den Dienst des Klienten stellt, dem er zu einem möglichst genauen Selbstausdruck verhelfen will. Mary nimmt Dr. G. häufig gar nicht wahr, es sei denn als eine Art unterstützenden, erleichternden Hintergrund; Dr. G. selbst nimmt sich ebenfalls nicht wahr, außer in dem Sinne, daß er sich auf Marys Gefühle einstellt und diese gemeinsam mit ihr zum Ausdruck zu bringen versucht.

Man sollte sich an dieser Stelle daran erinnern, daß auch die Freudsche und die Jungsche Therapie qualitativ durch die Art der Präsenz bestimmt werden, die der Therapeut gemeinsam mit seinem Klienten schafft. Praktizierte und gelebte Therapien können niemals auf die Abstraktion des jeweiligen Therapiesystems reduziert werden; die praktizierte Therapie ist immer eine Beziehung zwischen realen Personen mit bestimmten Vorlieben, Neigungen, Verhaltensstilen und Modalitäten, die nicht allein auf der Basis einer therapeutischen Orientierung oder Schule erklärt werden können.

In der Freudschen Therapie bleibt der Therapeut bewußt *unsichtbar*, um die komplexen Prozesse der Übertragung und Neuinszenierung, des Neudurchlebens und der klaren, lebendigen Einsicht zu fördern. Seine Unsichtbarkeit ist auch eine Form der Zurückhaltung insofern, als die Besonderheiten, die spezifische Wertorientierung und der Lebensstil des Therapeuten weitgehend verborgen bleiben. Der Freudianer übt diese Zurückhaltung, weil er daran interessiert ist, ein Projekt zu fördern, das die Eigenheiten seines individuellen Stils transzendiert. Er möchte seine Eigenheiten, Werte oder Vorlieben dem anderen nicht willkürlich aufzwingen; er hält sich im Interesse der interpretativen therapeutischen Absicht zurück.

Obwohl der Jungianische Therapeut viel freier ist, was seinen Selbstausdruck und die Manifestation seiner Persönlichkeit betrifft, legt er sich doch bestimmte Beschränkungen auf im Interesse seiner Aufgabe, das kollektive Unbewußte im Leben des Patienten anzusprechen und zu artikulieren. Es bleibt seine vordringliche Aufgabe, dem Patienten zu einer höheren Integrationsebene seiner Persönlichkeit zu verhelfen. Deshalb unterwirft auch der Jungianer seine Vorlieben, Eigenheiten und individuellen Erfahrungen dem Zweck, die universell gültigen Prozesse im Leben des Patienten zu artikulieren. Der Therapeut sagt letzen Endes: »Es ist nicht wichtig, was ich persönlich bei dem, was Sie sagen, fühle und denke, wichtig ist nur, wie Ihnen das hilft, die dynamischen, archaischen Schichten Ihres Lebens, in denen sich Ihr wahres Ich befindet, zu entfalten.«

Das objektive Ziel all dieser Therapieformen ist die Entfaltung dessen, was bereits im Patienten vorhanden ist. Der Therapeut stellt sich ganz in den Dienst dieses Ziels, was ihm in dem Maße gelingt, wie er sich in Zurückhaltung übt. In der Freudschen Therapie erfährt Mary die Dialektik der Übertragung, ihre vergangene Beziehung zu ihren Eltern, und sie erlebt, wie diese vergangenen Beziehungen sich weiterhin in ihrem Leben bemerkbar machen. Sie und ihr innerpsychisches Leben stehen im Mittelpunkt der Therapie. In der Jungschen Therapie liegt die Betonung auf dem kollektiven Charakter ihres Innenlebens und dessen Streben nach einem integrierten Selbstausdruck. Das besondere Ich des Therapeuten bleibt in diesem Prozeß genauso unsichtbar. In der Rogersschen Therapie wird dieser Prozeß der Selbstauslöschung offenkundig. Sowohl Mary als auch der Therapeut erfahren ihn als Hintergrund der ausdrücklichen Konzentration auf die Entfaltung von Marys Gefühls-Selbst.

Entwicklung des empfindenden fühlenden Selbst

Am Ende ihres ersten Interviews hatte Mary den Eindruck gehabt, daß Dr. G. beständig zu ihr gesagt hatte: »*Sie* werden es tun.« Das ständige, planvolle Warten darauf, daß sie ihre Gefühle zum Ausdruck bringen und sagen würde, was sie beschäftigt, hatten ihr bereits ein Gefühl der Konzentration auf sich selbst vermittelt. Bereits an diesem Punkt hatte Mary die starke Aufmerksamkeit, die ihrem Gefühls-Selbst zugewendet wurde, so erfahren, daß ihren Worten dadurch größere Bedeutung zukam und ihr körperliches Gefühls-Selbst stärker in den Mittelpunkt rückte.

Im weiteren Verlauf der Therapie hatten sie und der Therapeut sich noch stärker ihren körperlichen Gefühlen und dem Ausdruck dieser Gefühle zugewandt. Jetzt empfand sie die Starrheit ihres Körpers als Abwehr gegen ein Eindringen von außen, seine Bereitschaft, immer kompetent zu sein, als Abwehr gegen eine hintergründige Angst, und seine Weichheit als Ausdruck von Verlorenheit, Traurigkeit und Einsamkeit. Die Konzentration auf diese Gefühle und ihren Zusammenhang während der ersten sechs Interviews hatte ihr Gefühl verstärkt, ein fühlendes empfindendes Selbst zu sein. Im Laufe des siebten Interviews stellt sie fest, daß ihr Körper für sie wirklicher geworden ist und daß sie ihn stärker als zu ihr selbst gehörig empfindet, als das früher der Fall war. »Viel mehr ist jetzt von mir hier«, sagte sie und zeigt dabei auf ihren Magen und ihr Herz.

Die nächsten zehn Interviews. Im weiteren Verlauf der Therapie fährt Mary fort, ihr früheres Leben und dessen fortdauernden Einfluß auf sie, ihr Bedürfnis, immer tüchtig und kompetent zu sein, sowie ihr Gefühl der Isolation und der Einsamkeit zu beschreiben. Die Therapie verläuft überwiegend undramatisch. Mary ist mit sich selbst und ihrem Leben zufriedener. In den unangenehmen Momenten der Therapie hat sie entdeckt, daß sie nicht immer alles unter Kontrolle haben muß. Sie stimmt jetzt viel mehr mit ihrem Gefühls-Leben überein als jemals zuvor und hat sogar ein paarmal in der Therapie geweint. Als sie, auch gegenüber Dr. G., entspannter wird, beginnen bestimmte Themen aufzutauchen, von denen sie nicht genau weiß, ob sie sie weiterverfolgen soll. Zu diesem Zeitpunkt ist sie daran gewöhnt, eingehend über ihre Gefühle zu sprechen, weil sie weiß, daß dies in ihrer Beziehung zu Dr. G. angemessen ist.

Die siebzehnte Sitzung. Dr. G. fährt für zwei Wochen zu einer Tagung, und in seiner Abwesenheit denkt Mary darüber nach, wie sich die Therapie entwickelt hat. Sie kommt gern zu Dr. G. und weiß, daß ihr die Therapie wirklich gut tut, aber sie fragt sich, ob das nicht zu bequem und leicht für sie ist. »Er hat noch niemals sexuelle Themen angesprochen. Ich nehme an, es ist meine Sache, mit ihm zu besprechen, worüber ich sprechen möchte.« Obwohl ihr diese Vorstellung Angst macht und sie es gerne vermeiden würde, beschließt sie trotzdem bei der nächsten Sitzung ihr zunehmendes Interesse an diesem Thema, ihre Verwirrung und ihre Gefühle hinsichtlich Sexualität anzusprechen.
Zu Beginn des nächsten Interviews sagt sie: »Ich weiß nicht, wo ich anfangen soll«, und beide müssen lachen, weil dieser Satz inzwischen praktisch eine feststehende Wendung geworden ist, die zu Beginn jeder Sitzung wiederholt werden mußte. Sie erklärt, daß sie daran gedacht hat, mit ihm über Sexualität zu sprechen, daß sic aber nicht weiß, wie sie es anfangen soll.
»Sie möchten dies gerne mit mir besprechen, gleichzeitig haben Sie aber auch ein ungutes Gefühl, wie Sie vorgehen sollen.«
Nach einem kurzen Schweigen fragt Mary: »Können Sie mir dabei nicht irgendwie helfen?«

Mary wird innerhalb der nächsten fünf Minuten immer angespannter und wiederholt, daß sie nicht weiß, was sie tun soll oder wie sie es tun soll. Einen Augenblick lang ist sie böse auf Dr. G., sie wendet sich ihm zu, sieht ihm ins Gesicht und bettelt geradezu um seine Hilfe. Er sagt lediglich mit ruhiger Stimme: »Sie fühlen sich einfach festgefahren und hilflos.«
»Können Sie mir denn nicht helfen?« fleht Mary ärgerlich.
»Sie sind sogar wütend auf mich, weil Sie den Eindruck haben, daß ich mich bewußt zurückhalte.«
Mary versteht das ungefähr so: »Sie können das alleine, auch ohne Hilfe. Sie sind ja so tüchtig«, und sie reagiert darauf ärgerlich und gereizt. »Sie überlassen immer alles mir, Sie sagen mir einfach, daß ich es kann. Warum muß ich immer alles selbst machen?«
»Es sieht so aus, als ob" sagt sie leise und angespannt: »Oh, verdammt, verdammt nochmal!« Sie sagt, daß sie eigentlich etwas mehr von ihm verlangt; es reicht nicht, daß er einfach nur dasitzt und sie »versteht«. Als sie Dr. G. schließlich ins Gesicht blickt, merkt sie, daß er ganz aufmerksam ist und auf alles, was sie äußert, mit großem Einfühlungsvermögen reagiert. Sie entspannt sich, sie seufzt und bemerkt: »Sie gehen nicht einfach weg, weil es schwer ist, mit mir zurechtzukommen. Sie sind gut zu mir.«
»Sie haben immer Angst, daß der andere weggehen könnte, wenn Sie nicht nett sind«, antwortet er. »Es ist schön, wenn man für einen anderen eine Last und eine Plage sein kann, ohne Angst haben zu müssen, verlassen zu werden.«
Mary verbringt die letzten zwanzig Minuten damit, recht zusammenhanglos über ihre Angst zu sprechen. Sie erwähnt den merkwürdigen Erotizismus ihrer Mutter und berührt kurz einige intensive Beziehungen, die sie zu Freundinnen gehabt hatte; sie sagte, daß sie sich von älteren Männern angezogen fühle, besonders, wenn diese sicher verheiratet und außer Reichweite seien. Schließlich platzt sie heraus: »Ich fürchte, ich bin nicht ganz normal.«
»Sie haben seit einiger Zeit«, sagt Dr. G., »mit dieser hintergründigen Angst gelebt, sexuell anormal, homosexuell, lesbisch zu sein. Schon an der Art, wie Sie das sagen, kann ich fühlen, wie sehr Sie das verfolgt hat, welch schaurige Angst damit für Sie verbunden ist.«
Obwohl Marys Zeit um ist, sprechen sie noch fünfzehn Minuten länger miteinander, was für Dr. G. ungewöhnlich ist. Er will ihr Gelegenheit geben, sich noch etwas auszusprechen, damit sich die Wirkung dieser unheimlichen Furcht noch ein bißchen auflösen kann, bevor sie geht. Er reagiert spontan auf ihre Bitte um Hilfe, indem er sagt: »Ja, ich

werde Sie stärker und nachdrücklicher unterstützen, wenn Sie es besonders nötig haben.« Mary verläßt die Sitzung müde, befreit, merkwürdig glücklich, obwohl sie noch immer etwas nervös ist wegen des sexuellen Themas, weil sie weiß, daß sie es auch in den nächsten Interviews wieder ansprechen wird.

Sieben weitere Sitzungen. Mary spricht über ihr Sexualleben und die Gefühle, die damit verbunden sind bzw. zunächst darüber, daß sie eigentlich gar keine besonderen Gefühle hat. Sie hatte weder kindliche Schwärmereien noch die alltäglichen Flirts und sexuellen Anzüglichkeiten erlebt, die das Heranwachsen begleiten. Weder in der High School noch im College war sie mit Jungen ausgegangen. Ihre »guten« Beziehungen zu jungen Männern waren immer Bruder-Schwester-Beziehungen gewesen, wobei sie gewöhnlich die ältere Schwester war. Gemeinsam mit Dr. G. versucht Mary diese Welt des gehemmten Denkens, Fühlens und Tuns zu artikulieren. Sie hatte sich nie gestattet, körperliche, sexuelle Gefühle oder auch nur starke Zuneigung für jemanden zu entwickeln. Immer, wenn sie darüber sprechen, taucht auch das Problem der Angst, der Spannung und des Ekels auf, das Problem, eigentlich nicht fühlen zu dürfen.
Mary identifiziert körperliche Gefühle mit ihrer verrückten, absonderlichen Mutter, die ihre Gefühle über alles ergossen hatte. Nicht zu fühlen, das war Marys Methode, einen Teil ihres Selbst von ihrer Mutter fernzuhalten. »Es war so schrecklich, wie sie war. Sie bekam immer diesen verrückten, hungrigen Blick in den Augen, sie wollte einen umarmen, streicheln, berühren. Ich hatte Angst und ekelte mich. Ich haßte das. Ich wollte damit nichts zu tun haben.« Als sie diese Gefühlsstruktur weiter diskutieren, wird offensichtlich, daß Mary sich diese Körpergefühle aus Gründen der Abwehr verboten hatte, indem sie sie als schlecht, verrückt und gefährlich hinstellte; diese Gefühle nicht zu haben, war gesund, vernünftig und anständig. Ihre Mutter hatte sie baden, ihr Einläufe machen, im Bad mit ihr zusammen sein, ihren Stuhlgang untersuchen und ihren Körper in fast jeder Form vereinnahmen wollen, indem sie dies alles mit ihrer mütterlichen Fürsorge rechtfertigte.
»Nähe und Wärme bedeuteten, in ekelhafter Weise kaputt zu sein. *Sie* war kaputt, und sie wollte, daß ich auch so würde.«
»Es war fast so, daß man einfach keinen menschlichen Körper mit Bedürfnissen haben durfte. Man durfte in seinem Körper nicht man selbst sein. Man mußte vorsichtig, achtsam und wachsam sein, damit man keinen Fehler machte und *man selbst* war.«

In Übereinstimmung mit der allgemeinen Konzeption der klientenzentrierten Therapie hat sich Dr. G. auf das Gefühls-Selbst der Klientin konzentriert, er findet Mary sympathisch und bringt ihr positive Wertschätzung entgegen; besonders dann, wenn ihr Gefühls-Selbst leidet, bietet er ihr seine Unterstützung an und führt sie zur Ebene des Körpergefühls und des Körperempfindens als der wesentlichsten Bedeutungsebene ihres Lebens zurück. Er bringt immer wieder, direkt und indirekt, zum Ausdruck, daß alle Gefühle, alle Erfahrungen des empfindenen Organismus gestattet sind. Häßliche Aggressionen, perverse sexuelle Gefühle, Haß und Widerwillen gegen die eigene Mutter, Ängstlichkeit, zärtliche Zuneigung, Einsamkeit und Verzweiflung — all dies gehört unabdingbar zur menschlichen Situation. Der positive Grundsatz der Therapie ist, daß es notwendig, erlaubt und gut ist, »ein menschlicher Körper und man selbst zu sein«. Dr. G. und Mary diskutieren besonders die Tatsache, daß Mary es immer vermieden hat, ihr Körper zu sein, und auch die Frage, wie sie es zu verhindern wußte, daß sie sie selbst war.
Aber der Grundsatz, »ein menschlicher Körper und man selbst zu sein«, der von der klientenzentrierten Therapie als wertvoll und gut bejaht wird, bezieht sich nicht auf den menschlichen Körper mit *allen* seinen Möglichkeiten. Es ist nicht der in brutaler Weise empfindungslose Körper des Vergewaltigers oder Mörders, der seine rohen, einseitigen Triebe auslebt. Es ist der »zu verstehende und zu differenzierende, fühlende, menschliche Körper«, der als das »wahre Selbst« betrachtet wird. Es ist ein zutiefst »zivilisierter« menschlicher Körper, der danach strebt, sich in einer expressiven Sprache zu artikulieren und den einen oder anderen Impuls so auszuleben, daß er mit den übrigen Impulsen und Gefühlen in Einklang steht. Das wahre Selbst ist der Körper in seiner vernünftigen Einstellung auf die Realität, auf andere und auf sein eigenes inneres Leben. Es ist der fühlende Körper in seinem harmonischen Zusammenspiel der Bewegungen und Gefühle.
Dr. G. hat diesen Glauben an einen stark verfeinerten, sozialisierten, differenzierten Körper mit Mary zusammen in vielfältiger Weise artikuliert und praktiziert. Sein tiefes Interesse, die Nuancen ihrer Gefühle genau zu verstehen, hat mit zur Konstituierung eines stark verfeinerten Körpers beigetragen, der nicht nur Wut, Angst und Lust empfinden kann, sondern auch ängstliche Erwartung, schüchterne Zärtlichkeit, furchtsame Abneigung, die Berührung unheimlicher, geisterhafter Hände oder Interesse und Erregung.

Da diese Gefühle in komplizierten sozialen Zusammenhängen auftreten, kann man nicht von einem primitiven oder undifferenzierten Körpergefühl sprechen. Ferner ist das »Körpergefühls-Selbst«, das Dr. G. und Mary entwickeln und artikulieren, ein sehr einfühlender, fein abgestimmter Körper, da sie sich beide um eine empathische Einstimmung auf Marys Gefühle bemühen. Dr. G. und Mary bekennen sich beide zu dieser Aufgabe; beide sind mit Ernst und Entschlossenheit an der Therapie beteiligt. Daher ist der sich entwickelnde Körper kein ziellos dahintreibender Körper, sondern ein substantieller, standhafter, fester Körper mit fester Richtung und kompetenter Ausstattung. Nicht jedes Körper-Selbst, das sich in der klientenzentrierten Therapie entwickelt, ist jedoch so differenziert und artikuliert wie Marys Körper-Selbst. Einige Klienten sind weniger stark, weniger tüchtig und stabil als Mary, und ihre Entwicklung zu einem körperlichen, fühlenden Selbst würde folglich ganz anders aussehen (sofern sie nicht einen Therapeuten haben, der sich völlig einem soliden, substantiellen, durch hartes Arbeiten gekennzeichneten Therapiestil verschrieben hat). Viele Therapeuten unterscheiden sich in ihrem Stil stark von Dr. G. und fördern die Entwicklung eines intensiven, sich stets wandelnden, dramatischen, fließenden und kaleidoskopartigen Empfindens für das Gefühls-Selbst.

Auch Mary hätte sich gewiß anders entwickelt, wenn sie mit einem Therapeuten gearbeitet hätte, dessen Stil und Betonung auf Zartgefühl, ästhetische Distanz, auf eine fein nuancierte Beziehung zur Welt und auf eine starke Bindung an diese ausgerichtet gewesen wäre. Ein derartiger Therapeut hätte gewisse Zweifel an Marys ganzer nüchterner Ich-Haltung gehabt. Er hätte *jede Form* der Härte und Zähigkeit einfach als Abwehr betrachtet. Ferner hätte er durch seinen ganzen Stil ein ständiges »Vielleicht« oder »Mag sein« zum Ausdruck gebracht. Seine Reaktionen hätten alle die folgende Tendenz gehabt: »Es könnte sein, daß Sie dieses oder jenes fühlen, andererseits ist es auch möglich, daß diese Gefühle sich bei Ihnen mischen.«

Sein ausgesprochenes Zartgefühl, das nuancierte und eindringliche Fragen und Zweifeln, Versuchen und Prüfen, seine eher unentschiedene Haltung, hätte Mary mit ihrer natürlichen Bereitwilligkeit zu lernen sogleich in ihr sich entwickelndes Empfinden für ihr Gefühls-Selbst aufgenommen. Auf diese Weise wäre ihr organisches Selbst erfahrungsgemäß fließender, veränderlicher, empfindlicher geworden, stärker mit »vielleicht« behaftet. Statt wie mit Dr. G. zusammen das Gefühl »Ich fühle das wirklich, und so ist das nun einmal« zu entwickeln, wäre sie zu einer fragenden, prüfenden Haltung sich selbst gegenüber gekommen: »Ich will einfach mal sehen, wie ich mich in diesem gemischten, fließenden Gefühl meiner selbst als körperlich fühlende Frau empfinde.«

Das fünfundzwanzigste Interview. Zu diesem Zeitpunkt haben Dr. G. und Mary etwas mehr als vier Monate zusammengearbeitet. Mary befindet sich viel stärker in Einklang mit ihrem Gefühls-Selbst und auch mit den Gefühlen anderer. Dr. G.s Stil und Art spiegeln sich in den Unterredungen wider, die sie mit ihren eigenen Patienten im Krankenhaus führt. Sie achtet ständig darauf, wie sie fühlen: in Gesprächen mit anderen spricht sie gerne darüber, wie sie sich fühlt, was sie empfindet. Es ist eine neue Art, von sich zu sprechen (»Nun, so wie ich das empfinde . . . aber welches Gefühl haben Sie dabei?«) und sich auf die Welt, auf sich selbst und auf andere einzustellen. Die erste Frage, die sich ihr jetzt meist ziemlich spontan stellt, bezieht sich auf den Gefühlsgehalt von Dingen. Wenn sie etwas Schönes sieht, achtet sie auf die Reaktionen ihres affektiven körperlichen Lebens, das der Anblick in ihr hervorruft. Für sie bedeutet dies eine Abwendung von ihrem früheren kühlen, stärker wahrnehmungsorientierten Stil der Auseinandersetzung mit der Welt.

Mary ist mit ihrem Leben zufriedener, sie hat nun weniger das Gefühl, wie eine rational gesteuerte Maschine zu funktionieren, und fühlt sich sehr viel wirklicher in ihrem Körper. Sie lebt Diät und nimmt ab, zum Teil, weil sie jetzt stärker daran interessiert ist, auf Männer attraktiv zu wirken. Sie kann sich jetzt auch sexuelle Gefühle erlauben und genießt es, manchmal nackt ins Bett zu gehen, um mit ihrem Körper in Berührung zu kommen. Sie hat zwar immer noch keine »romantischen« Beziehungen zu Männern und auch keine sexuellen Erfahrungen, aber sie beginnt doch darüber zu phantasieren, daß sie sich mit Männern trifft, und wünscht sich solche Begegnungen. Ohne daß sie sich dessen genau bewußt wäre, hat Dr. G.s Anerkennung ihrer Person und ihrer Gefühle und sein Wunsch, daß sie ihre Gefühle immer stärker und differenzierter wahrnehmen sollte, eine stark ermutigende Wirkung auf sie gehabt. Daß er ständig ihre Gefühle anspricht, selbst die erschreckenden, hat ihr klar gemacht, daß grundsätzlich keines ihrer Gefühle tabu ist, und das übt eine weit über die einzelnen Sitzungen hinausgehende befreiende Wirkung auf sie aus.

Weil ihr ganzes Leben von der Annahme bestimmt war, daß es verrückt, nicht zulässig, pervers und schrecklich sei, Gefühle zu haben, bedeutet diese Entwicklung zu einem gemeinschaftsfähigen Gefühlsleben erlaubter und unterstützungswürdiger Gefühle eine den Kern ihrer

Existenz betreffende Offenbarung. Während ihrer Kindheit war ihr kühler Vater der geistig Gesunde, Tüchtige gewesen, der gegenüber den wahnsinnigen Verhaltensweisen ihrer Mutter zwar leicht hilflos, grundsätzlich aber mit seinem Verhalten immer im Recht gewesen war. Nun, als sie in stärkere Berührung mit ihren eigenen Gefühlen kommt, beginnt sie ihre Einstellung ihrem Vater gegenüber in Frage zu stellen. Sie war immer enttäuscht gewesen darüber, daß er sie nicht gegen ihre Mutter beschützt hatte; jetzt erkennt sie, daß seine Passivität und Teilnahmslosigkeit sowohl für sie selbst als auch für ihre Mutter etwas Schreckliches gewesen war.

Während des fünfundzwanzigsten Interviews beginnen sie, ihre Gefühle für ihren Vater im besonderen und für die Männer im allgemeinen detailliert zu untersuchen. Sie war mit Männern immer besser ausgekommen als mit Frauen und hatte ihnen auch immer stärker vertraut. Als sie dieses Gefühl untersucht, entdeckt sie jedoch, daß das, was sie Vertrauen genannt hatte, teilweise auf einem falschen Bild männlicher Passivität beruhte. Männer spionieren und schnüffeln nicht herum wie ihre Mutter. Sie warten darauf, daß man sich ihnen nähert, und das gibt einem ein Gefühl der Sicherheit. Schon während sie das ausspricht, weiß Mary, daß es nicht genau zutrifft, aber sie drückt sich nun Dr. G. gegenüber unbefangen aus ohne Rücksicht darauf, ob das, was sie sagt, immer richtig oder falsch ist.

Sie folgt ihren Gefühlen und beschreibt die Männer als passive, inaktive und attraktive Gestalten, die umworben werden müssen, statt selbst zu werben, und die nicht gefährlich hinter einem her sind, sondern sicheren Abstand halten. Aber je mehr sie dieses Männerbild gefühlsmäßig verfolgt — besonders das Bild, das sie von ihrem Vater hat, aber auch das »sichere« Bild älterer Männer, zu denen sie sich immer hingezogen fühlte —, um so mehr fühlt sie, daß das nicht stimmt und nicht das ist, was sie wirklich will. »Ich nehme an, alles, was ich mir erhoffte, war, daß niemand so wie meine Mutter gewaltsam in mich eindringen würde. Wenn sie mich nur einfach vage aus der Distanz gern hatten, so war das schön und ich fühlte mich sicher.« Während desselben Interviews sagte sie noch: »Ich mag Männer wirklich gern. Ich meine, ich empfinde eine Art Wärme, ein glückliches, lebhaftes, fröhliches Gefühl in mir, wenn ich mit einem Mann zusammenarbeite, den ich mag. Ich empfinde das auch hier manchmal, aber hier ist es erschreckend, weil Sie mich so gut kennen.«

»Hier ist es erschreckend, weil es so intim, so nah, nicht so distanziert und sicher ist?«

»Ja«, seufzt Mary leise. »Ja, ich glaube.«

Dr. G. — und klientenzentrierte Therapeuten tun das im allgemeinen — reagiert auf sein Empfinden dessen, was Mary fühlt, oft mit einer leicht fragenden Hebung am Ende einer einfachen empathischen Feststellung. Manchmal fragt er ausdrücklich nach. »Stimmt das?« oder »Trifft es das Ihrer Meinung nach?« oder »Das stimmt nicht ganz. Wie würden Sie es ausdrücken?« Dr. G. fragt gewöhnlich im Interesse der Genauigkeit und Präzision. Ein anderer Therapeut könnte mit derselben Frage primär eine dramatische Verstärkung beabsichtigen. Wieder ein anderer könnte auf die Entfaltung einer möglichst reichen Vielfalt von Gefühlsnuancen abzielen.

Innerhalb der klientenzentrierten Therapie hat die Frage zunächst eine allgemeine soziale Funktion: Sie gibt die Äußerungen des Klienten an ihn zurück und fordert ihn formal auf, ihre Genauigkeit zu beurteilen. Sie stellt eine ausdrückliche, formale, praktisch vertragsmäßige Form dar, sowohl den Klienten als auch den Therapeuten daran zu erinnern, daß hier der Klient der Richter ist. Hier bewertet der Klient; hier gehört die Entscheidung über Richtigkeit und Falschheit, Wahrheit und Wert der Gefühle und Gedanken völlig dem Klienten und seinem inneren Gefühl von sich selbst. Das klientenzentrierte Fragen macht ihm wiederholt und mit Nachdruck deutlich, daß er der Ort der Bewertung ist, das Zentrum seiner eigenen Welt, das Zentrum der zu ihm gehörigen Bedeutung.

Die Frage richtet sich nicht an irgendein undifferenziertes »Du«. Sie richtet sich an das ganze expressive Sein des schmeckenden, probierenden, fühlenden und empfindenden Klienten. Der Klient wird nicht zu einem vorschnellen Urteil oder einer vorlauten Antwort aufgefordert, sondern er soll sorgfältig prüfen, ob das, was er gesagt hat, so stimmt, er soll in einer nach innen gerichteten Gefühlsspirale genau untersuchen, was er fühlt/empfindet. Durch dieses tastende Erproben eröffnet sich ihm das innere Gefühl seiner selbst als bedeutungsvolles, fühlendes Sein. Der Therapeut fragt: »Ist es nur dieses Einsamkeitsgefühl, das Sie empfinden?« Und der Klient wird veranlaßt, sich zu fragen: »Ist es nur dieses Einsamkeitsgefühl, oder ist das Gefühl vielleicht mit Ärger durchsetzt? Liegt in der Einsamkeit so etwas wie eine starre Verzweiflung, oder ist es eine große, beherrschende Einsamkeit, die mein besonderes Schicksal ist, oder was?«

Die Spirale ist auf das innere Gefühl/Empfinden gerichtet. Manchmal mag es so scheinen, als ob der Klient mit geisterhaften Händen in seinen eigenen Magen, seine Gedärme und sein Herz hineinfühle, um die

Antwort auf die Frage »Was fühle ich?« zu finden. Andere Klienten und Therapeuten mögen es so empfinden, als ob der Klient sich in eine Welt beschwörender, poetischer, ästhetischer Bilder begäbe, in der er seine wahren Gefühle zu finden hofft. In allen diesen Fällen führt das klientenzentrierte Fragen den Klienten zu einem volleren, wahreren Empfinden seines fühlenden, organischen Selbst.

Dieses differenzierte Gefühls-Selbst ist fest *im* Klienten angesiedelt. Wenn der Klient gefragt wird, inspiziert er sein inneres Selbst, das das Zentrum seiner Welt ist, ein Selbst, das letzter Richter über die eigene Welt ist. Es ist das Selbst der klientenzentrierten Theorie, das individualistischer, einziger, letzter Richter ist. Durch das fragende, tastende, empathische Verständnis des Therapeuten wird es in seine rechtmäßige Herrschaft über die Welt eingesetzt. »Sie, der Sie der *alleinige, wahre Wissende* sind, wie sieht es in Ihnen selbst, mit Ihren Gefühlen aus?«

Elf weitere Interviews

Während der nächsten Interviews geht Mary weiter auf ihre Gefühle Männern gegenüber ein, sie entdeckt dabei ein Durcheinander widersprüchlicher Gedanken und Gefühle in sich: Männer *sorgen* nie wirklich für dich; Männer lassen dich allein und einsam; du mußt vorsichtig sein, Forderungen an Männer zu richten; Männer vergessen dich; Männer sind gesund und vernünftig; Männer sind gefühllos; Männer sind hilflos gegenüber Gefühlen. Männer sind für sie in erster Linie olympische, unbewegliche, schweigende Wesen, die Normalität und Wahrheit auf ihrer Seite haben.

Aber zugleich hat Mary eine schreckliche Angst vor Männern, die sie kaum auszudrücken vermag. Sie steht immer noch unter dem Einfluß der geheimen Botschaft ihrer Mutter, daß Männer in intimen Beziehungen wie wilde Tiere seien, die gewaltsam eindringen, aufreißen und zerstören. Sie erinnert sich noch immer daran, wie ihre Mutter von ihrer Geburt gesprochen hatte, als von einem zerreißenden, gewaltsamen, schmerzhaften Grauen aus Blut und Zerstörung. Nach Marys Geburt war ihre Mutter ins Kinderzimmer gezogen, und die Eltern hatten nie wieder zusammen geschlafen. Die Erinnerung an all dies ruft Schreckensbilder in Mary wach. Marys Vater war immer so gütig gewesen und so sanft, daß seine Mißbilligung oder gelegentlicher Ärger ihr wie der schrecklichste Zorn erschienen waren. Die Frage, die sie sich unbewußt immer gestellt hatte, war gewesen: »Was hat er vor? Ich muß sehr aufpassen, genau so zu sein, wie er möchte, sonst wird er mich zerstören.«

Obwohl Mary wußte, daß sie verrückt war, war es ihrer Mutter doch gelungen, sie davon zu überzeugen, daß »sie«, die Männer, gefährlich seien. »Hüte dich vor den Männern, man kann nie wissen«, pflegte ihre Mutter zu sagen und machte so die unwirkliche äußere Welt der Fremden, die einen fertigmachen, der Männer, die einen unterbuttern und ausnutzen können, zu etwas Unheimlichem, Gespenstischem, Bizarrem.

Als Mary beginnt, die Furcht, den Schrecken und das Entsetzen, besonders ihre Furcht vor Intimität, als in der Hauptsache von ihrer Mutter verursacht zu begreifen, läßt ihre Angst nach. »Ich habe die Ängste und Tabus meiner Mutter ausgelebt. Ich selbst mag Männer und möchte einem Mann nahe sein. Tatsächlich habe ich Männer immer gemocht.« Sie stellt fest, daß es ihr jetzt Spaß macht, attraktive Männer anzusehen. Früher hatte sie es sich nicht gestattet, das Gesicht oder den Körper eines Mannes anzusehen, einen Mann zu bewundern, sich von ihm angezogen zu fühlen oder auch nur von ferne diesen Gedanken zu haben. Obwohl sie auf Dr. G.s attraktives Aussehen sofort reagiert hatte, verstand sie es, dieses Gefühl dadurch zu umgehen, daß sie schnell eine Art Bruder-Schwester-Beziehung und ein Arbeitsbündnis zu ihm herstellte. Der Gedanke, daß ein Mann ein attraktiver, potentieller Lebensgefährte oder Partner sein könnte, war nie länger als einen kurzen Augenblick in ihr Bewußtsein vorgedrungen.

Männer anzusehen, übt sie jetzt in gewisser Weise mit Dr. G. »Ich mag die Art, wie Sie gebaut sind«, sagt sie einmal. Sie beginnt nun auch außerhalb der Therapie, Männer wahrzunehmen und fängt an, mit einigen Arztkollegen ein bißchen zu flirten. Es fällt ihr jetzt leichter, mit Männern umzugehen, da sie sie als zugänglicher, weniger distanziert und auch als weniger erschreckend empfindet. Ihre angenehme Beziehung zu Dr. G. ist sehr wichtig für sie, da sie ihn nicht als aufdringlich erlebt und er sie andererseits auch nicht im Stich läßt. In der Beziehung zu ihm erlebt sie die Stärke des Normalen, der Vernunft und der Solidarität ohne den schrecklichen Preis der Gefühllosigkeit und des Verlassenwerdens und ohne daß sie die Notwendigkeit verspürt, übermäßig vorsichtig zu sein, um sein Wohlwollen nicht zu verlieren. Kurz gesagt: Er ist gut zu ihr, hat sie gern und freut sich an ihr, er ist mitfühlend und gibt ihr doch Freiheit, und er eröffnet ihr neue Gefühls- und Empfindungswelten.

Nach etwa sieben Monaten der Therapie denkt Mary an eine Beendigung der Therapie. Sie hat alle ihre Ziele einigermaßen gut erreicht, fühlt sich wohler in ihrem Körper, weniger starr und ängstlich, sie beginnt auch sexuelle Kontakte mit Männern aufzunehmen. Obwohl ihr das immer noch nicht ganz leichtfällt, hat sie nicht mehr so stark das Empfinden, daß Männer nur Kumpel sein können, auch ist sie nicht mehr in der Vorstellung befangen, sie müsse Frauen gegenüber immer nur die große Schwester oder Mutterfigur sein. Sie macht eine Abmagerungskur, kleidet sich weiblicher und fühlt sich dementsprechend anders; tatsächlich zeigt ihr die Art, wie die anderen nun auf sie reagieren, daß sich viele Veränderungen nicht nur in ihrem Erscheinungsbild vollzogen haben; sie fühlt sich sehr glücklich und beweglicher, sie ist in ihrem Körper mehr zuhause, ist lebendiger, lustiger und gefühlvoller.
Es fällt Mary schwer, die Therapie aufzugeben, weil sie Dr. G. gern hat und es ihr Spaß macht, mit ihm zusammen zu sein. Obwohl sie weiß, daß sie jederzeit wiederkommen kann, wenn sie es nötig hat, ist ihr klar, daß die eigentliche therapeutische Arbeit beendet ist, wenigstens für den Augenblick. Sie beschließen gemeinsam, noch ein paar weitere Sitzungen zu vereinbaren, »für alle Fälle«, wie Mary sagt, denn sie hat ein wenig das Gefühl, als ob sie nun plötzlich elternlos in die Welt hinaus müßte. In der Therapie hat sie ungeteilte Aufmerksamkeit erfahren, sie hat Verständnis gefunden und die Möglichkeit erhalten, ihre Gefühle frei zu erforschen.
»Im Alltagsleben hat man diese Möglichkeit eben nicht«, sagt sie. »Die Atmosphäre hier ist so angenehm, so warm und offen; Sie stellen diesen Raum und Ihre Zeit und sich selbst mir, mir allein zur Verfügung. Ich darf genau das tun und sagen, was ich will; alles hängt nur von mir ab. Sie haben mir neue Bereiche eröffnet und waren einfach da für mich und haben eine Atmosphäre geschaffen, in der ich lernen konnte, mich selbst zu fühlen. Sie haben mich nicht beeinflußt, außer in dem Sinne, daß Sie immer verständnisvoll waren und mich irgendwie fühlen ließen, daß ich in Ordnung war. Ich danke Ihnen vielmals dafür.«
Am Ende dieser Sitzung küßt sie Dr. G. zum Abschied. Sie umarmen sich ein wenig linkisch und vereinbaren, sich in ein paar Wochen wieder zu treffen, »für alle Fälle.«

11

Die Dialektik der Psychotherapie

Die Überzeugungskraft der Therapie

Die vorangegangenen Kapitel waren eine Art deskriptiver Reise durch drei Formen therapeutischer Veränderung. Dieses Kapitel wird einen umfassenderen, existentiell-phänomenologischen Überblick über die Therapieformen geben, um zum eigentlichen Zweck dieses Buches zu kommen, der in der Notwendigkeit besteht, zu einem tieferen Verständnis des Wesens der Therapie und der therapeutischen Veränderung zu gelangen. Da es nicht die Absicht dieser Arbeit ist, Kritik zu üben, hat sie sich bisher auf erfolgreiche Therapie konzentriert. Dennoch haben die Beschreibung und der Versuch zu verstehen immer wieder bestimmte charakteristische weiße Flecken in diesen drei traditionellen therapeutischen Richtungen enthüllt.

Selbst die flüchtigste Prüfung der bisher untersuchten Therapieformen wird dem Leser zeigen, daß jede dieser Auffassungen auf ihre Art überzeugend ist. Selbst für uns, die wir nur Zuschauer sind, übt die Sprache jeder Schule eine starke Faszination aus. Wenn wir uns in die beschriebenen Prozesse einfühlen und sie nachzuvollziehen versuchen, erscheint uns jeder Ansatz plausibel und überzeugend. Wir wurden durch die Faszination, die die Therapie auf uns ausübte, von ihrem Wert überzeugt, auch wenn die Beobachtung des Therapieprozesses uns gerade dabei helfen sollte, diesem Zauber nicht ganz zu erliegen. Diese sich auch dem Leser mitteilende Plausibilität ist kein Zufall. Der empathische Zuschauer ist die Person, die zuletzt überzeugt werden soll — und er ist von allen Beteiligten am besten dagegen gefeit, uneingeschränkt alles zu glauben. Der Therapeut ist völlig überzeugt. Sei er nun Freudianer, Jungianer oder Rogerianer — in der Art, wie er den Patienten wahrnimmt und sich auf ihn bezieht, drückt sich sein Therapieansatz aus, der sich auf der Basis seiner Überzeugung und seiner theoretischen Vorstellungen herausgebildet hat. Als Schüler Freuds ist er auf die Vergangenheit, die in der Gegenwart neu durchlebt wird, eingestimmt; als Schüler Jungs auf das kollektive Unbewußte oder die universellen Mythen und Symbole seines Patienten und als Schüler Rogers' auf das allen seinen Äußerungen zugrundeliegende Gefühls-Leben des Patienten.

Für den Therapeuten ist die Theorie keine bloße Hypothese oder eine interessante Auffassung unter anderen. Der Therapeut lebt die Theorie; seine Art und Weise zu sehen, Fragen zu stellen, zu interpretieren — ja, seine Art, die Praxis einzurichten, ist Ausdruck seiner Theorie. Sie ist seine Methode, Zeit und Ort des »Zusammenseins« mit dem Patienten zu strukturieren. In diesem Sinne ist die Orientierung des Therapeuten eine kleine Subkultur, die die unbestrittene Grundlage für ihr »Zusammensein« liefert, ihre Zusammenarbeit formal definiert und Antworten auf die folgenden Fragen gibt: »Was tun wir hier zusammen?« und »Was sind unsere gegenseitigen Pflichten?«

Auch die im Laufe der Therapie gewonnene Überzeugung des Patienten darf nicht als bloßes theoretisches Ideengebilde verstanden werden, sondern als lebendiger Prozeß. Der Patient kommt zum Therapeuten, weil er nicht weiß, wie er leben soll ohne übermäßige Angst, ohne unerklärliche, frustrierende, anscheinend sinnlose Schwierigkeiten, die seinen Weg blockieren; weil er entweder nie wußte, wie ein befriedigendes Leben aussieht oder weil er es verlernt hat; und weil ihm die alltäglichen Formen der Suche nach Hilfe entweder nichts genützt haben oder gar nicht zur Verfügung standen. Die Tatsache, daß der Therapeut eine Form der Hilfe kennt — einen Ansatz, der sowohl für den Therapeuten als auch für den Patienten überzeugend ist —, ist daher für den Therapieprozeß von wesentlicher Bedeutung. Der Weg, der zuerst allein dem Therapeuten möglich ist aufgrund seiner Ausbildung, seines Wissens und seiner Position in der therapeutischen Beziehung, muß auch der Weg des Patienten werden.

In der orthodoxen Psychoanalyse wird ganz deutlich, wie der Analytiker seine Überzeugungen lebt, da jedes Detail der Psychoanalyse in Beziehung steht zu Freuds theoretischer Auffassung. Der theoretische Glaube an die Irrationalität des Patienten wird in vielerlei Hinsicht zum Ausdruck gebracht: in der Aufforderung an den Patienten, sich hinzulegen und frei zu assoziieren, sozusagen dem Blick des Analytikers preisgegeben; in der Interpretation des Patienten als einer Person, die in irrationalen Wiederholungen aus der Vergangenheit befangen ist; in der kühlen Unzugänglichkeit des Analytikers für den Patienten; in den spärlichen Worten, die der Analytiker an den Patienten richtet. Diese Anordnungen, die den Patienten von seiner Alltagswirklichkeit lösen, fördern die Wiederholung der Vergangenheit. Der Patient wird dazu aufgefordert, irrational und infantil zu sein und seine Vergangenheit auf der affektiven Ebene zu wiederholen. Die Theorie ist daher nicht nur eine Frage des Standpunktes oder des Blickwinkels auf die Realität; die Theorie wird als Ergebnis des Dialogs zwischen Analytiker und Patient lebendig. Mit dem Patienten wird nicht nur über die in

seinem Leben sich ständig wiederholende Vergangenheit, über seine Irrationalität und Triebhaftigkeit gesprochen; er wird in eine Umgebung gebracht, in der diese Aspekte seines Wesens Ausdruck finden. Alle Gesten des Analytikers, seine Stimmlage, seine Art zuzuhören und zu schweigen, seine Unsichtbarkeit, seine Toleranz und Ruhe, seine Aufnahmebereitschaft, seine Vernünftigkeit — all dies eröffnet dem Patienten eine bestimmte Art von Lebensraum, dem eine bestimmte Form emotionaler Expressivität angemessen ist. Alle Gefühle, Gedanken und Erfahrungen zum Beispiel, die zur frühen, machtlosen, triebhaften Vergangenheit des Patienten gehören, sind in einer bestimmten Weise Teil der Situation, auf der Couch des Analytikers zu liegen. Andere Erfahrungen — der Würde, der vernünftigen Selbstbeherrschung, der Ordnung und der angemessenen Selbstbehauptung — passen nicht zu der Situation, frei assoziierend auf der Couch zu plappern. Der Analytiker verkörpert eine Haltung von Empfänglichkeit, die den Patienten in einen Raum einlädt, innerhalb dessen nur ein bestimmter Lebensstil gelebt werden kann — der Lebensstil, der teilweise als Vorverständnis in der analytischen Denkweise bereits enthalten ist.
Wenn der Patient auf die einladende Haltung des Analytikers gut reagiert, beeinflußt dies wiederum dessen Reaktion. Der Patient reagiert dann gut, wenn er sich ganz in diesen Raum hineinbegibt. Die Reaktion des Analytikers darauf besteht in Aufmerksamkeit, interpretativen Bemerkungen und Unterstützung, die alle darauf hinzielen, den Glauben daran, daß sich im Leben des Patienten ständig seine Vergangenheit wiederholt, zu festigen.
Das rhythmische und harmonische Zusammenspiel zwischen Patient und Therapeut artikuliert für beide diesen vorstrukturierten Raum. Der Therapeut bestätigt seine Überzeugung mit jeder Geste. Der Patient verhält sich in der Form kooperativ (mit welchen Schwierigkeiten, Blockierungen oder welchem Zögern auch immer), daß er ständig Daten liefert, die die Überzeugungen des Therapeuten bestätigen. Durch diese harmonische Dialektik erhält der therapeutische Prozeß seine Wirksamkeit im Leben des Patienten.
In einer erfolgreichen Psychotherapie gelangt der Patient im allgemeinen dahin, in bemerkenswertem Ausmaß verschiedene Aspekte der Theorie seines Therapeuten zu leben. Welche Aspekte der Theorie eine solche existentielle Bedeutung für den Patienten und den Therapeuten haben werden, ist weniger in der Struktur der Theorie angelegt; vielmehr erhalten sie diese Bedeutung daraus, wie die dem Therapeuten eigene Theorie den »Raum der Rezeptivität« in der jeweiligen Sitzung prägt und organisiert. Der Therapeut ist so, wie er ist, teilweise wegen

seiner Theorie, teilweise wegen seiner Lebensgeschichte und teilweise wegen des besonderen Patienten, den er gerade behandelt. Die Theorie jedoch als eine Theorie, die seine Besonderheiten objektiv transzendiert, bleibt für ihn der Prüfstein der Realität und der Wahrheit.

In der orthodoxen Psychoanalyse ist die ständig aufnahmebereite, interpretative Haltung des Therapeuten ein entscheidender Faktor. Die Gegenwart des Therapeuten als jemand, der die Daten des Patienten interpretiert, wird allmählich zu einem wichtigen Faktor im Leben des Patienten. Der Patient entwickelt ein zweifaches Bewußtsein, dessen eine Hälfte langsam zu einem analytischen Bewußtsein wird, das sein Leben ganz ähnlich betrachtet wie der Analytiker die freien Assoziationen. Kurz, die Haltung des Analytikers wird auch zur Haltung des Patienten. Sie wird zu seiner vernünftigen, verstehenden, wissenden, intelligenten Seite.

Der Analytiker selbst bildet sein Bewußtsein im Interesse der Objektivität und Wahrheit nach einem genau festgelegten theoretisch-wissenschaftlichen Modell aus. Dieses Bewußtsein sieht in dem anderen ein »komplexes, dynamisches Objekt, das gemäß seiner Vergangenheit erklärt werden muß«. Das wiederum ist das Bewußtsein, das der Patient übernimmt. Er lernt, sich selbst dabei zu beobachten, wie er »eine objektive Geschichte der Vergangenheit entwirrt«, während er gleichzeitig lernt, diese Geschichte zu leben.

Die Anziehungskraft der Theorie

Kohärenz, Klarheit, Kontrolle, Objektivität

Bei allen Arten von Therapie wendet sich ein Patient, der in gewisser Weise verloren, verwirrt und unfähig ist, so zu leben, wie er gerne möchte, hoffnungsvoll an einen qualifizierten, wissenden anderen. Die Tatsache, daß der Patient einen professionellen Therapeuten aufsucht, verweist bereits auf das von ihm empfundene Bedürfnis nach objektiver Hilfe. Er braucht nicht nur Freundschaft oder eine Schulter, an der er sich ausweinen kann, obwohl auch dies von der Therapie erwartet wird. Daneben erwartet er jedoch, daß sein Therapeut genau weiß, was zur Lebensbewältigung hilfreich ist und was nicht. Dieses Bedürfnis nach objektiver Hilfe wird bereits dadurch befriedigt, daß der Therapeut einer bestimmten, kohärenten, konsequenten Theorie folgt und dieser Theorie entsprechend vorgeht.

Auch der Therapeut benötigt einen Führer, um mit den komplexen Problemen der Menschen, die Hilfe brauchen, fertigzuwerden. Er kann nicht einfach auf der Basis von Einfällen, Vermutungen oder Ahnungen vorgehen, und er möchte seinem Patienten nicht einfach kulturelle Klischees wiederholen. Um möglichst vielen Patienten mit ihrer unterschiedlichen Ausdrucksfähigkeit, ihren vielfältigen Schwierigkeiten und kulturellen Hintergründen helfen zu können, braucht er eine Methode, mit der er die komplexen Interaktionen vereinfachen, ordnen und therapeutisch nutzen kann. Alle therapeutischen Richtungen sind Antworten auf das Bemühen darum.

Sowohl Therapeut als auch Patient benötigen daher einen Bezugsrahmen, der ihnen einen gewissen Halt gibt; diese Führung liefert, auf der rationalen Ebene, die Theorie des Therapeuten, die sich in jeder seiner Reaktionen äußert — in seinen Fragen und seinem Schweigen, in seiner Form der Empathie, in der Art, wie er etwas bemerkt oder nicht bemerkt, in den möglichen Bedeutungen, die die Äußerungen des Patienten für ihn haben. Damit soll nicht behauptet werden, daß der Therapeut in einer Welt der absoluten Klarheit lebe, sondern nur, daß er weiß, woran er sich orientieren kann, daß er seinen Weg kennt. Genau dieser Weg des Therapeuten ist es, von dem der Patient hofft, daß er ihm selbst helfen werde. Auf die Frage des Patienten: »Wie kann ich besser werden, wie werde ich meine Hemmungen los, wie kann ich lernen, ein bedeutungsvolleres Leben zu führen?« antwortet der Therapeut, indem er die Welt, die sie gemeinsam konstituiert haben, ordnet. In der Therapie Jungs zum Beispiel, in der sich der Therapeut ständig an die Bereitschaft des Patienten wendet, das Symbolische zu erkennen — seine Träume und Phantasien und ihre symbolischen Bedeutungen —, gewährleistet dies eine einheitliche Betonung, Sprache und Annäherungsform zwischen Therapeut und Patient. Daß der Therapeut ständig die »andere Seite« sucht, unterstützt und fördert die Verständlichkeit einer sich stetig erweiternden Welt symbolischer Bedeutungen. Mit Hilfe dieses besonderen Interaktionsstils eröffnet sich dem Therapeuten wie auch dem Patienten eine klare, kontrollierte objektive Vorgehensweise. Beide, Therapeut und Patient, sind an einem strukturierten Interaktionsprozeß beteiligt, der Regeln enthält, wie die Wahrheit über den Patienten aufgedeckt werden kann.

Transzendentale Wahrheit

Alle drei Theoretiker beschreiben den Patienten als eine gespaltene, nicht integrierte Persönlichkeit. Verschiedene Aspekte seines Wesens bekämpfen sich gegenseitig, sind in gewisser Weise voneinander isoliert, was seinen Umgang mit der Welt einschränkt und schwierig macht. Nach Freud lebt er seine besondere, für ihn charakteristische vergangene Geschichte. Nach Jung lebt er seine Einseitigkeit und ist verzweifelt bestrebt, die anderen Seiten unter Kontrolle zu halten. Nach Rogers versucht er das Selbst, das er sein möchte, aufrechtzuerhalten, wobei er von den falschen Werten ausgeht, die er von anderen übernommen hat, statt sein wahres Gefühls-Selbst und seine eigenen inneren Werte zu finden. So lebt der Patient ein Doppelleben. »Mehr zu sein, als er sich selbst sein läßt« heißt, daß er danach strebt, »zu sein, was er nicht sein kann«, indem er verleugnet, was er sein könnte und im innersten Wesen auch ist. Diese ungeordnete, falsche, neurotische Art des Seins hat ihr Gegenstück in einer zu engen, unzusammenhängenden Sicht der Welt und der Wahrheit.

Die drei Theoretiker stimmen, wenn auch in sehr unterschiedlicher Weise, darin überein, daß der Patient eine Welt kennenlernen und fühlen muß, die größer, wahrer und reicher ist als seine bisherige Welt. Dieses Zur-Wahrheit-Gelangen darf nicht allein in der Vorstellung geschehen, sondern muß gelebte Überzeugung, affektive Wirklichkeit sein und damit eine Veränderung des Lebens bewirken. Die Theorie des Therapeuten, die sich auf die Arbeit von Wissenschaftlern, Denkern, empirischen Forschern gründet, die eine gemeinsame Sprache sprechen und einen gewissen Konsens in bezug auf Gesten und Techniken erzielt haben, eröffnet einen Raum intersubjektiver Wahrheit.

Wenn sich der klientenzentrierte Therapeut weigert, einfach die Frage seines Klienten zu beantworten, und sich statt dessen mit dem Gefühls-Leben des Klienten befaßt und auf dieses reagiert, bringt er, wenn auch auf seine individuelle Weise, darin mehr zum Ausdruck als nur seinen Klienten und sich selbst. Sie sind beide einer gemeinsamen Tradition der Wahrheit und der Werte verhaftet, einer gemeinsamen Lebensweise, Sprache, Kultur und deren Normen. Besonders der Therapeut steht für eine Wahrheit, die über seine momentanen Launen und Impulse, über seine augenblicklichen Gedanken und Gefühle sowie über seine persönliche Anziehungskraft als liebenswerter, bewunderungswürdiger Mensch hinausgeht. Diese Verwurzelung in einer allgemein gültigen Wahrheit ist eine Bedingung für den therapeutischen Prozeß. In dieser Welt öffnet sich der Weg zur Wahrheit, in ihr kann der Klient zu Integration und Heilung finden.

Der Patient muß mehr als nur beiläufig beeinflußt werden; er muß eine Wahrheit kennenlernen, die nicht irgendwelchen Launen unterworfen ist, die nicht vergeht und nicht im Bann seines eigenen gespaltenen Selbst gefangen ist. Jede Theorie vermittelt eine für den jeweiligen Patienten mehr oder weniger angemessene Sicht, innerhalb derer er zu einer größeren Einheit oder Harmonie, einer größeren Offenheit und Aufnahmebereitschaft, zu einer größeren Lebens- und Wahrheitsfülle finden kann, als er bisher zu verwirklichen fähig gewesen ist; denn jede Theorie gründet auf einer Weltsicht, die einheitlicher und sinnhafter ist als die, die der normale Patient in die Therapie mitbringt.

Besondere Wege des Lebens

Für denjenigen, der sich mit der Psychotherapie befaßt, ist es offensichtlich, daß jede Richtung mit einem *Teil* der Realität erfolgreich umgeht und daß die Anhänger jeder Orientierung hilfreiche Beziehungen herstellen können und auch herstellen, obgleich jede Therapie in ihrer Art einzigartig und vielleicht auch sonderbar ist. Indem jede Therapierichtung ihren besonderen Vorstellungen folgt und ihre besonderen Erfahrungen macht, versucht auch jede, den Patienten auf Ziele hinzuweisen, die vom Gewöhnlichen abweichen, und ihn die Welt aus einem bestimmten Blickwinkel erfahren zu lassen; er wird zu Wendungen seines Bewußtseins veranlaßt, die ihn aus der Alltagswelt entführen.
Der Jungianer wird versuchen, den nicht-künstlerischen Patienten dazu zu bringen, zu malen, phantasievolle Geschichten zu erfinden, sich Tagträumen hinzugeben, über seine Tagträume zu sprechen, seinen Träumen Aufmerksamkeit zu schenken und sie aufzuschreiben, ein Interesse für das kollektive Symbolisch-Imaginative der menschlichen Existenz zu entwickeln usw. Diese Art der Betätigung kann für bestimmte Menschen hilfreich sein, auch wenn sie auf eine sehr spezielle Bewußtseinsform zielen. In gewisser Weise tendiert jede Therapie dahin, den Patienten zu einer ganz spezifischen Realitätssicht zu bringen. Es ist jedoch nicht unmittelbar einsichtig, warum sich die einzelnen therapeutischen Richtungen von den anderen in so starkem Maße absondern. Da jede eine bestimmte Wahrheit über den Menschen zum Ausdruck bringt, sollte es scheinen, daß sie in fruchtbarer Weise miteinander verbunden werden könnten. Viele Therapeuten und viele Theoretiker haben deshalb versucht, angemessenere Formen des Umgangs mit ihren Patienten zu finden und ihre Verschiedenartigkeit besser zu verstehen. Besonders Jung ist der Auffassung, daß jede Therapie ganz bestimmte Formen des Menschseins ermögliche. Innerhalb des Jungschen Denkens heißt das, daß die Theorie Freuds für bestimmte Personen in bestimmten Phasen ihrer Entwicklung geeignet ist, während für andere wiederum die Theorie Adlers besser geeignet ist.
An dieser Vorstellung ist sicher etwas Richtiges; der Leser mag bemerkt haben, daß er selbst die eine oder andere Theorie für sich über-

zeugend gefunden hat. Eine sorgfältige Untersuchung zeigt jedoch, daß es nicht allein die logischen Zusammenhänge einer Theorie oder ihre objektive Klarheit sind, warum wir diese oder jene Theorie vorziehen. Es geht dabei nicht einfach um abstrakte oder rein wissenschaftliche Theorien, sondern auch um Formen der Erfahrung und des Lebens; um Formen der Interaktion, des Verstehens und Begreifens; um Formen der Sinngebung. Diese Theorien sind bestimmte affektiv getönte Lebensformen und als solche wirken sie anziehend oder abstoßend.

Die Welt, die wir in diese besondere Welt der Therapie einbringen, ist bereits von unserer besonderen Geschichte, unseren Empfindlichkeiten, unserem kulturellen Hintergrund, unseren Denkgewohnheiten und sozialen Verhaltensweisen geprägt. Bevor wir je Freud, Jung oder Rogers gelesen haben, ist unser Lebensstil bereits in einer uns verborgenen Harmonie oder Disharmonie mit einer der Lebensweisen, die sie uns eröffnen, verwoben. Wie leicht wir diese Theorien verstehen oder nicht verstehen, ob wir sie schätzen oder nicht schätzen, wie wir auf die Welten, die sie eröffnen, reagieren, all dies beruht nicht nur auf ihrer Objektivität oder Logik. Sie sprechen uns als bestimmte Lebensformen an, von denen jede ihren eigenen Schwerpunkt hat, ihr eigenes Wertsystem; wir reagieren intuitiv auf sie, und unsere Reaktion hängt davon ab, ob wir sie bei unserem Bemühen, unserem Leben einen Sinn zu geben, und unserem Streben nach Einheit als hilfreich empfinden.

Einige der Unterschiede zwischen den therapeutischen Richtungen lassen sich so besser verstehen. Jede von ihnen bietet nicht nur eine wissenschaftliche Theorie, sondern ist zugleich eine Weltanschauung mit eigenen Zielen, Werten und Bedeutungen. Folglich liefert die Theorie Freuds mehr als nur bestimmte Vorstellungen über das innere psychische Leben, mehr als eine bestimmte Auffassung von der Entwicklung des Kindes zum Erwachsenen oder eine wissenschaftliche Vorstellung über die Verteilung der psychischen Energie im Menschen. Freuds Denkweise bietet sich als Methode an, vernünftig und rational zu sein in einer Welt, die chaotisch und irrational sein kann; als eine Form der Skepsis im Hinblick auf Werte, traditionelle Wahrheiten und religiöse Anschauungen; als eine Form des Mißtrauens und des Zweifelns und als ein Versuch, die trügerische Oberfläche der Dinge zu durchdringen. Gleichgültig, ob man diesen Ansatz nun schätzt oder nicht: seine Überzeugungskraft hängt hauptsächlich davon ab, ob das eigene Leben mit diesen Werteinstellungen übereinstimmt oder nicht. In diesem Sinne ist eine Person für Freud, Jung oder Rogers empfänglich oder nicht empfänglich, längst bevor sie mit ihrer Theorie oder ihrem therapeutischen Ansatz überhaupt in Berührung gekommen ist.

In einer erfolgreichen Behandlung folgen Patient und Therapeut einer bestimmten Methode, mit deren Hilfe sie gemeinsam neue Bereiche des Denkens, des Kontakts, des Fühlens, der Wahl oder der Wahrnehmung erschließen. Das heißt: In der Therapie spricht man über bestimmte Dinge (nicht über alles), man konzentriert sich auf bestimmte Dinge, spricht eine bestimmte Sprache (nicht jede Sprache) und lebt einen ganz spezifischen Stil aus und eine spezifische Wirklichkeit der therapeutischen Beziehung. Jede der beschriebenen therapeutischen Richtungen vermag für bestimmte Patienten eine solche Struktur, die zur Heilung beiträgt, zu schaffen.

Keine der drei Richtungen jedoch ist in der Lage zu erfassen, welche Bedeutung die therapeutische Theorie für die Praxis hat. Keine der innerhalb jeder Gruppe entwickelten Sprachen ist in der Lage, zu beweisen, daß die Heilung auf der Entwicklung dieser ganz speziellen Sprache beruht oder zumindest eine wichtige Grundlage der therapeutischen Hilfe ist. Jeder Theoretiker spezialisiert sich mehr oder weniger blind auf eine bestimmte Technik und lebt seine Überzeugung aus, ohne sich der Macht, die eine solchermaßen gelebte Überzeugung ausübt, auch bewußt zu sein. Der Theoretiker/Therapeut beachtet das Prinzip der gemeinsamen Konstituierung des therapeutischen Prozesses nicht; folglich ist für ihn der Patient eben *so, wie er ist*. Der Patient wird als unabhängiges Wesen aufgefaßt, dessen Sein durch den Therapeuten/Theoretiker bloß enthüllt, durch seine Gegenwart aber nicht verändert wird.

In der klientenzentrierten Therapie wird diese Blindheit des Therapeuten seinem eigenen Einfluß gegenüber auf die Spitze getrieben. Er lebt seine Ideologie völlig naiv aus, insofern er glaubt, er bringe nur das ans Licht, was tatsächlich im Klienten *vorhanden* ist, und überhaupt nicht bemerkt, daß gerade seine Haltung Gefühlen gegenüber eine besondere Art der Wahrnehmung, der Reaktion und der Formung der Gefühle zur Folge hat. Tatsächlich jedoch veranlaßt ihn seine Einstellung, daß Gefühle »reines Gold«, der wertvollste Teil des Kommunikationsprozesses seien, dazu, sich mit einem solchen Nachdruck auf diejenigen Gefühle zu konzentrieren, denen er die stärkste Realität zuerkennt, daß dies die gesamte Situation zwischen ihm und seinem Klienten ungeheuer verändert.

Der klientenzentrierte Therapeut ist von der Reinheit, Tiefe und Intensität der Gefühle, die aus dem Inneren des Klienten kommen, geradezu entzückt. Er ist *prinzipiell*, aufgrund seiner theoretischen Voreinge-

nommenheit, unfähig, die Beschaffenheit seines Vorgehens zu erkennen. Er kann sich nur als jemand verstehen, der die Gefühle, die zum Klienten gehören, zu verstehen sucht, sich in sie einfühlt oder sie ausdrückt. Er kann sich *grundsätzlich nicht* als derjenige verstehen, der verändert, auswählt, Akzente setzt, indoktriniert, eine Theorie lehrt, eine bestimmte Realitäts-, Lebens- und Wertauffassung voller Überzeugung zum Ausdruck bringt; er sieht nicht, daß der therapeutische Prozeß aufs engste mit dem von Klient und Therapeut gemeinsam konstituierten »Lebens-Raum« zusammenhängt und von dort seinen Ausgang nimmt. Kurz: Er ist nicht in der Lage, das zum Thema zu machen, was tatsächlich in der von seinem Klienten und ihm selbst geschaffenen »Lebens-Welt« passiert.
Vielmehr hindern ihn seine Sprache und seine Überzeugung geradezu daran, zu erkennen, was geschieht. Er kann das Geschehen nur vom Blickwinkel seiner Begeisterung für das »Suchen der Gefühle meines Klienten dort«, das »empathische Reagieren auf die Gefühle meines Klienten dort« aus beurteilen. Die Besonderheit dieser therapeutischen Methode besteht darin, daß sie einerseits einen gangbaren Weg weist und eine Atmosphäre der Offenheit zwischen Klient und Therapeut herstellt, zugleich aber eine strukturelle Blindheit des Therapeuten und schließlich auch des Klienten gegenüber der Realität erzeugt. Das heißt, die Realität besteht für beide in einer eingeengten, nur einen bestimmten Ausschnitt umfassenden Vorstellung, aus welcher der größte Teil der Realität systematisch ausgeklammert wird.

Die Quelle der Blindheit

Während die Theorien Freuds, Jungs und Rogers' die Aufgeschlossenheit jeweils für einen bestimmten Bereich der Realität begünstigen, haben sie zugleich die Tendenz, wegen der Einseitigkeit ihrer jeweiligen Sicht dem Therapeuten andere wichtige Bereiche der Realität zu verschließen. Diese Beschränktheit und Einseitigkeit bestimmt auch die Arbeit des Therapeuten, genauso wie die natürlichen Beschränkungen, die mit seiner persönlichen Eigenart zusammenhängen.
Die phänomenologische Beschreibung macht deutlich, daß die Begrenztheit dieser Theorien zum Teil auf natürlichen Faszinationen des Therapeuten wie auch des Patienten durch sie beruht. Der Patient erscheint dem Therapeuten »so wie er ist«, und diese Annahme ist im Prinzip bereits in der Theorie des Therapeuten vorgegeben. Als Leser sind wir selbst dieser planmäßigen Blindheit erlegen. Bei Freud wurde uns klar, daß der Patient wirklich seine Vergangenheit neu durchlebt;

bei Jung wurde uns das Sein des Patienten als der Widerhall archaischer und universeller, archetypischer Symbole transparent gemacht; und schließlich wurde bei Rogers das reine, verborgene Gefühls-Selbst als existentielle Wahrheit erkannt. In dem Maße, wie wir die Blindheit und die besondere Perspektive einer therapeutischen Theorie teilten, gewannen wir den Eindruck, daß das Sein des Patienten in seinem unberührten, durch keine äußeren Einflüsse veränderten, realen Zustand enthüllt würde.

Die Blindheit der Theorien — und unsere eigene Blindheit, wenn wir von ihnen überzeugt sind — liegt darin begründet, daß die verändernde »Macht, die darin liegt, über eine Theorie zu verfügen«, ignoriert und das Prinzip der gemeinsamen Konstituierung nicht begriffen wird.

Der Theoretiker/Therapeut denkt infolge seiner naturwissenschaftlichen Ausbildung zu wenig an seinen eigenen Einfluß. Erstens ist er so stark von dem sich vor seinen Augen entfaltenden Schauspiel fasziniert, daß er ganz vergißt, daß es seine Art, an den Patienten heranzugehen, und seine Sprache sind, die ihn dieses Schauspiel sehen lassen. Er vergißt seinen speziellen Blickwinkel und die notwendigen Fähigkeiten, seine Ausbildung und Begabung, das theoretische Lernen, die Jahre der Praxis, die Seminare und die Veränderung seines Vokabulars, welche die Voraussetzung seiner therapeutischen Kompetenz sind. Er mag vielleicht zugeben, daß ihn seine fachlich bedingte Sensibilität schärfer auf die Realität einstimmt, aber er wird darauf insistieren, daß er auf die objektiv gegebene Realität reagiert.

Wir, als Leser, sind jedoch nicht sicher, daß der Therapeut einfach auf das, was gegeben ist, reagiert. Nicht daß wir glauben, er erfinde das einfach; aber wir sind verblüfft und fasziniert von der Tatsache, daß drei so verschiedene Verwandlungen der Realität möglich sind und daß jede so überzeugend ist.

Alle diese Theorien sind völlig in einer »natürlichen Haltung« gefangen. Für jeden normalen Menschen ist die Welt einfach so, wie sie ist. Manche Gegenstände sind hart, andere sind weich; manche Menschen sind grausam, andere sind freundlich. Innerhalb dieser Welt ist bei dem Patienten, der zum Therapeuten kommt, etwas nicht in Ordnung, genau wie an einem Auto, das zu einem Mechaniker gebracht wird, etwas nicht in Ordnung ist. Sowohl Mechaniker wie Therapeut müssen wissen, wie sie das, was nicht funktioniert, wieder in Ordnung bringen können.

Die Einstellung, daß alles reparabel, veränderbar, manipulierbar und berechenbar ist und daß es notwendig ist, die Natur so zu reduzieren, daß sie verstehbar und technologisch beherrschbar wird, hat zu einer

Vielfalt von Spezialisierungen auf allen Gebieten geführt. Diese Reduzierung komplexer Lebensbereiche zum Zweck des technologischen Zugriffs bedeutet zugleich immer eine Reduzierung und Konzentration des Bewußtseins auf nur wenige Aspekte der Realität. Solche Reduktionen finden wir auch in der Psychotherapie, in der sich alle traditionellen Orientierungen auf einen bestimmten Aspekt der Realität konzentrieren, ein darauf spezialisiertes Bewußtsein schaffen und weite Bereiche der Lebenswelt dabei grundsätzlich übersehen.
Das technologische, nur auf ganz bestimmte Dinge spezialisierte Bewußtsein in seinen zahlreichen Ausprägungen ist paradox. Einerseits versucht es die Welt zu verändern, zu formen und zu ordnen, indem es sie zu einem sehr leistungsfähigen System macht. Andererseits vergißt es, daß seine eigene pragmatisch-technische Einstellung die Welt stark verändert. Der Nationalökonom zum Beispiel, der das wirtschaftliche System als gegeben betrachtet, mag leicht eine Ideologie entwickeln, die besagt, daß *dieses* Gegebene unumstößlich und das einzig Richtige sei und er mag vergessen, daß er (und/oder die Gesellschaft, die sich für Technologie und Wirtschaft begeistert) in seiner Funktion als Volkswirt die Welt aus einem spezialisierten und eingeschränkten Blickwinkel sieht. Der Psychoanalytiker dagegen wird auf der Grundlage seiner Spezialisierung das Interesse des Volkswirts als Ausdruck früher Probleme des Gebens und Nehmens innerhalb der Familie erklären. Beide empfinden sich als mit der gegebenen Realität im Einklang, aber keiner der beiden erkennt, daß die Realität so ist, wie das Bewußtsein sie wahrnimmt. Die Realität spricht immer die Sprache, die man selbst versteht, zumindest wenn diese den eigenen theoretischen Vorurteilen folgt. Sich nur von dem faszinieren zu lassen, was sich als »es selbst« präsentiert, heißt vergessen, daß das Bewußtsein die Dinge wahrnimmt und die Realität mitformt.
So wird die Macht der Theorie oder die Macht der Sprache, die Dinge so zu konstituieren, wie sie uns dann erscheinen, grundsätzlich übersehen. Obwohl die Theorie des Therapeuten die Vorurteile oder die Begrenztheit des Patienten zumindest teilweise erfaßt oder sogar eine Erklärung dafür hat, beschreibt, versteht oder erklärt seine Theorie nicht alles in angemessener Weise.
In diesem Abschnitt ging es bisher um eine allgemeine Kritik des engen technischen Bewußtseins, und es wurde gezeigt, daß das Prinzip der gemeinsamen Konstituierung in der Psychotherapie ein sehr einflußreicher Faktor ist. Denn eine psychotherapeutische Behandlung ist in keiner Weise mit der Situation zu vergleichen, in der ein Wissenschaftler an ein mehr oder weniger lebloses Objekt herangeht, um einen ganz

bestimmten Aspekt zu klären. Sie ist eine Beziehung zwischen zwei Personen, in der das systematische Vorgehen auf beiden Seiten die Bedeutungen verändert.

Die Auswirkung der therapeutischen Einseitigkeit

Jede Theorie hat einen bestimmten Lebensstil, eine gewisse Werthaltung und einen bestimmten Standpunkt zur Folge; sie wählt aus der Fülle der Lebenswelt ziemlich willkürlich diese oder jene Wahrheit aus, die bestätigt werden bzw. diesen oder jenen Wert, der gelebt werden soll. Sie ist wie eine Brille, durch die die Welt betrachtet wird, und sie liefert uns eine Reihe von Werten zur Bestätigung oder Ablehnung dessen, was gegeben ist. Die Theorie Freuds zum Beispiel ist durch methodischen Zweifel und Skepsis der Erfahrung gegenüber gekennzeichnet, und sie betont den Wert vernünftiger, freier Selbstbehauptung und ungehemmter Lusterfahrung. Die Theorie Jungs macht die Selbstaktualisierung und die symbolische Entfaltung des inneren Lebens zum Ziel; sie legt großen Nachdruck auf Gleichgewicht und Ganzheit, was zu einem Streben nach immer vielfältigeren inneren Erfahrungen führt. Die Theorie Rogers' schließlich geht von einer demokratischen Haltung aus und betont Individualität, Aufmerksamkeit und Achtung vor dem anderen, vor allem aber das Gefühls-Leben als das wirkliche Leben und die soziale Harmonie.

Obgleich die Werte und Wahrheiten, die hinter diesen Theorien stehen, grundsätzlich richtig sind, können sie leicht den Charakter der Ausschließlichkeit annehmen und dann zu einer Ideologie werden, wodurch die Fülle und die Komplexität der Wirklichkeit verschüttet wird. Wenn es einem Analytiker, der versucht, ein objektiver, neutraler Interpret zu sein, schwerfällt, Herzlichkeit zu zeigen, oder wenn er einen solchen menschlichen Impuls bei sich als Gegenübertragung und deshalb als *schlecht* bezeichnet, so ist dies eine in der Therapie gelebte Schwierigkeit. Herzlichkeit, Freundlichkeit, Unterstützung und Loyalität sind nun einmal Werte, die von gleicher Wichtigkeit sind wie Wahrhaftigkeit, Objektivität, Aufmerksamkeit und Sorgfalt.

Eine Theorie, die das Ziel verfolgt, im Patienten Werte zu stärken und zu fördern, sollte nicht bestimmte andere Werte darüber vernachlässigen oder gar ausklammern. In dem Maße aber, wie der Analytiker seine Vorliebe für interpretative Klarheit, seine Skepsis und sein Mißtrauen in den Mittelpunkt rückt und nicht versäumt, alle Störungen sorgfältig auf die zugrundeliegenden aggressiven oder sexuellen Ursachen hin zu untersuchen, in dem Maße werden Spontaneität, kind-

liches Vertrauen, Wärme, Freundlichkeit und Wohlwollen als Werte untergraben oder zumindest geschwächt.
Wenn Jung den Nachdruck ausschließlich auf Selbstaktualisierung und auf die inneren Symbole legt, so werden darüber eindeutig soziale Werte vernachlässigt und geschwächt. Dies bedeutet eine Reduzierung aller Situationen auf deren *symbolische Bedeutung für mich*, es führt zu einer ständigen Beschäftigung mit dem eigenen Selbst; sogar meine Beziehungen zu anderen werden im wesentlichen auf ein Schattenspiel von Projektionen, Bedeutungen und Archetypen reduziert, die sowohl meinem Bewußtsein als auch meinem Unbewußten angehören. Während dies bei künstlerisch begabten Menschen zu großer poetischer Imagination und zu einer hohen Sensibilität gegenüber den Nuancen symbolischer Bedeutungen führt, steht es guten Beziehungen zu anderen und einer direkten Anteilnahme an ihnen im Wege.
Die klientenzentrierte Therapie Rogers, die darum bemüht ist, dem Patienten keine ihm fremden Werte aufzuzwingen, stellt in dieser Hinsicht einen wirklichen Gewinn dar. Die Selbst-Interpretation des Klienten wird völlig bejaht und respektiert; er wird in diesem Sinne in seiner vor-theoretischen Welt gelassen und aufgefordert, sie mit einem Minimum an theoretischer Voreingenommenheit darzustellen. Die einseitige Betonung des *Fühlens* und die ausschließliche Konzentration auf die Person des Klienten als einer Art isolierten, solipsistischen Gefühlsfluß verhindert jedoch, daß diese Form der Therapie dem Denken oder Urteilen voll gerecht wird.

Gemeinsame Werte

Im Rückblick wird also die Begrenztheit und Voreingenommenheit aller drei Theorien offenkundig; ebenso zeigt sich, daß die therapeutische Hilfe in erster Linie darauf beruht, daß die theoretische Voreingenommenheit transzendiert wird. Dr. R. war, obwohl er eine kritische Haltung einnahm und obwohl er bei sich und seiner Patientin primär Werte wie Distanz, Klarheit und Rationalität förderte, herzlich und in vielen entscheidenden Augenblicken vertrauensvoll. Um zur richtigen Zeit Unterstützung, Bestätigung und Anerkennung gewähren zu können, mußte er seine Interpretationen immer wieder so verändern, daß darin seine Haltung zum Ausdruck kam. Obwohl er sich selbst nicht direkt mitteilen konnte, trat er seiner Patientin mit Achtung und Aufmerksamkeit entgegen und seine Unterstützung und Wärme ihr gegenüber bildeten einen wichtigen Bestandteil in der Entwicklung einer lebensbejahenden Einstellung. Ohne diese affektive Beziehung zwischen Mary und Dr. R. wäre keine therapeutische Hilfe möglich gewesen.

Dr. G. praktizierte trotz der formalen Betonung des Gefühls-Lebens in der klientenzentrierten Therapie zugleich einen Stil der interessierten, oft beinahe intellektuellen Distanz. So war die Therapie sowohl durch das Denken, durch intellektuelle Klarheit und Genauigkeit wie auch durch Flexibilität, Gefühl, Wärme und durch die gute Beziehung zwischen Therapeut und Klientin bestimmt. Der Jungianer, Dr. M., konzentrierte sich gemeinsam mit der Patientin auf das nach innen gerichtete Selbst, zugleich herrschte bei beiden die Bereitschaft zur Kooperation und Freundlichkeit, gegenseitige Unterstützung, soziale Rücksichtnahme, Takt und Höflichkeit spielten eine große Rolle.

Es läßt sich also feststellen, daß im Rahmen jeder Therapie sehr viel mehr Werte praktiziert bzw. »gelebt« werden, als die Theorie beschreiben kann. Als ein gewöhnlicher, den Werttraditionen seiner Kultur verhafteter Mensch kann der Therapeut nur innerhalb dieses Horizonts, der auch seinem Klienten vorgegeben ist, leben. So läßt sich die Wirkung des Therapeuten niemals auf ein theoretisches Axiom reduzieren — etwa darauf, daß er eine Atmosphäre des Verstehens schafft —, sondern er muß in einer Vielzahl unterschiedlicher, sogar widersprüchlicher und dennoch gelebter Werte, wie sie im Rahmen seiner Kultur vermittelt werden, Stellung beziehen. Daher werden Nachdenklichkeit, Freundlichkeit, Liebe, Fürsorge, gedankliche Klarheit, Offenheit, Genauigkeit und Sorgfalt vom Therapeuten wie vom Klienten verkörpert und gelebt, entweder in Übereinstimmung mit der theoretisch-therapeutischen Voreingenommenheit oder aber trotz dieser.

Eine angemessenere deskriptive Theorie

Wenn sie hilfreich sein soll, muß jede Therapie dazu beitragen, für den Patienten eine Welt zu schaffen, die er akzeptieren und in sein tägliches Leben einbringen kann. Es steht außer Zweifel, daß im Rahmen der Psychotherapie hilfreiche Beziehungen aufgebaut werden können. Und wir haben gezeigt, daß persönliche, lebensgeschichtliche und charakterbedingte Faktoren einen Therapeuten dazu bewegen, bestimmte theoretische Tendenzen vorzuziehen. Bestimmte Lebensstile prädisponieren für ein therapeutisches Vorgehen im Sinne Freuds, Jungs oder Rogers'.

So gesehen, mag die ständige Beschäftigung mit der Frage, ob eine Theorie auch wirklich angemessen und welcher Art ihre Wirkungsweise ist, unpraktisch und unnötig erscheinen. Geht man von der tatsächlichen therapeutischen Arbeit aus, so ist die Anregung, die dieses Buch geben und die zu einem angemesseneren, therapeutischen Prozeß führen soll, vielleicht unnötig. Die hinter der praktischen Arbeit stehende Theorie ist jedoch längst nicht so harmlos oder unwichtig, wie es den Anschein haben mag. Jede Therapie hat wieder andere Veränderungen zur Folge, versetzt den Patienten in eine ganz bestimmte Bewußtseinslage, zeigt ihm spezifische Lebensformen und Werthaltungen. Jede traditionelle Therapie beschränkt sich, formal und durch bewußte Betonung bestimmter Aspekte, auf eine Anzahl ziemlich willkürlich festgelegter enger Konzepte, auf gewisse Verfahrensweisen, auf »ihre« Sprache und auf ausgewählte Werte. Sie weicht in dem Maße von den gemeinsamen Werten ab — die ihren geistigen Hintergrund bilden —, wie sie ihre eigene Welt des Verstehens schafft.

Die Freudianer und ihre Patienten bilden eine kulturelle Untergruppe, die die Realität auf ihre Art sehen bzw. auf ihre Art blind sind. Ihr doppeltes Bewußtsein, ihr beobachtendes Ich mit seiner Theorie, daß im Leben des Patienten die Vergangenheit sich ständig wiederhole, mit der Betonung des Lustprinzips und des Auslebens von Aggressionen führen zu einer ganzen Reihe von Schwierigkeiten in ihrem Sozialverhalten. Es mangelt ihnen an Spontaneität, und sie sind überrational; aber selbst ihre Überrationalität ist nicht die Überrationalität einer Subkultur von Intellektuellen, sie ist vielmehr durch ihre Theorie genau festgelegt. Sie werden darauf eingestellt, nahezu alles, was mit Überzeugung vorgetragen wird, skeptisch zu beurteilen, da sie annehmen, daß Gefühle, die zu heftigen Ausdruck finden, durch Irrationalität und Triebhaftigkeit geprägt seien. Bestimmte politische, soziale und religiöse Probleme werden von ihnen in erster Linie als Projektionen persönlicher Probleme betrachtet und weniger als Streitfragen, denen an sich schon Bedeutung zukommt. Demzufolge neigen sie dazu, ihre Welt darauf zu reduzieren, wie sie das innerpsychische Leben verstehen; ihre lang geübte Selbst-Beobachtung äußert sich in einem vorsichtigen, risikolosen, auf das eigene Selbst konzentrierten Verhaltensstil. Von außen betrachtet scheinen sie viele Merkmale mit Personen gemeinsam zu haben, die einer ideologischen Gehirnwäsche unterzogen wurden.

Wenn auch eine angemessenere, umfassendere deskriptive Theorie die Beschränkungen der therapeutischen Methoden nicht alle aufheben kann, mag sie zumindest die außerordentliche Spezialisierung des Bewußtseins und die Ideologisierung, die so charakteristisch für die traditionellen psychotherapeutischen Richtungen sind, etwas reduzieren. Vom Standpunkt der Entwicklung einer Humanwissenschaft aus ist eine Auffassung von Psychotherapie, die um die Bedeutung der gelebten Theorie weiß und ihr Rechnung trägt, der beschränkten Auffassung von Therapie, die ihren eigenen Standort nicht kennt, ganz offensichtlich überlegen.

Persönliche Faktoren

Daß auch persönliche, individuelle, charakterbedingte Faktoren im Therapieprozeß eine wesentliche Rolle spielen, ist bereits deutlich geworden. Die Individualität des Therapeuten, sein kultureller Hintergrund sind Teil der therapeutischen Interaktion und prägen sie; diese Individualität ist ein im Hinblick auf die Veränderungsmöglichkeiten in der Therapie wesentlicher Aspekt. Die individuelle Betonung von Distanz oder ruhiger Nachdenklichkeit, von Sensibilität oder Affektivität ist dafür verantwortlich, daß sich Therapie, auch wenn sie dieselbe theoretische Grundlage hat, trotzdem unterschiedlich auswirkt.
Es ist auch deutlich geworden, daß die Wertpräferenzen des Therapeuten, seine Neigungen und Abneigungen die therapeutische Beziehung und die Interpretation verändern. In den therapeutischen und analytischen Gesellschaften ist man sich dieser Tatsache deutlich bewußt: »Dr. B. kommt sehr gut mit Zwangsneurotikern zurecht, kann aber Hysteriker nicht ertragen.« Man hat erkannt und auch eingeräumt, daß jeder Therapeut seine speziellen Begabungen hat bzw. in manchen Bereichen blind ist, und daß es auf diese Weise zu einer Art Ausgleich unter den einzelnen Therapeuten kommt.
Die Therapeuten wissen aus ihrer praktischen Erfahrung, daß eine wesentliche Grundlage für eine gute Therapie darin besteht, gut mit dem Patienten auszukommen und ein Gespür für ihn oder die richtige Art von Einfühlungsvermögen zu haben. Die Theorien können diesen Aspekt der therapeutischen Situation jedoch nur vage beschreiben. Sie behandeln das Problem grundsätzlich so, daß sie ihre spezielle Sichtweise auch auf den Therapeuten ausdehnen und ihn in ihre Interpretation einschließen. Da keine der Theorien ernsthaft versucht, das Leben in seiner Gesamtheit zu berücksichtigen, ist ihre Interpretation der jeweils individuellen Beziehung zwischen Therapeut und Patient beschränkt. Gut mit jemandem zurechtzukommen ist die Basis, die »den rechtzeitigen Einsatz analytischer Interpretationen», »die richtige Widerspiegelung der Gefühle« oder »das richtige therapeutische Begreifen archetypischer Symbole« erst ermöglicht bzw. mit einschließt.
Der Patient ist mehr als nur der Neurotiker, wie er in theoretischen Lehrbüchern beschrieben wird; und der Therapeut ist mehr als nur der

in der Theorie beschriebene Ausführende der Therapie. Von diesem »Mehr« wird die Interaktion bestimmt. »Der kühle, intellektuelle, ironisch humorvolle, tolerante, gottähnliche« Analytiker ist ein ganz anderer Therapeut als der leidenschaftliche, ästhetische, impulsive, warme, nicht-intellektuelle Therapeut, der an demselben Institut von denselben Lehrern ausgebildet wird. Wenn beide dieselben Patienten behandelten, würde doch jede Behandlung wieder ganz anders verlaufen. Dem Patienten würden ganz verschiedene Welten eröffnet und selbst seine Stärken und Schwächen würden unterschiedlich erscheinen. Bei dem eher intellektuellen Analytiker könnte das schwache Ich, das Fehlen geeigneter Integrationsmechanismen als pathologischer Faktor hervortreten; dem eher leidenschaftlichen, affektiv »eingestimmten« Analytiker würde vielleicht das Problem der unterdrückten Affekte, der blockierten und gehemmten Expressivität als zentrale Pathologie erscheinen.
Der Patient erscheint nicht nur den einzelnen Therapeuten, sondern auch dem Betrachter des Therapiegeschehens ganz unterschiedlich, was ebenfalls von der Individualität des Therapeuten abhängt. Denn der leidenschaftliche Therapeut formt den Raum zwischen sich und dem Patienten so, daß Emotionen und deren Blockierung die Sitzung bestimmen, während der intellektuelle Therapeut einen Raum schafft, in dem der Patient in erster Linie seine Unfähigkeit zur Integration, zur Beherrschung der Emotionen erlebt.

Traditionelle Theorien

Trotz der Mängel der traditionellen Theorien sollten wir ihnen unsere Aufmerksamkeit schenken. Dieses Buch hat sie in der Hauptsache als Beispiele für die verschiedenen Formen psychotherapeutischer Hilfe dargestellt. Es sind Methoden, die leicht zugänglich sind und über die es sehr viel Literatur gibt; sie sind weitverbreitet, zumindest wenn man an ihren großen Einfluß auf unsere Kultur denkt. Als Beispiele bieten sie sich für deskriptive und theoretische Kommentare an. Im Unterschied zum tierischen Magnetismus oder zur Arbeit der afrikanischen Medizinmänner sind sie jedoch bereits Teil der Wissenschaft vom Menschen und können — trotz ihrer Unvollständigkeit — als Marksteine in der Entwicklung wissenschaftlicher therapeutischer Methoden und Interventionen gesehen werden.
Freud war der Begründer einer Methode, die eine besondere Form von Gespräch als eine Möglichkeit verstand, zu einem systematischen, wissenschaftlichen Verständnis des Menschen zu kommen. Er entwickelte

eine Theorie, die sich einerseits auf eine naturwissenschaftliche Konzeption des Menschen und andererseits auf den Wunsch gründete, die Leiden neurotischer Patienten verstehen und interpretieren zu können. Jung baute auf dieser Arbeit auf, korrigierte, kritisierte, erweiterte sie und widerlegte an manchen Stellen Freuds Theorie, aber auch seine Arbeit gründete auf der Interpretation der unbewußten Dynamik. Jung versuchte insbesondere, den von den Naturwissenschaften geprägten theoretischen Ansatz seiner Zeit zu überwinden. Auf bestimmten Gebieten ist ihm das gelungen, aber im Blick auf seine Theorien insgesamt muß doch festgestellt werden, daß die naturwissenschaftliche Denkweise den Sieg davongetragen hat. Da sowohl für Freud als auch für Jung die Versuchung sehr groß war, einem ungehemmten Okkultismus zu verfallen, war es vielleicht nicht zum Schaden ihres Werkes, daß sie beide mehr oder weniger der systematischen Strenge des naturwissenschaftlichen Denkens verhaftet blieben. Auf diese Weise konnten sie systematisch aufeinander aufbauen und ermöglichten es uns so, von ihnen zu lernen.

Rogers setzte diese Arbeit fort, indem er, von einem demokratischen, egalitären Verständnis der Gesellschaft ausgehend, eine Neuinterpretation vornahm und so auf andere Weise die Vorherrschaft von Naturwissenschaft und Technik herausforderte. Rogers wandte sich von der Auffassung, daß sich in den Äußerungen des Klienten eine komplexe, unbewußte Dynamik verberge, ab zugunsten einer anderen Haltung: Er nahm die Worte des Klienten für bare Münze und räumte der Selbstinterpretation des Klienten höchste Bedeutung ein — gerade darin entfernte er sich von einer technisch-naturwissenschaftlichen Sicht der Therapie.

Nach Freuds Theorie (wenn auch nicht immer in der Praxis) waren die Bedeutungen verschleiert, und es erforderte einen fachkundigen Wissenschaftler, um die Hintergründe zu erforschen. Jung betrachtete die Bedeutungen als vom kollektiv Gewußten geformt und durch die Sicht des Patienten stark erweitert. Aber auch Jung waren die Bedeutungen in den Äußerungen des Patienten in einem radikalen Sinn wirklich gegeben, sie mußten nur gelesen und gedeutet werden. In der Theorie Rogers' erreicht diese Tendenz, den Äußerungen des Patienten Sinn und Bedeutung beizumessen, ihren Höhepunkt; der Therapeut reflektiert aktiv, was der Klient sagt oder meint, der Klient selbst ist Prüfstein für Genauigkeit und Gültigkeit.

Freud, Jung und Rogers, als Repräsentanten dreier verschiedener Denkrichtungen, haben jeweils einen wichtigen Aspekt der Realität verstanden und in ein System gebracht. Einer hat auf dem anderen aufgebaut, und jeder für sich ist gleichsam eine Fundgrube an Einsichten und Erkenntnissen. Alle drei zeigen uns den Menschen, besonders den neurotischen Menschen, als jemanden, der um ein besseres Leben kämpft. Zwar ist jeder auf seine spezielle Sicht des Menschen beschränkt, ihre Wege zu einem besseren Leben leiden daher an einer eigentümlichen, systematischen Verzerrung. Dennoch enthüllen uns alle drei, indem sie uns den Menschen in der therapeutischen Situation, die neurotische Persönlichkeit, sein Streben nach Ganzheit und Wohlbefinden zeigen, eine Seite dessen, was der Mensch ist.

Der existentiell-phänomenologische Ansatz versucht, diese Theorien zu beschreiben und sie zu integrieren, das, was an ihnen positiv ist, herauszukristallisieren und fortzuführen. Zu diesem Zweck ist es notwendig, sich mit diesen Theorien ernsthaft auseinanderzusetzen, über ihre Begrenztheiten hinauszugehen und so die in ihnen enthaltenen Wahrheiten wirksam werden zu lassen.

Werte und Wahrheiten

Die orthodoxe Psychoanalyse

Das von der Pychoanalyse entdeckte Prinzip, daß sich die Vergangenheit in der Gegenwart ständig wiederholt, gehört zu den wichtigsten und dauerhaftesten Beiträgen, die sie für die Psychotherapie geleistet hat. Für den modernen Menschen deckt sich diese Erkenntnis mit der Grundannahme der Naturwissenschaft, daß jedes Ereignis auf seine Ursache zurückgeführt werden könne, so daß leicht übersehen wird, welch fruchtbaren Horizont diese Interpretation eröffnet hat. Unabhängig davon, ob der Therapeut diese Interpretation nun ausdrücklich benützt oder nicht, die Fixiertheit des Patienten und seine Tendenz zur Wiederholung bestimmter Muster erhalten durch sie eine gewisse Bedeutung, und diese Einsicht bestimmt seine Arbeit ganz wesentlich.

In der Jungschen Therapie tritt das Wiederholungsprinzip als Einseitigkeit des Patienten in Erscheinung, als eine Unausgeglichenheit, die er sich im Laufe seiner individuellen Lebensgeschichte »angeeignet« hat, weil nur ganz bestimmte Begabungen, Eigenschaften oder Aspekte seiner Persönlichkeit gefördert wurden. Der Patient lebt weiterhin so, als ob dieses frühe Muster der Ermutigung/Entmutigung noch immer gültig wäre, und es gelingt ihm nicht, die anderen, weniger anerkannten Seiten seines Wesens zu entwickeln. In der klientenzentrierten Therapie kommt das Wiederholungsprinzip in der theoretischen Vorstellung von den »Wertbedingungen« zum Ausdruck. Der Klient hat

Werte gelernt, er weiß, welche Bedingungen akzeptiert und welche nicht akzeptiert werden; sie machen den Kern seiner Neurose aus, weil er selbst dann nach diesen Bedingungen lebt, wenn seine Situation ihm größere Freiheit gibt.
Seit Freud kann kein Therapeut dieses Wiederholungsprinzip mehr ignorieren. Selbst die Therapeuten, die wie Rank und Adler der Meinung sind, daß gerade die Überbetonung der Vergangenheit zur Neurose führe und deshalb reduziert werden müsse, bestätigen gerade damit die Wahrheit des Wiederholungsprinzips.
Seit Freud ist es das Ziel der Therapie, dem Patienten dabei zu helfen, diesen schrecklichen Wiederholungszwang zu beenden.
Eine weitere Einsicht, die die Grundlage der modernen Psychotherapie seit Freud bildet, ist die Erkenntnis der Spaltung, der Dysfunktion, der völligen Entfremdung der Person von sich selbst und von anderen. Nach Freud beruht diese Spaltung in ein die Neurose verursachendes Bewußtes und ein Unbewußtes auf der Bevorzugung eines bestimmten Ichideals und der Furcht davor, das schlechte Ich zu sein. Angst, Furcht vor Mißbilligung, vor Vernichtung oder Verlust der Wertschätzung verhindern, daß die Person sich selbst oder der Realität erlaubt, so zu sein, wie sie wirklich sind.
Jung und Rogers greifen dies in ihren Theorien auf. Selbst Verhaltenstherapeuten, die den in der vorliegenden Arbeit untersuchten Therapieformen sehr fern stehen, versuchen dem Patienten durch ihre Art der Therapie Handlungs-, Verhaltens- und Denkbereiche zu eröffnen, die ihm bis dahin verschlossen waren. Sie helfen ihm, mit seiner Angst fertigzuwerden, und eröffnen ihm Bereiche des Denkens, Verhaltens und Handelns, die ihm früher nicht zugänglich, verboten oder die gefährlich für ihn waren.
Auch Freuds Reduktion der Verhaltensmotivation auf Sexualität/Sinnlichkeit und Aggression/Behauptung ist ein weiterer bleibender Beitrag zur psychotherapeutischen Praxis und Theorie. Dahinter steht die Erkenntnis, daß die Oberflächen des Verhaltens tiefere, weniger offenkundige Ebenen der Motivation verbergen können. Alle Therapien befassen sich mit dem Menschen im Lichte dieser Erkenntnis; ihre Theorien der Neurose und der Psychose sind präzise Formulierungen dieser Bedeutungsstrukturen.
Bei Jung wird diese unbewußte Ebene durch viele Beiträge sowohl aus der individuellen Lebensgeschichte des Patienten als auch aus der kollektiven Geschichte der Menschheit erweitert und ergänzt. Bei Rogers sind die Wertbedingungen und die Mißbilligungsbedingungen, die der Klient im Laufe seiner Sozialisation gelernt hat, in dieser unbewußten

Ebene verankert; unterhalb dieses Bereichs ist ein organisches Streben angesiedelt, das aus den geheimnisvollen Tiefen der Persönlichkeit emporkommt. In den »Körperpanzer«-Theorien von Reich und Lowen findet diese Bedeutungsebene ihren Ausdruck in den gewohnheitsmäßigen Haltungen, Posen und Versteifungen des Körpers, der sich als Folge einer bestimmten furchterfüllenden Vorstellung von der Welt und ihren Angriffen so entwickelt hat.
Der Beitrag Freuds zu einer Wissenschaft vom Menschen liegt also vor allem darin, daß er ein Leben der Bedeutungen unterhalb der Oberfläche, »hinter den Kulissen«, aufgezeigt hat. Freuds andere Entdeckung, daß das unbewußte Phantasieleben auf Sexualität und Aggression beruhe, ist eine Erkenntnis speziellerer Art und nicht so allgemein akzeptiert. Jung, Rogers, Adler, Rank und andere erklären uns, daß diese Ebene der Motivationsanalyse in verschiedener Hinsicht ungeeignet sei, da sie eine willkürliche Reduktion sei, die die Lebenswelt zersetze, bestimmte Verhaltensweisen nur zu bestimmten Zeiten erklären könne und die Bedeutungen anderer Verhaltensweisen verzerre.
Trotzdem bestimmt diese Interpretation, wie begrenzt ihre Reichweite und ihr Wert auch sein mögen, weitgehend das Verständnis des zeitgenössischen Therapeuten. Seine Fähigkeit, Aggression hinter scheinbarer Freundlichkeit, dickköpfige Weigerung hinter lächelnder Nachgiebigkeit oder sexuelle Verführung hinter scheuer Reinheit zu sehen, hat ihren Ursprung in Freuds Sicht von Sexualität und Aggression. Wie diese enge, einseitige Interpretation in eine Sprache einfließen soll, die stärker in der Alltagswelt und gemeinsamen Wertvorstellungen wurzelt, ist für den Praktiker ein Problem.
Die Psychoanalyse lehrt uns auch manches über menschliche Hilfsbereitschaft. Wenn der Analytiker den Widerstand gegen eine Veränderung betont, erinnert uns dies daran, daß Gewohnheit und Wiederholung in vielen Bereichen des menschlichen Lebens eine große Rolle spielen. Die Betonung der Unveränderlichkeit kann, wenn sie nicht zu einer Doktrin des hilflosen Pessimismus führt, dem Therapeuten dabei helfen, Geduld zu üben und maßvolle Ziele zu verfolgen. Vieles, was in der Kindheit angelegt wird, ist von dauerhafter Wirkung, aber dies muß nicht notwendigerweise einer Haltung des hoffnungsvollen Optimismus und des Glaubens an die Zukunft widersprechen.
Echte menschliche Hilfsbereitschaft und die Hoffnung, Neues zu erlernen, muß in der Anerkennung dessen, was unveränderlich ist und also akzeptiert werden muß, verwurzelt sein. Andernfalls führt die Hoffnung auf Veränderung zu einer Idealisierung, die ihrerseits zu einer neuen Quelle für Unruhe, Aufregung und ängstliche Selbst-Mißbilli-

gung wird. Der Versuch, mich zu ändern, führt dann dazu, daß ich das »Selbst, das ich bin«, zugunsten des »erhofften Selbst«, das ich werden kann, ständig verurteile. Vor allem die Freudsche Theorie und Praxis betont die Aspekte der Unveränderlichkeit und des Wiederholungszwangs, doch muß sich jede Therapie mit der Tatsache der Gewohnheitsbildung und des Widerstandes gegen Veränderung bei ihren Patienten auseinandersetzen.

Die Erkenntnis, daß intellektuelles Begreifen und Klarheit des Verstehens nicht ausreichen, um eine Veränderung zu bewirken, ist gleichfalls ein Verdienst der Psychoanalyse. Freud sagte, man könne niemanden in effigie töten, und er meinte damit, daß die emotionalen Bestandteile der Neurose zuerst wieder zum Leben erweckt werden und in ihrer lebendigen Wirklichkeit verstanden werden müssen, wenn therapeutische Hilfe erfolgreich sein soll.

Auch Jung bestätigt die Notwendigkeit lebendigen Verstehens und engagierter Beteiligung sowohl von seiten des Patienten als auch von seiten des Therapeuten. Der Traum muß als Führer für das Leben ernstgenommen werden. Engagement, moralischer Ernst und Hingabe sind notwendig, wenn ästhetische und intellektuelle Vorstellungen Wurzeln schlagen und das Leben einer Person verändern sollen. Bei Rogers' Betonung des Fühlens handelt es sich um dasselbe Problem. Man muß mit den Gefühlen in Berührung kommen, sie müssen verstanden, ausgeweitet, ausgedrückt, lebendig gemacht werden. Auf diese Weise lassen sich emotionale, verbale und intellektuelle Ausdrucksformen miteinander verbinden und zugleich intensivieren. Eine Änderung des Verhaltens und Handelns ist auch das Ziel der Verhaltenstherapien, die ebenfalls bestätigen, daß nicht schon das Verständnis, sondern erst die Hinwendung zum wirklichen Leben die notwendige Veränderung bewirken. Die Erkenntnis, daß das reine Denken begrenzt und das abstrakte oder begriffliche Verstehen allein relativ nutzlos ist, gehört also zu den wichtigsten, entscheidenden Beiträgen Freuds zur therapeutischen Theorie und Praxis.

Die Jungsche Psychotherapie

Jung suchte von Anfang an zu einem übergreifenden Verständnis der Psychotherapie zu gelangen. Er erkannte, daß die Verschiedenheit der Menschen auch unterschiedliche Psychologien, unterschiedliche Theorien und unterschiedliche Auffassungen von Realität erfordert — und daß sie auch unterschiedliche therapeutische Anforderungen stellt. Entsprechend den Unterschieden in Typus, Charakter und Lebensweise der Menschen mußte es unterschiedliche Störungen und folglich auch unterschiedliche Wege der Hilfe geben. Der übermäßig außengeleitete Patient mußte mehr Innerlichkeit entwickeln; der zu stark introvertierte Patient mußte lernen, sich der äußeren Welt zuzuwenden; der überskeptische Patient mußte Vertrauen und Glauben entwickeln. Diese individualisierende Betrachtung der Person und die daraus sich ergebende Notwendigkeit eines individuellen Verständnisses seitens des Therapeuten ist einer der wichtigen Beiträge Jungs zum therapeutischen Verständnis und zur therapeutischen Theorienbildung.

Zwar gestalten alle Therapeuten die Beziehungen zu ihren Patienten bis zu einem gewissen Grad individuell, doch geschieht dies primär auf der Ebene des alltäglichen sozialen Kontaktes. Die therapeutischen Theorien selbst lassen wenig Raum für individuelle Unterschiede, da sie von der Gleichartigkeit der Patienten ausgehen. Nach Freud leiden grundsätzlich alle Menschen unter einer Verdrängung der Sexualität und der Aggression; nach Rogers leiden alle Klienten unter dem Verlust des Kontakts mit ihren Gefühlen. Jungs Satz, daß des einen Menschen Brot des anderen Menschen Tod sei, verweist in radikaler Form auf seine Auffassung, daß der Mensch ein vielschichtiges und vielseitiges Wesen sei.

In der Freudschen Theorie sind methodischer Skeptizismus und Selbstbehauptung, gute Ichkontrolle und angemessene sexuelle Betätigung absolute Werte. Bei Jung ist diese Art der Interpretation und der Ichkontrolle ein Wert, der dazu geeignet ist, die Menschen von ihrer Selbstüberheblichkeit und Überidealisierung abzubringen. Was also von Freud verabsolutiert wird, wird von Jung relativiert.

Jung wußte, daß viele verschiedene Wahrheiten akzeptiert werden müssen, wenn für den ganzen Menschen Raum sein soll: Gefühle zählen, Gedanken, Bilder und Phantasien zählen, das Unbewußte zählt, die bewußten Absichten zählen. Diese ganz untheoretische Beschäftigung mit dem, was ein bestimmter Patient tatsächlich braucht, um ein Gleichgewicht für sich herzustellen, und die Einsicht in die Unterschiede zwischen den Patienten haben zwar mehr mit dem gesunden Menschenverstand als mit theoretischer Einsicht zu tun, aber Jung hat sie durch sein spezielles Verständnis vertieft und für die psychotherapeutische Praxis fruchtbar gemacht.

Zwei andere Aspekte des Jungschen Denkens sind aber von großer Originalität. Zum einen handelt es sich dabei um seine Erkenntnis, daß Symbole die Persönlichkeit verändern. Obwohl auch Freud die Macht des Symbolischen erkannt hatte, verstand er die Fähigkeit der Menschen zur Symbolisierung nicht richtig. Freud betonte ständig die Unwandelbarkeit des Körper-Ichs, das er als materiellen, fast elektrisch-hydraulischen Körper auffaßte. Das Energiesystem als System »an sich« hielt er für schwer veränderbar. Sprechen, phantasieren und symbolisieren schienen ihm relativ machtlos, wenn es darum ging, Veränderung zu bewirken — daher sein Pessimismus und seine Zweifel an der Therapie in seinen späteren Schriften.

Obwohl Jung einige Begriffe Freuds beibehielt, verstand er das Körper-Ich nicht als Energiesystem, sondern als symbolisches System. Komplexe sind Organisationen von Bedeutungseinheiten — Bezeichnungsmuster, Reaktionen, Gestaltungen symbolischer Systeme. Dieses Verständnis für die Fähigkeit des Menschen zur Symbolisierung und für die Kraft des Symbolischen versetzte Jung in die Lage, viel radikaler als Freud an die Macht des »Zu-Menschen-Sprechens« und an die Möglichkeit persönlicher Veränderung zu glauben.

Sich mit aller Kraft etwas vorstellen, heißt es verändern; es sich in vollem Ernst und mit Engagement anders denken, heißt es anders machen; etwas im Geiste wagen — in Bildern, Symbolen, Phantasie und Gedanken —, heißt auch im Leben mutig werden. Jung lehrt uns also, daß die Macht des Symbols, die Macht des Denkens und der Vorstellung das Leben unter bestimmten Bedingungen verändern kann. Es ist die Herausforderung an die Therapie, diese Bedingungen zu schaffen. Jung erkannte, daß der Patient das, was ihm bisher unvorstellbar war, als möglich empfinden muß, und daß die Eröffnung neuer Möglichkeiten an die imaginativen und symbolischen Bereiche gebunden ist. Sich neue Handlungs- und Verhaltensbereiche als möglich vorzustellen, ist in der Struktur der Verhaltenstherapie angelegt, die sagt: »Wir werden Sie allmählich mit Hilfe unserer Techniken dazu bringen, das zu tun, wozu Sie früher nicht fähig waren.« Der Patient, der sich das neue Verhalten oder Handeln zuerst nur ängstlich vorstellt bzw. es erhofft, wird durch Übung unter sachkundiger Anleitung soweit gebracht, es auch in die Tat umzusetzen. Das funktioniert aber nur, wenn geglaubt wird, daß das vorgestellte Reale (wie in Wolpes Dekonditionierungs-Therapie) auch das wirklich Reale ist.

Skeptizismus macht die Heilung unmöglich. Das heißt, wenn der Patient das, was er sich in der therapeutischen Situation vorstellt, nicht mit dem in Verbindung bringt, was außerhalb dieser Situation Angst erzeugt, kommt es zu keiner Heilung. Daß die Macht des Symbolischen im tatsächlichen Leben des Patienten zu einer wirksamen Kraft wird, das ist der Kern der therapeutischen Veränderung.

Jungs Methode, Verhaltensweisen, Träume und die symbolischen Produkte des Patienten zu interpretieren, sucht danach, wie der Patient

kollektive oder universale symbolische Prozesse in seinem Leben zum Ausdruck bringt. Alles, was der Patient sagt oder tut, ist als Ausdruck universaler, kollektiver Bestrebungen, die der gesamten Menschheit gemeinsam sind, interpretierbar; es eröffnet sich auf diese Weise ein weiter Horizont wertvoller Interpretationen. An jedem Traum können die archetypischen oder universell-kollektiven Aspekte ausfindig gemacht werden. Jeder Mensch ist in jedem Augenblick in gewisser Weise zugleich alle Menschen oder steht zumindest für alle Menschen.
Eine solche Interpretation ist therapeutisch sehr wertvoll für die Überwindung des Gefühls der individuellen Isolation, das für einen so großen Teil der Psychopathologie charakteristisch ist. Dem Patienen wird geholfen, sich als ein Mensch unter anderen, als jemand, der am kollektiv Gültigen und Realen teilhat, zu sehen. So, wie im Prinzip jedes Verhalten unter dem Aspekt der sich in der Gegenwart wiederholenden Vergangenheit betrachtet werden kann, ist es auch möglich, jedes Verhalten als Ausdruck allgemeinmenschlicher Bestrebungen anzusehen. Ungeachtet der Theorie, der der Therapeut anhängt, führt seine Fähigkeit, dem Patienten einen universellen Sinn für sein Leben aufzuzeigen, zu psychischer Gesundheit. Auch Rogers verhilft seinem Patienten, ohne die Jungschen Archetypen therapeutisch zu verwenden, zum Kontakt mit universalen Gefühlen.
Ein weiterer Beitrag Jungs ist die Interpretation des menschlichen Lebens im Hinblick auf die Zukunft. Dies ist, neben dem Prinzip, daß sich die Vergangenheit in der Gegenwart wiederholt, und der Suche nach dem kollektiv Symbolischen, ein dritter Grundpfeiler seines Interpretationsgebäudes. Danach entwickelt sich der Mensch auf eine Zukunft hin, nachdem er seine ureigene wie die kollektive Vergangenheit der Menschheit und auch die Gegenwart »durchlaufen« hat. Die Zukunft gibt dem Leben Sinn und Ziel, sie ist die Antriebskraft allen Handelns, und ihre Einbeziehung in die Interpretation ist ein wesentliches Merkmal der psychotherapeutischen Arbeit. Eine Therapie erhält ihren Sinn nur innerhalb dieser zeitlichen Struktur. Der Patient kommt in die Therapie, weil er auf die Zukunft hofft, hinsichtlich der Gegenwart ängstlich und unsicher ist und seine Vergangenheit als Bürde, nicht als Bereicherung empfindet. Die existenzphilosophische Sicht des Menschen hebt das Begreifen seiner Zeitlichkeit auf eine noch höhere Ebene, doch auch Jungs Beitrag zur Zeitlichkeit des Menschen weist ihm innerhalb der therapeutischen Tradition einen wichtigen Platz zu.

Es ist gut möglich, die Beiträge von Jung und Freud in einen größeren historischen Zusammenhang zu stellen; Carl Rogers jedoch ist unser Zeitgenosse, er arbeitet auch weiterhin an der Entwicklung seiner Theorie, weshalb sie einer ständigen Veränderung unterliegt. Er ist Existentialist, Humanist und Phänomenologe, und daher sind sein Denken und seine Praxis stark mit der existentiell-phänomenologischen Theorie verknüpft, was es schwierig macht, ihn in unseren Rahmen einzuordnen.

Im Gegensatz zu Freud und Jung ist Rogers kein theoretisches Genie, und er hat kein komplexes System von Begriffen und Erklärungen entwickelt. Seine Begabung zeigt sich vor allem darin, daß er eine andere Form der Beziehung zu seinen Patienten ausgearbeitet und die Rollen von Patienten und Therapeut verändert hat. Rogers' Theorie der Persönlichkeit ist, als empirische Theorie, nur eine leichte Abwandlung der Freudschen Theorie der Persönlichkeit, aber sie verändert die Praxis und führt zu einer radikalen Wandlung der Bedeutung der therapeutischen Beziehung; und darin liegt sein bleibender Beitrag für die Psychotherapie.

In der Freudschen Therapie ist der Therapeut der Wissende, der nicht nur die psychische Dynamik des Menschen allgemein, sondern auch sein eigenes Unbewußtes kennt und über viele Jahre praktischer Erfahrung verfügt. Die therapeutische Situation fördert sein Verständnis und allmählich bringt er all sein Wissen in das Leben des Patienten ein.

In der Jungschen Therapie ist der Therapeut der Führer. Auch er geht von seiner Vergangenheit aus, er kämpft aber nicht nur mit seinem individuellen, sondern auch mit dem kollektiven Unbewußten, er verfügt über ein allgemeines Wissen vom Menschen, ein tiefes Verständnis für das Symbolische und über viele Jahre praktischer Erfahrung und führt so den Patienten zu neuen Symbolisierungen und Erfahrungen.

In der klientenzentrierten Therapie werden die Fragen nach Gelehrsamkeit, Wissen, fachlichem Können völlig irrelevant. Der Klient ist das Zentrum, der Wissende, der Fühlende; der Klient ist der Experte, der Hauptinterpret, derjenige, der Sinn gibt. Aufgabe des Therapeuten ist es, dem Empfinden des Klienten zu folgen, sich an die vom Klienten gegebenen Bedeutungen zu halten und im Gefühls-Leben des Klienten zu bleiben. Selbst das, was der Klient sagt, hat Vorrang vor den Aussagen des Therapeuten, der die Worte des Klienten charakteristischerweise wiederholt. Klient und Therapeut verweilen gemeinsam bei den Worten und Bedeutungen, die vom Klienten kommen. Der Therapeut wird vom Klienten geführt, wobei nur die nach außen zwar kaum spürbare, aber trotzdem starke Voreingenommenheit des Therapeuten in bezug auf das organische Gefühls-Leben als sein besonderer therapeutischer Beitrag in Erscheinung tritt. Im übrigen wird alles widergespiegelt, reflektiert, dem Klienten als von ihm selbst kommend zurückgegeben.

Die Aufgabe des Therapeuten besteht darin, so getreu wie möglich nur die Bedeutungen, Gefühle, Empfindungen und Interpretationen auszudrücken, die vom Klienten selbst stammen. All dem liegt ein bestimmter Aspekt der phänomenologischen Denkweise und Arbeit zugrunde. Husserl sagt: »Zurück zu den Dingen selbst», und meint damit, daß all die Scheuklappen — seien es rein theoretische Annahmen oder nur von Spezialisten verstehbare Erkenntnisse —, aufgegeben werden müssen, die verhindern, daß man in der »Welt, wie sie sich selbst präsentiert«, bleibt. In der klientenzentrierten Praxis bleibt man bei dem, was sich unmittelbar präsentiert, und stürzt sich nicht auf theoretische Erklärungen; dies kommt in dem beharrlichen Verweilen bei dem, was der Klient sagt, zum Ausdruck.

Der klientenzentrierte Therapeut gibt also sein Fachwissen auf, um den Klienten aus ihm selbst heraus zu verstehen. In der Freudschen Theorie gibt der Analytiker das normale Ich, das Ich der alltäglichen Interaktion auf zugunsten einer objektiven, analytischen Einstellung auf die Dynamik des Unbewußten. Er gibt sich sozusagen selbst auf, um ganz seine Methode zu leben, um die Situation des Patienten zu verstehen. In der Therapie Jungs erhält die Individualität des Patienten größere Aufmerksamkeit, aber immer noch ist der Therapeut Lehrer, Interpret, der Erfahrene, der seine Erfahrung mit dem Patienten teilt.

In der klientenzentrierten Therapie tritt der Therapeut seine Vorherrschaft an den Klienten ab. Gerade die Einfachheit seiner Bemerkungen in der therapeutischen Situation macht den Erfolg des Therapeuten aus. Er wiederholt einfach nur die Worte des Klienten. Es braucht wohl große Erfahrung, um erfassen zu können, worum es dem Klienten geht, aber er braucht keine umfangreiche Theorie. Im Prinzip könnte jemand ohne alle Ausbildung klientenzentrierte Therapie praktizieren, sofern seine natürliche Sensibilität und seine sozialen Fähigkeiten einigermaßen ausgeprägt sind. Eine Kenntnis der Persönlichkeitstheorie, der Diagnostik oder des reichen symbolischen Erbes der Vergangenheit sind für die Arbeit des klientenzentrierten Therapeuten, der in erster Linie zu verstehen versucht, wie der Klient sich selbst versteht, nicht notwendig.

Vom Standpunkt des Spezialisten sieht das, was der klientenzentrierte

Therapeut tut, einfach, ja dumm aus. Der Patient sagt: »Ich werde wirklich wütend«, und der Therapeut erwidert: »Das macht Sie wirklich verrückt.« Zwar ist es offensichtlich, daß es Therapeuten gibt, die besser als andere die Gefühle und Ansichten des Klienten ausdrücken können, aber ebenso offenkundig ist, daß dafür kein stark spezialisiertes Wissen und keine wissenschaftliche Ausbildung notwendig sind. Die Theoriebildung ist in der klientenzentrierten Therapie demzufolge nur schwach entwickelt. Rogers hat gerade so viel Theorie entwickelt, wie erforderlich ist, um in der amerikanischen Psychologie als »wissenschaftlich« anerkannt zu werden. Vom Standpunkt des Theoretikers aus ist seine Theorie kaum mehr als gesunder Menschenverstand auf etwas höherer Ebene. Rogers' Hauptthese, daß Fürsorge, Aufmerksamkeit und Verständnis für die Gefühle anderer in menschlichen Beziehungen gut und fruchtbar sind, hört sich wie der gute Rat eines protestantischen Geistlichen an.

Aber eben dies, die Betonung des gesunden Menschenverstands und die Abwendung von der Spezialisierung, ist der Kern des klientenzentrierten Beitrags zur Psychotherapie. Hier gibt es kein geheimes Universum oder Spezialistenbewußtsein; hier wird das gesunde menschliche Verständnis zum Prinzip erhoben; es ist ein allgemein menschliches Verständnis, das in der Therapeut und Klient gemeinsamen Werttradition wurzelt.

Die Aufmerksamkeit des Therapeuten richtet sich auf das, was der Klient durch seine Selbstinterpretationen enthüllt. Das Offensichtliche wird vom Therapeuten ausgesprochen, in einer beiden gemeinsamen, klaren Sprache.

Die existentiell-phänomenologische Methode in der Psychologie würde noch weitergehen und sich noch radikaler auf das Gegebene konzentrieren, um es zur Sprache zu bringen. Dies würde die der klientenzentrierten Therapie zugrundeliegende Fixierung auf den Grundsatz *Gefühle sind alles* beseitigen. In der wirklichen Welt haben sowohl Gefühle als auch Urteile, Werte und Gedanken Gewicht und verdienen Beachtung. Eine einseitige Präferenz für Gefühle führt wiederum leicht zu einer ideologisch verfestigten Spezialisierung. Eine Welt, die total von Gefühlen überflutet ist, ist nicht die Welt in ihrer Gesamtheit, sondern eine willkürliche Variante dieser Welt. Wenn die klientenzentrierte Denkweise bei dieser Totalisierung des Gefühls stehenbleibt, ist auch sie eine Welt der Spezialisten.

Die Hinwendung zum gesunden Menschenverstand und zur Welt der Dinge selbst, die in der klientenzentrierten Praxis bereits ihren Anfang nimmt, bildet den Kernpunkt der existentiell-phänomenologischen Methode. Zwar kann eine umfassende Darstellung der Bedeutung dieses Vorgehens im Rahmen der vorliegenden Arbeit nicht gegeben werden, doch sind einige ihrer grundlegenden Strukturen bereits diskutiert worden. Die enge Ausrichtung und Spezialisierung der traditionellen psychotherapeutischen Theorien und ihrer Praxis ist nicht problemlos und macht eine adäquatere deskriptive Arbeit und eine umfassendere Theorieausbildung notwendig, um so die Entwicklung der therapeutischen Praxis und die Entwicklung einer Wissenschaft der Therapie voranzutreiben. Eine deskriptive Theorie der Psychotherapie muß gewissen Kriterien gerecht werden, die die derzeitigen Theorien nicht erfüllen. Eine solche Theorie muß einschließen: 1. eine Beschreibung des Therapeuten als einer Person, welche die Bedeutung der Situation verändert; 2. eine Beschreibung der Art und Weise, wie diese Bedeutungsveränderung sowohl für den Therapeuten als auch für den Patienten überzeugend wird; 3. eine Betrachtungsweise, die dem Therapeuten genausoviel Aufmerksamkeit und Beschreibung widmet wie dem Patienten; 4. eine ausführliche Beschäftigung mit den Bedeutungen der tatsächlichen Aktivitäten von Therapeut und Patient im Verlaufe ihrer Zusammenarbeit; 5. alle diese Beschreibungen müssen übereinstimmend akzeptiert werden, für Praktiker und Patienten als richtig erkennbar sein und durch weitere Studien, die bisher noch nicht untersuchte Bereiche erhellen, korrigiert und erweitert werden können.

Literaturhinweise

1. Kapitel

Frank, J. D. (1961): Persuasion and Healing: A Comparative Study of Psychotherapy. Baltimore (John Hopkins Press).

Eine klare Darstellung der Heil- und Behandlungsmethoden in der Gesellschaft, in religiösen Zeremonien, in Arzt-Patient-Beziehungen, usw. Die sozialen Umweltbedingungen, die Hilfsmaßnahmen unterstützen, und die Bedeutung von Erwartung, Hoffnung und Vertrauen werden genau beschrieben. Aufmerksamkeit wird außerdem auf die Entstehung ideologischer Überzeugung oder auf die »Bekehrung« zu einem Gedanken- und Interpretationssystem gerichtet.

Husserl, E. (1976): Ideen zu einer reinen Phänomenologie. Den Haag (Nijhoff).

Eine komplexe, aber gründliche Behandlung der höchst detaillierten, in der Phänomenologie als philosophische Wissenschaft angewandten Methode, auf die sich der vorliegende Text stützt.

Luijpen, W. A. (1969): Existential-Phenomenology. Überarbeitete Auflage, Pittsburgh (Duquesne University Press). Deutsch: Existentielle Phänomenologie. München (Manz) 1971.

Eine gute philosophische Einführung in die diesem Text zugrundeliegende Entwicklung und Form des Denkens.

Munroe, R. L. (1955): Schools of Psychoanalytic Thought. New York (Holt, Rinehart & Winston).

Eine ausgezeichnete Einführung in die psychoanalytischen Schulen und in die Hauptansätze und Prämissen psychoanalytischen Denkens, wobei den theoretischen und praktischen Problemen, die sich auf Freuds Denken beziehen, besonders scharfsinnig und ausführlich nachgegangen wird.

Patterson, C. H. (1966): Theories of Counseling and Psychotherapy New York (Harper & Row).

Eine klare, recht gute Darstellung vieler psychotherapeutischer Schulen; sie zeigt die auffallenden Meinungsverschiedenheiten in Philosophie, Technik, Theorie und Auffassung auf, die für die Psychotherapie charakteristisch sind, und zieht vernünftige Schlußfolgerungen im Hinblick auf die Hauptmerkmale guter menschlicher Beziehungen, die für die Therapie von grundlegender Bedeutung sind.

2. Kapitel

Fenichel, O. (1945): The Psychoanalytic Theory of Neurosis. New York (W. W. Norton). Deutsch: Psychanalytische Neurosenlehre. Olten-Freiburg (Walter) 1974.
Eine eingehende, umfassende wissenschaftliche Studie und ein wahres Kompendium zur Freudschen Theorie der Neurose.

Freud, S. (1904 – 1905): Dora: Bruchstück einer Hysterie-Analyse. G. W., Bd. 5. Frankfurt (S. Fischer).
Mit das Beste, was Freud geschrieben hat – die Studie zeigt sein lebendiges, intuitives, spekulatives Herangehen an einen erfolglosen Therapiefall; charakteristische Interpretationen, Hinweise auf Freuds Auffassung der Neurose und spekulative Überlegungen sind hier zu einem Dokument von großer Intensität verflochten.
– (1916 — 17): Vorlesungen zur Einführung in die Psychoanalyse. G. W. , Bd. 11.
In Teil 3 legt Freud seine Neurosentheorie dar.
– (1932): Neue Folge der Vorlesungen zur Einführung in die Psychoanalyse. G. W., B. 15.
Die Vorlesungen 31 und 32 ergänzen, erweitern und korrigieren nachdrücklich Freuds frühere Ausführungen zur Persönlichkeit und zur Neurose.
– (1926): Hemmung, Symptom und Angst. G. W., Bd. 14.
Eine etwas technische Darstellung von Freuds späterer Auffassung über Neurose.

Freud, S. und J. Breuer (1970): Studien über Hysterie. Frankfurt (Fischer).
Eine etwas technische Darstellung der früheren Fälle von Freud, die das Skelett seiner Theorie konkret fallbezogen veranschaulicht. Die Betonung der blockierten Triebenergie der Sexualität und der Aggression und die Theorie des Wiederholungszwanges treten bereits deutlich hervor.

Munroe, R. L. (1955): Schools of Psychoanalytic Thought: An Exposition, Critique, and Attempt at Integration. New York (Holt, Rinehart & Winston).
Kapitel 7 gibt eine ausgezeichnete Zusammenfassung der Neurosenlehre Freuds.

3.Kapitel

Boss, M. (1957): Psychoanalyse und Daseinsanalytik. Bern — Stuttgart (Huber).
Ein ausgezeichneter, umfassender Versuch, die analytische Praxis im Lichte der Heideggerschen Vorstellung vom Menschen auf eine existentielle Grundlage zu stellen. Boss' Beschreibung der fundamentalen Bedeutung analytischer Praxis dient als Hintergrund für die konkretere und genaue Beschreibung der Therapie Freuds im vorliegenden Text.

Freud, S. (1906 — 09): Analyse der Phobie eines fünfjährigen Knaben. G. W., Bd. 7.
Analytische Interpretation und Behandlung werden mit lebendiger Klarheit in einer präzisen Falldarstellung vereint.
– (1904 — 05): Dora: Bruchstück einer Hysterie-Analyse. G. W., Bd. 5.

Die dialektischen Beziehungen des Therapieprozesses stehen im Brennpunkt des Dramas zwischen Freud und Dora.

– (1975): Schriften zur Behandlungstechnik. Ergänzungsband der Studienausgabe. Frankfurt (Fischer).
Eine Sammlung der meisten Artikel Freuds über Psychoanalyse als Therapieansatz; sie enthält in vier Aufsätzen die Grundregeln zur Durchführung der Psychoanalyse, einige Bemerkungen zur Interpretation von Träumen in der Analyse und andere Aufsätze.

Freud, S. und Breuer, J. (1970): Studien über Hysterie. Frankfurt (Fischer).
Die therapeutischen Ansätze des Erinnerns, Interpretierens, der Bewußtmachung der Vergangenheit sowie der Übertragung werden als Grundbegriffe der Psychotherapie in Abschnitt 4, *Die Psychotherapie der Hysterie*, beschrieben.

Munroe, R. L. (1955): Schools of Psychoanalytic Thought. New York (Holt, Rinehart & Winston).
Der zweite Teil von Kapitel 7 bietet einen klaren deskriptiven Überblick über die Psychoanalyse als Behandlungsmethode aus psychoanalytischer Sicht.

Schuetz, A. (1962): Collected Papers. The Problem of Social Reality, Bd. 1. Den Haag (Martinus Nijhoff). Deutsch: Gesammelte Aufsätze. Das Problem der sozialen Wirklichkeit. Den Haag (Nijhoff) 1971.
Eine Sammlung tiefschürfender phänomenologischer Aufsätze über die soziale Wirklichkeit, die die spezialisierten bruchstückhaften Welten in der gewöhnlichen sozialen Ordnung verankern und die die Priorität des Selbst-Verständnisses und der Selbst-Interpretation betonen — eine Grundlage für das Verständnis der im vorliegenden Text beschriebenen Beziehung zwischen »rational-analytischen Interpretationen« und »dem Miteinander-Zurechtkommen von Analytiker und Patient«.

4. Kapitel

Boss, M. (1957): Psychoanalyse und Daseinsanalytik. Bern — Stuttgart (Huber).
Das Eröffnen neuer Welten affirmativen Lebens durch das daseinsanalytische »Warum nicht?« im Unterschied zum analytischen »Warum?« bildet den Hintergrund für dieses Kapitel.

Ehrenwald, J. (1966): Psychotherapy: Myth and Method. New York (Grune & Stratton).
Ehrenwalds präzise Einschätzung der symbolischen und transformativen Kräfte neuer Verstehens- und Sprechweisen bildet den Hintergrund für das Verständnis der Macht der Interpretation in diesem Kapitel.

Fordham, F. (1953): An Introduction to Jungs Psychology. Baltimore (Penguin Books). Deutsch: Eine Einführung in die Psychologie C. G. Jungs. Zürich — Stuttgart (Rascher) 1959.
Eine gedrängte, weniger sorgfältige systematische Darstellung des Jungschen Denkens als bei Jacobi, dennoch schematisch klar genug, um dem Leser als Führer durch Jungs Gedanken dienen zu können. Kapitel 2 und 3 beschreiben psychologische Typen und Archetypen.

Jacobi, J. (1962): The Psychology of C. G. Jung. New Haven (Yale University Press), 6. Auflage, Deutsch: Die Psychologie von C. G. Jung. Olten — Freiburg (Walter) 1971, 6. Aufl.
Diese sehr komprimierte, gelehrte Darstellung der Jungschen Psychologie, als System betrachtet, ist logischer, integrierter und systematischer in der Darstellung als Jungs eigene Schriften und mag für den Leser eine Hilfe sein, der sich in den Jungschen Labyrinthen verloren fühlt. Kapitel 1 und 2 geben einen allgemeinen Überblick über die Jungsche Persönlichkeitstheorie.

Jung, C. G. (1971): Mensch und Seele. Olten — Freiburg (Walter).
Eine klare, leicht verständliche Darstellung der Jungschen Gedanken. Kapitel 4, 5 und 6 bieten einen kurzen Abriß der Jungschen Verhaltenstypen, der Lebensphasen und seiner Sicht des Freudschen Denkens. Das Kapitel mit dem Titel »Der archaische Mensch« beinhaltet auch die charakteristische, universalisierende Interpretation des menschlichen Lebens.

– (1960): Psychologische Typen. Gesammelte Werke Bd. 6, 9. Auflage. Olten — Freiburg (Walter).
Ein äußerst komplexer, umfassender historischer Ansatz auf dem Gebiet der psychologischen Typen, der die Geschichte der Erforschung der Persönlichkeitstypen, theologische und philosophische Kontroversen, Perioden und Arten der Dichtkunst und die Bedeutung des introvertierten und des extrovertierten Typs umfaßt. Schwierig zu lesen, aber lohnend für diejenigen, die ernsthaft an einem Verständnis der Jungschen Gedanken interessiert sind.

– (1964): Zwei Aufsätze über Analytische Psychologie, G. W., Bd. 7.
Ein mit literarischer Einfachheit geschriebenes, provozierendes Buch. In den ersten drei Kapiteln des ersten Aufsatzes entwickelt Jung sein Verständnis von Freud und Adler. Kapitel 4 und 5 werfen die für die Jungsche Interpretation der Neurose so wesentlichen Fragen der fundamentalen Verhaltensweisen und des kollektiven Unbewußten auf.

Ehrenwald, J. (1966): Psychotherapy: Myth and Method. New York, (Grune & Stratton).

Ein Vergleich zwischen Freud und Jung, wobei Jung als mythophil und Freud als mythophobisch dargestellt wird. Ehrenwalds Diskussion der dogmatischen Unterwürfigkeit des Patienten — seiner Tendenz, der Theorie seines Therapeuten zuzustimmen — kann zur allgemeinen Erläuterung dessen, was im vorliegenden Text beschrieben wird, dienen.

Jacobi, J. (1962): The Psychology of C. G. Jung. New Haven (Yale University Press), 6. Auflage. Deutsch: Die Psychologie von C. G. Jung. Olten — Freiburg (Walter) 1971.

Kapitel 3, das mehr als die Hälfte von Jacobis Buch ausmacht, beschreibt systematisch Praxis und Anwendungsformen der Jungschen Theorie.

Jung, C. G. (1972): Über die Entwicklung der Persönlichkeit. G. W. 17.

Eine Gesamtdarstellung von Jungs Gedanken, die sich auf die Entwicklung und Verwirklichung der Person als ganzer konzentriert, mit Falldarstellungen, Träumen und Malereien von Patienten und ihre Interpretation.

– (1971): Mensch und Seele, Olten — Freiburg (Walter).

Eine klare Darstellung der Jungschen Anschauungen. Die drei ersten und die beiden letzten Kapitel befassen sich mit den praktischen Problemen der Psychotherapie; dabei steht die Offenheit der Interpretation von Symbolen in bezug auf ihre universellen und archaischen Inhalte im Mittelpunkt.

– (1958): Die Praxis der Psychotherapie. G. W., Bd. 16.

Teil 1 dieser Arbeit enthält eine Reihe klarer, leicht lesbarer Aufsätze, die den allgemeinen Ansatz der Jung'schen Psychotherapie darlegen. Teil 2 befaßt sich mehr mit technischen therapeutischen Problemen. Teil 3, eine komplexe, wissenschaftliche, literarisch-symbolische Darstellung und Übertragung, basiert auf altertümlichen alchimistischen Texten und Symbolen und ist sehr schwer zu verstehen.

– (1964): Zwei Aufsätze über die Analytische Psychologie G. W., Bd. 7.

Kapitel 6 stellt den charakteristischen Jung'schen therapeutischen Ansatz und seine Auffassung in einer verständlichen, diskursiven Form dar, die dem fachlich nicht versierten Leser einen ziemlich guten Zugang zu seiner Denkweise ermöglicht. In »The Relation between the Ego and the Unconscious« setzt Jung seine Diskussion des kollektiven Unbewußten fort, wobei er sich auf das therapeutische Problem der individuellen Entwicklung konzentriert.

Van den Berg, J. H. (1972): Different Existence. Pittsburgh (Duquesne University Press).

Van den Bergs Kritik der traditionellen Auffassung von Projektion und Unbewußtem sowie seine Forderung nach einem mehr gesellschaftlichen Verständnis der Dialektik von Therapeut und Patient haben die Entstehung des vorliegenden Textes stark beeinflußt.

7. Kapitel

Jung, C. G. (1962): Erinnerungen, Träume, Gedanken, Zürich — Stuttgart (Rascher).
Ein faszinierender autobiographischer Bericht über Jungs eigene religiöse Suche und ihre Beziehung zur psychotherapeutischen Arbeit.

– (1958): Die Praxis der Psychotherapie. G. W., Bd. 16.
In »The Practical Use of Dream-Analysis« beschreibt Jung die besondere Klarheit und Bedeutung des ersten Traumes in der Therapie, eine Beschreibung, die für die Darstellung des ersten Traumes von Mary verwendet wurde.

Van den Berg, J. B.: Different Existence. Pittsburgh (Duquesne University Press), 1972.
Nach Van den Berg tritt der Patient in die Welt des Therapeuten ein, weil ihre Annäherung aneinander eine Befreiung von Entfremdung und Einsamkeit darstellt. Indem sie in ein Gespräch miteinander eintreten, wird der Patient aus seiner Isolation, und das heißt aus seiner Neurose gerettet.

8. Kapitel

Rogers, C. R. (1951): Client-centered Therapy: Its Current Practice, Implications, and Theory. Boston (Houghton Mifflin). Deutsch: Die klientbezogene Gesprächstherapie. München (Kindler) 1973.
Der grundlegende Text der klientenzentrierten Praxis und Theorie und eine der Hauptquellen für die Rogerssche Auffassung der Neurose. Kapitel 11 entwickelt eine Theorie der Persönlichkeit, der Neurose und der Therapie.

– (1959): »A Theory of Therapy, Personality, and Interpersonal Relations as Developed in a Client-centered Framework«. In: Psychology: A Study of a Science. Formulations of the Personal and the Social Context, Bd. 3. Herausgegeben von S. Koch. New York (McGraw-Hill).
Ein etwas wissenschaftlich formulierter Beitrag zur klientenzentrierten Theorie mit einigen Zusätzen zur Auffassung der Neurose.

9. Kapitel

Curran, Ch. A. (1952): Counseling in Catholic Life and Education. New York (MacMillan).
Eine etwas modifizierte Betrachtungsweise des Selbst als wahrnehmendes, urteilendes, denkendes Selbst, eine Variante der Methode Rogers'. Diese Betrachtungsweise wird im vorliegenden Text herangezogen, um die Bedeutung der für die klientenzentrierte Therapie, wie Rogers sie verstand, charakteristischen These »Das fühlende organische Selbst ist alles« kontrastierend zu verdeutlichen und näher auszuführen.

Merleau-Ponty, M. (1965): Phänomenologie der Wahrnehmung. Berlin (Walter de Gruyter).

Ein sehr anregender Text für den Psychologen, der an der phänomenologischen Psychologie interessiert ist, aber zu schwierig und komplex für den Nicht-Fachmann. Die Analyse des erlebten Körpers und der Sprache als Ausdruck der Welt des Klienten, wie sie in diesem Buch vorgenommen wird, bildet die Grundlage für die im vorliegenden Text gegebene Analyse der »Sprache/Ideologie/gelebten Überzeugung« des klientenzentrierten Therapeuten.

Rogers, C. R. (1951): Client-centered Therapy: Its Current Practice, Implications, and Theory. Boston (Houghton Mifflin). Deutsch: Die klientbezogene Gesprächstherapie. München (Kindler) 1973.

Ein lesbarer einführender Text in die klientenzentrierte Theorie und Praxis und eine Hauptquelle der Orientierung über Rogers' Neurosenkonzept, den Therapieprozeß und das Verhalten des Therapeuten.

– (1942): Counseling and Psychotherapy. New York (Houghton Mifflin). Deutsch: Die nicht-direktive Beratung. München (Kindler) 1977.

Ein frühes Werk von Rogers, in dem er seine Konzeption einer nicht-direktiven Beratung und Therapie darlegt, die einen Bruch mit den traditionellen Formen der Führung des Klienten und autoritativen Interpretationsmethoden bedeutet. Die Tendenz, dem Wahrnehmungsfeld des Klienten praktisch absolute Priorität einzuräumen, und das Anliegen des Therapeuten, dieses Feld aus sich selbst heraus zu verstehen, ist bereits zu erkennen. Obwohl das Fühlen stark betont wird, hat es noch nicht die absolute Priorität, die es später für Rogers haben wird.

– (1961): On Becoming a Person: A Therapist's View of Psychotherapy. Boston (Houghton Mifflin). Deutsch: Die Entwicklung der Persönlichkeit. Stuttgart (Klett-Cotta) 1976.

Eine Reihe gut geschriebener Aufsätze, die Rogers' Position im Hinblick auf Psychotherapie, Leben, Erziehung, Wesen des Menschen usw. beschreiben und in denen die philosophisch-religiöse Untermauerung seiner Theorie und Praxis deutlich sichtbar wird.

– (1967): The Therapeutic Relationship and Its Impact: A Study of Psychotherapy with Schizophrenics. Madison (University of Wisconsin Press).

Rogers legt in diesem Buch dar, daß die klientenzentrierte Therapie den offenen Selbstausdruck des Therapeuten erfordert und beschreibt damit einen gewissen Wandel seiner ursprünglichen Auffassung; die absolute Priorität des empathischen Verständnisses wird durch die Priorität des offenen, kongruenten Selbstausdrucks ersetzt. Die Spannung zwischen Offenheit und Verstehen war bereits in Rogers' früheren Arbeiten spürbar, sie wurde aber nie so klar formuliert wie in diesem Buch. Das wichtigste theoretische und praktische Ziel bleibt nach wie vor, das organische Selbst zu entwickeln.

Rogers, C. R. und B. Stevens (1971): Person to Person: The Problem of Being Human. New York (Pocket Books).

Die in den sechziger Jahren entstandenen Artikel sind Ausführungen und Erweiterungen von Rogers' früheren Schriften. Das Buch als Ganzes ist sehr lebendig zu lesen; die individualistische und gefühlszentrierte Orientierung der klientenzentrierten Therapie kommt darin sehr deutlich zum Ausdruck, besonders Barry Stevens Kommentar hebt diesen Zug stark hervor.

10. Kapitel

Rogers, C. R. (1970): Carl Rogers on Encounter Groups. New York (Harper & Row). Wie in den meisten späteren Arbeiten von Rogers herrscht auch in diesem Buch das persönliche Element vor, so daß man ein konkretes Gefühl bekommt für die Dinge, die Rogers tut, und auch einen Eindruck davon, wie er es macht. In diesem Zusammenhang sei besonders auf Kapitel 3 hingewiesen.

– (1969): Freedom to Learn. Columbus, Ohio (Charles E. Merrill). Eine ebenfalls sehr persönliche Darstellung der klientenzentrierten Konzeption, wie sie besonders in der erzieherischen Praxis Anwendung findet.

11. Kapitel

Boss, M. (1957): Psychoanalyse und Daseinsanalytik. Bern — Stuttgart (Huber). In diesem Buch werden das psychoanalytische Denken und die psychoanalytische Praxis vom Standpunkt des Existentialisten dargestellt; die naturwissenschaftlichen Annahmen Freuds werden aufgegeben, um eine Sicht des Patienten zu ermöglichen, die ihn zeigt »so, wie er ist«. Eine klare Darstellung der Psychotherapie im Lichte des Heideggerschen Denkens.

Fischer, W. (1970): Theories of Anxiety. New York (Harper & Row). Eine solide Arbeit, deren Ansatz der Konzeption im vorliegenden Buch ähnlich ist; der Autor untersucht bestimmte traditionelle Theorien, um zu einem umfassenderen, existentiellen Verständnis eines Phänomens zu gelangen.

Giorgi, A. (1970): Psychology as a Human Science. New York (Harper & Row). Eine ausgezeichnete Erklärung der historischen Notwendigkeit, eine neue Konzeption für die Psychologie zu entwerfen, weg vom naturwissenschaftlichen und hin zu einem humanwissenschaftlichen Modell. Sowohl die sorgfältig dokumentierte Untersuchung der Unzulänglichkeiten und Verzerrungen der älteren Psychologie als auch alle Forderungen und Normen für eine neue humane Psychologie dienen der vorliegenden Arbeit als Grundlage.

Husserl, E. (1976): Ideen zu einer reinen Phänomenologie. Den Haag (Nijhoff). Ein komplexes, schwieriges Buch, in dem die grundlegenden Gedanken der Phänomenologie entwickelt werden.

Lowen, A. (1967): The Betrayal of the Body. New York (MacMillan).
Eine gut geschriebene fallbezogene Darstellung der Strukturen des unbewußten Lebens, wie sie in den Bewegungen oder in der Starrheit des Körpers zum Ausdruck kommen. Reichs Auffassung vom »Körperpanzer« wird hier weiter differenziert und erläutert.

Merleau-Ponty, M. (1965): Die Phänomenologie der Wahrnehmung. Berlin (Walter de Gruyter).
Merleau-Ponty analysiert hier die Sprache als Ausdruck der körperlichen Expressivität.

Rank, O. (1968): Will Therapy and Truth and Reality. New York (Alfred A. Knopf).
Rank vergleicht die Psychoanalyse mit einer Art ideologischer Gehirnwäsche, die den autonomen Willen des Patienten untergräbt; eine eindrucksvolle Abhandlung, die davor warnt, den Menschen nur unter einem einzigen Blickwinkel zu sehen. Ranks Ansicht, daß die »Bekehrung« zu irgendeiner Art von System dem Leben feindlich gegenüberstehe, und seine Auffassung des menschlichen Willens und der Kreativität sind in die Formulierung der im vorliegenden Buch geäußerten Kritik eingeflossen.

Schutz, A. (1962): Collected Papers. The Problem of Social Reality, Band 1. Den Haag (Nijhoff). Deutsch: Gesammelte Aufsätze. Das Problem der sozialen Wirklichkeit. Den Haag (Nijhoff) 1971.
Tiefschürfende Aufsätze über die soziale Wirklichkeit, wobei Schutz dem Ansatz Husserls folgt. Seine Unterscheidung zwischen einem hochspezialisierten und einem auf gesundem Menschenverstand beruhenden Bewußtsein — dieser Unterscheidung zufolge geht Spezialisierung aus der sozialen Ordnung hervor und ist in ihr begründet — liefert die Grundlage der Diskussion über die Mängel einer spezialisierten Therapie.

Van den Berg, J. H. (1972): Different Existence. Pittsburgh (Duquesne University Press).
Diese glänzende Einführung in eine existentielle Psychopathologie beschreibt auch den Vorgang, wie der Therapeut das Unbewußte des Patienten »wird«. Van den Berg ist der Ansicht, daß sich der Patient aus seiner Isolation und Entfremdung heraus bemüht, mit dem Therapeuten in dem zwischen ihnen geschaffenen Raum eine gemeinsame Basis zu finden.

Kaam van, A. (1966): Art of Existential Counseling. Wilkes Barre (Dimension Press).
Eine lebendige, praktische Einführung in die existentielle Beratung, wobei die Einstellungen des Therapeuten, die die Grundlage jeder therapeutischen Behandlung bilden, besonders hervorgehoben werden.

— (1966): Existential Foundations of Psychology. Pittsburgh (Duquesne University Press).
Diese Arbeit ist ein kleiner Schritt auf dem Wege, der zuerst von van Kaam beschrieben wurde, als er ein Programm zu Erneuerung der Psychologie gemäß der existentiellen Phänomenologie formulierte.

Wolpe, J. (1958): Psychotherapy by Reciprocal Inhibition. Stanford Calif. (Stanford University Press).
Die präzise Beschreibung einer De-Sensibilisierungs- und Entspannungstherapie, die im vorliegenden Kapitel als Beispiel benutzt wird. Ihr Ziel besteht darin, dem Menschen allmählich ein angstfreies Leben zu ermöglichen, indem er sich Dinge, die er früher fürchtete, in zunehmend entspannter Haltung vorstellt.

Register

Inhalt

CIP-Kurztitelaufnahme der Deutschen Bibliothek

Barton, Anthony:
Freud, Jung, Rogers: 3 Systeme d. Psychotherapie / Anthony Barton.
[Aus d. Amerikan. übers. von Klaus Schomburg . . .]. -
Stuttgart: Klett-Cotta, 1979.
(Konzepte der Humanwissenschaften)
Einheitssacht.: Three worlds of therapy ‹dt.›
ISBN 3-12-900501-3

Weitere Titel der
KONZEPTE DER HUMANWISSENSCHAFTEN

Lewis Yablonsky
Synanon

Selbsthilfe der Süchtigen und Kriminellen. Aus dem Amerikanischen von Wolfgang Krege unter Beratung von Ingo Warnke. 1975. 407 Seiten, kart.,
ISBN 3-12-908830-X

Lewis Yablonsky
Psychodrama

Die Lösung emotionaler Probleme durch das Rollenspiel. Aus dem Amerikanischen von Wolfgang Krege. 1978. 250 S., kart.,
ISBN 3-12-909000-2

Frederick S. Perls/Ralph F. Hefferline/Paul Goodman
Gestalt-Therapie. Wiederbelebung des Selbst

Aus dem Amerikanischen von Wolfgang Krege. 1979. 222 Seiten, Register, kart.,
ISBN 3-12-906790-6

Frederick S. Perls/Ralph F. Hefferline/Paul Goodman
Gestalt-Therapie. Lebensfreude und Persönlichkeitsentfaltung

Aus dem Amerikanischen von Wolfgang Krege. 1979. 263 Seiten, Register, kart.,
ISBN 3-12-906800-7

Frederick S. Perls
Gestalt-Therapie in Aktion

Aus dem Amerikanischen von Josef Wimmer. 3. Auflage 1979. 292 Seiten, kart.,
ISBN 3-12-906270-X

Frederick S. Perls
Das Ich, der Hunger und die Aggression

Die Anfänge der Gestalt-Therapie. Aus dem Englischen von Gudrun Theusner-Stampa. 1978. 330 Seiten, kart.,
ISBN 3-12-906450-8

Klett-Cotta